„Die Mythen und die Wissenschaft haben ähnliche Funktionen: beide bieten den Menschen ein Abbild der Welt und der Kräfte, von denen sie vermutlich beherrscht wird. Beide legen die Grenzen von dem fest, was man als möglich betrachtet."

François Jacob

„Die Mythologie ist auf eine Art und Weise einfach eine ältere Form der Geschichte und der Biografie. Weit entfernt davon falsch oder märchenhaft zu sein, enthält sie unvergängliche und bedeutende Wahrheiten, in denen das du und das ich, das hier oder das dort, das jetzt oder das dann übergangen werden."

Henry David Thoreau

„Die Mythen erklären uns viele Dinge, die das Gegenteil von unerklärlich sind und zwar genau deswegen, weil der Mythos eine Verringerung der weltweiten Erfahrung auf ihre minimale Essenz ist."

William Robertson Davies

DAS
MYTHOLOGIEBUCH

250 Figuren und Geschichten
der griechischen Mythologie

DAS
MYTHOLOGIEBUCH

250 Figuren und Geschichten
der griechischen Mythologie

Ángel Erro

Librero

Titel der Originalausgabe: *El libro de la mitología clásica*

© 2019 Librero IBP (für die deutschsprachige Ausgabe)
Postbus 72, 5330 AB Kerkdriel, Niederlande

© 2015 Ilusbooks Illusion Illustrated
Produktion: Fosbury Books
Text: Ángel Erro, Rodrigo González

Produktion der deutschsprachigen Fassung:
Übersetzung: Katharina Einert (S. 12–35), Martin B. Fischer (S. 150–285),
Andrea Wiethoff (S. 36–149 und S. 286–515), für Delivering iBooks & Design
Redaktion und Layout: Delivering iBooks & Design, Barcelona

Printed in India

ISBN: 978-94-6359-149-2

Inhaltsverzeichnis

Einführung

Die Mythologie eines Kulturkreises besteht aus miteinander verflochtenen Vorstellungen und Kenntnissen, die die Zeit überdauert haben und bis in die Gegenwart gelangt sind, verpackt in Fiktionen. Sie ist so etwas wie das Röntgenbild der Mentalität und der Vorstellungen von der Welt derjenigen Personen, die sie geschaffen und übertragen haben. Die Mythologie besteht aus zeitlosen Geschichten, die in einer Zeit geschehen sind, die noch vor der Geschichte liegt und unabhängig von ihr ist. Jeder Mythos vermittelt uns eine Botschaft, eine konkrete Erfahrung des Leids oder der Freude, beispielhaft und sich ewig wiederholend. Mittels dieser Botschaft können die Leidenschaften der Menschen erkannt werden. Sie ist so archetypisch, dass ihr Wert bis in die Gegenwart anhält. Wir können die klassische Mythologie also auch als eine Art Psychoanalyse der Antike verstehen. Nicht ohne Grund hat Sigmund Freud, Vater der Psychoanalyse und großer Kenner der griechischen Mythologie, sie ausgiebig dazu genutzt, verschiedene psychische Leiden zu identifizieren und zu benennen.

Wer die klassische Mythologie gut kennt, hat Zugang zur Seele der Menschen der Antike, die einen Teil der Grundlage unseres Weltbildes ausmacht und die, leicht modifiziert und adaptiert, mittels der kontinuierlichen Erneuerung des mythologischen Materials, weiterbesteht, in Filmen, Fernsehserien oder Comics, die sehr oft auf die klassischen Modelle zurückgreifen. Wie oft haben wir auf der Leinwand die Geschichte eines Helden gesehen, der seine Familie und sein trautes Heim verlassen, unzählige Abenteuer durchleben, sogar gegen schreckliche Ungeheuer kämpfen, dem Verrat ins Auge blicken und der Versuchung durch mehr als einer *femme fatale* widerstehen muss und erst dann wieder nach Hause kehren kann – auch wenn er nun nicht Odysseus oder Ulysses heißt?

Die Mythologie ist auch die populäre Antwort auf die großen Unbekannten der Philosophie: Wie ist das Leben entstanden? Seit wann existiert die Menschheit? Was erwartet uns nach dem Tod? Wie verhält man sich richtig in der Gesellschaft und gegenüber Gott? Sie befriedigt aber auch die Neugier über die Welt, die uns umgibt: Warum haben dieser Berg, dieser Fluss, diese Stadt den Namen und die Form erhalten, die sie besitzen? Warum gibt es Erdbeben, Unwetter, Blitze? Was löst eine Mondfinsternis aus? Was ist der Grund für den Lauf der Jahreszeiten? Was bedeuten die Sternzeichen? Und warum regiert diese oder jene Familie, was legitimiert sie dazu? Diese nichtwissenschaftlichen Erklärungen füllen die Wissenslücken, die der menschliche Verstand nicht zu ertragen vermag. Diese Geschichten, die wir uns erzählen, verraten uns viel mehr über uns selbst, als über die Welt.

Auch der Weg, den die Mythen dieses Buches gegangen sind, um zu uns zu gelangen, ist interessant. Das, was sie in den entstehenden und verschwindenden Zivilisationen hinterlassen haben: Die Römer haben die griechische Mythologie adoptiert und adaptiert. Die Renaissance und das Licht, das sie in die Welt gebracht hat, ist ohne die Wiederbelebung dieser Geschichten nicht zur verstehen, auch wenn sie in diesem Fall andere Vorhaben, andere Kämpfe, andere Ansichten der Welt stützen sollten. Die Flexibilität des Mythos ist eines seiner grundlegendsten Merkmale, das macht ihn so aktuell.

In diesem Buch stellen wir 250 Geschichten aus der griechischen Mythologie vor, einfach erläutert und ohne große theoretische Ansprüche. In ihnen kommen viele Figuren und Persönlichkeiten vor, einige sehr bekannt und einflussreich und andere aus kleineren Mythen, die aber dennoch genauso beachtenswert sind. In diese zeitlosen Umstände der Mythen eine Chronologie einzuführen ist schwierig. Dennoch haben wir versucht, mit der Entstehung des Universums und der Geburt der ersten Götter zu beginnen und mit dem historischsten Teil der Mythologie zu schließen: den halbmythischen Personen, die tatsächlich existiert haben, vornehmlich den Königen. Um die Einordnung der Mythen und Figuren zu erleichtern, haben wir mehr als zehn Kategorien zu ihrer Unterteilung eingeführt (die olympischen Götter, der Homerische Zyklus, mythische Liebschaften, göttliche Familien etc.). Außerdem gibt es ein Namensregister, um die konkrete Suche nach jeder Figur zu vereinfachen.

Der Mythos von der Erschaffung der Welt

Die Frage nach dem Ursprung des Universums stellt sich nicht nur in unserer Zeit, in der Wissenschaftler versuchen, die Entstehung des Weltalls zu erforschen und zu begreifen. Es ist eine Frage, die in allen Kulturen und Glaubensrichtungen gestellt wurde und wird und die man versucht hat sowohl mit mythologischen als auch mit religiösen Erklärungen zu beantworten. Im Unterschied zu den Offenbarungsreligionen wie dem Judentum, dem Christentum oder dem Islam, die den Ursprung des Universums dem Eingreifen eines höchsten Gottes zuschreiben, ist in den archaischen Kulturen die Idee einer Schöpfung aus dem Nichts unüblich. Man war davon überzeugt, dass immer irgendetwas existiert hatte und dass die Gesetze des Kosmos ihren Ursprung im Übergang vom ursprünglichen Chaos zur Ordnung hatten.

Hesiod, einer der ersten griechischen Dichter, spricht in seiner *Theogonie* vom Chaos, das laut einiger Autoren die Verkörperung des ersten Zustands der Leere sei. Das Chaos war etwas Unermessliches, in dessen Schoß sich die wesentlichen Elemente der gegenwärtigen Welt miteinander vermischten und ohne Ordnung befanden. Die Einführung einer gewissen Harmonie in dieses Chaos geschieht in der Regel mittels eines Kampfes, aus dem eine Gottheit als Sieger und höchster Gott hervorgeht. In der griechischen Mythologie erhält Zeus diese Rolle.

Nach der *Theogonie* Hesiods gingen aus dem Chaos vier Wesen hervor: Gaia (die Erde), Eros (das sexuelle Begehren, das als wesentliche schöpferische Kraft gilt), Erebos (die Nebel der Unterwelt) und Nix (die Nacht). Gaia gebar ohne Befruchtung Uranus (den Himmel), das erste männliche Wesen. Aus Sicht der Antike befruchtete er als Himmel die Erde mit Regen. Aus den Begegnungen zwischen Gaia und Uranus, der Erde und dem Himmel, gingen die Titanen, zu denen auch Kronos zählt, die drei Zyklopen und die Hekatoncheiren, die hundertarmigen Riesen, hervor.

Die Version Hesiods berichtet nicht als einzige über den Ursprung des Universums. Der orphischen Tradition nach, schufen zum Beispiel das Wasser und die Elemente spontan die Erde, aus der ein monströser Kronos hervorging, der seinerseits den Aether, den Erebos und das Chaos schuf. Im Anschluss schuf er ein Ei, aus dem Eros hervorging, der wiederum den Mond und die Sonne erzeugte und später auch die Nacht, mit der er Uranus und Gaia erschuf.

Helios, 3. Jahrhundert v. Chr.

Die Zeitalter des Menschen

Hesiod ist der erste, der in *Werke und Tage* (8. Jahrhundert v. Chr.) von den Zeitaltern der Menschen berichtet. Nach ihm wurden sie jedoch von zahlreichen weiteren Autoren behandelt und manchmal auf vier oder auf drei reduziert. Den Zeitaltern entsprechend unterscheidet Hesiod fünf aufeinanderfolgende Menschengeschlechter, die die Erde bewohnten. Ihre Existenz war zu Beginn vollkommen und verschlechterte sich zunehmend. Jedes dieser Geschlechter wurde durch die Götter des Olymps geschaffen und endete nach einer gewissen Zeit mit seinem Aussterben. Ein Mythos, der zu der Meinung beiträgt, dass jede Zeit in der Vergangenheit besser war als die Gegenwart.

Jedes Geschlecht oder jedes Zeitalter hat, mit einer Ausnahme, seinen Namen durch ein Edelmetall erhalten: Das goldene Zeitalter, das silberne Zeitalter, das bronzene Zeitalter, das Zeitalter der Heroen und das eiserne Zeitalter.

Im goldenen Zeitalter regierte Kronos noch die Himmel. Die Menschen lebten, ohne zu arbeiten, in vollkommener Harmonie mit Flora und Fauna. Es gab weder Opfergaben noch Jahreszeiten. Die Menschen lebten einen ewigen Frühling, ohne altern zu müssen. Wenn sie starben, schienen sie dem Träumen erlegen zu sein. Die Natur versorgte sie mit allem was sie brauchten, ohne dass sie sich dafür anstrengen mussten.

Im silbernen Zeitalter, nach dem Exil Kronos' und mit Zeus als Regierendem über die Welt, erschufen die olympischen Götter ein zweites Menschengeschlecht. Die Jahreszeiten entstanden und mit ihnen die Veränderungen des Klimas, vor denen es sich zu schützen galt, indem Häuser gebaut oder Lebensmittel beschafft wurden. Die Menschen mussten das Land bestellen, um Getreide zu erhalten. Es war der Beginn der Landwirtschaft. Das Schlechte und der Schmerz entstanden.

Das bronzene Zeitalter war eine Epoche, die von einem kriegerischen Geschlecht bevölkert wurde, das sich am Ende selbst vernichten sollte.

Das Zeitalter der gerechten und tapferen Heroen war das der Halbgötter, die gemeinsam von den Unsterblichen und den Sterblichen gezeugt wurden und von denen in den antiken Epen erzählt wird. Viele von ihnen starben im Trojanischen Krieg.

Das eiserne Zeitalter, das bis in die Gegenwart Hesiods (die Antike) andauerte, war die Epoche, aus der, weniger glanzvoll, die Nationen, die Schifffahrt und der Bergbau hervorgingen.

Zeustempel, Athen

Titanomachie

Als Titanomachie (Altgriechisch Τιτανομαχία, Titanomakhía, Krieg der Titanen) bezeichnet man eine Reihe von Schlachten, die sich innerhalb von zehn Jahren die beiden Gottesgeschlechter, die älter als die Existenz der Menschheit waren, geliefert haben: Die Titanen, die von dem Berg Othrys aus kämpften, und die olympischen Götter, die auf dem Berg Olymp herrschen sollten.

Der jüngste Titan Kronos besiegte mit der Unterstützung seiner Mutter Gaia seinen eigenen Vater Uranus (Gott des Himmels und Herrscher über das Universum). Er entmannte seinen Vater, bemächtigte sich seines Thrones und befreite seine Titanengeschwister, die im Tartaros eingesperrt waren. Nachdem er die Macht an sich gerissen hatte, prophezeite ihm Uranus, dass sich seine eigenen Kinder wiederum gegen seine Herrschaft auflehnen würden, so wie er und seine Brüder es zuvor getan hatten. Aus Angst vor der Rebellion seiner zukünftigen Söhne wurde Kronos zu einem genauso schrecklichen Herrscher wie sein Vater es gewesen war und er aß seine Kinder im Ganzen, in dem Moment, in dem seine Schwester und Gemahlin Rhea sie gebar. Dennoch gelang es Rhea, ihren sechsten Sohn Zeus vor ihm zu verstecken, indem sie Kronos an seiner statt einen in Windeln gewickelten Stein übergab.

Rhea brachte Zeus in eine Höhle nach Kreta, in welcher dieser von den Kureten und den Nymphen Adrasteia und Ida aufgezogen wurde. Als Zeus erwachsen war, erhielt Kronos von Metis ein Mittel, dass ihn erbrechen ließ, wodurch seine Söhne befreit wurden. Zeus führte sie schließlich in der Rebellion gegen die Titanen an.

Und so erklärten die von Zeus angeführten Olympier der vorhergehenden Generation von Göttern, den Titanen, den Krieg. An deren Spitze stand Kronos und eingeschlossen waren außerdem Koios, Kreios, Hyperion, Iapetos, Atlas und Menoitios. Mit Zeus an ihrer Spitze gehörten zu den Olympiern Hestia, Hera, Demeter, Hades und Poseidon und sogar die Titanin Hekate. Wahrscheinlich kämpften Styx und ihre Kinder auch auf Seiten des Zeus, außerdem die Hekatoncheiren und die Zyklopen, die von Kronos eingesperrt worden waren. Es heißt, die Hekatoncheiren hätten den Olympiern geholfen, indem sie die Titanen mit riesigen Steinen beworfen haben, zu Hunderten. Die Zyklopen leisteten ihren Beitrag mit den berühmten Waffen Zeus', den Blitzen, mit dem Dreizack Poseidons und mit dem Helm der Unsichtbarkeit des Hades.

Jacob Jordaens, der Untergang der Giganten

Gigantomachie

Nachdem Zeus als Sieger der Titanomachie die Titanen in den Tartaros gesperrt hatte, fühlte sich seine Mutter Gaia gedemütigt und erklärte den Olympiern den Krieg. In die Schlacht schickte sie ihre Kinder, die Giganten.

Der Übergriff Gaias ereignete sich jedoch nicht direkt nach der Demütigung. Zeus hatte Zeit sich vorzubereiten. Da die Giganten für die Götter unsterblich waren, musste Zeus einen Halbgott zeugen, damit dieser den Göttern dabei helfen konnte, die Giganten zu besiegen. Deswegen vereinte er sich mit Alkmene und zeugte Herakles (Herakles).

Gaia hingegen ließ aus Rache ein Kraut wachsen, dass ihre Söhne für die Menschen unsichtbar und gegenüber ihren Schlägen unsterblich werden ließ. Doch Zeus verbot Eos, Selene und Helios so lange zu strahlen, bis er selber jenes Kraut gefunden und es sicher in den Himmel gebracht hatte.

Die Schlacht fand auf den Phlegräischen Feldern („brennende Erde") statt, wo die Giganten unter dem Befehl von Eurymedon, Alkyoneus und Porphyrion lebten. Die Götter und Herakles wagten gemeinsam einen ersten Angriff. Herakles griff zunächst Alkyoneus mit einem vergifteten Pfeil an, doch da dieser nur in seinem Geburtsland unsterblich war, verschleppte Herakles ihn aus seiner Heimat, um ihn zu töten. Im Anschluss überfiel Porphyrion den Himmel und stürzte sich auf Hera. Als Zeus seine Gattin in diesem Zustand sah, brachte er den Giganten mit seinem Blitz zu Fall, der von Herakles getötet wurde, noch bevor er wieder aufstehen konnte. Ein anderer Gigant, Ephialtes, wurde während seines Angriffes auf Ares von Apollon mit einem Pfeil am linken Auge verletzt, woraufhin sofort Herakles gerufen wurde, der mit einem Pfeil das andere Auge traf und ihn tötete.

Und so geschah es auch mit anderen Giganten (Eurytos, Klytios, Mimas, Pallas), die durch einen Gott verletzt und schließlich durch Herakles getötet wurden, bis die übrigen Giganten, verfolgt durch die Götter, den Rückzug in ihr Gebiet antraten.

Pergamonaltar

NEREUS

Übereinstimmungen zwischen Göttern

Die Übereinstimmungen zwischen den griechischen und den römischen Göttern sind das sichtbarste Zeichen für eine Kontinuität zwischen den religiösen und kulturellen Bevölkerungen, die im Mittelmeerraum gelebt und sich bis nach Nordeuropa ausgebreitet haben.

Die Äquivalenzen zwischen den Göttern veranschaulichen die zeitliche Nähe zwischen den beiden Kulturen, sowie die Bedeutung ihrer Hegemonie in der Antike. Wie die untenstehende Tabelle zeigt, besitzen die meisten der griechischen und lateinischen Götter die gleichen Eigenschaften.

Es gibt aber auch einige Figuren, die zwar die gleichen Personen verkörpern, aber unterschiedliche Namen tragen je nachdem, ob sie durch die griechische oder die römische Tradition benannt sind, wie Herakles – Herakles, oder Odysseus – Ulysses. Meistens erscheint uns der lateinische Name geläufiger.

Griechisch	Römisch	Bedeutung
Hades	Pluto	Gott der Unterwelt, der Verstorbenen, der Reichtümer der Erde (Edelsteine und Metalle) und der Schatten
Aphrodite	Venus	Göttin der Liebe, der Schönheit und des Begehrens
Apollon	Apollo	Gott des Lichtes, der Ordnung, der Musik, der Dichtung, der Kunst, der Medizinkunst und der Wahrsagung
Ares	Mars	Gott des verheerenden Krieges, der Gewalt, des Blutvergießens und des Zorns
Artemis	Diana	Jagdgöttin, Göttin der Fauna und des Mondes
Athene	Minerva	Göttin der Militärstrategie, der Weisheit, des „gerechten Krieges", der Kunstfertigkeiten, des Kunsthandwerkes und des Eigentums
Kronos	Saturn	Titan
Demeter	Ceres	Göttin der Erde, des Korns, der Pflanzen und der Fruchtbarkeit
Dionysos	Bacchus	Gott des Weins, des Pulses des Lebens, der Feste, der Festessen, des Rausches und der Freude
Hephaistos	Vulkanus	Gott des Feuers, Patron der Schmiede, der Metallurgie, der Technologie und der Waffen
Hera	Juno	Göttin der Ehe, der Familie und der Vermählungen
Hermes	Merkur	Gott der Händler, der Diebe, der Eloquenz und der Listen, Götterbote
Eros	Amor	Gott der körperlichen Liebe und des sexuellen Begehrens
Persephone	Proserpina	Göttin des Frühlings, Königin der Toten
Poseidon	Neptun	Gott des Meeres und der Meeresbewohner, der Seemänner und der Erdbeben
Zeus	Jupiter	Vater der Gottheiten, Gott des Himmels, der Blitze und des Wetters

Blick auf die Akropolis

Kronos: die entthronte Zeit

Die griechischen Götter sind souveräne Herrscher und in ihrer Maßlosigkeit machen sie, was sie wollen. So heiratete Kronos, der jüngste der Titanen, seine Schwester Rhea: Ihr ist die Eiche geheiligt. Seine Eltern Gaia, die Erde, und Uranus, der Himmel, hatten ihm prophezeit, dass eines seiner Kinder ihn entthronen werde. Deswegen begann Kronos die Kinder, die Rhea gebar, zu verschlingen: er aß Hestia, Demeter, Hera, Hades und Poseidon. Voller Unzufrieden brachte Rhea ihren dritten Sohn Zeus nachts im Lykaion-Gebirge in Arkadien zur Welt, wo es keine Gefahr gab. Rhea badete ihn im Fluss Neda und übergab ihn der Mutter Erde, die ihn in einer Höhle des Dikti-Gebirges auf Kreta versteckte.

Die Ziegennymphe Amalthea, die Bergnymphe Adrasteia und ihre Schwester Ide kümmerten sich in seiner Kindheit um Zeus und ernährten ihn ausschließlich mit der Milch Amaltheas, gesüßt mit Honig, zusammen mit seinem Adoptivbruder, dem Ziegenbock Pan. Für ihre Güte und ihre Pflege verewigte Zeus Amalthea als das Sternzeichen Steinbock. Er nahm außerdem eines ihrer Hörner und übergab es Ide und Adrasteia: das Füllhorn oder Horn des Überflusses, das sich immer dann füllt, wenn sich sein Besitzer Essen und Trinken wünscht.

Kronos suchte weiter nach Zeus, um ihn zu verschlingen, doch Rhea hatte ihn geschickt versteckt. Andere ihrer Kinder, die Kureten, kümmerten sich um Zeus und schlugen mit ihren Lanzen gegen ihre Schutzschilder, um das Weinen des Kindes in seiner Wiege zu übertönen. Rhea wickelte einen Stein in Windeln und übergab ihn Kronos, der ihn aß. Aber die Verfolgung ging weiter. Zeus erreichte das Mannesalter zwischen den Hirten im Ida-Gebirge. Auf einen Rat von Metis (dem Scharfsinn) besuchte er seine Mutter und bat sie, Mundschenk des Kronos zu werden, woraufhin er ihm ein wirksames Brechmittel verabreichte. Nachdem Kronos viel davon getrunken hatte, erbrach er zuerst den Stein und danach seine erwachsenen Söhne in unversehrtem Zustand.

Zeus wurde zum Anführer seiner Geschwister, der Zyklopen, von denen er den Blitz bekam, und der Riesen mit den hundert Händen, den Hekatoncheiren. Gemeinsam beratschlagten sich die Brüder und vereinbarten, Kronos zu entthronen: Hades, klaute mithilfe seines Helms der Unsichtbarkeit, den er auch von den Zyklopen geschenkt bekommen hatte, die Waffen des Kronos, Poseidon lenkte ihn mit seinem Dreizack ab und Zeus streckte ihn mit seinem Blitz, als konzentrierte Energie und höchster Ausdruck der Macht, nieder.

Francisco de Goya, Saturn verschlingt seinen Sohn

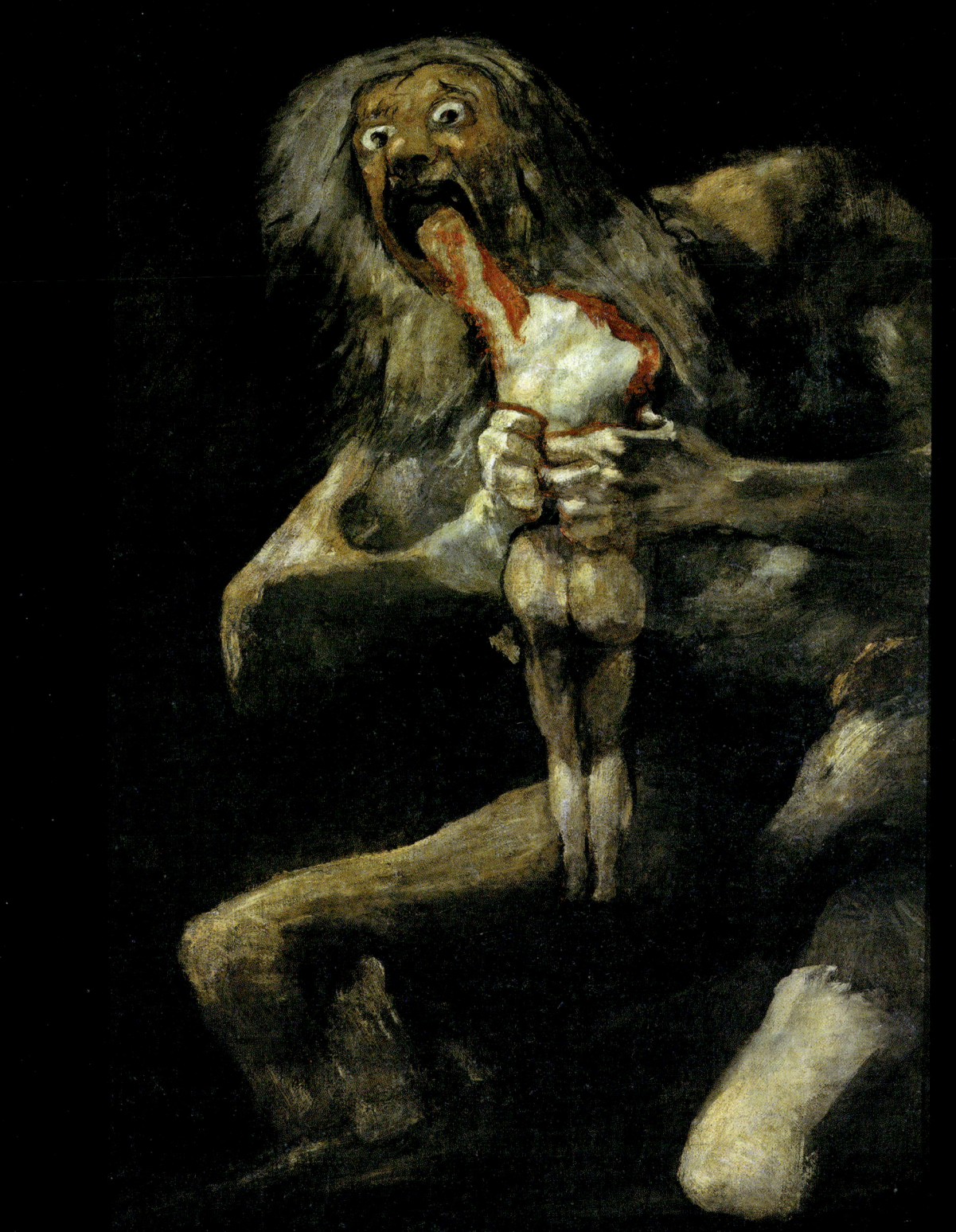

Zeus: der verängstigte Blitz

Zeus ist der große König der griechischen Götter, auch wenn er, wie sich bereits herausgestellt hat, nicht immer diese privilegierte Position innehatte. Er bestieg den heiligen Thron während der dritten Göttergeneration, und verdrängte damit seinen eigenen Vater Kronos. Mithilfe seiner Geschwister und anderer Verbündeter wurde er zum neuen Herrscher. Aber um eine Wiederholung des Zyklus zu vermeiden, musste die olympische Ordnung vervollständigt werden. Laut Hesiod vermählte sich Zeus bis zu sieben Mal: zuerst mit Metis, der Okeanidin und Verkörperung der Weisheit und des Scharfsinns, dann mit Themis, der Titanin und Repräsentantin des Gesetzes und der Ordnung, und schließlich – oder der geläufigen Tradition nach ausschließlich – mit Hera, seiner eigenen Schwester. Diese Frauen halfen, die Herrschaft Zeus' zu festigen und der Großteil der olympischen Götter wurden in diesen ersten Jahren erschaffen. Auch einige kleinere Gottheiten wurden geboren, die eine weitere Stütze der neuen Ordnung waren: die vier Jahreszeiten, die Moiren und die Musen. Außerordentlich in der Liebe zeugte Zeus mehrere Helden, wie Herakles oder Perseus, zukünftige Protagonisten der großen Heldentaten.

Doch die Anfänge waren geplagt von Unbeständigkeit und der Gott des Blitzes musste sich gegenüber mehreren Aufständen behaupten, die seine Hegemonie in Frage stellten: die des Typhon, der von der Erde geborenen Gigant, oder der Aloiden, der Söhne des Poseidon. Zeus verdeutlichte seine Vorherrschaft auch, indem er Prometheus besiegte, der ihm seine Macht entreißen wollte, um sie den Menschen zu übergeben. Mangel an Disziplin gab es manchmal auch auf Seiten der Götter, zum Beispiel als Zeus von Hera, Poseidon und Apollon während er schlief an sein Bett gefesselt wurde. Dennoch bleibt die Dominanz des Zeus' eine Tatsache, es gibt keinen Gedanken an eine „Götterdämmerung".

In sich vereinte Zeus eine Reihe von Naturphänomenen: nicht nur den Himmel, sondern auch das Wetter, die Stürme, den Donner und den Blitz. Schon Homer bezeichnet ihn oft als nephelegereta, „den Wolkensammler". Deswegen ist der Blitz, den ihm die Zyklopen nach seiner Befreiung übergeben haben, eines seiner Kennzeichen. Seine Herrschaft äußert sich auch in anderen Symbolen wie dem Adler – Zeus, der Herr der Adler – oder dem Zepter, als Allegorie für die Autorität der Könige über die Menschen, aber auch dem Stier, der Eiche oder der Aigis. Die Gestalten, die Zeus bei seinen Überfällen auf die Welt der Sterblichen annimmt, sind verschieden und reichen vom Blitz bis zum Stier.

Zeus ist also von außergewöhnlicher Macht, seine physische Stärke ist derjenigen der anderen olympischen Götter überlegen. Er ist der „Vater der Götter und der Menschen"; manchmal ist diese Zuschreibung metaphorisch, manchmal wörtlich zu verstehen. Innerhalb seiner eigenen besonderen Familie, ist Zeus' Verhalten nicht immer ehrenhaft und moralisch, und auch wenn er der Vater der Dike, der Gerechtigkeit, ist, positioniert ihn sein Benehmen, voller Inzest, Morde und Ehebrüche, am Rand der menschlichen Moralität.

Gian Lorenzo Bernini, Zeus, Plaza Navona

Poseidon: Meer, Pferd und Stier

Als Bruder des Zeus war Poseidon einer der Söhne des Kronos und der Rhea und entstammte dem Geschlecht der Titanen noch vor der Entstehung der olympischen Götter. Fast immer befand er sich unter Wasser in seinem marinen Reich. Nach dem Krieg gegen die Titanen herrschte Zeus über den Himmel und die Welt, Hades regierte den Tartaros und Poseidon die Meere. Poseidon besaß außerdem die Macht und die Fähigkeit, so Homer, die Erde mit Erdbeben, mit denen er die Welt zerstörte, zu erschüttern. Außerdem beschwörte er Meeresstürme und Seebeben herauf.

Auch Gemahl der Erde genannt, war er zu Beginn eine irdische Gottheit und ersetzte später kleinere Meeresgottheiten wie Nereus und Proteus. Er schuf die Pferde, die Stiere und die Delphine. Er besaß ein Viergespann, das von majestätischen Pferden gezogen wurde und einige von denen, die er aufzog, verschenkte er an andere: Als Pelops an einem Rennen teilnahm, um sich mit Hippodameia zu vermählen, so tat er das mit einem von Poseidon gestifteten Pferd. Er gewann und vermählte sich mit der jungen schönen Frau. Und als der König Peleus, Vater von Achilles, Tetis heiratete, schenkte Poseidon ihm zwei sprechende und unsterbliche Pferde.

Seine Gemahlin Amphitrite, sein Sohn Triton und seine Töchter Rhode und Benthesikyme lebten auch in seinem Unterwasserpalast. Poseidon war ebenso untreu wie Zeus und hatte viele Liebschaften: Mit Sterblichen, Göttinnen und Nymphen zeugte er unzählige Nachkommen. Bevor er sich mit Amphitrite vermählte, hatte er eine Liebschaft mit seiner Schwester Demeter. Zuvor zeugte er mit seiner Großmutter Gaia den Riesen Antaios, der von Herakles besiegt wurde. Der Zyklop Polyphem war ebenfalls sein Sohn und es heißt, auch der große griechische Held Theseus sei es gewesen.

Ein anderes Opfer seiner erotischen Leidenschaft war die Gorgone Medusa, die ursprünglich sehr schön gewesen war, aber von Athene in ein Monster verwandelt wurde, nachdem sie von Poseidon in Athenes Tempel überwältigt worden war. Als die Gorgone durch Perseus getötet wurde, war sie schwanger von Poseidon. Aus ihrem vergossenen Blut wurden Chrysaor und Pegasus, das geflügelte Pferd, geboren.

Der König Minos von Kreta bat Poseidon um einen Stier, um ihm diesen zu opfern. Doch der Stier war so schön, dass Minos ihn nicht töten wollte und ihn behielt, was den Zorn des Meeresgottes entfesselte. Pasiphaë, die Gemahlin des Minos, war verliebt in das Tier und beauftragte Daidalos, eine Kuh aus Bronze zu konstruieren, in die sie sich zurückziehen konnte, um sich mit dem Stier zu vereinen. So wurde der Minotaurus Asterion geboren, ein Ungeheuer, halb Mensch, halb Stier, das das Labyrinth bewohnte.

Neptunstatue, Florenz

Hades: Tod und Auferstehung

Als Gott des Todes und der Unterwelt ist Hades unsichtbar, düster und geheimnisvoll. Er ist außerdem der Namensgeber jener Welt, die in seinem dunkelsten und abgelegensten Teil einen Bereich namens Tartaros hat, ein Schauplatz besonders raffinierter Strafen. Im Tartaros leben die Titanen und andere verbannt, die besonders grausame Verbrechen begangen haben: der Riese Tityos, Mörder der Leto; Tantalos, gefangen von Hunger und Durst, lebt in der Welt des Hades umgeben von Delikatessen und hervorragenden Getränken; Sisiphos rollt ohne Ende einen Stein einen Hügel hinauf, nur um zu sehen, wie er danach immer wieder herunterrollt; Ixion ist auf ewig an ein sich drehendes Rad gefesselt; die Danaiden, die schuldig sind, ihre Gemahle in der Hochzeitsnacht ermordet zu haben, sind damit bestraft, Fässer ohne Boden mit Wasser zu füllen…

Einigen Quellen zufolge, befindet sich das Reich des Hades am westlichen Ende der Welt. Nach dem Tod fristen die Seelen dort ein beschwerliches und langweiliges Dasein und sehnen sich als körperlose Schatten zurück nach dem Leben. Geführt durch Hermes, in seiner Funktion als Psychopompos oder Begleiter der Seelen, gelangen sie in das dunkle Reich.

Gegen eine Münze, den Obolus, den die Angehörigen dem Charon in den Mund legen, bringt er sie mit seinem Boot über den Acheron, der das Reich der Toten von dem des Lebens trennt. Ohne die Münze muss der Tote unendlich umherirren. Es gibt kein Entrinnen, vor allem nicht für diejenigen, die Lebensmittel mit sich führen.

Hades war in Persephone – Tochter des Zeus und der Demeter – verliebt und hielt bei ihrem Vater um ihre Hand an. Zeus stimmte ohne Einwilligung der Mutter zu. Beim Pflücken von Blumen auf Sizilien wurde sie eines Tages von dem düsteren Gott verschleppt. Ihr Schrei war allerorts zu hören und Demeter konnte nicht verhindern, dass er sie mitnahm. Hades überzeugte sie, Granatapfelkerne zu essen und erreichte so, sie einige Zeit zurückzuhalten. Demeter, die Landwirtschaftsgöttin, weigerte sich, die Erde ohne die Rückkehr ihrer Tochter erblühen zu lassen. Die Felder vertrockneten und niemand hatte zu essen.

Die Mutter tat alles in ihrer Macht Stehende, um ihre Tochter zu retten. Doch Hades, der verliebte Tod, war in seiner Fleischeslust nicht aufzuhalten. Als absoluter Gott sah sich Zeus gezwungen einzuschreiten und entschied, dass die junge Frau einen Teil des Jahres mit ihrer Mutter verbringen solle, um so für Ernten zu sorgen, und den anderen Teil mit ihrem Gemahl, während die Welt den Winter verbringt.

Hadesbüste, römische Kopie eines griechischen Originals, 5. Jahrhundert v. Chr.

Hera: Schwester, Gemahlin, Feindin

Hera ist der Inbegriff der großen prähellenischen Göttin. Sie ist Zeus' Zwillingsschwester, der sich ihr als Kuckuck getarnt näherte. Mit diesem Vögelchen hatte sie Mitleid und beschütze ihn an ihrer Brust, wo der Gott auftauchte, um sie zu vergewaltigen. Aus Scham akzeptierte Hera, sich mit ihm zu vermählen und wurde seine dritte Gemahlin, auch wenn ihre Liebe sogar vor der Schlacht zwischen den Olympiern und den Titanen stattgefunden hatte. An der Vermählung nahmen alle Götter des Olymps teil und die Mutter Erde schenkte der Braut einen Baum mit goldenen Äpfeln, den die Hesperiden neben dem Berg Atlas bewachten. Die Hochzeitsnacht, die dreihundert Jahre dauerte, verbrachte das Paar auf Samos.

Das Paar hatte beständige Auseinandersetzungen. Verletzt von der Untreue ihres Gemahls, demütigte und fürchtete Hera ihn zugleich: Zeus' Blitz hätte sie töten können. Nur mithilfe von Intrigen und Tatkraft, die das außereheliche Leben ihres Gemahls hätten zerstören oder beenden können, konnte sie sich gegen ihn wehren. Manchmal lieh sie sich das Mieder von Aphrodite, das ihrer Trägerin eine überwältigende Schönheit verleiht, um ihn gefügig zu machen. Hephaistos, Ares, Eileithyia und Hebe waren Nachkommen des göttlichen Paares.

Hera wurde zu Schutzgöttin der verheirateten Frauen. So ist sie der Prototyp der eifersüchtigen, rachsüchtigen und intriganten Frau. Ihr durch Zeus provozierter Zorn reichte bis hin zu dessen Liebhaberinnen und ihren Kindern. Herakles, der aus der Verbindung von Zeus und Alkmene hervorgegangen war, wurde gewaltsam von ihr verfolgt und sie zwang ihn dazu, zwölf Arbeiten zu erledigen, zwölf unmögliche Aufgaben. Hera feindete ihn unaufhörlich an. Doch ihre Eifersuchtsattacken hatten auch Konsequenzen für sie selbst, denn Zeus verteidigte stets seine Liebhaberinnen und ihre Kinder: Als Herakles in einem durch Hera geschickten Unwetter gefangen war, bestrafte Zeus sie grausam. Es heißt, dass Hera sich später mit ihm versöhnte.

Hera rächte sich auch an den Königen von Orchomenos, Athamas und Ino für die Zeugung von Dionysos, Sohn des Zeus mit Semele. Auf ihren Befehl hin töteten die Titanen den gerade geborenen, zerlegten ihn und kochten die Stücke in einem Kessel. Ihre Großmutter Rhea holte ihn ins Leben zurück, allerdings verkleidet als Mädchen. Hera fand ihn und bestrafte Ino und Athamas mit Wahnsinn. Dieser tötete wiederum ihren gemeinsamen Sohn Learchos weil er ihn mit einem Hirsch verwechselte. Hera spielte auch eine Rolle im Urteil des Paris, der dabei allerdings Aphrodite als die Schönste auswählte. Paris wurde zerstört, ebenso wie seine Stadt, Troja.

Hera

Demeter: die Einteilung des Jahres

Demeter ist die Göttin des Weizens und der Kornfelder. Sie hält sich am liebsten in Eleusis und Sizilien auf, ist jedoch auch in Kreta, Thrakien und dem Peleponnes zuhause. Sie und ihre einzige Tochter Persephone sind sich sehr nahe und werden vom *demos* (dem Volk) einfach „die Göttinnen" genannt. Als Schutzgöttinnen des Wissens um den Getreideanbau sind sie bei der Einführung in die Mysterien des Eleusis zugegen, Ritualen, die im Flachland in der Nähe Athens bei der Aussaat von Weizen und Wildroggen abgehalten werden. In den Ähren dieser Pflanzen sind halluzinogene Pilze enthalten, die transzendente Visionen hervorrufen. Die Eingeweihten trinken zu Beginn der Zeremonie das Betäubungsmittel vermischt mit Wein und Wasser aus Bechern, an denen sich die Spuren des Pilzes noch tausende Jahre später nachweisen lassen.

Persephone – Tochter von Zeus und Demeter – und ihre Schwestern Athene und Artemis spielten mit den Nymphen in jugendlicher Frühlingsfreude. Da sah sie ihr Onkel Hades, der Bruder ihres Vaters, und verliebte sich in das schöne Mädchen. Er sprach mit Zeus, welcher der Verbindung zustimmte. Die Mythenforscher sind uneins darüber, wo es genau geschah: in Eleusis, Knossos oder Arkadien, nahe der zum Tartaros führenden Grotte? Niemand kann genau sagen, wo Persephone wandelte um Narzissen zu pflücken, als plötzlich Hades vor ihr einer Erdspalte entstieg. Der Totengott entführte das junge Mädchen und nahm es mit in sein dunkles Versteck, dessen Pracht der Atem des Todes und der Trauer Düsternis sind.

Demeter hörte Persephones Schrei, ebenso Hekate. Entsetzt eilte sie herbei, doch sie fand sie nicht. Ohne zu essen folgte sie ihr neun Tage und Nächte lang. Sie badete und rastete nicht, sie eilte mit einer Fackel in jeder Hand ihrem Kind hinterher. Selbst Hekate vermochte nicht zu erkennen, wer es war, der Persephone geraubt hatte – umhüllt vom Mantel der Nacht. Demeter war erschüttert. Gealtert ging sie nach Eleusis. Selbst die Sonne, der rote Helios, der alles sieht, konnte ihr nicht helfen. Sie beschloss, nicht eher an den Himmel zurückzukehren und ihr göttliches Werk nicht eher weiter zu führen bis sie ihre Tochter zurück hat. Sie wurde Amme und sorgte für das Kind Demophon, – einer anderen Überlieferung zufolge ist es Triptolemos – den sie beauftragte das Getreide in der ganzen Welt bekannt zu machen.

Währenddessen blieb die Erde unfruchtbar. Die Ordnung der Welt geriet ins Wanken. Schließlich befahl Zeus die Rückkehr Persephones: Die eine Hälfte des Jahres, so sprach er, soll diese bei ihrer Mutter weilen. Während der anderen Hälfte, die sie an der Seite ihres Gatten in der Unterwelt verbringt, soll das Land unfruchtbar sein.

Göttin Ceres, Theater von Mérida

Aphrodite: ein Netz der Leidenschaften

Die mit dem Gott der Schmiedekunst Hephaistos verheiratete Aphrodite hielt ihrem Gatten nicht die Treue. Zu ihrem Gewand gehörte ein Gürtel, der auf alle, die sie sahen, Götter wie Menschen, eine starke Anziehungskraft ausübte und sie begehrlich machte (ab und zu lieh sie ihn ausnahmsweise Hera, damit Zeus sich ihr in Liebe ergab). Ihr Wagen wurde von Tauben gezogen. Die Kinder von Hephaistos und Aphrodite, Eros (Amor), Phobos (Pavor), Deimos (Terror) und Harmonia, waren in Wirklichkeit von Ares, dem Kriegsgott, gezeugt worden.

Eines Nachts blieben die Liebenden zu lange im Schlafgemach von Ares' Palast in Thrakien und, informiert von Helios (der Sonne), kam Hephaistos ihnen auf die Schliche. In seiner Schmiede stellte der Betrogene ein eisernes Netz her, filigran aber solide, das er am Bett befestigte. Als Aphrodite von ihrem Liebesabenteuer heimkehrte, tat er, als sei er auf Reisen und es dauerte nicht lang, da lag das Liebespaar schon wieder beieinander. Diesmal jedoch konnten sie ihr Lager nicht mehr verlassen, sie waren gefangen. Hephaistos kam aus seinem Versteck hervor und rief die Götter und Göttinnen herbei, Zeugen dieser Schande zu sein.

Sogleich erschienen die Götter – nicht so die Göttinnen – die nackte Aphrodite zu sehen. Apollo fragte Hermes lachend, ob er nicht seinen Platz mit dem Kriegsgott zu tauschen wünsche. Hermes bejahte. Auch Poseidon verliebte sich in jenes zauberhafte Wesen. Er sagte, Zeus habe kein Interesse, in solch einen Ehestreit einzugreifen, dass er selbst aber dafür Sorge tragen werde, dass Ares die Hochzeitsgeschenke zurückzahle. Hephaistos bestimmte: Wenn Ares dies nicht täte, so stünde Poseidon der Platz unter dem Netz zu. Wieder lachte Apollo und fragte: „Bei Aphrodite?". Poseidon war bereit, die Liebesgöttin noch am selben Tag zu ehelichen.

Ares wurde befreit. Aphrodite war mit dem Wirbel, der um sie entstanden war, zufrieden und ging nach Paphos um ihre Jungfräulichkeit wiederherzustellen. Dann gab sie sich Hermes hin, mit dem sie einen Hermaphroditen, ein doppelgeschlechtliches Wesen, bekam. Mit Dyonisos, dem Gott des Weines, zeugte sie Priapos.

Zeus ließ Aphrodite sich in Anchises verlieben. Während der schöne König in seiner Schäferhütte schlief, besuchte sie ihn als phrygische Prinzessin, in eine rote Tunika gehüllt. Sie legten sich auf ein Lager aus Löwenfellen und blütenbedeckten Knochen, um sie herum summten Bienen. Aus dieser Verbindung ging Äneas hervor. Als er geboren war, war Aphrodites Liebe zu Anchises verloschen. Aphrodites tödliche Schönheit wurde auch Adonis' Verhängnis – ihren hübschen jungen Liebhaber tötete Ares in Gestalt eines Wildschweins.

Gefangen in Netzen, viel stärker als Metall, trennte sich Hephaistos nie von Aphrodite.

Geburt der Venus, Palazzo Vecchio, Saal der Elemente

Athene: der zivilisierte Krieg

Zwar ist sie eine kriegerische Gottheit, aber was Athene am Krieg reizt, ist gar nicht das Chaotische, Blutige, sondern die Kunst der Strategie und die Möglichkeit Zwistigkeiten auf friedlichem Wege beizulegen. Sie lehrt die Menschen die Zahlen und weibliche Kunstfertigkeiten wie Kochen, Spinnen und Töpfern. Sie ist die Erfinderin des Pfluges, des Jochs und Pferdegeschirrs, des Wagens, des Schiffs, der Flöte … Zivilisiert ist sie und trägt in Zeiten des Friedens keine Waffen. Benötigt sie diese, so bittet sie Zeus darum. Bei Gericht setzt sie sich für den Freispruch des Angeklagte ein. Zieht sie jedoch in die Schlacht, muss man sie fürchten: Nicht einmal Ares in rasendem Zorn vermag etwas gegen sie auszurichten. Sie geht planvoll vor und die Heerführer suchen stets ihren Rat.

Von nüchterner doch strahlender Schönheit, widersetzt sie sich jedem Annäherungsversuch. Während des trojanischen Krieges wollte sie Zeus wegen der Neutralität ihres Göttervaters in diesem Konflikt nicht um ihre Waffen bitten. So bat sie Hephaistos darum, eine besondere Ausrüstung für sie herzustellen. Der Schmiedegott lehnte eine Bezahlung ab und wagte zu beteuern, er täte ihr diesen Gefallen aus Liebe, doch die Bedeutung dieser Worte war ihr fremd.

Athene betrat die Schmiede um nach der Arbeit zu sehen. Hephaistos hörte Poseidon sagen, dass sie eher wünschte, dass er, der Schmied, sie mit Gewalt liebte. Aber Athene wich rasch zurück und der Gott ejakulierte auf ihrem Oberschenkel, den sie mit einer Handvoll Wolle abwischte und das Knäuel dann angeekelt auf die Erde warf. Die Wolle fiel in der Nähe Athens zu Boden und befruchtete zufällig die Mutter Erde, die sich weigerte den Sohn, Erichthonios genannt und halb Mensch halb Schlange, aufzuziehen.

Athene befestigte die Akropolis und Erichthonios begab sich in ihren Schutz, wo sie ihn in Liebe aufzog. Später, als Erichthonios König Athens war, führte er den Kult zu Ehren der Göttin ein und lehrte den Menschen den Umgang mit dem Metall Silber, das wertvoller ist als Gold, weil es schwierig zu bearbeiten ist und für den Mond steht.

Athene konnte neidisch und rachsüchtig sein. Arachne, die Prinzessin von Kolophon, eine geschickte Weberin, hatte ein Tuch hergestellt, auf dem die Liebesränke der olympischen Götter dargestellt waren. Athene suchte darauf nach irgendeinem Makel, konnte keinen entdecken und zerriss das Tuch voller Wut. Arachne erschrak und erhängte sich, Athene verwandelte sie in eine Spinne.

Statue Athenes, Griechenland

Artemis: wenn Luna jagt

Als Maid des silbernen Bogens ist Artemis ein anderer Name der dreifachen Göttin Luna. Sie hatte das Recht, ihren Hirschen Klee zu füttern, was die Dreieinigkeit symbolisiert. Als Schwester des Apollon trägt Artemis wie er Pfeil und Bogen. Ihr silberner Bogen ist der Neumond. Diese Göttin kann sowohl die Pest hervorrufen, als sie auch heilen. Sie schützt kleine Kinder und Tiere, die mit der Milch ihrer Mütter genährt werden.

Die Parzen nannten sie Schutzherrin der Geburt und der Gebärenden, da ihre Mutter Leto sie ohne Schmerzen geboren hatte. Mit drei Jahren bat sie ihren Vater Zeus, ihr die ewige Jungfräulichkeit zu gewähren und auf dem Berg leben zu dürfen, der der Jagd gewidmet ist. Sie wurde immer von zahlreichen Nymphen, ihren Priesterinnen, begleitet, die alle neun Jahre alt sein mussten, denn die Zahl des Todes des Mondes ist drei mal drei.

Hephaistos lud sie auf die Insel Lipara ein, um die in der Schmiede arbeitenden Zyklopen zu besuchen. Sie befahl ihnen, das, was sie taten, zu lassen und stattdessen für sie einen silbernen Bogen und einen Pfeilköcher zu fertigen. Im Gegenzug bot sie ihnen an, dass sie von der ersten erlegten Beute essen dürften. Sie ging nach Arkadien, wo sie Pan sah, wie er einen Luchs schlachtete, um damit seine Hunde zu füttern. Er schenkte ihr drei Hunde, die lebende Löwen in den Zwinger schleppen konnten. Sie band zwei Hirschkühe zusammen, damit sie ihren goldenen Wagen ziehen sollten, so ging sie in die Berge des Nordens. Im Olymp schnitt sie ihre erste Kiefernfackel und zündete sie an den Scheiten eines vom Blitz getroffenen Baumes an. Dann probierte sie ihren Bogen aus.

Sie hat keinen Mann. Ein Sohn von Tetis, Alpheos, verliebte sich in sie und folgte ihr durch ganz Griechenland. Als sie nach Letrini kamen, beschmierten sie und ihre Nymphen ihre Gesichter mit weißem Schlamm, man konnte sie so nicht mehr unterscheiden und Alpheos musste gehen. Da sie absolute keusch lebte, verlangte sie von ihren Gefährtinnen das Gleiche. Als Zeus Kallisto, die schönste der Nymphen, verführte, verwandelte Artemis sie in eine Bärin und wollte, dass ihre Hunde sie zerrissen. Aber Zeus nahm die Nymphe mit in den Himmel und stellte ihr Bild zwischen die Sterne.

Aktakon sah Artemis in einem Strom baden und starrte sie voller Ekstase an. Damit er sich nicht rühmen konnte, sie nackt gesehen zu haben, verwandelte sie ihn in ein Reh und sein Rudel Hunde riss ihn in Stücke.

Anton Raphael Mengs, Diana als Personifikation der Nacht, 1765, Madrid, Palacio de la Moncloa

Apollon: Musiker und Dichter, Bezwinger von Monstern

Er war der Sohn von Zeus und Leto, geboren in Delos, genährt mit Ambrosia und Nektar. Als er vier Tage alt war, übergab ihm Hephaistos einen Bogen und Pfeile. Er ging zum Berg Parnassus, wo die Schlange Python, die von der eifersüchtigen Hera geschickt wurde, gegen Leto vorging. Er verletzte sie aber die Schlange flüchtete nach Delphi, wo der Gott sie schließlich im Tempel tötete. Seine Zwillingsschwester Artemis reinigte ihn von diesem Tod.

Zu Ehren des Python, führte Zeus die Pythischen Spiele ein, reuevoll führte der Sohn der Leto den Vorsitz. Bei seiner Rückkehr nach Griechenland betrog Apollon Pan, den alten Gott mit den Ziegenfüßen, damit er ihm die Kunst der Prophezeiung beibrachte, so übernahm er das Orakel von Delphi und die Wahrsagerin dort.

Leto, die von den Abenteuern ihres Sohnes wusste, ging mit Artemis nach Delphi aber der Riese Tatis versuchte sie zu vergewaltigen. Die Zwillinge töteten ihn daraufhin mit ihren Pfeilen und sie folgten ihm bis in den Tartarus. Apollon tötete auch den Satyr Marsyas, besiegt durch das Spielen der Flöte, die Athene zusammen mit einem Fluch zu Boden geworfen hatte. Mit seinen Händen häutete er ihn und nagelte seine Haut an eine Kiefer. In einem anderen Wettbewerb schlug er Pan. Als Gott der Musik spielt er bei den Banketten der Olympier.

Nymphen und sterbliche Frauen sind seine erotischen Begleiter: Ptia, die Muse Talia, mit der er die Korybanten zeugte, Koronide, Mutter von Asklepios dem Arzt, Aria, Mutter von Mileto, Kirene, mit der er Aristeos bekam. Er verführte die Nymphe Driope, als sie zusammen mit ihren Freunden, den Hamadryas, auf die Herden ihres Vaters aufpasste: In Form einer kleinen Schildkröte näherte sich Apollo ihnen und als die Nymphe das Tier auf ihre Brust legte, verwandelte sich Apollon in eine pfeifende und Furcht einflößende Schlange. So konnte er Driope genießen, mit der er Amphissos bekam.

Er verfolgte auch Daphne, die Nymphe des Lorbeers, in die er sich verliebte. Als er aber die Flüchtende einholte, brachte Mutter Erde sie nach Kreta, wo sie als Pasiphae bekannt war. Von ihr blieb nur noch der Lorbeer übrig, aus dem Apollon Girlanden machte.

Gott der Weissagung, Poesie und Gesang. Als Apollon Phoebus repräsentiert er die Sonne. Er ist Vater der neun Musen, kann Wunden aus der Ferne mit seinem Bogen vollbringen, heilt sie aber auch. Obwohl er der Liebhaber und Herzensbrecher der Frauen ist, liebte er auch den schönen Hyakinthos, der wegen ihm starb. Er tötete die Zyklopen. Trotzdem glich er alle Exzesse aus.

Apollon von Belvedere, Museo Vaticano

Hermes: Dieb, Kaufmann, globaler Bote

Aus der Verbindung zwischen Zeus und Maya geboren, flüchtete Hermes schon nach einigen Tagen aus der Wiege. Er traf auf eine Kuhherde und beschloss, sie zu stehlen, ohne zu wissen, dass Apollon der Besitzer war. Um nicht entdeckt zu werden, fertigte er Hufeisen aus der Rinde einer Eiche, die er mit Kräutern an den Hufen der Rinder festband. So führte er die Kühe auf den nächtlichen Wegen. Apollon bemerkte den Diebstahl und bot eine Belohnung an. Satyren und Silenen hörten in Arkadien eine nie zuvor gehörte Musik: Ein Kind, in der Obhut der Nymphe Cilene, hatte eine Lyra aus einem Schildkrötenpanzer und Kuhdärmen gebaut. „Woher hat er die Därme?", meinten sie misstrauisch.

Apollon kam: Mayas Sohn solle die Kühe zurückgeben. Hermes gab frech zu, dass er nur zwei mitgenommen und getötet hatte. Mit ihnen, sagte er, habe er den zwölf Göttern das erste Fleischopfer angeboten. „Und wer ist der zwölfte Gott?", fragte ihn Apollon. Demütig antwortete Hermes: „Ihr Diener, Herr". Und mit seiner Lyra und dem Plektrum sang er ein Lied über die Tugenden des Apollon. Dieser vergab ihm im Austausch für die Lyra. Sofort erfand Hermes die Hirtenflöte, die er gegen das Geschenk der Prophezeiung tauschte.

Zeus warnte ihn, dass er nicht mehr lügen dürfe und die Eigentumsrechte der Anderen respektieren solle. Hermes versprach, keine Lügen mehr zu erzählen, obwohl er nicht garantierte, dass er immer die ganze Wahrheit erzählen würde. Der oberste Gott gewährte ihm das Privileg, sein Herold zu sein, und befahl ihm auch, Handelsabkommen, Handelsfreiheit und die Durchreise der Menschen zu überwachen. Er gab ihm einen Caduceus mit weißen Bändern, einen Hut, um sich zu schützen, und geflügelte goldene Sandalen, um sich schnell zu bewegen. So erhielt er die Attribute eines Gottes der Globalisierung im Mittelmeerraum.

Hermes zeigte den Olympischen Göttern, wie sie Feuer machen konnten, indem sie einen Holzstab rieben. Er war der Führer der Seelen in Richtung Hades. Dieser wies ihn an, die Sterbenden auf eine sanfte und eloquente Weise anzurufen und seinen goldenen Stab über ihre Augen zu legen. Er half den Parzen dabei, das Alphabet zu komponieren, schuf die Tonleiter, erfand die Astronomie, den Boxkampf, Gymnastik, Gewichte und Maße und den Olivenanbau. Von den Triaden, den Ammen des Apollon, lernte er die Weissagung mit Kieselsteinen. Er hatte viele Kinder, unter anderem Equion, Herold der Argonauten, Autolykus, Dieb und Daphnis, Erfinder der Poesie.

Charles-Andre van Loo, Merkur und Argus

Dionysos: Ekstase, Freude, Terror

Als Bergziege ist er Dioniso Zagreo, als Hirsch ist er Learco, getötet durch den verrücktem Atamante. Als Gott der Trunkenheit und Exzesse, fütterten die Nymphen ihn mit Honig. Die Titanen zerstückelten ihn als Kind, trotz seiner Fähigkeit sich in einen Löwen, einen Stier und eine Schlange zu verwandeln. Er wurde von Rhea, seiner Großmutter, wieder zusammengesetzt und ist der Sohn der Luna (Semele). Er erfand den Wein, als er auf dem Berg Nisa lebte.

Als Mädchen aufgewachsen, wurde Dionysos schließlich von Hera als der Sohn des Zeus anerkannt. Silenus war sein Lehrer und reiste mit ihm durch die ganze Welt, gefolgt von einer Armee wütender Mänaden, seinen betrunkenen Priesterinnen, die mit einen Stab (Thyrsos) mit umwickeltem Efeu, Schwertern und Schlangen bewaffnet sind. Er brachte den Wein nach Ägypten und im Delta des Nils lud er die Amazonen ein, die Herrschaft von König Amon wiederherzustellen, der aus seinem Königreich vertrieben worden war. Das war die erste seiner vielen Errungenschaften. Eine weitere war die Einführung des Weinanbaus im Mittelmeer.

Er ging nach Indien, wo er den König von Damaskus lebendig häutete. Ein von Zeus gesandter Tiger half ihm, den Tigris zu überqueren. Dort gründete er den Weinkult, eroberte das Land und gründete Städte. Bei seiner Rückkehr kämpfte er gegen die Amazonen und tötete viele von ihnen. Er kehrte durch Phrygien nach Europa zurück, wo seine Großmutter Rhea ihn von seinen vielen Verbrechen reinigte und ihn in ihre Geheimnisse einweihte.

Er fiel in Thrakien ein, wo ihm König Lykurgus entgegentrat und seine gesamte Armee gefangen nahm. Dionysos tauchte ins Meer und versteckte sich in der Grotte von Tethys. Rhea brachte daraufhin Lykurgus, den Wahnsinn, der seinen eigenen Sohn Driante tötete, als er glaubte, er würde einen Weinstock beschneiden. Thrakien wurde durch dieses schreckliche Verbrechen unfruchtbar gemacht und der Gott befahl Lykurgus zum Tode zu verurteilen, um die Dürre zu beenden; so wurde der thrakische König zum Berg Pangeo gebracht, wo er von wilden Pferden in Stücke gerissen wurde.

In Theben lud Dionysos die Frauen zu seinen Orgien ein. König Pentheus sperrte ihn zusammen mit seinen Mänaden ein aber da er verrückt wurde, kettete er anstatt Dionysos einen Stier an. Die wütenden Mänaden entkamen auf den Berg, wo Pentheus sie zu fassen versuchte aber Wein und religiöse Ekstase führten dazu, dass er auseinandergerissen wurde: Seine Mutter Agave selbst riss König Pentheus den Kopf ab.

In Naxos begegnete er der Liebe von Ariadne, die von Theseus verlassen worden war. Sie heirateten und Dionysos legte seine Hochzeitskrone zwischen die Sterne.

Nicholas Poussin, le Triomphe de Bacchus

Ares: der Konflikt des Blutes

Ares kam aus Thrakien und liebte wie alle Thraker den Krieg und alles, was mit Chaos und Zerstörung zutun hatte. In diesem Punkt ähnelt er seiner Schwester Aphrodite (Efris), die eine provokante Spezialistin für Gewalt, Eifersucht und Leidenschaft ist und deren Blut von einer schamlosen Leidenschaft für ihn durchflutet wird. Der Gott des Krieges und des Chaos bevorzugte keine Seite: Er kämpft im Moment, so wie es ihm gefällt, ohne Absprache oder Strategie. Er unterstützt und betet mal zu einem, mal zum anderen; Niemand kann auf ihn als Verbündeten zählen. Ihn freuen nur das Töten, Plündern und Verderben. Die Trojaner glaubten aus Naivität oder als Akt der Verzweiflung, dass er sie unterstützen würde aber der Gott griff nur diskret in den Krieg ein.

Aber dieser Wirbelwind der entfesselten Gewalt triumphierte nicht immer: Athene, geschickt und gerissen, besiegte ihn zweimal. Die riesigen Söhne des Aloko sperrten ihn für mehr als ein Jahr in ein bronzenes Gefäß ein und Hermes musste ihn fast tot befreien. Der sterbliche Diomedes verwundete ihn ebenfalls. Herakles ließ ihn in Panik in den Olymp, seine Zuflucht, fliehen. Er wurde von seinen Eltern, den obersten Göttern, gehasst, die ihn nur tolerierten, weil er ihr Sohn war. Neben Aphrodite ist der einzige, der ihn nicht hasst, Hades, denn Ares bringt ihm als Untertanen eine Vielzahl junger und tapferer toter Krieger.

Mit seiner Schwester, der Göttin der Liebe und Schönheit, bekam er Harmonia, die bei ihrer Hochzeit mit Kadmus alle Götter des Olymps beim Bankett empfing, wo die Götter mit den Menschen zusammenkamen. Deimos (Schrecken) und Phobos (Furcht) sind die Kinder dieses leidenschaftlichen Paares. Es war ihr egal ihren Ehemann Hephaistos mit ihrem Bruder Ares zu betrügen und ihm untreu zu sein.

Ohne sich seiner Turbulenzen zu schämen, hasste Ares Klagen vor Gericht und klagte selbst niemanden an. Er erschien nur einmal als Angeklagter, als die anderen Götter ihn für die Ermordung eines Sohnes des Poseidon, namens Halirroth, beschuldigten. Er behauptete, dass er nur seine Tochter Alkipe verteidigt habe, die von Halirrotio vergewaltigt werden sollte (obwohl Pausanias von vollzogener Vergewaltigung spricht). Nur Ares und seine Tochter waren Zeugen des Vorfalls. Sie bestätigte die Aussage ihres Vaters, der schließlich vom Gericht freigesprochen wurde. Dieser Rechtsspruch war der erste, der in einem Mordfall gesprochen wurde. Der Hügel, auf dem der Prozess stattfand, hieß Areopago oder Ares Berg. Er trägt immer noch diesen Namen.

Ares, Venedig

Hephaistos: das Eisen der Götter

Der Dichter Hesiod sagt, dass der deformierte, behinderte Gott Hephaistos ein parthenogener Sohn der Hera war, also ohne Beteiligung eines Partners – so wie Athene nur das Kind von Zeus war. Die Tradition erkennt ihn als Bewohner des Olymps und einen der zwölf Götter an. Nach seiner Geburt bewirkte seine mickrige Statur, dass die enttäusche Hera ihn aus dem Himmel warf. Er fiel aber ohne Schaden zu nehmen ins Meer und Thetis und Eurynome retteten ihn und behielten ihn in ihrer Unterwassergrotte. Er richtete sich dort seine erste Schmiede ein und widmete sich der Metallbearbeitung. Er war den Göttinnen, seinen Retterinnen, dankbar und fertigte Ornamente und Haushaltsgegenstände für sie an. Es vergingen neun Jahre.

Hera fand sich eines Tages bei Thetis ein, die eine von Hephaistos hergestellte Brosche trug, und fragte sie, wo sie ein so wundervolles Juwel bekommen habe. Da sie die Geschichte kannte, wagte Thetis nicht zu antworten aber Hera zwang sie, die Wahrheit zu enthüllen. Hephaistos wurde wieder in den Olymp gebracht, wo zwanzig Blasebälge seine göttliche Schmiede Tag und Nacht nährten. Hera arrangierte seine Ehe mit Aphrodite Callipyge und der Lahme verliebte sich sehr in sie.

Als Erfinder exquisiter Metallkreationen, versöhnte er sich mit seiner Mutter. Er warf Zeus vor, sie vom Himmel gehängt zu haben, als sie sich gegen ihn auflehnte. Wenn er geschwiegen hätte, hätte der Gottvater ihn nicht aus dem Olymp geworfen. Sein Fall dauerte einen vollen Tag und als er auf der Insel Limnos aufkam, brach er sich die Beine. Obwohl er unsterblich war, war er fast leblos, als die Bewohner der Insel ihn retteten. Er richtete sich eine weitere Schmiede in Lemnos auf dem Berg Mosquilo ein. Obwohl andere sagen, dass der Vulkan Ätna der Ofen war, in dem er seine Eisen schmiedete. Zeus nahm ihn dann wieder unter den Unsterblichen auf. Im Olymp hatte Hephaistos Krücken aus reinem Gold.

Hässlich und mit schwierigem Charakter, mit sehr starken Armen und Schultern, überraschte seine Arbeit selbst die Götter. Aus Gold machte er einige weibliche Roboter, die in seiner Werkstatt arbeiteten. Sie konnten reden und schwierige Aufgaben ausführen. Hephaistos hatte Stative mit goldenen Rädern, die sich um die Schmiede gruppierten. Utensilien, Werkzeuge und Waffen der Bronzezeit hatten magische Eigenschaften. Auf Wunsch von Thetis stellte der lahme Gott die Rüstung und den Schild her, die Achilles im Trojanischen Krieg trug. Hephaistos verrichtete einmal die Arbeit des Mundschenks und die Götter machten sich über ihn lustig.

Diego Velázquez, die Schmiede des Vulkans

Kinder Heras: Erben des Olymps

Zeus, triumphierend in seinem Kampf gegen seinen Vater, sah seine Zwillingsschwester Hera in Knossos, auf Kreta, obwohl anderen Versionen zufolge die Ereignisse auf dem Berg Tornax stattfanden (bis heute Kuckucksberg genannt), in der Argolis. Er hofierte sie aber sie akzeptierte ihn nicht. Um sie zu bewegen, näherte sich ihr der Gott in den Gärten in Form eines mit Schlamm bedeckten Kuckucks. Hera hatte Mitleid mit dem Vogel und wärmte ihn an ihrer Brust. Dann hörte der Kuckuck auf ein Vogel zu sein und Zeus erschien in all der fleischlichen Macht eines jungen Gottes, der von Verlangen besessen war. In dieser Form vergewaltigte er sie. Beschämt, fühlte sie sich verpflichtet, ihn zu heiraten.

Aus dieser Ehe wurden die Götter Ares, Hephaistos und Hebe geboren. Einige sagen, dass Hera eine bestimmte Blume berührte und somit Ares und seine Zwillingsschwester Aphrodite (Eris) empfing. Andere sagen, dass Hephaistos ein parthenogenes Kind der Hera war (ohne männlichen Eingriff). Zeus glaubte nicht, dass so etwas möglich sei und fesselte sie so, dass sie sich nicht bewegen konnte, auf eine stuhlförmiges Gerät, das er erfunden hatte. Die Arme des Apparats umschlossen die Person, die auf diesem unglücklichen Thron saß. Also hatte Hera keine andere Wahl, als auf den Fluss Styx zu schwören, dass das, was gesagt wurde, wahr war.

Hebe (Ἥβη Hêbê) andererseits, personifiziert die Jugend und ist eine Tochter von Zeus und Hera. Homer schrieb in der *Ilias*, dass sie als Mundschenk der Götter im Olymp arbeitete, deren Becher sie immer mit Nektar füllte; aber sie half auch Hera die Pferde vor den Wagen zu spannen oder badete und kleidete ihren Bruder Ares an. Nach seiner Apotheose (Verwandlung zum Gott) wurden Herakles und Hebe verheiratet und sie wurde in ihrer Arbeit durch Ganymedes ersetzt, der schnell zum Liebling des Zeus wurde.

Hebe konnte den älteren Menschen die Jugend zurückgeben: Sie machte Yolao für einen Tag wieder jung, als er auf Euristeos traf aber sie alterte auch die Kinder von Alkmeon, so konnten sie seinen Tod durch die Hände der Brüder von Arsione rächen, seiner erste Ehefrau. Die bescheidenen Tätigkeiten dieser Tochter der größten Götter des Olymps sind immer mit häuslichen Funktionen verbunden: Sie schenkte Nektar aus, aber der Nektar ist das Getränk, das den Göttern die ewige Jugend beschert. Sie ist also nicht nur ein einfacher Mundschenk, sondern sorgt für die Geschenke des Lebens, Stärke und Schönheit.

Peter Paul Rubens, die Geburt der Milchstraße, Hera still Herakles

Zeus und Europa: der Stier und die Jungfrau

Agenor und Telephasa hatten fünf Söhne: Kadmos, Phönix, Cilix, Tasos und Fineos und eine Tochter: Europa. Die Schönheit dieser jungen Frau war so groß, dass Zeus sich in sie verliebte und Hermes befahl, Agenors Vieh an die Küste von Tyrus im Libanon zu bringen, wo sie und ihre Freunde sich häufig aufhielten. Der Göttervater mischte sich unter die Herde in Form eines wunderschönen schneeweißen Stiers mit großen Halswülsten und kleinen edelsteinähnlichen Hörnern, zwischen denen eine einzelne schwarze Linie verlief.

Europa war fasziniert von der Schönheit des Tieres, das sanftmütig wie ein Lamm war. Fröhlich spielte sie mit ihm, indem sie ihm Blumen in den Mund steckte und seine Hörner mit Girlanden schmückte. Als größtes Zeichen des Vertrauens näherte sich der Stier dem Mädchen, sodass Europa in der Lage war, auf seinen großen Rücken zu klettern und bis zum Strand zu reiten. Der Stier stieg in das stürmische Wasser und begann zu schwimmen, mit ihr auf dem Rücken. Europa war zu Tode erschrocken und konnte nur noch beobachten, wie die Küste sich entfernte. Entführt klammerte sie sich mit einer Hand an das Horn des göttlichen Stiers mit der anderen hielt sie einen Korb mit Blumen fest.

Zeus ging in der Nähe von Gortina auf der Insel Kreta an Land. Dort verwandelte er sich in einen Adler und vereinigte sich mit Europa in einem Hain aus Weiden neben einem Bach. Andere sagen, dass das alles unter einem immergrünen Platanenbaum passierte. Aus ihrer Vereinigung entstanden Minos, Radamantis und Sarpedon.

Agenor schickte seine Söhne aus, um nach Europa zu suchen, mit dem Befehl, nicht ohne sie zurückzukehren. Sie gingen, ohne jemals zurückzukehren. Nur Kadmos fragte, nachdem viel Zeit vergangen war das Orakel von Delphi, wo man seine Schwester finden könne. Die Pythonistin riet ihm, seine Suche aufzugeben: Er sollte einer Kuh folgen und eine Stadt gründen an der Stelle, an der das Tier tot vor Erschöpfung umfallen würde. Die Kuh brach zusammen und er gründete Theben.

Europa, die von Zeus vergewaltigt wurde, scheint auf eine archaische Besetzung Kretas durch die Hellenen hinzudeuten, wo die Priesterin der Luna (Mond) triumphierend auf einer Stier-Sonne reitet, ihrem Opfer. Und diese Verführung der Europa durch Zeus, verwandelt als Adler, erinnert in gewisser Weise daran, wie er Hera in der Erscheinung eines mit Schlamm bedeckten Vogels erschien. Außerdem hatte Hera den Titel Europia. Auf Kreta ist der Name Europas Helotis.

Europa und der Stier, 480–460 v. Chr., Terrakotta

Das Urteil des Paris: dem Schicksal entkommend

Kurz bevor Prinz Paris in Troja geboren wurde, wo sein Vater Priamos regierte, träumte seine Mutter Hekabe, dass sie ein Holzbündel gebären würde, aus dem Feuerschlangen herausragten. Priamos ging zu seinem Sohn Esakos, einem Wahrsager, der ihm sagte: Das ungeborene Kind wird der Ruin dieses Landes sein. Ein paar Tage später bestand er darauf: „Die Trojanerin des Königshauses, die kurz vor der Geburt steht, muss zusammen mit ihrem Sohn getötet werden". Priamos tötete seine Schwester Cila und ihren Sohn, der an diesem Morgen geboren wurde. Aber Hekabe hatte vor Sonnenuntergang auch ein Kind geboren und Priamos verschonte beide. Die Wahrsagerin Herophila flehte Hekabe an, wenigstens das Kind zu töten aber die Eltern weigerten sich.

Der königliche Hirte Agelaos war verantwortlich für die schmutzige Arbeit aber er setzte das Baby nur auf dem Berg Ida aus, wo eine Bärin den kleinen Paris säugte. Agelaos kehrte zurück, sah die Szene und nahm den Prinzen mit zu sich nach Hause, um ihn aufzuziehen. Er zeigte Priamos die Zunge eines Hundes, um den ausgeführten Auftrag zu beweisen. Schon jung und kräftig platzierte Paris eine Krone zwischen den Hörner eines Stiers, der in Wahrheit der verwandelte Apollon war. Dies stieß auf Wohlwollen bei den Göttern.

Aber warum entschieden diese Götter dann die Zerstörung von Troja, der Stadt von Paris? Es war bereits beschlossen durch sie oder durch das Schicksal, als Eris den goldenen Apfel mit den Worten „Für die Schönste" auf der Hochzeit des Sterblichen Peleos und der Nymphe Tetis hineinrollte, an der die olympischen Götter teilnahmen. Zeus wollte sich nicht in die Diskussion zwischen Hera, Athene und Aphrodite über das Thema einmischen. Hermes brachte die Göttinnen auf den Berg Ida.

Sie fanden Paris auf dem Gargaros, dem höchsten Gipfel des Berges Ida. Er sollte nun beurteilen, welche dieser Göttinnen am schönsten war. Er musste nun wie ein Richter die Zwietracht lösen, die der Apfels ausgelöst hatte. Jede von ihnen, entkleidet, blieb eine Weile bei ihm. Niemand weiß, was dort passierte, aber Hera versprach ihm, dass er Herr von ganz Asien und der reichste Mann der Welt werden würde. Athene garantierte ihm militärische Triumphe und dass er zum schönsten und weisesten Mann werden würde. Aphrodite näherte sich ihm nackt und als sie ihm nahe war versprach sie ihm Helena, die Prinzessin von Sparta, die aus dem Ei eines Schwans und Zeus geboren wurde: Sie würde sich in ihn verlieben. Paris übergab ihr den Apfel.

Troja war seit dem Traum der Hekabe verloren.

Peter Paul Rubens, das Urteil des Paris

Zeus und Io: die Metamorphose des Geliebten

Io, Tochter des Flussgottes Inachos, war eine Priesterin der Hera. Iinge, Tochter des Pan und der Echo, hatte Zeus mit einem Zauber belegt, der sich daraufhin in Io verliebte. Von seiner Frau beschuldigt untreu zu sein und um zu sehen, wie er seine Macht zur Metamorphose nutzten konnte, bestrafte er Iinge, indem er sie in einen Vogel verwandelte und so log der Gott: „Ich habe Io nicht angefasst", während er sie in eine weiße Kuh verwandelte. Aber Hera beanspruchte die Kuh: „Sie gehört mir", sagte sie und gab die Kuh in die Hände von Argos Panoptes, damit er auf sie mit seinen hundert Augen aufpassen konnte. Die beleidigte Göttin befahl ihm: „Binde dieses Tier heimlich an einen Olivenbaum in Nemea". Zeus – dem nichts entging und dem niemand widerstehen konnte – wusste aber davon und schickte Hermes, um Io zu retten. Er selbst ging nach Nemea, als Specht verwandelt.

Aber Hermes war ein hinterlistiger Dieb und wusste, dass er den Auftrag nicht ausführen konnte, ohne dass eines von Argos hundert Augen ihn sah. Da griff er zu einem radikalen Mittel: Mit seiner Flöte spielte er eine Musik, die Argo einschlafen ließ. Dann zerschmetterte er ihm mit einem großen Stein den Kopf und ließ Io frei. Hera setzte später die Augen des Argos in den Schwanz eines Pfaus ein, als Erinnerung an seinen Mord dann sorgte sie dafür, dass eine Stechfliege Io stach und durch die ganze Welt verfolgte.

Angespornt von dieser Rache ging Io zum östlichen Mittelmeer: Zuerst ging sie nach Dodona, sie passierte das Ionische Meer, den Berg Hemo über das Delta des Danubio umrundete sie das Schwarze Meer, überquerte den Bosporus in Krimea und fuhr den Fluss Hybridstes bis zu seinen kaukasischen Quellen hoch. Sie kehrte durch die Kolchis und den thrakischen Bosporus nach Europa zurück, galoppierte nach Tarso und Yope in Kleinasien. Von dort ging sie nach Baktrien und nach Indien, kehrte nach Arabien zurück und kam nach Äthiopien zu den Quellen des Nils und ruhte sich in Ägypten aus. Aber der Gott hatte sie berührt: Sie brachte Epaphos zur Welt.

Io wurde irgendwann in ihre menschliche Form zurückverwandelt. Sie heiratete Telegon und errichtete den Kult der ägyptischen Isis. Andere sagen, dass Inakos über Argos herrschte und seine Tochter Io zu Ehren des Mondes (Luna) anrief, der dort unter diesem Namen verehrt wurde. Zeus Pico schickte seine Diener mit dem Befehl, die junge Frau mitzunehmen, die er sofort vergewaltigte. Io starb vor Scham in Syrien.

Relief von Isis, Fassade des Heiligtums der Isis, Dion, Achäologisches Museum

Atalante und Hippomenes:
die Löwen von Cibeles

Atalante war eine berühmte griechische Jägerin. Ihr Vater war König Atamante von Arkadien, der laut der Geschichte mit der Geburt seiner Tochter nicht sehr zufrieden war, da er sich einen Sohn gewünscht hatte. Aus diesem Grund wurde die Prinzessin auf dem Monte Partenio ausgesetzt. Aber die Göttin der Jagd Artemis sah das Ereignis und da sie nicht damit einverstanden war, sandte sie eine Bärin, die das Kleine säugte und es als eines ihrer Jungen aufzog. So lebte sie, bis eine Gruppe von Jägern sie fand und sich um sie kümmerte. Sie lehrten sie die Kunst der Jagd, bei der sich die junge Frau schnell hervortat, bis zu dem Punkt, dass sie in dieser Disziplin überaus erfahren wurde. Sie konnte einen Speer weiter und genauer ins Ziel werfen als jeder andere, außerdem konnte sie mit Pfeil und Bogen umgehen und hatte den Ruf, die schnellste Läuferin zu sein.

Ihr Ruhm war so groß, dass sie sich das Recht erwarb, auf der Suche nach dem Goldenen Vlies als Teil der Gruppe der Mannschaft der Argo teilzunehmen. Sie spielte auch eine führende Rolle bei der Jagd auf den Kalydonischen Eber, als Meleagros sich unsterblich in sie verliebte, was die Tragödie in seine Familie brachte, da seine Onkel und er selbst sterben mussten.

Atalante war die Ursache für andere Todesfälle weil ihre Schönheit und Begabung legendär waren, was viele Bewerber anzog. Aber sie hatte ihr Leben der Göttin Artemis geweiht, daher wollte sie ihre Jungfräulichkeit bewahren. Damit die Bewerber abgewehrt werden konnten, stellte sie als Bedingung, dass wer auch immer sie in einem Rennen schlagen konnte, ihre Hand bekommen würde. Wenn sie aber den Verehrer besiegen würde, erwartete ihn der Tod. Auf diese Weise verloren viele Freier sowohl den Wettkampf als auch ihr Leben.

Ein junger Mann namens Hippomenes beschloss, sein Glück zu versuchen, wofür er den Rat der Göttin Aphrodite suchte. Sie gab ihm einige der goldenen Äpfel aus dem Garten der Hesperiden und riet ihm, sie zu werfen, um Atalante abzulenken. So warf Hippomenes jedes Mal, wenn Atalante im Rennen die Führung übernahm, einen goldenen Apfel. Das junge Mädchen wurde langsamer, um die Äpfel aufzuheben, sodass Hippomenes am Ende als Erster die Ziellinie überquerte und das Rennen und die Hand von Atalante gewann.

Getrieben von der Leidenschaft, die zwischen ihnen entstand, machten sie unglücklicherweise den Fehler, eine leidenschaftliche Begegnung in einem Tempel der Göttin Kybele zu haben. Diese verwandelte sie zur Strafe in ein paar Löwen und zwang sie, ihren Wagen für alle Ewigkeit zu ziehen.

Guido Remi, Hippomenes und Atalante, Detail

Hyakinthos und Zephyr: den Kopf verlieren aus Liebe

Der junge Hyakinthos war ein Spartaner, der sich seit seiner Jugend durch seine Schönheit auszeichnete. Aus den Quelle geht nicht klar hervor, woher er abstammte, aber in allen Geschichten wird seine Schönheit hervorgehoben.

Zwei Gottheiten verliebten sich wild in den athletischen jungen Mann, als sie ihn sahen, und versuchten, seine Gunst und Akzeptanz zu gewinnen. Es waren Apollon, der Gott der Künste und Musik, und Zephyr, Gott des Westwinds. Beide Götter umwarben ihn, um ihn zu ihrem Geliebten zu machen. Und schließlich erlag der junge Mann den Reizen des Gottes Apollon und wählte ihn aus.

Dies verursachte Eifersucht und Wut in Zephyr, der sich zurückzog aber sowohl dem jungen Mann als auch dem Gott böse gesonnen war. Hyakinthos und Apollon wurden unzertrennlich, teilten den ganzen Tag miteinander, spielten, spazierten und liebten sich gegenseitig wie verrückt. In Zephyr wuchs ein grenzenloser Groll gegenüber dem Paar, der von der Freude und der Liebe der beiden genährt wurde. Es wird gesagt, dass Apollon in dieser Zeit seinem jungen Partner viele Dinge beibrachte wie das Schießen mit Pfeil und Bogen oder die Kunst der Musik.

Bei einer Gelegenheit, als die beiden idyllisch durch die Landschaft spazierten, beschlossen sie, ihre Körper zu stählen und zu trainieren, indem sie die sogenannten männlichen Sportarten der Olympier übten. So begannen sie mit Diskuswerfen. Aufgeregt entschied Apollon, seinen jungen Liebhaber zu beeindrucken, indem er die Scheibe mit all seiner Kraft warf. Hyakinthos wollte ebenfalls Eindruck auf den Gott machen und beschloss, die Scheibe zu erreichen und zu fangen.

Zephyr sah die Szene und machte sich eifersüchtig daran, mit aller Kraft zu blasen, sodass er die Scheibe vom Weg abkam und Hyakinthos Kopf traf. Der junge Mann fiel auf den Boden und blutete am Kopf. Apollon rannte zu ihm, um ihm zu helfen, aber nicht einmal seine Künste als Gott der Medizin genügten, um den Jungen zu retten. Bevor Hades den Körper des toten Jungen beanspruchen konnte, verwandelte Apollon sein Blut in eine Blume, die fortan als Hyazinthe bekannt war, und tränkte sie mit seinen eigenen Tränen.

So endete diese Geschichte von Liebe und Hass, als Zephyr es vorzog, lieber den Tod des jungen Mannes zu sehen, als mitanzusehen, wie er ein glückliches Leben mit einem anderen lebte. Bis heute gilt die Hyazinthe als Blume mit Bedeutung der Trauer. Und an der Stelle, wo der junge Mann starb, wurde ein Denkmal errichtet, um ihn zu Füßen einer Statue seines geliebten Apollon zu ehren.

Giambattista Tiepolo, Tod des Hyakinthos

Kosmische Genealogie des Eros

Am Anfang war das Chaos, die Nacht, der schwarz Erebo und der weite Tartarus und nicht einmal Gaia [die Erde] oder Aer [die Luft] und auch nicht Uranos existierten; in den unendlichen Brüsten von Erebo erschien in der schwarz beschwingten Nacht zuerst ein Ei, aus dem am Ende der Zeiten Eros, der Gewünschte, entsprang, schimmernd war sein Rücken und mit goldenen Flügeln, ähnlich wie windige Wirbelstürme. Dieser, nachdem er sich dem geflügelten Chaos im weiten Tartarus angeschlossen hatte, brütete unsere Rasse aus und war der Erste, der sie ans Licht brachte. Bislang gab es noch nicht die Rasse der Unsterblichen, bis Eros in sich alle Dinge vermischte; und nachdem einige Dinge mit anderen vermischt wurden, wurden Uranos, Okeanos, Gaia und die unvergängliche Rasse aller glücklichen Götter geboren …

Es ist der Chor der Vögel, der so in *die Vögel* von Aristophanes spricht. Eros, „an das düstere Chaos im engen Tartarus gebunden?". Zu dunkel und ursprünglich für ein unschuldiges Kind, das Pfeile auf die Liebenden schießt. Nein: Aristophanes spricht in diesem Teilabschnitt vom universellen Prinzip namens Eros (Liebe), nicht von einer Person, die die Welt existieren lässt. Dieser Eros vereint keine Paare, er ist kein Heiratsvermittler, sondern er mischt alle Dinge zusammen. Diese Mischung bildet Himmel, Erde, Ozean, Luft …

Vor allen anderen wurde das Chaos geboren, dann Gaia (die Erde) mit breiter Brust und festem Sitz aller Dinge für immer, der nebelige Tartarus in einer Ecke der Welt mit breiten Wegen und Eros, der der hübscheste aller unsterblichen Götter war, und der die Gemeinschaft entspannte. In seiner Brust herrschten der Verstand und der weise Rat aller Götter und aller Menschen.

So sagt es Hesiod in seiner Theogonie. Es ist der Eros, der das universelle Wertprinzip ist und nicht ein verspielter und frecher Gott, der von Aphrodite geboren wurde und schon als Kind mit einem Pfeilköcher ausgestattet war, gefüllt mit Pfeilen, die vor Liebe töten konnten. Und Fanes – so sagen Kirk und Raven – ist eine orphische Entwicklung des kosmogonischen Eros von Hesiod: geflügelt, bisexuell, selbstbestäubend, hell und ätherisch, erleuchtet er die ersten göttlichen Generationen und produziert den Kosmos.

Der beliebte Eros, in Rom als Amor (Cupido) bekannt, war hauptsächlich der Schutzherr der Liebe zwischen Männern, während seine Mutter Aphrodite für die Liebe von Männern und Frauen zuständig war. Die Statue dieses Eros wurde häufig auf den Kampfplätzen aufgestellt, Treffpunkte für Männer und Jünglinge. Seine Brüder sind Anteros (die erwiderte Liebe) und Himero (das sexuelle Verlangen).

Eros, London, Picadilly Circus

Psyche und Eros: den Traum der Liebe sehen

Psyche (Schmetterling, Atem, Seele) war so schön, dass Aphrodite selbst sie um ihre Schönheit beneidete und Eros den Befehl gab, einen Pfeil auf sie zu schießen, der bewirken sollte, dass sie sich in den hässlichsten und schrecklichsten Mann im Universum verlieben sollte. Sie war die schönste von drei Schwestern, Töchter des Königs von Anatolien. Aphrodites Sohn Eros gehorchte seiner Mutter, ohne zu fragen, so wie er es normalerweise immer tat.

Aber als er Psyche sah, veränderte sich sein Verhalten: Er verliebte sich in Psyche und schoss den Pfeil ins Meer. Als Psyche schlief, nahm er sie im Flug mit in seinen Palast. Um die Wut seiner Mutter zu verhindern, erschien Eros vor Psyche immer nur nachts und verbot ihr jegliche Frage über ihn. Eros, die Liebe in Person, der lächelnde und zugleich perverse Sohn der Aphrodite, vernachlässigte seine Pflichten und begehrte eine Sterbliche, die schon von der Göttin missbilligt wurde. Sie liebten sich in der Dunkelheit, ohne sich zu sehen. Eines Nachts erzählte Psyche ihm, dass sie die Gesellschaft ihrer Schwestern vermissen würde. Eros willigte ein, sie zu treffen, warnte sie aber vor ihren bösen Absichten.

Ihre Schwestern fragten sie, wer ihr Geliebter sei. Psyche war aber nicht in der Lage, sein Aussehen zu beschreiben, da sie ihn nie gesehen hatte und beschwor, dass sie wirklich nicht wisse wer er sei. Die erschrockenen Schwestern intrigierten gegen den Unbekannten: Warum kommt er nur in der Nacht? Warum verschleiert er sich? Was ist, wenn er ein Monster ist?, fragten sie sie. Und sie überzeugten ihre Schwester. In der Dunkelheit sollte sie eine Lampe anzünden und durch dieses Licht ihren Liebhaber ansehen. Psyche entzündete also mitten in der Nacht eine Lampe. Sie schaute andächtig auf ihren schlafenden Liebhaber. So versunken, dass ein Tropfen des heißen Öls auf das Gesicht des schlafenden Eros fiel, der davon wach wurde und der daraufhin enttäuscht seine Geliebte verließ. Nachdem sie ihre Liebe verloren hatte, wanderte sie über die Erde, auf der Suche nach ihm.

Sie betete zu Aphrodite, ihr die Liebe des Eros zurückzugeben. Die Schwiegermutter befahl ihr, zum Hades zu gehen, um ihr eine schwarze Kiste zu bringen, in der ein Stück Schönheit aufbewahrt wurde, die Persephone verwahrte.

Psyche nahm ein bisschen von dieser Schönheit für sich … vielleicht konnte sie auf diese Weise Eros wieder anziehen. In der Kiste war ein störender Styx Traum, jedoch vergab Eros ihr und reinigte ihren Schlaf. Er bat dann Zeus und Aphrodite um Erlaubnis, Psyche heiraten zu dürfen. Zeus machte Psyche unsterblich und Aphrodite tanzte bei der Hochzeit.

Apuleius, römischer Autor, schreibt in seinem satirischen Roman *Der goldene Esel* dem Paar eine Tochter, Hedone (Vergnügen), zu.

Antonio Canova, Psyche und Eros

Zeus und Semele: Lunation der Begierde

Semele (Luna) war die Tochter von Kadmos und Harmonia, Herrscher von Theben: Eine Sterbliche, die Zeus zu seiner Geliebten machte. Er zeugte mit ihr Dionysos, den Gott des Weines und des Weinbaus. Hera erfuhr davon und nahm eifersüchtig das Aussehen der alten Kinderfrau von Semele an, genannt Beroe, und mit diesem Aussehen schlug sie ihr vor, Zeus zu verlassen. Aber Semele war schon schwanger und widersetzte sich ihr. Dafür wurde sie bestraft. Die Figur der alten Amme sagte ihr, dass man sie betrügen würde: Dein Geliebter ist nicht Zeus sondern ein sterblicher Mann, der deine Liebe für den Gott ausnutzt. Wenn du sicher sein willst, fügte sie hinzu, bitte ihn um eine Probe seiner Macht, ein Zeichen seiner Herrlichkeit: „Bist du Zeus? Beweis es mir".

In dieser Nacht bat Semele Zeus, in seiner ganzen Macht vor ihr zu erscheinen. Ja, antwortete er, und ich schwöre beim Styx, ich werde dir alles geben, was du dir wünschst. Aber das war nicht sehr zufriedenstellend und vertrieb nicht ihre Zweifel. Die Worte von Heras Ratschlag stimmten mit Semeles Antwort an Zeus überein: Ich möchte, dass du in deiner schrecklichsten Pracht und vernichtendsten Kraft vor mir erscheinst. Zeus blieb stumm. Und dann versuchte er sie zu überzeugen: Worum du mich bittest ist zu gefährlich, du könntest verletzt werden. Es war nutzlos, sie wollte nur, was sie verlangte.

Zeus wollte sie nicht verlieren. Aber die strahlenden Kräfte des Gottes, die sterblichen Strahlen, verbrannten und zerstörten Semele für immer. Das Kind, das sie in ihrem Bauch trug, wurde von Hermes herausgerissen und dann bei einer erfolgreichen Transplantation in Zeus Oberschenkel gesetzt. Aus diesem Grund wurde das Kind Dionysos zweimal geboren. Der schreckliche Dionysos, der turbulente Trinker, der blutige Erfinder des Weines, der die Reben mit den Füßen zerquetscht und den vitalen Saft extrahiert, war es auch, der Semele später aus der Heimstatt des Hades rettete.

Sie wurde unsterblich und erhielt den Namen Tione, (auf Griechisch Θυωνη, die Brennende), Göttin der Ehe. Nachdem er durch Lerna zum Tartarus hinuntergegangen war, bestach er Persephone mit der Gabe einer Myrte, damit seine Mutter befreit werden konnte. Semele fuhr mit ihm den Tempel der Artemis in Trecen hinauf. Ein Teil der Konstellation namens Corona Austral oder Köcher des Schützen heißt Zopf der Tione, zu Ehren der neuen Göttin Semele.

Peter Paul Rubens, Tod der Semele

Zeus und Antiope: von Liebe und Wut

In einer Version der Geschichte verführte Zeus Antiope, die Tochter des Thebaner Nicteo. Die junge Frau flüchtete in den Palast des Königs von Sicion, der sich dazu bereit erklärte, sie zu heiraten, was einen Krieg verursachte. Verwitwet und zurück in Theben gebar sie die Zwillinge Anphion und Zeto in einem Dickicht an der Straße. Ihre Kinder wuchsen weit weg bei den Bauern auf. Sie jedoch wurde im Haus ihrer Tante Dirke versklavt. Sie flüchtete von dort, dahin wo Amphion und Zeto wohnten, aber ihre Kinder hielten sie zunächst für eine Sklavin. Einer geflüchteten Sklavin gab man keine Unterkunft. Ihre Herrin Dirke, Opfer einer bacchischen Raserei, schleppte sie aus der Hütte. Ein Bauer warnte die Brüder: „Eine Furie nimmt eure Mutter mit". Sie kamen heraus und retteten sie. Sie banden die wütende Dirke an die Hörner eines Stieres, der sie tötete.

Eine andere Version bezieht sich darauf, dass Antiopes Vater der Asopo Fluss ist. Eines nachts verkleidete sich der König von Sicion mit den Kleidern von Liko, Antiopes Ehemann, und verführte sie. Liko trennte sich von ihr und heiratete Dirke. Zeus konnte auf diese Weise Antiope umwerben und sie schwängern. Und obwohl Antiope von ihrer Tante in einem dunklen Verlies eingesperrt worden war, konnte Zeus sie befreien. Sie gebar dann Anphion und Zeto auf dem Berg Citeron. Die Brüder wuchsen unter Hirten und Kühen auf, unter denen Antiope schon einmal Zuflucht gesucht hatte, und sie verstanden, wie sehr schlecht ihre Mutter behandelt wurde, was sie zur Rache anregte.

Sie fanden Dirke an den Hängen des Berges Citeron, in einem Zustand wütender bacchischer Raserei. Sie fesselten sie an die Hörner des Stiers. Sobald sie tot war, warfen sie sie auf die Straße, woraus die Dirkea Quelle hervorging. Weil Dirke Dyonisos huldigte, bewirkte ihr Gott, dass Antiope wütend die ganz Hellas durchquerte bis Phoko, der Enkel von Sisyphos, sie heilte und heiratete.

Anphion und Zeto gingen nach Theben, wo sie König Laius vertrieben und die Unterstadt bauten. Dort regierten sie gemeinsam. Zeto heiratete Theba, deren Name die Stadt bekam, die früher Kadmea hieß, Amphion heiratete Niobe.

Die beiden Zwillinge sind im selben Grab in Theben begraben, von dem die Menschen Erde nehmen, um es auf das Grab von Phoko und Antiope zu legen.

Anton Van Dyck, Zeus und Antiope

Kallisto: vage Sterne des Großen Bären

Ihr Name, ausdrucksstark wie wenige, wird übersetzt als die Schönste. Sie gehörte zum Hofstaat der Göttin der Jagd, Artemis, und hatte die strengen Keuschheitsgelübde abgelegt. Zeus verliebte sich in sie und da er reich an Mitteln war, um sie zu bekommen, verkleidete er sich als Artemis oder als Apollon selbst. Die schöne Nymphe gab ihre Keuschheit auf und wurde schwanger. So wurden Kallisto und Zeus die Eltern von Arkas, dem Namensgeber der Arkadier. Sie war die Tochter von König Lykaon von Pelasgia, dem zukünftigen Arkadien.

Aber die Tricks von Zeus wurden immer entdeckt. Auch wenn er Kallisto in eine Bärin verwandelte, bemerkte es Hera doch und sie bat Artemis, ihre frühere Schutzgöttin, ihre Pfeile auf das Tier abzuschießen, da sie doch ihren Schwur gebrochen hatte. Artemis, in einer anderen Version des Mythos, hatte Kallisto beim Baden in einem Fluss überrascht und ihren schwangeren Bauch gesehen. Es war also diese Göttin, die Kallisto bestrafte und sie aus ihrem Hofstaat vertrieb.

Als Ergebnis all dieses kosmischen Theaters starb Kallisto schließlich. Und Zeus, um seinen Sohn zu retten, verwandelte Kallisto in die sogenannte Konstellation des Großen Wagens (Großen Bärens) und machte sie damit unsterblich. Arkas, der Junge, wurde von Zeus der Nymphe Maya übergeben, damit sie ihn aufzog. Thetis, die Ehefrau des Okeano und Kinderfrau der Hera, sprach ein Verbot aus: Die Bärin Kallisto durfte nie bis zum Horizont gehen und ins Meer tauchen, denn das wäre ein Überfall auf das Bett ihrer göttlichen Patentochter. Das ist der Grund, sagt der Mythos, dass die Konstellation des Großen Wagens (Großen Bären) immer am Nordpol bleibt. Arkas, der Sohn des Zeus und der Kallisto, wurde von seinem Vater in die Konstellation Bootes, den Wächter des Großen Bären, umgewandelt. Die beiden Konstellationen sind sich immer sehr nahe in der Himmelsregion, wo sich auch Ursa Minor (Kleiner Wagen oder Kleiner Bär) und Virgo (Jungfrau) befinden.

Nach der mythischen Geschichte war Kallisto eine Anhängerin der Artemis, einige haben versucht zu argumentieren, dass Kallisto nur eine andere Form des Namens von Artemis Calliste sei, denn das Grabmal der Schönsten ist mit dem Tempel der Göttin verwandt, der in Arkadien einen Bären als Symbol hat. Bei vielen Gelegenheiten hat die Eigenschaft des Gottes Veränderungen erfahren, im Volksglauben gibt es mit dem gleichen Namen eine getrennte Gottheit.

Ein Gott, eine Göttin und zwei Bärinnen umkreisen das Zentrum des Himmels, so wie die Bären um den Pol herum leben.

Francois Boucher, Jupiter verwandelt sich in Diana und Kallisto

Danae und der Regen aus Gold

In Argos, der Hauptstadt der Argolis, herrschten Zwillinge abwechselnd auf dem Thron: Akrisios und Preto, die Söhne des Abante und der Aglaya. Akrisios und Eurydike hatten eine Tochter, Danae, die von Preto, in einer Atmosphäre bitterer Rivalität zwischen den Brüdern, begehrt wurde. Das Orakel hatte Akrisios gesagt, dass er keine Söhne haben würde und dass ein Sohn seiner Tochter ihn töten würde. Daher sperrte er Danae in eine bronzene unterirdische Kammer und setzte einen Wächter davor.

Zeus, der über ihre Schönheit informiert wurde, kam heimlich zu ihr – er wollte nicht, dass Hera davon erfuhr – und in einer Sternennacht sah er sie nackt auf ihrem Bett. Danae erwartet ihre Freiheit. Zeus verwandelte sich in einen leichten Goldregen, der durch einen Schlitz in die gepanzerte Kammer eindringen konnte. Tropfen für Tropfen bedeckte er den begehrten schönen Körper von Danae. Erschrocken aber gleichzeitig auch glücklich über diese Veränderung in ihrem Leben, gab sie sich dem goldenen Regen hin und ließ sich vom Samen des Lebens durchdringen, der einem Helden Form geben sollte: Perseus. Andere sagten hingegen, es sei Preto gewesen, der bei ihr lag.

Danae bat den Gott, befreit und gerettet zu werden: Sie hatte sich ihm hingegeben und trug in ihrem Bauch die Frucht dieser Vereinigung. Zeus beruhigte sie und bat sie um Geduld. Währenddessen entdeckte Akrisios, dass seine Tochter Verkehr mit einem Mann gehabt hatte und vermutete, dass es sein Bruder Preto gewesen war. Er entschloss sich, sie und ihr Kind im Meer zu versenken, bevor die Geburt des Kindes stattfand, da dieses ihn ermorden konnte. Beide wurden in einer Arche eingeschlossen. Sie kamen unter dem Schutz von Zeus auf die Insel Sephiros, wo ein Tyrann namens Polydektes regierte. Ein Bruder von ihm, der Fischer Diktis, rettet sie. Polydektes sah Danae und begehrte sie.

Der Sohn von Danae, der Halbgott Perseus, schon bald im Erwachsenenalter, versprach Polydektes ein Geschenk für seine Hochzeit aber nur, wenn er Danae nicht heiraten würde. Ich kann dir den Kopf der Medusa bringen, meine er zum König. Der akzeptierte und wartete darauf, die Gorgone zu sehen: Dieses Ungeheuer verwandelte jeden in Stein, der sie ansah.

Nach seiner Rückkehr fand Perseus Danae vom König belagert vor. Er zeigte Polydektes den tödlichen Kopf. Dann ließ er seine Mutter sicher in Argos.

Später starb Akrisios durch den Schlag eines von Perseus geworfenen Diskus.

Gustav Klimt, Danae, 1907

Zeus und Leda: Konflikte des göttlichen Geschlechts

Zeus verliebte sich in Nemesis und während sie vor ihm floh, verwandelte sie sich in einen Fisch und warf sich ins Wasser. Der Gott jagte sie und ritt schnell über die Wellen. Nemesis ging an Land und nahm verschiedene Formen an, ohne dass sie entkommen konnte, da Zeus sich immer in ein noch schnelleres und überlegeneres Tier verwandelte. Sie verwandelte sich in eine Wildgans, er wurde zum Schwan und paarte sich mit ihr in Rammunte, in Attika. Danach ging Nemesis nach Sparta. Dort fand Leda, die Gemahlin des Königs Tindareo, bald darauf ein riesiges hyazinthenfarbenes Ei in einem Sumpf. Sie nahm es mit nach Haus und versteckte es in einer Truhe. Aus diesem Ei wurde Helena geboren, Königin von Sparta, besser bekannt als Helena von Troja.

Andere jedoch sagen, dass Zeus sich in einen Schwan verwandelt hatte und vorgab, dass ein Adler ihn verfolgte. Er fand Asyl an der Brust von Nemesis und dort überraschte er sie mit seiner Intimität. Nach einiger Zeit legte sie ein Ei, das Zeus zwischen die Schenkel der Leda warf, die mit gespreizten Beinen auf einem Schemel saß. Zeus stellte die Bilder des Schwans und des Adlers in den Himmel, wie es Hyginus in seiner poetischen Astronomie erzählt.

Eine andere Version behauptet: Zeus, wieder als Schwan verwandelt, traf auf Leda am Ufer des Flusses Eurotas. Sie legte ein Ei, aus dem nach dem Schlüpfen Helena und ihre Brüder kamen, die Dioskuren: Castor und Pollux. Einige Zeit später wurde Leda als Nemesis vergöttert. Da aber auch der Ehemann der Leda, Tindareos, ihr ebenfalls in der gleichen Nacht beigelegen hatte, vermuten einige, dass nur Helena die Tochter des Zeus war und Castor und Pollux von Tindareos. Es wird auch gesagt, dass Castor und Klytaimnestra Söhne dieses Königs waren und Helena und Pollux von Zeus abstammten. Oder, dass es zwei Eier gab: aus einem wurden die Brüder geboren, aus dem anderen die Schwester, alles Kinder des Zeus.

Die Göttin, die das Ei der Welt gelegt zu haben scheint, ist Luna, nachdem sie mit der Schlange Ofion Verkehr gehabt hatte. Er ist auch derjenige, die dieses Ei in eine Taube verwandelte. Die Mythen scheinen mit einer Vorrichtung versehen zu sein, durch die sie funktionieren und produzieren: Die Figuren, Personen und Vorgänge können sich verwandeln (Metamorphose). Sich verwandeln, die Bedeutung oder den Sinn umkehren: Dies sind Schlüsselwörter in den mythologischen Erzählungen. Und die Geschichte der Herkunft spricht nicht nur von Metamorphose: Sie ist die Metamorphose selbst, sie lebt in Form einer Vielzahl von Varianten und Versionen.

Thimoteus, Leda und Zeus (verwandelt in einen Schwan), 380 v. Chr.

Admetos und Alkeste

Das Vermächtnis, das die Mythologie uns übermittelt hat, erzählt uns die Geschichte von Admetos, König von Feras, einer antiken Stadt in Thessalien, und von Alkeste, auch Alkestis genannt.

Der Mythos besagt, als König Admetos um die Hand von Alkeste bei ihrem Vater Pelias anhielt, erklärte der König von Yolko, dass er seine Tochter nur dem geben würde, der in seinem von Löwen und Ebern gezogenen Wagen zu seinem Palast fahren könnte. Admetos konnte die Bitte dank der Hilfe von Apollon erfüllen, der ihm lange Zeit gedient hatte und ihm wertvolle Dienste leistete.

Admetos erhielt so die Hand von Alkeste und die entsprechende Hochzeit wurde gefeiert, dabei wurde das Opfer völlig vergessen, das sie Artemis zu Ehren darbieten mussten. Diese war sehr verärgert und füllte den Raum, in der die Hochzeitsnacht stattfinden sollte, mit Schlangen. Aber erneut griff Apollon ein. Später gewährte Artemis dem Admetos sogar einen Aufschub seines Todes, falls jemand freiwillig an seiner Stelle sterben würde.

Admetos versuchte seine alten Eltern zu überzeugen, indem er mit jedem von ihnen getrennt sprach aber er konnte keinen von beiden dazu bringen, sich für ihn zu opfern. Es war schließlich Alkeste, die in einem Akt grenzenloser Liebe anbot, das Leben ihres Mannes zu retten und für ihn starb.

Einige Zeit später erzählte Admetos Herakles, der sein Freund war, was geschehen war, seit sie Gefährten bei der Expedition der Argonauten waren. Dieser hatte Mitleid und wurde sehr traurig über die schmerzliche und traurige Situation im Palast und entschied sich, in den Hades herabzusteigen und Alkeste zurückzubringen.

Das Opfer von Alkeste wurde zu seiner Zeit viel kommentiert und gefeiert, ebenso wie die kindliche Liebe, die sie gegenüber ihrem Vater an den Tag legte, indem sie sich weigerte, an den Verbrechen ihrer Schwestern teilzunehmen, die planten, ihren Stammvater zu ermorden.

Diese Rückkehr von Alkeste aus der Welt der Toten wurde auch als Genesung einer schweren Krankheit durch den Arzt Herakles erklärt. In jedem Fall hat die Tat von Alkeste zahlreiche künstlerische Arbeiten im Laufe der Jahrhunderte inspiriert.

Admetos und Alkeste, 1. Jahrhundert v. Chr.

Thetis, zwei Könige auf der Suche nach ihrer Königin

In der griechischen Mythologie ist es üblich, dass die Götter Beziehungen und Kinder miteinander und sogar mit den Sterblichen haben. Die Genealogien sind deshalb komplex, überschneiden sich und teilen sich in vielerlei Hinsicht.

Dies ist der Fall der Thetis, einer griechischen Göttin, Mitglied der Gruppe der Nereiden, die fünfzig Töchter waren, die der Gott Nereo mit der Okeaniden Doris hatte. Sie hatte die besondere Fähigkeit zur Metamorphose, so dass sie die Form von Substanzen oder Tieren annehmen konnte. In ihrer Kindheit und gemäß der Geschichte war sie Hera sehr nahe, der Hauptfrau und der mächtigsten von allen von Zeus, dem höchsten Gott des griechischen Olymps. Zeus war für seine Vorliebe für das Zeugen von Kindern mit Göttinnen und Sterblichen bekannt, so war es auch nicht verwunderlich, dass der Gottvater Thetis erobern wollte, als sie heranwuchs.

Poseidon, der Gott der Ozeane, wollte ebenfalls Thetis erobern, was zu einem Kampf zwischen diesen beiden mächtigen Göttern führte. Glücklicherweise, bevor einer von ihnen den anderen besiegte und Thetis gewann, erfuhr Zeus von einem schrecklichen Geheimnis: Der Sohn, den Thetis gebären würde, würde mächtiger werden als sein Vater. Dies brachte die Götter in eine schwierige Situation, denn wenn Tethis sich irgendeinem von ihnen oder irgendeinem anderen Gott hingeben würde, würde es einen Machtkampf im Olymp geben, dem keiner von ihnen sich stellen wollte. Schließlich fanden sie eine Lösung: Sie zwangen Thetis einen Sterblichen zu heiraten.

Sie wählten Peleos aus, einen Schüler Cheirons, des weisen Zentauren. Thetis weigerte sich aber Peleos klammerte sich trotz ihrer Verwandlungen an sie und schaffte es schließlich, sie zu überzeugen.

Peleos und Thetis hatten mehrere Kinder aber alle starben kurz nach der Geburt. Schließlich entdeckte Peleos, dass sie starben, weil Thetis versuchte, sie in Unsterbliche zu verwandeln. Den Tod seines siebten Sohnes konnte er daher vermeiden. Dieser Sohn wurde Achilles, der große Krieger, der dank seiner Mutter unverwundbar war, außer an der Ferse, seiner verletzlichen Stelle. So wurde die Prophezeiung erfüllt, als Achilles einer der größten Charaktere in der Geschichte wurde. Er übertraf sogar seinen Vater durch seine herausragende Stellung beim Kampf um Troja.

Thetis schützte Achilles sein ganzes Leben lang und führte bei seinem Tod eine Feier zu seinen Ehren ein. So ging sie in die Geschichte ein als Mutter des größten Kriegers und als Göttin, die sich, obwohl sie von Zeus und Poseidon begehrt wurde, schließlich mit einem Sterblichen verband.

Tetis, Italien, Triest

Ganymedes wird unsterblich

Ganymedes, der „Schönste der Sterblichen", war der Sohn von Tros, König von Dardanien. Nach Robert Graves stammt sein Name aus den Begriffen *ganuesthai* und *medea* („an der Männlichkeit erfreuen").

Ganymedes verbrachte nur sehr wenig Zeit in seiner Heimat denn Zeus entführte ihn, als er noch sehr jung war und brachte ihn in den Olymp. Während der Junge durch den Berg Ida in Phrygien ging, im Exil, dem viele Helden in ihrer Jugend unterworfen wurden, raubte ein von Zeus geschickter Adler (oder der Göttervater selbst in Gestalt eines Vogels) Ganymedes und brachte ihn in den Olymp. Andere Versionen sprechen von einem Wirbelsturm, der von Zeus als eine Methode der Entführung verwendet wurde oder dass es ein Befehl aller Götter war und nicht nur der des Gottes des Blitzes.

Die Abwesenheit des Sohnes war ein schwerer Schlag für Tros. Zeus hatte Mitleid mit dem König und schickte Hermes, um ihm zu versichern, dass Ganymedes im Olymp sicher sei, wo er unsterblich geworden war und ewige Jugend erlangt hatte. Als Entschädigung gab er ihm zwei göttliche Pferde, die so schnell waren, dass sie auf dem Wasser laufen konnten (oder er bekam einen goldenen Weinstock, je nachdem auf welchen Mythos man sich beruft). Wie bei vielen anderen göttlichen Geschenken, wurde das Eigentum der Pferde später Motiv der Zwietracht, als Herakles sie an sich nehmen wollte.

Auf jeden Fall wurde der trojanische Prinz zum Mundschenk für den Nektar im Olymp und weil er der schönste Jüngling war, wurde er von allen Göttern bewundert. Außer von Hera, die wütend war, weil Ganymedes nicht nur ihre Tochter Hebe als Mundschenk ersetzte, sondern auch sie selbst als Geliebte des Zeus. Ihr Hass auf den jungen Mann wurde von Mythologen benutzt, um den Groll von Zeus Ehefrau für die Trojaner zu rechtfertigen (zusammen mit der Tatsache, dass sie nicht den Schönheitspreis im Urteil des Paris erhielt, und dass ihr Ehemanns ihr mit der Pleiade Elektra untreu war) Heras Haltung stärkte Ganymedes Stellung im Olymp nur und Zeus stellte sein Bildnis unter die Sterne als Sternzeichen Wassermann, der Wasserträger, das noch heute mit Aquila, der Konstellation des Adlers, verwandt ist.

Später erlangte der Mythos von Ganymedes nicht nur in Griechenland, sondern auch in Rom eine enorme Popularität, um aus religiöser Sicht die leidenschaftliche Liebe zwischen einem reifen Mann und einem jungen Mann zu rechtfertigen. Auch durch die Anwesenheit des Vaters des Jungen in der Geschichte, die darauf hindeutet, dass homosexuelle Beziehungen mit der Zustimmung der Eltern stattgefunden haben. Die Beziehung zwischen Ganymedes und Zeus folgte der Linie anderer homoerotischer Verliebtheiten, wie der von Poseidon mit Pelops oder der von Apollon mit Hyakinthos.

Ganymedes und der Adler, Mosaik

Castor und Pollux:
der endogamische Raub

Gorgofone, die Tochter von Perseus, heiratete zuerst Perieres, der sie als Witwe mit zwei Kindern, Aphareos und Leukippos, zurückließ. Nach ihrer erneuten Heirat, diesmal mit dem Spartaner Ebalos, hatte sie die Kinder Tindareos und Ikaros. Tindareos erbte den Thron des kriegerischen Sparta aber er verlor ihn durch die eiserne Faust des Hippokonus und seine zwölf Söhne. Es wird behauptet, dass sein Bruder Ikaros den Angreifer sogar unterstützte. Tindareos bat bei König Testio von Etolia um Asyl, dessen Tochter, Prinzessin Leda, er heiratete. Gemeinsam brachten sie Castor und Klytaimnestra zur Welt, während Leda selbst gleichzeitig mit Zeus, der sich als Schwan verwandelt hatte, Helena und Pollux bekam.

Dioskuren (Kinder von Zeus) genannt, entführten Castor und Pollux die Töchter von Leukippos, ihrem Onkel oder Halbonkel. Die Töchter von Leukippos, ihre Cousinen, waren auch als Priesterinnen tätig: Phoebe im Tempel der Athene, Hilaire in dem von Artemis. Unterdessen adoptierten Aphareos und seine Stiefschwester Arene Idas (eigentlich Sohn von Poseidon) und zeugten Linkeos. Diesen anderen Cousins der Dioskuren wurde die Ehe mit Hilaira und Phoebe versprochen aber Castor und Pollux entführten diese Jungfrauen und zeugten Kinder in ihnen. Man kann sich den Wettbewerb zwischen den zwei Zwillings-Stiefbrüdern vorstellen.

Er war ein großartiger Soldat und Pferdebändiger aber Castor hatte keinen göttlichen Ursprung wie sein Bruder Pollux, der Sieger bei den Olympischen Spielen und der Beste im Boxkampf. Auf der anderen Seite zählten Idas und Linkeos zu den Argonauten, die auf der Argo bis nach Kolchis kamen und sie waren auch Jäger in Kalydonien. Die vier versuchten in Arkadien Vieh zu stehlen aber Idas schaffte es, seinen Teil den Dioskuren abzuluchsen.

Idas und Linkeos wollten sie auf dem Berg Taigeto dem Poseidon opfern. Die Dioskuren stahlen dann das Vieh im Streit. Sie versteckten sich in einer hohlen Eiche und warteten. Linkeos aber sah sie und kam vom Berg herab. Sein Speer durchbohrte die Rinde der Eiche und auch Castor. Pollux tötete Linkeos und Zeus tötete Idas. Pollux bat seinen Vater, ihm nicht zu erlauben, seinen Bruder zu überleben. Er wurde als Unsterblicher in den Himmel gebracht, er wollte jedoch nicht ohne seinen anderen Bruder sein. Er würde nur leben, wenn er seine Unsterblichkeit mit Castor teilen könnte. Zeus gewährte ihnen dann, dass sie ihre Leben gemeinsam verbringen durften, abwechselnd in der Außen- und in der Unterwelt. Und diesen Dimensionen wurde eine weitere Dimension hinzugefügt: Sie wurden zur Zwillings-Sternenkonstellation.

Castor und Pollux, Plaza del Campidoglio, Gipfel des Kapitols

Baukis und Philemon, die Sterblichen, die mit den Göttern speisten

Eines Tages beschlossen Zeus und sein Sohn Hermes, menschliche Gestalt anzunehmen und die Gastfreundschaft der Menschen zu testen. So wanderten sie als Bettler getarnt durch die Stadt Tiana im Land Phrygien, gingen von Tür zu Tür und suchten die Gastfreundschaft seiner Bewohner.

Aber es stellte sich heraus, dass die Leute hartherzig waren und den beiden armen Bettlern nicht halfen. Diese waren erschöpft und beschlossen schließlich, in die letzte Dorfhütte zu gehen. Es war eine kleine, arme Hütte, weit weg von den anderen.

In diesem Fall öffnete sich jedoch die Tür und ein Ehepaar namens Philemon und Baukis empfing sie. Es waren diese zwei alten Menschen, die sehr großzügig waren und obwohl sie keine Kinder hatten und sehr arm waren, schienen sie glücklich zu sein.

Sie nahmen die beiden Männer sofort gastfreundlich auf. Sie bekamen Sitzplätze, Wasser zum Abkühlen und konnten ihre Füße waschen. Sie zündeten das Feuer an und suchten nach dem Wenigen, das sie zum Abendessen anbieten konnten. Sie unterhielten sich, sie bereiteten einen Platz zum Schlafen vor und sie teilten ihren Wein. Es war nicht der beste Wein, aber er wurde herzlich und mit Freude angeboten, da die Alten ehrlich waren und es ihren Gästen schön machen wollten.

Während sie die Weingläser füllte, die schon mehrmals geleert worden waren, bemerkte Baukis, dass der Krug nie leer wurde – wie von Zauberhand war er immer voll bis zum Rand. So entdeckten sie, dass ihre Gäste Götter waren. Sofort entschuldigten sie sich für die Armut ihrer Behandlung und beschlossen, ihr einziges Tier, eine Gans, für das Abendessen der Gäste zu opfern. Die Gans entkam ihnen und flüchtete sich in den Schoß von Zeus, der den beiden Alten freudig sagte, dass es nicht nötig sei, die Gans zu schlachten. Sie wollten die Güte der Menschen auf die Probe stellen und nur Philemon und Baukis hatten sich als wohltätig erwiesen. Der Gott bat darum, die Gans zu verschonen, und befahl ihnen, auf die Spitze des Hügels zu steigen, wo die Stadt war. Von dort aus sahen die Alten, wie eine Flut das Dorf auslöschte, wobei nur ihre Hütte stehen blieb, die von den Göttern in einen Tempel umgewandelt wurde. Als Geschenk bat das Paar darum, Priester des Tempels zu werden und gleichzeitig äußerten sie ihren Wunsch, dass beide gleichzeitig sterben wollten, um nicht ohne einander leben zu müssen.

Ihre Wünsche erfüllten sich und am Ende ihrer Tage verwandelte Zeus sie in Bäume, ihn in eine Eiche und sie in eine Linde, damit sie noch viele Jahre zusammenleben konnten.

Maler unbekannt (es wird angenommen, dass es ein Schüler des Andrea Appiani, 1754–1817, war, wie Stefano Tofanello oder Pietro Benvenuti), Zeus und Hermes mit Philemon und Baukis, Öl auf Leinwand

Koronis: die, die einen Gott betrog

Der Mythos erzählt, dass Apollon, der Gott, sich in Koronis, die Tochter von Flegias, König der Lapiten, verliebte, während sie in einem See badete. Beide lebten ihre Leidenschaft aus und wurden zu Liebhabern. Apollon ließ eine Krähe dort, um über das Mädchen zu wachen.

Koronis wurde ihm in seiner in Abwesenheit mit Ischys, ein junger Mann aus Thessalien (nach anderen Versionen ist der Name des jungen Mannes Alkyone) untreu. Als die Krähe, die Koronis bewachen sollte, sie zusammen sah, flog sie sofort zu Apollon, um es ihm zu erzählen. Die Krähen waren bis dahin Tiere mit weißem Gefieder aber nachdem der Vogel Apollon so traurige Neuigkeiten überbrachte, verwandelte der Gott sie in einen schwarzen Vogel und die Welt betrachtet sie nun als Überbringer schlechter Omen. Er bestrafte sie auch, indem er sie tötete, weil sie Ischys nicht von Koronis getrennt hatte, als sie entdeckt hatte, dass diese schwanger war.

In diesem Mythos gibt es noch weitere Tote. Koronis nahm auch ein böses Ende. Die Versionen unterscheiden sich aber darin, wer der Verursacher ihres Todes war, ob Apollon selbst oder seine Zwillingsschwester Artemis. Egal ob es Apollon oder Artemis war, einer der beiden schoss einen Pfeil auf das schwangere Mädchen. Während sie im Sterben lag beschloss Apollon voller Reue, in einigen Versionen (und hatte gerade von anderen Morden erfahren), das Kind zu retten, das Korinis in ihren Eingeweiden trug und das auch sein Sohn war. Daher bat er Hermes, das Kind aus dem Körper der Mutter zu entfernen und beschloss, ihm den Namen Asklepios zu geben.

Asklepios wurden dem Zentauren Cheiron übergeben, der große Erzieher in der griechischen Mythologie und als solcher Tutor einer Vielzahl von Helden (Achilles, Ajax, Asklepios, Theseus, Jason, Aristeos, Aktakon und Herakles). Er lehrte ihn die heilenden Künste, die ihm großen Ruhm als Arzt einbrachten, bis zu dem Punkt, an dem er die Kunst zur Auferstehung der Toten kennenlernte, eine Sache, die Zeus verärgerte, der daraufhin sein Leben beendete. Apollon war durch den Tod seines Sohnes irritiert und schaffte es, dass er im Olymp als Gott der Medizin wohnte.

Die Seele von Koronis, seiner Mutter, die durch die Eifersucht des Kindesvaters getötet wurde, wurde von Hermes mit in den Tartarus genommen.

Adam Elsheimer, Apollon und Coronide, 1606–1608, Walker Art Gallery

Leto oder das lange Warten

Durch eine Romanze mit Zeus hat die Titanin Leto (oder Latona) zwei Kinder bekommen. Zwillinge, die Götter waren und ziemlich wichtig wurden: Artemis und Apollon. Da er einen Angriff aus Eifersucht von seiner Ehefrau fürchtete und ihren rachsüchtigen Charakter kannte, verbannte Zeus Leto, als sie ihre Kinder auf die Welt bringen wollte. Hera hatte inzwischen dafür gesorgt, dass niemand die Geliebte ihres Ehemannes aufnehmen durfte. Und tatsächlich wurde Leto in keiner Region und keinem Land, das sie durchquerte, trotz ihrer fortgeschrittenen Schwangerschaft aufgenommen. Hera hatte angeordnet, dass Leto nirgendwo gebären sollte, wo die Sonne schien. Aber damit nicht genug, so fühlte sie sich auch noch veranlasst, den Drachen Python hinter der Titanin herzuschicken, der sie verfolgen sollte.

Leto, dem Monster entkommen, kam im Land der Hyperboreaner nördlich der Erde an. Sie tat dies in Form einer Wölfin und die Reise dauerte zwölf Tage. Aus diesem Grund glaubt man, gibt es zwölf Tage im Jahr, in denen die Wölfe ihre Jungen zur Welt bringen.

Auf ihrer ständigen Flucht erreichte Leto schließlich die unwirtliche und kleine Insel Delos, die auf dem Meer schwamm. Nur unter einer einzigen Palme war Leto bereit, auf die Geburt zu warten, aber Ilitia, die Göttin der Geburten und der Hebammen, wurde von Hera festgehalten und kam nicht zur Entbindung, um der Mutter beizustehen und daher verzögerte sich die Geburt. Durch das Flehen aller Göttinnen musste Hera nachgeben und so wurden Artemis und Apollo geboren. Zu der Zeit war auch Poseidon Hera ungehorsam gewesen und hatte die Insel mit vier Säulen vom Grund des Meeres festgehalten und verankerte sie so an der Stelle, wo sie sich befand. Er bedeckte sie auch mit seinen Wellen und begünstigte damit die Ausführung von Heras Befehl, dass die Zwillinge nicht an einem Ort geboren werden sollten, an dem die Sonne schien. Somit gelang es ihm auch, die Mutter und die Kinder vor den Angriffen des Python zu schützen.

Artemis kam zuerst auf die Welt und sobald sie in dieser Welt war, half sie schon ihrer Mutter dabei, dass ihr Bruder geboren werden konnte. Als dieser geboren war, umkreisten Schwäne die Insel siebenmal. Der Schwan ist das Tier, das seither Apollon geweiht ist. Artemis traf nach einer Weile die Entscheidung, eine Jungfrau zu bleiben und wurde von Zeus mit Bogen und Pfeilen ausgestattet. Er stellte in ihren Dienst ein Gefolge von sechzig Nymphen, die die gleiche Jungfräulichkeit wie ihre Herrin haben sollten.

Jan Brueghel der Ältere, Latona und die lykischen Bauern, Rijksmuseum Amsterdam

Die erste Arbeit des Herakles: der Nemeische Löwe

Herakles war ein in ganz Hellas gefürchteter Halbgott wegen seiner Stärke und seines wilden, zweifellos brutalen Charakters. Hera, die erzürnt war über all die Grausamkeiten, die der erbarmungslose Krieger an der Welt beging, führte ihn in den Wahnsinn. Der Verstand des Herakles verschleierte sich so sehr, dass er seine eigenen Kinder mit Feinden verwechselte und über sie herfiel. Er tötete sie und warf ihre Leichen ins Feuer. Die Göttin führte ihn zur Vernunft zurück und Herakles erkannte verzweifelt seine Tat.

Er suchte das Orakel von Delphi auf und es sagte ihm: „Stell dich zwölf Jahre lang in den Dienst des Eurystheus und vollführe die Aufgaben, die er dir auferlegt". Herakles kniete daraufhin vor dem grausamen König nieder. Eurystheus befahl ihm, als erstes den Nemeischen Löwen zu töten, eine Bestie, die ihre Umgebung verwüstete. Durch seine göttliche Herkunft besaß der Löwe ein Fell, das weder Lanzen noch Pfeile durchdringen konnten. Manche hielten ihn für einen Sohn des Typhon und der Echidna oder des Hundes Orthros und der Chimära. Andere versicherten, er sei auf die Erde herabgefallen, nachdem ihn die Mondgöttin als Frucht ihrer Vereinigung mit dem olympischen Zeus unter Erschauern geboren habe.

Nemea war eine Wüste. Nur ein paar Tierknochen bleichten dort in der Sonne. Herakles machte sich auf, den Bau des Löwen zu erkunden. Er brach sich eine Keule von einem Olivenbaum ab, den er samt Wurzeln aus dem Boden gerissen hatte. Außerdem trug er Schwert, Bogen und Pfeile bei sich. Doch damit konnte er den Löwen nicht erlegen. Das Ungeheuer lebte in einer Höhle mit zwei Ausgängen, die noch heute in der Nähe der Stadt Nemea zu besichtigen ist.

Er schlug ihn mit seiner Keule, doch der Löwe verzog sich in seine Höhle. Herakles fertigte ein Netz, bedeckte damit einen der beiden Eingänge und betrat die Höhle durch den anderen. Statt seine unnützen Waffen zu gebrauchen, warf er sich über den Löwen, der ihm einen Finger abbiss. Der Held hielt den Kopf des Tieres unter seinem Arm fest und erwürgte es.

Den toten Löwen auf dem Rücken, erreichte er Mykene. Aber Eurystheus überfiel eine solche Todesangst, dass er ihm den Eintritt in die Stadt verwehrte: In Zukunft solle er die Ergebnisse seiner Aufgaben vor den Stadttoren präsentieren. Der König ließ eine bronzene Urne fertigen und unter der Erde vergraben. Dort verschanzte er sich, sobald Herakles in seine Nähe kam.

Nachdem Herakles das unverwundbare Fell mit den Krallen des Löwen gesäubert hatte, legte er es sich über die Schultern und benutzte den Kopf als Helm.

Herakles erwürgt den Nemeischen Löwen, 1549, Prag, Veitsdom

Die zweite Arbeit des Herakles: die Lernäische Hydra

In der Welt der Mythen gibt es wundersame Wesen: Ungeheuer, Erscheinungen, Orte, als die sich schlafende Götter tarnen … Zweifellos stellen die Aufgaben des Herakles Wundertaten und rituelle Kämpfe dar. So ist auch die Lernäische Hydra eine ungeheuerliche Erscheinung: Als Tochter des Typhon und der Echidna, wurde sie von Hera als Bedrohung für Herakles aufgezogen. Hera, die Todfeindin des Herakles …

In Lerna war Dionysos in den Hades hinabgestiegen, um Semele zu holen, weshalb man dort zu seinen Ehren geheime nächtliche Riten abhielt. Ganz in der Nähe befand sich auch der Mysterienhain der lernäischen Demeter, wo Hades und Persephone seinerzeit in den Tartarus hinabgestiegen waren.

Der Bau der Hydra befand sich unter einer Platane an einer Quelle des Flusses Amymone. Sie hauste in einem unergründlichen Sumpf, in dem unachtsame Reisende ihr Grab fanden. Aus ihrem hundeähnlichen Körper wuchsen acht oder neun Schlangenköpfe, einer davon war unsterblich. Die Hydra war pures Gift: Allein ihr Atem oder der Geruch ihrer Fährte konnten jedem Lebewesen den Garaus machen.

Herakles kam in dem Wagen heran, den sein Neffe und treuer Gefährte Iolaos lenkte. Dem Rat der Athene folgend, schoss er Brandpfeile auf die Hydra ab und hielt den Atem an, während er sie einfing. Das Ungeheuer wand sich um seine Füße, um ihn zu Fall zu bringen. Der Held schlug eines der Häupter mit seiner Keule ab und schon wuchsen zwei oder drei an derselben Stelle nach. Unmöglich, unendlich schien die Aufgabe.

Ein riesenhafter Krebs schoss aus dem Sumpf hervor und eilte der Hydra zu Hilfe. Er biss Herakles ins Bein. Der Held schrie auf, voller Wut zerschmetterte er den Panzer und rief nach Iolaos. Der Gefährte setzte mit seinen Fackeln einen Teil des Waldes in Brand und um das Nachwachsen neuer Häupter zu verhindern, versengte er deren Hälse und stoppte den Blutschwall. Daraufhin schlug Herakles mit seinem Schwert das giftige unsterbliche Haupt ab, von dem ein Teil aus Gold war. Unter dem wütenden Zischen des Wunderwesens vergrub er es unter einem großen Felsen am Wegesrand. Dem Kadaver entnahm er die Eingeweide und tauchte seine Pfeile in die Galle. Von da an sollte schon die kleinste Verwundung durch diese Pfeile tödlich sein.

Als Anerkennung seiner Dienste im Kampf gegen den verhassten Herakles setzte Hera das Bild des Krebses als eines der zwölf Tierkreiszeichen an den Himmel. Der grollende König Eurystheus dagegen wollte diese Arbeit des Herakles nicht als angemessen erfüllte Aufgabe betrachten, da Iolaos mit seinen Fackeln beteiligt gewesen war.

Lucas Cranach der Ältere (1472–1553), die zweite Arbeit des Herakles, nach 1537, Öl auf Holz

Die dritte Arbeit des Herakles: die Kerynitische Hirschkuh

Herakles sollte die Kerynitische Hirschkuh lebendig nach Mykene bringen und ihm überreichen, so lautete der Befehl des Eurystheus. Dieses große und schnelle Tier mit seinen bronzenen Hufen und goldenen Hörnern hatte die Pleiade Taygete der Artemis geweiht und unter den fünfen, welche die Göttin der Jagd zu fangen versucht hatte, um sie vor ihren Wagen zu spannen, war es die einzige, die sich unzähmbar ihren göttlichen Händen entwunden hatte.

Als Kind hatte Artemis einmal fünf Hirschkühe, so groß wie Stiere, beim Weiden am Ufer des schwarzkieseligen Flusses Anauros am Fuße des parrhasischen Gebirges in Thessalien erblickt. Auf ihren Hörnern glitzerte die Sonne. Die Göttin stellte ihnen nach und bekam vier mit den Händen zu fassen. Die letzte floh, wobei ihre bronzenen Hufe auf dem steinigen Weg Funken schlugen, entlang des Flusses Keladon bis zum Hügel Kerynia. So hatte es Hera, die schon damals an die Arbeiten des Herakles dachte, vorherbestimmt.

Nachdem die Aufgabe selbst für Artemis zu schwierig gewesen war, schien sie dem Helden Herakles geradezu unmöglich: Seine Pfeile erreichten das göttliche Tier nicht und schon ein einziger Tropfen Blut würde alles zunichtemachen. Die einfache Lösung der Gewalt konnte er also nicht anwenden. Die Aufgabe verlangte andere Tugenden von ihm: Er durfte seinen schnellen Feind nicht ruhen lassen, keinen Augenblick, weder bei Tag noch bei Nacht.

Der Befehl, die Hirschkuh lebendig herbeizuschaffen, war eindeutig genug aber außerdem wollte er selbst ihr nichts zuleide tun. Schließlich fand er sie und pirschte sich vorsichtig an sie heran. Er sah sie an und das Tier heftete seinen Blick auf ihn. Mit einem Sprung brachte es sich auf Abstand. Nun begann die unerbittliche Verfolgung, die ein Jahr dauern und sie bis nach Istrien und darüber hinaus führen sollte. Wie Schatten flogen Beute und Jäger durch die verschiedensten Berglandschaften dahin, passierten Wüsten und Sümpfe, Städte und Meere, bis sie ins Land der unsterblichen Hyperboreer gelangten. Erschöpft suchte die Hirschkuh Zuflucht am Berge Artemision. Sie trank aus dem Fluss Ladon, der von den Berghängen herabströmte. Entschlossen nutzte der Held den Augenblick.

Er konnte sich ihr nicht nähern, die Hirschkuh würde fliehen und die Verfolgung von Neuem beginnen. Daher spannte er mit höchster Vorsicht seinen Bogen. Unfassbar geschickt schoss er einen Pfeil ab, der zwischen Sehne und Knochen ins Fell drang, ohne dass ein Tropfen Blut hervorquoll. Die kraftvollen Vorderläufe waren gelähmt. Herakles lud sich die hilflose Beute auf die Schultern und brachte sie lebendig nach Mykene.

Die Kerynitische Hirschkuh wird von Herakles nach Mykene gebracht, 1.–2. Jahrhundert, Bronze, München, Staatliche Antikensammlung

Die vierte Arbeit des Herakles: der erymanthische Eber

Ein grässlicher, wilder Eber suchte die Zypressenwälder am Berge Erymanthos und das Dickicht am Berge Lampea in Arkadien heim sowie die Umgebung von Psophis. König Eurystheus befahl Herakles, das Untier zu jagen und einzufangen.

Unterwegs wurde Herakles vom Zentauren Pholos bewirtet. Dieser war der Sohn des Silenos und einer Eschennymphe. Er servierte Herakles gebratenes Fleisch, während er selbst rohes vorzog. Das Weinfass öffnete der Zentauren aber erst, als Herakles ihn darauf ansprach: Vier Generationen zuvor hatte Dionysos dieses Weinfass für eben diese Gelegenheit hier abgestellt. Wegen dieses Weines bekriegte sich Herakles mit den Zentauren. Einigen brachte er den Tod. Einer seiner Pfeile verletzte Cheiron, ohne ihn zu töten, denn er war unsterblich. Und der Zentaur Pholos starb durch einen Pfeil, der Herakles nur eine leichte Wunde zufügte.

Der Eber musste lebendig gefangen werden. Herakles ging am Flussufer auf die Suche, bereit, die gefährliche Aufgabe ohne weiteres Aufhebens zu erledigen. Wild schreiend und springend scheuchte er das Tier aus einem Gebüsch hervor und trieb es in eine tiefe Schneewehe. Dort warf er sich auf dessen Rücken. Der Eber wollte sich aus dieser Umarmung befreien, doch der Held klammerte sich fest, bis das Tier vor Erschöpfung aufgab. Herakles legte ihm eine Kette um und trug es wie immer lebendig auf seinen Schultern nach Mykene.

Allerdings versammelten sich die Argonauten bereits für ihre Fahrt nach Kolchis, weshalb Herakles seine Beute beim Marktplatz zurückließ. Statt neue Befehle des Eurystheus abzuwarten, der sich wie gewöhnlich in seiner bronzenen Urne unter der Erde versteckte, machte sich Herakles mit Hylas auf zur Expedition. Jemand tötete den gefangenen Eber und seine Hauer werden im Apollontempel in Cumae aufbewahrt.

Die Eber waren der Mondgöttin geweiht, da ihre Hauer wie eine Mondsichel geformt sind. Der Anwärter, der einem Ritus zufolge den heiligen König tötete und kastrierte, beging die Zeremonie in der Verkleidung eines Ebers.

Herakles wirft den Eber auf Eurystheus, der sich erschreckt in einem Krug versteckt, die beiden Zuschauerinnen dieser Szene sind die Göttinnen Artemis (links) und Athene (rechts), 515–500 v. Chr., griechische Amphore

Die fünfte Arbeit des Herakles: die Ställe des Augias

Mit der fünften Arbeit wollte Eurystheus die Würde des Herakles verletzen, der ja immerhin ein olympischer Abkömmling war. Dazu hatte sich der böswillige König eine abstoßende Aufgabe ausgedacht, die ihm Freude bereitete: Der stolze Halbgott sollte an einem einzigen Tag die riesigen Viehställe des Augias ausmisten. Dieser gehörte dem König von Elis und Sohn des Helios (andere sagen des Poseidon). Er besaß so viel Vieh, wie man sich nur vorstellen kann. Unzählbar verloren sich seine Herden am Horizont.

Durch einen göttlichen Wunsch waren seine Kühe und Stiere gegen Krankheiten gefeit und zudem sehr fruchtbar. Die Kühe waren zwar in der Überzahl aber Augias besaß auch dreihundert schwarze Stiere mit weißen Beinen und zweihundert Zuchtstiere mit roten Beinen. Zwölf herrliche Silberstiere verteidigten die Herden gegen die wilden Tiere von den bewaldeten Hügeln. Seit vielen Jahren schon war kein Mist mehr weggeschafft worden und auch wenn der Kotgestank die Rinder selbst nicht zu stören schien, verbreitete er sich über den ganzen Peloponnes. Die Weiden im Tal bedeckte ebenfalls eine so dicke Schicht von Kuhfladen, dass kein Getreideanbau mehr möglich war.

Herakles sagte, wenn er im Gegenzug den zehnten Teil der Rinderherde erhielte, sei er zu dieser Arbeit bereit. „Schwöre, dass du es bis Tagesende erledigen wirst", verlangte Augias. Herakles schwor zum ersten und zum letzten Mal in seinem Leben. Augias musste seinerseits schwören, seinen Teil der Abmachung einzuhalten.

Phaëton, der Anführer der Silberstiere, ging auf Herakles los, da er ihn mit einem Löwen verwechselte, doch Herakles bezwang ihn. Dem Rat seines Freundes Menedemos folgend, öffnete Herakles mit Hilfe seines Gefährten Iolaos die Stallwände und leitete die beiden nahen Flüsse Alpheios und Peneios um. Ihr Wasser strömte und reinigte Ställe und Weiden. So erfüllte Herakles die Aufgabe an einem einzigen Tag, ohne sich schmutzig zu machen.

Als Augias indes erfuhr, dass seine Ställe wieder sauber seien, sträubte er sich, Herakles zu bezahlen und leugnete sogar die gemeinsame Abmachung. Der Fall wurde einem Gericht unterbreitet und Phyleus, der Sohn des Augias, bezeugte die Wahrheit. Augias verbannte beide aus Elis und beharrte darauf, die Flussgötter und nicht Herakles, hätten seine Ställe ausgemistet. Der kleinliche Eurystheus wiederum erkannte diese Arbeit nicht als eine der zehn an, denn Herakles habe sie für den Lohn des Augias verrichtet, so entschied er.

Die ersten Ausgrabungen der römischen Villa von Chiragan (Martres-Tolosane, Frankreich) 1826 förderten dutzende römische Porträts aus Marmor zutage sowie einzigartige Reliefarbeiten, die die zwölf Arbeiten des Herakles darstellen. Sie stammen aus dem Ende des 3. Jahrhunderts, aus der Zeit der von Kaiser Diokletian eingeführten Tetrarchie.

Die sechste Arbeit des Herakles: die stymphalischen Vögel

Diese menschenfressenden Vögel mit Schnäbeln, Flügeln und Krallen aus Eisen waren aufgeschreckt aus der Wolfsschlucht an der orchomenischen Straße in den stymphalischen Sumpf geflohen. Ursprünglich waren sie dem Ares geweiht. Sie erhoben sich in riesigen Schwärmen in die Lüfte um Menschen und Tiere zu töten, indem sie ihre eisernen Federn und giftigen Exkremente auf sie niederregnen ließen. Erystheus befahl, dass Herakles sie aus der Gegend vertreiben solle.

So groß wie Kraniche, ähnelten diese Vögel äthiopischen Ibissen, nur dass ihre geraden Schnäbel auch Metall durchdringen konnten. Sie brüteten in Arabien, wo sie größeren Schaden anrichteten als die Löwen. Die ausgebildeten arabischen Jäger trugen Harnische aus geflochtener Rinde, in denen sich die Schnäbel der grimmigen Vögel verhakten. Manche behaupten auch, ein Schwarm dieser Vögel sei von der Arabischen Halbinsel aus in den Sumpf ausgewandert, dessen Namen sie tragen.

Einer anderen Version zufolge waren sie Frauen und zwar die Töchter des Stymphalos und der Ornis (Vogel). Herakles hatte das Paar angeblich getötet, nachdem es ihm die Gastfreundschaft verweigert hatte. Im alten Tempel der stymphalischen Artemis hingen vom Dach Bilder dieser Vögel und hinter dem Gebäude standen Statuen von Mädchen mit Vogelfüßen. Ein Sohn des Pelasgos namens Temenos hatte drei Tempel zu Ehren der Hera errichten lassen: Im ersten wurde sie als Kind verehrt (Temenos hatte sie aufgezogen), im zweiten als Braut des Zeus und im dritten als Witwe, da sie ihren Gatten verschmäht und in Stymphalos Zuflucht gesucht hatte. Daher befand sich die Todfeindin des Herakles ebenfalls an diesem Ort. Eurystheus wusste, wohin er ihn schickte.

Im Sumpf, der von Wald umgeben war, stellte Herakles fest, dass er die Vögel nicht mit seinen Pfeilen vertreiben konnte, denn sie hausten dort zu Millionen. Der Sumpf schien weder ausreichend festen Boden zu bieten, um darauf zu laufen, noch genügend flüssig zu sein, um ein Boot zu benutzen. Herakles war unschlüssig was zu tun sei. Da überreichte ihm Athene zwei Zimbeln, Klangscheiben aus Bronze, die Hephaistos gefertigt hatte – oder vielleicht waren es auch Rasseln. Vom Berge Kyllene aus, der über dem Sumpf aufragte, schlug er die Zimbeln gegeneinander und veranstaltete einen solchen Höllenlärm, dass die Vögel in Todesangst auseinander stoben und als Schwarm den Himmel verdunkelten. Viele von ihnen schoss er herunter, während sie zur Aresinsel im Schwarzen Meer flogen, wo später die Argonauten auf sie stießen. Von dort kehrten sie nie mehr zurück.

Albrecht Dürer, Herakles' Kampf gegen die stymphalischen Vögel, 1500, Malerei auf Leinwand

Die siebte Arbeit des Herakles: der kretische Stier

Lange Zeit wurde darüber diskutiert, ob der kretische Stier derjenige sei, auf dessen Rücken Europa über das Meer auf diese große Insel gelangte, oder vielleicht derjenige, den Minos dem Poseidon als Opfer vorenthalten hatte und der danach mit Pasiphaë den Minotaurus zeugte. Jedenfalls war der kretische Stier so groß, dass er die Insel verwüstete, vor allem die Flussauen des Tethris, wo er die frische Saat umpflügte und Zäune niederriss. Eurystheus entschied also, Herakles solle als Nächstes den kretischen Stier einfangen, jenes Tier unbekannter Herkunft.

Es lässt sich nicht endgültig sagen, ob dieser Stier tatsächlich derselbe war, den Poseidon aus dem Meer aufsteigen ließ, nachdem ihm König Minos das Opfer versprochen hatte, den letzterer jedoch für so wunderschön befand, dass er ihn flugs in seine Herde einführte, anstatt ihn zu opfern. Der erzürnte Meeresgott ließ daraufhin die Königsgattin Pasiphaë in Liebe zu dem wunderschönen Stier entbrennen und den Minotaurus hervorbringen, ein hybrides Wesen, das nach jungen Mädchen und Burschen aus Athen verlangte.

Herakles suchte also Minos auf, der ihm erlaubte, den Stier zu fangen. Minos bot dem Helden sogar jede erdenkliche Hilfe an. Doch Herakles wollte den Stier ohne fremde Hilfe in seine Gewalt bringen. Im Kampf stieß das Tier Flammen durch seine Nüstern aus. Doch der Held durfte ihn nicht töten. Schließlich bändigte er den ungeheuren Stier und brachte ihn über die Ägäis nach Mykene. Eurystheus fachte den Streit jedoch noch ein wenig an, indem er den Stier Hera weihte und dann freiließ. Hera aber wollte kein Geschenk, das Herakles mehr Ruhm einbrachte als ihr.

Daraufhin brachte Herakles den göttlichen Stier zunächst nach Sparta, dann durchquerte er mit ihm Arkadien und den Isthmus von Korinth. Von dort holte ihn später Theseus als Opfer für Athene. In Marathon, nahe Athen, tötete er den Stier mit seinem Schwert. In den mythischen Erzählungen um Theseus und den Minotaurus taucht ebenfalls ein Stier auf oder jemand in Verkleidung eines Stiers. Der Kampf mit diesem Tier zählt zu den rituellen Aufgaben, die dem Anwärter auf die jährlich zu vergebende Königswürde erteilt werden. Ebenso kommt er in der Geschichte über Iason und die feuerspeienden Stiere von Aietes vor.

Marco Marchetti (ca. 1528–1588), ein italienischer Maler der Spätrenaissance oder des Manierismus, wurde in Faenza geboren. Im Palazzo Vecchio in Florenz schuf er eine Freskenserie, aus der auch dieses Bild stammt.

Die achte Arbeit des Herakles: die Stuten des Diomedes

Auf Befehl von König Euristeus musste Herakles in seiner achten Arbeit die vier wilden Stuten des thrakischen Königs Diomedes fangen. Es gibt Meinungsverschiedenheiten darüber, ob Diomedes von Ares und Kyrene gezeugt wurde oder aus dem Inzest zwischen Asteria und ihrem Vater Atlas entstand. Man weiß aber, dass er über die Bistoner in der Stadt Tirida herrschte und dass seine Stuten sich von Menschen ernährten, die er mit Eisenketten an ihre bronzen Krippen band – er fütterte sie mit dem Fleisch seiner Gäste.

Herakles reiste mit einigen Freiwilligen nach Thrakien und als er in Tirida ankam, tötete er die Pferdepfleger von Diomedes. Er brachte die Stuten zum Meer, überließ sie der Obhut von Abdero und kehrte zurück, um die Bistonen zu bekämpfen, die ihn verfolgten. Er besiegte sie, indem er einen Kanal öffnete, so dass das Meerwasser die niedrige Ebene überflutete. Dann verfolgte er sie. Er schlug Diomedes mit der Keule nieder und schleifte ihn um den See herum, der von dem Meerwasser gebildet worden war. Er fesselte ihn vor den Stuten, die ihn in Stücke rissen. Die Stuten fraßen aber auch Abdero. Herakles konnte schließlich die Kontrolle über sie erlangen.

Eine andere Version besagt, dass Abdero der Bruder von Patroklos und der Liebhaber des Achilles war und durch Hektors Hand starb, dem Pferdebändiger. Nach der Gründung der Stadt Abdera vereinte Herakles die ungezähmten Stuten vor dem Wagen des Diomedes neben dem Grab seines treuen Freundes und fuhr mit ihnen über die Berge bis nach Mykene. Hier widmete der unstete Euristeus sie Hera und ließ sie frei. Einige ihrer Nachkommen lebten noch nach dem Trojanischen Krieg und es gibt sogar einige, die sagen, dass es noch welche zur Zeit Alexanders des Großen gab.

Die Ruinen des Abdera Palastes stehen noch und zu Ehren des Abdero werden bis auf das Wagenrennen weiterhin die üblichen Wettkämpfe ausgetragen weil Abdero starb, als die anthropophagischen Stuten den Wagen zerstörten, an dem sie angeschirrt waren. Diodoro ist der Meinung, dass die Stuten auf dem Olymp freigelassen wurden, was erklären könnte, warum der Kult der anthropophagen Pferde an diesem Ort bis zur hellenischen Zeit bestand.

In einigen Regionen Griechenlands gab es das Ritual ein Wildpferd zu zähmen mit dem Ziel, ein Opfer als Teil der Krönungszeremonien des neuen Königs darzubringen. In Gedenken an die Domestizierung des Pferdes, beherrschte Herakles den Arion so, wie Bellerophon den Pegasus fing, Sohn, der aus dem Blut der Medusa geboren wurde.

Gustave Moreau (1826–1898), die Stuten verschlingen Diomedes, Frankreich, Ruan

Die neunte Arbeit des Herakles: der Gürtel der Hippolyte

Admete, die Tochter von König Eurystheus, begehrte den goldenen Gürtel von Ares, welchen Hippolyte, die Königin der Amazonen, trug. Ihn zu bekommen war die neunte der Arbeiten des Herakles. Auf neun Schiffen und begleitet von einigen Freiwilligen wie seinem Knappen Yolao, Telamon von Ägina, Peleus von Yolco und Theseus von Athen, stach Herakles auf der Suche nach dem Fluss Thermodon in See.

Die Amazonen, Töchter des Ares und der Nayaden Harmonia, wurden in den Tälern des Alkmonia in Phrygien geboren. Einige denken, dass ihre Mutter Aphrodite oder auch Otrere, die Tochter von Ares, ist. Sie lebten einige Zeit in der Nähe des Flusses Amazonien, der heute Tanais zu Ehren eines Sohnes der Amazone Lisipe heißt und der Aphrodite beleidigt hatte. Um den Affront zu rächen, ließ Aphrodite ihn sich in seine Mutter verlieben aber Tanais lehnte die inzestuöse Beziehung ab und warf sich in den Fluss, wo er ertrank. Um von diesem Ort wegzukommen und den Vorwürfen der Seele ihres geopferten Sohnes zu entgehen, führte Lisipe ihre Amazonen durch das Schwarze Meer in eine Ebene neben dem Thermodon in den hohen Bergen.

Noch heute erkennen die Amazonen nur das Matriarchat an. Als unnachgiebige Kriegerinnen waren sie die ersten, die die Kavallerie einsetzten. Sie trugen Bronzebögen und Halbmondschilde, ihre Helme, Kleider und Gürtel wurden aus den Häuten wilder Tiere gefertigt. Sie beteten Ares und Artemis Tauropola an.

Als Hippolyte die Mündung des Flusses erreichte, besuchte sie Herakles und bot ihm den Gürtel als Zeichen der Liebe an. Aber Hera, verkleidet als Amazone, verbreitete das Gerücht, dass diese Ausländer die Königin der Amazonen entführen wollten. Die Kriegerinnen stiegen auf ihre Pferde und griffen das Schiff an. Herakles tötete Hippolyte, nahm ihr Gürtel und Doppelaxt ab und bereitete sich auf die Verteidigung vor. Er tötete viele der Amazonen und ihre Anführerinnen und schlug die Armee in die Flucht.

Andere Quellen behaupten, dass es Theseus war, der Hippolyte besiegte und er Herakles den Gürtel schenkte, der ihm im Gegenzug erlaubte, Antiope, eine andere der Amazonas Königinnen, zu versklaven. Oder es war so, dass Hippolyte sich weigerte, ihren Gürtel abzugeben und ein einzigartiges Duell mit Herakles führte, wobei er sie vom Pferd stürzte, sich auf sie warf und ihr anbot, sie am Leben zu lassen. Aber sie zog es vor zu sterben, anstatt sich zu ergeben. Herakles übergab den Gürtel der Admete. In Albanien gibt es heute wohl immer noch Amazonen.

Die so genannte Medea Gruppe befand sich in Ende 500 vor Chr. in Athen. Sie malten oft Szenen des Helden Herakles und auf kleine Amphoren, die zu dieser Zeit sehr beliebt waren.

Die zehnte Arbeit des Herakles: das Vieh des Geryon

Geryon war der König von Tartessos und der stärkste Mann der Welt. Er war der Sohn von Chrysaor und Kallirrhoe und es wird gesagt, dass er mit drei Köpfen und drei Körpern geboren wurde, die an der Taille miteinander verbunden waren und dass er sechs Arme hatte. Seine rötlichen Ochsen ließ er in der Obhut von Eurytion, Sohn des Ares und dem doppelköpfigen Hund Ortro, geboren aus Taifun und Echidna und früheres Eigentum des Atlas. Euristeus verlangte, dass Herakles als seine zehnte Arbeit diese lebenden Ochsen von Erythea nach Mykene zu treiben sollte, ohne um sie zu bitten oder zu bezahlen.

In Tartessos angekommen, baute er eine Säule auf beiden Seiten der Meerenge, eine in Europa und eine in Afrika. Einige sagen, dass beide Kontinente früher vereinigt waren und er sie trennte, indem er einen Kanal zwischen den beiden schuf, andere Quellen hingegen meinen, dass er den Abschnitt hingegen noch mehr verschloss, um den Eingang von Walen und Meeresmonstern zu verhindern.

Nachdem er Helios bedroht hatte – der ihn mit seinen Pfeilen verwundete damit er sich nach Eritea begeben konnte – und ebenso den Titanen Okeanide, der aufhören sollte, die Wellen aufzurühren, kam Herakles schließlich an sein Ziel und stieg auf den Berg Abas. Der Hund Ortro warf sich bellend auf ihn, wurde aber von der Keule getötet, die aus einem Aste eines Olivenbaums geschnitten worden war. Eurytion, der Schäfer, starb auf die gleiche Weise. Herakles nahm sich die Rinder ohne zu fragen.

Menetes, der sich ganz in der Nähe um das Vieh des Hades kümmerte, ging mit der Nachricht zu Geryon, der sich sofort zum Kampf rüstete. Herausgefordert, fiel Herakles griff er den großen König von Tartessos von einer Seite an und durchbohrte seine drei Körper mit einem einzigen Pfeil.

Hera selbst kam Geryon zu Hilfe aber Herakles war nicht zu stoppen Er verletzte die Mutter der Götter selbst an der rechten Brust und sie konnte nur noch in den Olymp fliehen. Dann nahm Herakles die Rinder und fuhr auf einem Schiff aus Gold nach Tartessos und gab Helios das Schiff zurück. Manche sagen, Eritrea läge vor der Küste von Lusitanien aber andere behaupten, dass es eine Insel namens Leon oder eine nahegelegene Insel ist, wo die Stadt Gades (Cádiz) gebaut wurde, früher als Gadira bekannt. Die Stadt mit den Mauern, wie sie ihre Gründer nannten, die aus Phönizien kamen. Die Insel, geprägt durch das unabwendbare Schicksal des Herakles, ist der Göttin Hera geweiht.

Diese Abbildung gehört zur selben Serie wie die in der zweiten Arbeit des Herakles, die in diesem Buch illustriert ist und ist ebenfalls ein Gemälde auf Buchenholz von Lucas Cranach dem Älteren. Die Arbeit wird auf nach 1537 datiert.

STERNIT GERYONEN BOBVSQVE POTITVR IBERIS.

Die elfte Arbeit des Herakles: die Äpfel der Hesperiden

Euristeus, eifersüchtiger Wächter der Interessen von Hera, deklarierte die zweite und fünfte der Arbeiten des Herakles für ungültig — aufgrund des Eingriffs von Yolao und den Flussgeistern — und legte ihm zwei weitere auf. Seit Beginn dieser Aufgaben waren acht Jahre und ein Monat vergangen. Die elfte Arbeit bestand darin, die wunderbaren Früchte des goldenen Apfelbaums zu holen, den die Mutter Erde Hera an ihrem Hochzeitstag geschenkt hatte.

Hera, freute sich sehr über das Geschenk und pflanzte ihn in ihrem Garten an den Hängen des Berges Atlas, im Land der Hyperborealen, wo die Pferde des Helios jeden Tag ihre Reise beenden und die Schafe und Kühe von Atlas, tausend Herden jeder Klasse, auf den Weiden der endlosen Länder grasen. Hera entdeckte, dass die Hesperiden, Töchter des Titanen, Wächter des Baumes, die Äpfel stahlen. Daraufhin schickte sie den Drachen Lado, der sich um den Stamm wickeln sollte, um den Baum zu schützen.

Es wird immer noch diskutiert, ob der Berg Atlas tatsächlich in Mauretanien in Afrika liegt oder sogar jenseits des Flusses Okeano oder auf zwei Inseln am Westhorn, in der Nähe der äthiopischen Hesperia und nicht im heutigen Marokko.

Themis hatte Atlas gewarnt, dass eines Tages, nach einer langen Zeit, der Baum „von einem Sohn des Zeus von seinem Gold befreit werden würde". In dieser Zeit musste Atlas noch nicht den Himmel auf seinen Schultern tragen und konnte so eine Mauer um den goldenen Apfelbaum errichten.

Im Fluss Po überwältigte Herakles den Nereus und zwang ihn zu verraten, wie man an die goldenen Äpfel kommen konnte, er wandte sich sich nicht an Prometheus, damit dieser ihm die Information gab. Nereus sagte ihm, er solle die Äpfel nicht selbst pflücken und lieber Atlas um Hilfe bitten, der so die Gelegenheit hatte, für einen Moment seine Last auf den Schultern des Herakles abzulegen. Dann tötete der Held Ladon mit einem Pfeil. Der Titan war für einen Moment abwesend und kehrte mit drei Äpfeln zurück, die seine Töchter vom Baum gerissen hatten.

Atlas wollte seine unerwartete Freiheit genießen und bot an, die Äpfel selbst zu Euristeus zu bringen. Aber Nereus hatte Herakles gewarnt: „Atlas wird versuchen, dich zu betrügen", meinte er. So bat der Held den Titanen, ihm einen Moment zu gewähren, um ein Kissen auf seine Schultern zu legen. Der betrogene Atlas kehrte an das Firmament zurück und da ist er noch heute.

Geboren in Scarborough, England, war Frederic Leighton ein Maler, der sich auf historische, biblische und klassische Themen spezialisiert hatte, wie diese Arbeit aus dem Jahr 1892, der Garten der Hesperiden.

Die zwölfte Arbeit des Herakles: der Hund Kerberos

Herakles sollte den Hund Kerberos aus dem Tartaros vertreiben, um Heras Feindseligkeiten ein Ende zu setzen, die sich in den Aufträgen von Euristeus wiederspiegelten. Er wusste, dass er für den Tod der Zentauren gereinigt werden musste. So ging er zu Eleusis und bat darum, in seine Geheimnisse eingeweiht zu werden und die Krone der Myrte tragen zu dürfen. Zu dieser Zeit wurden zu den eleusinischen Mysterien (religiöse Feste, die in Eleusis gefeiert wurden) nur Athener zugelassen, sodass Theseus vorschlug, dass ein Bürger namens Pilios ihn adoptieren sollte. Museos, Sohn des Orpheus, fädelte es ein und sein Patenonkel war Theseus. Die Eleusinos, wenn nicht sogar Demeter selbst, schafften dann kleine Geheimnisse, um den Eintritt zu erleichtern. Diese sind eine Vorbereitung für den Zugang zu den Ältesten.

So gereinigt, stieg Herakles hinab in den Tartarus von Tenaro aus, in Lakonia. Athene und Hermes führten ihn. Der Lotse Charon, der Angst vor der Wut des Herakles hatte, fuhr ihn über den Aqueronte. Nach ihrer Ankunft flohen alle Geister außer Meleagros und Medusa. Herakles zog sein Schwert aber Hermes beruhigte ihn, diese Gestalt sei nur ein Geist. Er bedrohte Meleagros auch mit einem Pfeil, der sagte ihm aber, vor den Toten habe er nichts zu fürchten. Neben den Toren traf er auf Theseus und Peirithoos, beide waren auf einem Folterstuhl gefesselt. Er entriss Theseus seinen Fesseln, musste den anderen aber dort lassen. Er opferte eine der Kühe des Hades, um die Seelen zu beruhigen, die gerne Nahrung zu sich nehmen und durch warmes Blut fast zu neuem Leben erweckt werden.

Herakles bat Hades, ihm den Kerberos zu übergeben. Der Gott sagte zu ihm: „Er gehört dir, wenn du ihn zähmen kannst, ohne Keule und Pfeile". Der Höllenhund war an den Toren des Aqueronte gefesselt. Der Held packte ihn an der Kehle, der die drei Köpfe entsprangen, von denen jeder Haare aus Schlagen hatte. Kerberos versuchte seinen Entführer mit seinem mit Widerhaken versehenen Schwanz zu schlagen. Aber Herakles war geschützt durch die Haut des Löwen von Nemea und fühlte keinen Schmerz sondern drückte nur noch fester mit seinem Arm zu.

Als er schließlich aus dem Tartaros zurückkehrte, machte Herakles sich eine Krone aus dem Baum des Hades in den elysischen Feldern, in Erinnerung an Leuke, seine Geliebte. Die Blätter der Krone waren Schwarz, die Farbe der unterirdischen Welt, die von Herakles waren weiß. Mit Hilfe von Athene überquerte der Held den Styx, den Hund im Schlepptau, aus dessen Speichel die giftige Pflanze Akonite sprießte. Niemand geht mehr in den Tenaros hinunter, der seitdem geschlossen ist.

Die Arbeit von Peter Paul Rubens, Herakles und der Hund Kerberos wurde von Felipe VI in Auftrag gegeben, um den Turm Torre de la Parada zu schmücken. Das Ölgemälde auf Holz (1636–1637) befindet sich derzeit im Museo del Prado.

Atlas, Stützer der Erde

Die Titanen waren die Söhne von Uranus und Gaia, den ersten Göttern des Universums. Es werden zwei Generationen von Titanen unterschieden und Atlas wird der zweiten zugerechnet, als der Sohn von Iapetus und der Nymphe Climene.

Als die Titanomachie begann, der große Krieg, den die olympischen Göttern zehn Jahre lang gegen die Titanen führten und der mit dem Sieg der Götter endete, war Atlas der Anführer seiner Vereinigung gewesen. Die besiegten Titanen wurden von Zeus dazu verurteilt, ihre Strafe im Tartarus zu erleiden, der tiefsten und trostlosesten Region der Unterwelt. Aber Atlas sollte als Anführer besonders bestraft werden.

Zeus verurteilte ihn dazu, das Himmelsgewölbe, die Sterne und Planeten, für alle Ewigkeit zu tragen. Diese Arbeit musste er im westlichsten Gebiet der Welt verrichten, das für die Griechen die Region war, die dem heutigen Marokko entsprechen würde. In der Nähe des Ortes, an dem Atlas seine Buße tat, befand sich der Garten der Hesperiden, die einigen Autoren zufolge die Töchter dieses Titanen waren.

Atlas war verantwortlich für den reibungslosen Ablauf der Himmelszyklen und in seiner Verantwortung lag es auch, dass Sterne und Konstellationen ihrem Zyklus korrekt folgten. Er war so bedeutsam im Fluss des himmlischen Zyklus, dass ein Teil seiner Nachkommen zu Sternenkonstellationen wurde, wie es bei seinem Sohn Hyas der Fall war, sowie bei seinen Töchtern, den Hyaden und den Pleyaden.

Atlas musste bei der Durchführung einer solchen Mission eine einsame Existenz führen, obwohl er laut der Legenden zwei bedeutsame Begegnungen hatte. Einmal erleichterte Herakles ihn für einen Moment von seiner Arbeit. Atlas sollte ihm helfen, die goldenen Äpfel aus dem Garten seiner Töchter, der Hesperiden, zu bekommen. Als er zurückkehrte, versuchte er, Herakles zu täuschen, damit dieser die Verantwortung für seine Arbeit übernähme, obwohl er am Ende selbst betrogen wurde und wieder seine alte Funktionen erfüllen musste. In anderen Quellen wird gesagt, dass Herakles die Äpfel als Belohnung erhalten habe, weil er die Töchter des Titanen vor Dieben gerettet hatte, die vom ägyptischen König Busiris geschickt worden waren.

Bei einer anderen Gelegenheit traf der Titan auf Perseus und bat ihn, Zeus über seine Entscheidung zu informieren, den Himmel auf die Erde fallen zu lassen, wenn er nicht von solch einer schweren Last befreit würde. Perseus war besorgt und beschloss, ihm den Kopf der Medusa zu zeigen, was ihn in Stein verwandelte. Damit ist er der Ursprung des Atlasgebirges und des gleichnamigen Berges in Afrika.

Atlas stützt die Erde

Nereus, der alte Mann des Meeres

Ein alter, vertrauenswürdiger Mann, korrekt und sanft, so beschreibt Hesiod Nereus, den alten Mann des Meeres und den älteste Sohn des Ponto (dem Meer) mit Gaia (der Erde). Nereus war eine der vielen Gottheiten, die im Zusammenhang mit dem Wasser stehen. Er wird als alter Mann mit langem Bart und Beinen dargestellt, die manchmal die Form von Seeschlangen haben. Er wurde auch manchmal mit einem Stock ausgestattet und in einigen Fällen mit einem Dreizack (was auch Poseidon darstellen könnte, als er Herr der Ozeane wurde).

Zu seinen Attributen und Eigenschaften gehörte die Gabe der Prophetie, mit der er die Zukunft sehen konnte. Außerdem konnte er seine Form nach Belieben ändern. Wenn jemand ihn trotz seiner äußerlichen Veränderungen gefangen nehmen konnte, war der alte Mann gezwungen, ihm zu helfen. So war es bei Herakles der Fall, dem er den Standort des Gartens der Hesperiden mitteilen musste. Nicht nur das, aufgrund seiner prophetischen Gabe warnte Nereus Herakles außerdem, dass er die Äpfel nicht selbst pflücken solle und es besser sei, stattdessen den Titan Atlas zu schicken, obwohl er dann sehr vorsichtig sein müsse und keinen Handel mit dieser listigen Kreatur abschließen solle. Deshalb konnte Herakles, dank Nereus Hilfe, sein Problem lösen und somit freikommen.

Der alte Nereus heiratete Doris, eine Okeanide. Aus dieser Vereinigung entstanden die fünfzig Nereiden, Nymphen des Meeres, die alle guten Dinge der Ozeane darstellten. Sie lebten in einem goldenen Palast am Grund des Mittelmeers und werden oft als schöne Frauen dargestellt, die immer um ihren Vater herum oder im Gefolge des Gottes Poseidon singen und tanzen. Berühmte Nereiden waren Tetis, die Mutter des Achilles, Galatea, die sich in den Riesen Polyphemus verliebte und vor allem Anfitrite, die Poseidon heiratete.

Auf diese Weise gelang es Nereus, direkt mit den Hauptgöttern der Königreiche der Gewässer verbunden zu sein, lange vor der Zeit der olympischen Götter und auch noch danach.

In den meisten Darstellungen, selbst wenn er einen Fischschwanz anstelle von Beinen hat, ist sein Rumpf bekleidet, im Gegensatz zu den anderen Wesen des gleichen Typs, wie Triton oder Achelous, die immer mit nackter Brust zu sehen sind.

Nereus kämpft gegen die Riesen, Pergamon Altar

Die Plejaden

Der Titan Atlas hatte sieben Töchter mit Pleyone, die als Plejaden bekannt waren. Das waren einige sehr schöne Nymphen, die Teil des Gefolges der Göttin Artemis waren und die ihr zu Ehren versuchten, Jungfrauen zu bleiben, obwohl es ihnen nicht immer gelang. Ihre Namen waren Elektra, Alkion, Kereno, Estero, Maya, Taigete und Merope.

Sie hatten ein riskantes Leben und obwohl sie verheiratet waren (Merope war die einzige, die den sterblichen Sisyphos geheiratet hatte) blieben sie für lange Zeit zusammen.

Der Legende nach, traf Orion die Mutter und die sieben Töchter einmal in Böotien. Beeindruckt von der Schönheit der Nymphen, verliebte er sich sofort und beschloss, der Gruppe zu folgen, um ihnen seine Liebe zu zeigen. Aber die Plejaden interessierten sich nicht für die Liebe des Riesenjägers also begannen sie vor ihm zu fliehen.

Je mehr sie flohen, desto größer wurde der Wunsch des Orion, sie zu heiraten. Auf diese Weise begann eine Verfolgungsjagd, die fünf Jahre andauern sollte. Schließlich gingen die Nymphen, müde von der Situation, zu Zeus und baten ihn, ihnen zu helfen. Der Gottvater verwandelte sie zuerst in eine Gruppe von Tauben aber das war nicht genug und Orion verfolgte sie weiter, auf der Suche nach ihrer Liebe. Als er merkte, dass Orion nicht aufgeben würde, beschloss Zeus, die Plejaden in Sterne zu verwandeln und sie im Sternbild Stier im Himmel zu verewigen, wo sie eine Gruppe von sechs sehr hellen Sternen und einem siebten bilden, der ein bisschen dumpfer und distanzierter ist.

Es wird gesagt, dass dieser siebte Stern Merope ist, die schüchterndste der Plejaden, die sich von ihren Schwestern etwas entfernte, da sie sich schämte, einen Sterblichen geheiratet zu haben. Laut anderen Autoren ist der schwächste Stern aber Elektra, die starb, als sie vom Fall der Stadt Troja erfuhr, in der ihre Nachkommen lebten.

Zu ihrem Unglück schaffte Orion es auch, sich in eine Konstellation zu verwandeln und verfolgt sie noch heute durch den Himmel, immer noch auf der Suche nach ihrer Akzeptanz und Liebe.

Eine andere Version der Verwandlung der Plejaden in Sterne ist weniger populär und man sagt, dass die sieben Nymphen Selbstmord begingen, als sie vom Schicksal ihres Vaters erfuhren, der von Zeus bestraft wurde, aufgrund des Kampfes zwischen den olympischen Göttern und den Titanen und dass sie von Zeus selbst in Sterne verwandelt wurden, um sie unsterblich zu machen.

Elihu Vedder, die Plejaden, 1885

Antheus: die Kraft der Erde

Man sagt, Antheus habe auf der Insel Irasa jenseits von Gibraltar gelebt, im Flusslauf des Okeano. In der Meerenge gründete er eine Stadt, die er auf den Namen seiner Frau taufte, Tingis, heute Tanger. Andere behaupten, er sei König von Libyen gewesen, Sohn von Poseidon und der Mutter Erde, ein kräftiger Riese, der die Ausländer zwang, mit ihm zu kämpfen. Da er neue Kraft im Kontakt mit dem Boden schöpfen konnte, tötete er sie auf der Stelle. Die Schädel seiner Opfer schmückten das Dach des Tempels, den er für seinen Vater, den Gott des Meeres erbaut hatte. Er lebte in einer Höhle, ernährte sich von Löwenfleisch und schlief auf dem Boden, um eine Schwächung seiner kräftigen Muskeln zu verhindern.

Herakles kehrte durch Libyen nach Mykene zurück, nachdem er die goldenen Äpfel des Gartens der Hesperiden in den Händen von Athene gelassen hatte. Es ist nicht bekannt, wer wen herausgefordert hat aber die Konfrontation zwischen diesen beiden Ungetümen war unvermeidlich. Sie entkleideten sich von den Löwenhäuten, die sie bedeckten. Herakles entschied sich, den Riesen zu ermüden, aber als er ihn auf den Boden warf, war er überrascht, dass dieser sich sofort wieder erholte. Nach mehreren Angriffen, bei denen Herakles Anthaeus dreimal niedergeschlagen hatte, kehrte er immer wieder in den Kampf zurück. Herakles stellte mit Erstaunen fest, dass Anthaeus sich zu Boden fallen ließ, ohne umgeworfen zu werden.

Herakles, ein intelligenter Mann und nicht nur ein talentierter Krieger, erkannte, woher Anthaeos seine Kraft nahm, um den Kampf zu gewinnen. Dann griff er, unter Ausnutzung aller ihm zur Verfügung stehenden Kräfte, den Riesen und hob ihn über seinen Kopf. Er hielt ihn in der Luft, brach seine Rippen und während man das Jammern der Mutter Erde hörte, erstickte und tötete er ihn.

Laut Plutarch verband sich Herakles mit Tingis, nachdem er Anthaeos getötet hatte. Dann konsultierte er das Orakel von Amun und bestand darauf, seinen Vater Zeus persönlich zu sehen, obwohl der Vater der Götter solch ein Treffen nicht für angemessen hielt. Der Held gründete eine Stadt mit hundert Türen, er nannte sie Theben. Später ging er in den Kaukasus.

Zeus bedauerte, Prometheus angekettet zu haben. Solange bis jemand seinen Platz in Tartarus einnahm, konnte dieser nicht freigegeben werden. Herakles schlug den Zentauren Cheiron vor, der auf seine Unsterblichkeit verzichten wollte. Zeus machte zur Bedingung, dass Prometheus einen eisernen Ring seiner Ketten mit einem kleinen Stein aus dem Kaukasus trug: so würde er für immer angekettet bleiben.

Marco Marchetti, Herakles und Anthaeos

Hestia: die lebende Flamme

Von den drei Töchtern von Kronos und Rhea war die älteste Hestia, Gottheit des häuslichen Lebens und eine Jungfrau, die nie von einem Mann berührt wurde, da sie nur der Reinheit und Sauberkeit gewidmet war. Obwohl die Mythen dazu neigen, sich mit den Abenteuern in fernen Ländern und den Fähigkeiten der Helden zu identifizieren, war sie sehr wichtig für die Bildung der Familienstruktur. Der Begriff Heim stammt von Feuer ab und bezeichnet den wärmsten Ort im Haus, an dem Nahrung aber auch Träume und Sehnsüchte nach Transzendenz gekocht werden.

An der Mauer jeder griechischen Stadt befindet sich immer eine brennende Fackel, von der das Feuer genommen wird, das Körper und Seelen erhellt und wärmt und dessen Domäne das Symbol früher Zivilisationen ist. Die neuen Kolonien, die überall entstanden, nahmen die Glut dieser Flamme mit, um ihr heiliges Licht und ihre heilige Wärme zu besitzen. Hestia ist die Schutzheilige dieser Feuer.

Sie greift nicht in Kriege, Intrigen oder Streitigkeiten ein, sie hat nichts mit dem destruktiven Aspekt des Feuers zutun. Ihr Licht ist das, was die Familie vereint, die Nacht erwärmt und die bedrohlichen Schatten vertreibt. Wie Artemis und Athene, sind ihr die erotischen Forderungen von Menschen oder Göttern gleichgültig. Der phallische Priapus versuchte betrunken Hestia während eines Festes gewaltsam zu nehmen, als die Götter schliefen aber das laute Geschrei eines Esels weckte sie auf. Hestia schrie und ihr mutmaßlicher Angreifer ließ entsetzt von ihr ab. Auf den Kopf des Zeus schwor sie, immer eine Jungfrau zu bleiben. Zeus, der dankbar für ihre Mithilfe war, den Frieden im Olymp zu erhalten, gewährte ihr das erste Opfer bei allen öffentlichen Opferungen, sogar noch vor ihm selbst.

Ihre Diskretion und Weisheit hielten sie in ihrem Heim, das sie fast nie verließ. Als Göttin des Feuers und Hüterin der Gesetze der Gastfreundschaft, heißt Hestia die Bittsteller willkommen, die ihren Schutz suchen. Universell für ihre Liebe, Freundlichkeit und Diskretion verehrt, ist sie es auch, die die Kunst des Hausbaus erfunden hat. Sie zeigt, wie man ein Heim baut, das Haus der Familie, und wie man die Feuer erhält, die das blutige und tote Fleisch in lebendige Nahrung verwandeln.

Das weiße Bild der großen Göttin des östlichen Mittelmeers scheint mit dem brennenden Holz in Verbindung zu stehen, bedeckt mit Asche, ohne Rauch und Flammen, die sparsamste Heizung in der Antike. In Delphi wurde sie zum Omphalos, dem Nabel oder Zentrum der Welt, wie sie es schon im Haus war.

Hestia, 1878, Ilustration

Pan: der einfache Terror

Plutarch erzählt (weil die Orakel selbst schweigen), dass bei einer bestimmten Gelegenheit der Matrose eines Schiffes, das von der Insel Paxi nach Italien fuhr, jemanden hörte, der ihn jenseits der Wellen anrief. Eine Stimme, die nur göttlich sein konnte, sagte seinen Namen: „Bist du da, Tamo? Wenn du nach Palodes kommst, denk daran, zu verkünden, dass der große Gott Pan tot ist". Aus diesem Grund heißt es (R. Graves), dass Pan der einzige Gott ist, der in unserer Zeit gestorben ist.

Trotz seiner Macht und Wichtigkeit gehörte Pan in Arkadien nicht zu den großen Göttern. Ihm werden verschiedene Mütter zugeschrieben, ohne dass man sich einigen kann: Driope, die Nymphe Enoe, die Ziege Amalthea, die Zeus säugte, sogar Penelope, die Frau des Odysseus, wird in Betracht gezogen. Auf jeden Fall war Pan der Adoptivbruder von Zeus und deshalb älter als sein angeblicher Vater Hermes und die Generation, die gegen Troja in den Krieg zog. Wer auch immer seine Mutter war, sie floh vor Angst vor diesem hässlichen Kind, voller Haare, mit Bart, Ziegenbeinen und Hörnern.

In Arkadien kümmerte sich der Gott um das Vieh und die Bienenstöcke. Er ging zu den Orgien der Bergnymphen. Mehr faul als nur ruhig, verbrachte er die Nachmittage schlafend. Aber wenn ihn jemand störte, sendete er einen lauten Schrei aus dem Wald oder einer Grotte aus, der das Haar desjenigen, der ihn hörte, zu Berge stehen ließ, weshalb man auch von panischer Angst spricht.

Pan verführte die Nymphe Echo, die starb, weil sie Narziss liebte. Mit Euphema hatte er Krotos, den Bogenschützen des Tierkreises. Er versuchte Pitis zu vergewaltigen, die sich, um vor ihm zu flüchten, in eine Tanne verwandelte. Seitdem trägt Pan einen Zweig dieses Baumes mit sich. Er verfolgte auch die keusche Syringe aber diese verwandelte sich in ein Schilfrohr im Fluss Ladon, sodass er sie nicht mehr von all den anderen Schilfrohren unterscheiden konnte. Er schnitt daraufhin einige zufällig ab und daraus machte er eine Syringe, die sogenannte Panflöte. Er verführte auch Selene oder Semele, den Mond (Luna).

Apollon brachte ihn dazu, ihm die Kunst der Prophezeiung zu lehren. Und Hermes kopierte eine Flöte, die Pan fallen ließ und sagte, er habe sie erfunden und verkaufte sie an Apollon. Aber die olympischen Götter verstanden seine Einfachheit nicht und auch nicht, dass es ihm gefiel, in den Ländereien Arkadiens zu leben, wo auch der Tod lebte denn von dort aus gelangt man in den Tartarus. Tamo hatte also richtig gehört.

Peter Paul Rubens, Keres und Pan

Hekate: am Fuß der Nacht

Archaische und präolympische Göttin, Schutzheilige der besonders komplizierten Mysterien, Hekate, mischte sich nicht in den Krieg mit den Titanen ein – obwohl sie direkt von ihnen abstammt – und bewegte sich immer in einem Bereich der beunruhigenden Mehrdeutigkeit, skurril, bösartig und wunderlich. Der Bewerber um ihre Gunst weiß nie, ob er sehr begünstigt, ruiniert oder gar getötet wird.

Durch ihren Zauber gedeihen die Fische im Meer, die Vögel in der Luft und die Rinder an Land … oder es passiert genau das Gegenteil. Ihr Charakter ist unberechenbar, in einer Welt, in der man an das *Fatum* (Schicksal) glaubt, als eine vorher festgelegte Zeit, dessen Entwicklung Zeus und Gaia bereits kennen. Hekate gibt dem ein wenig Freiheit, Spielraum und Möglichkeiten.

Es gibt künstlerische Beweise, dass, als Orpheus zu Tartarus hinabstieg, die Musik seiner Leier die Schlangengöttin Hekate verzauberte. Diese Gottheit in ihrem dunkelsten Aspekt, bewegt durch jene nie gehörten Akkorde, gewährte den Seelen, die in die orphischen Mysterien eingeführt wurden, besondere Privilegien. Im Gegensatz zu Artemis, mit all ihrer Pracht des Silbers im Mondlicht, wohnt Hekate in jener Dunkelheit, die den Menschen als Terror bekannt ist. Sie durchstreift die Erde am Fuß der Nacht, gefolgt von einem Rudel geisterhaft klagender und heulender Hunde. Mit Forkis schuf sie das Monster Skylla, danach mit Eetes hatte sie die Zauberin Kirke und die Magierin Medea.

Sie ist die Göttin der Zauberei und der bösen Künste. Von den Arkanen und jenseits der Welt wird sie von Zauberern und Hexern verehrt, die ihr am Ende jeder Lunation, der Zeitspanne die der Mond braucht, um die Erde zu umlaufen, Lämmer und schwarze Hunde opfern. Sie stellt sich vor ihren Anhängern mit einer Fackel in jeder Hand oder in Form einer Stute, einer Hündin und einer Wölfin dar. Sie ist die Herrin der nächtlichen Angst. Hekate sendet in unsere Träume Wesen wie Empusa, die Menschenfresserin. Persephone, die Göttin der Hölle, verbringt ihre Zeit im Untergrund mit Hekate und nicht mit ihrem Ehemann und selbst Zeus verweigert ihr niemals das alte Privileg, das sie immer begleitet: Sie konnte den Menschen jedes Geschenk, das sie sich wünschten gewähren oder verweigern.

Göttin mit drei Köpfen – Löwin, Hündin und Stute. Sie beherrschte den Kerberos, der unerbittlich die Tore des Hades bewacht. Er erscheint sowohl den von Dämonen besessenen Reisenden gemeinsam, als auch an Kreuzungen mit ihren Bestien. Weibliche Statuen mit dreifachem Körper oder drei Köpfen, oft mit Schlangen besetzt, die um den Hals geknotet sind, sind dort zu sehen. Ihr Baum ist die Zypresse.

Hekate, Pergamon Altar

Hebe: die ewige weibliche Jugend

Als Lieblingstochter von Zeus und Hera ist Hebe eine Schwester des Hephaistos, der Ares und der Ilitia und personifiziert die Jugend. Sie schenkt den Nektar in die Becher der olympischen Götter ein. Es gibt nichts Passenderes: der Nektar ist das Elixier, der die ewige Jugend verleiht. Sie ist zwar eine häusliche und weniger wichtige Gottheit aber sie ist die Helferin der Götter, sie spannt die Pferde vor den Wagen ihrer Mutter und badet und kleidet ihren Bruder Ares. Einige Versionen erachten Hephaistos und Hebe als alleinige Kinder von Hera: Hesiods Theogonie erwähnt den Schmied, der ohne fleischliche Verbindung mit Zeus gezeugt wurde.

Aber die Götter sind widersprüchlich und es ist nicht verständlich, warum Hera die Ehe ihrer Tochter mit dem verhassten Helden Herakles, Sohn von Alkmene und Zeus, erlaubte. Diese Zustimmung wäre ohne eine Versöhnung mit den olympischen Göttern und vor allem mit der Mutter der Götter nicht möglich gewesen. In der Tat wird behauptet, dass Zeus darauf bestand, seinen Sohn Herakles zu nennen (Ruhm der Hera), den er mit Alkmene hatte, der bei seiner Geburt noch Alkides genannt wurde, damit sie ihm seine Untreue vergab.

Hebe kann alte Menschen verjüngen und in der Tat, als Yolao, der Knappe von Herakles, mit Euristeus kämpfen musste, als Vertreterin der Mutter der Götter, gewährte Hebe ihm den Schatz der Urgewalt und machte ihn für einen Tag jung. Hebe schenkte den göttlichen Nektar nicht mehr aus, als ihr Vater, in einen Adler verwandelt, den schönen trojanischen Prinzen Ganymedes entführte und ihn zum Olymp brachte – und eventuell in sein Bett – um sein persönlicher Mundschenk zu werden.

Manche sagen, dass Hebe weiterhin die Becher der anderen Götter und auch dem Adler des Zeus, wie er in bestimmten Skulpturen dargestellt ist, füllte. Hinsichtlich dessen bestätigen sie, dass Ganymedes sich während des Trojanischen Kriegs lieber vom Olymp fernhielt, um nicht an der erwarteten Katastrophe teilzunehmen, die den Wettstreit beendete, der aus einem Streit zwischen Göttinnen entstanden war. Hebe nahm dann diese Arbeit wieder auf.

Hebe hatte einen Altar in Cinosargo, in der Nähe des Herakles und war unter dem Namen Ganymeda denen bekannt, die sie in einem heiligen Hain in Sikion und Fliunte verehrten. Tatsächlich erscheint sie in keinem Mythos und durch ihre Eigenschaften scheint sie eine archaische und etwas abstrakte Person zu sein und vor allem präolympisch. Ihre Mutter Hera schützt und herrscht über die Ehen, Hebe allerdings ist das Modell, dem die jungen, heiratsfähigen Griechinnen folgen sollten, strahlend voller Jugend, Einfachheit und Unschuld, die fleischliche Vereinigung, die ihre Ehemänner jung hielten.

Hebe, Göttin der ewigen Jugend

Hylas, entführt von den Nymphen

Hera veranlasste die Entführung von Hylas, dem Geliebten des Herakles. Die himmlische Schönheit dieses jungen Mannes, Sohn des Königs Tiodamante, der über die Driopen herrschte, beeindruckte auch die Quellnymphen des Pegea, in Misia. Herakles hatte Tiodamante getötet und das Leben von Hylas verschont, nahm ihn als Knappe, liebte ihn und lehrte ihn die Kriegskünste und wie man Männer tötete. Als sich die Mannschaft der Argo für die Expedition nach Kolchis rüstete, nahm der Held Hylas als einen der Argonauten mit. Misia war einer der Orte, an denen die Argo vorbeikam, als die Argonauten die Küste des Marmarameers befuhren.

In den Ländern des Königs von Kyzikos empfingen die Dolionen sie freundlich. Aber nachdem sie die Stadt verlassen hatten, brachten Gegenwinde sie in der Dunkelheit der Nacht zurück an Land. Ein Kampf begann und ohne zu wissen, gegen wen er kämpfte, starb der König von Kyzikos. Die Argonauten erkannten daraufhin ihren Fehler und boten eine ehrenvolle Beerdigung an. Sie setzten ihre Reise entlang der Küsten von Misia fort. Die Misier in den Ländern von Kyanida empfingen sie in der Nähe des Flusses Cio. In der Dunkelheit der Nacht suchte Herakles eine Kiefer, das einzige für seine Streitkräfte geeignete Ruder. Hylas ging mit einem Bronzekrug zu einer Quelle, um das Essen von Herakles und Telamon vorzubereiten, die immer den Tisch teilten.

Der blonde Hylas erreichte eine von Wassernymphen bewachte Quelle. Theokrit (Idilios) erwähnt namentlich Eunika, Malide und Niquia, „Mit Augen des Frühlings" als Entführerinnen, die ihrerseits von der Schönheit des Jünglings gefangen waren. Schilf, Schöllkraut, Koriander, Sellerie und Gras waren reichlich um die Quelle herum vorhanden. Die Nymphen, die niemals schliefen, tanzten mitten auf dem See. Der junge Mann beugte sich vor, tauchte den Krug unter und die Flüssigkeit trat mit einem Gurgeln ein. Da packten sie ihn an der Hand, von Liebe erfüllt, und er fiel schreiend hinab und ging zwischen ihren weißen Körpern unter.

Ein Argonaut, Polyphemus Ilaatida, hörte den Schrei des jungen Mannes. Er suchte ihn, ohne ihn zu finden. Verzweifelt rannte er den Weg hinunter, um nach Herakles zu suchen, der die Kiefer wegwarf, mit der er zu rudern beabsichtigte. Alle seine Rufe waren vergebens. Herakles und Polyphemos suchten ihn lange Zeit aber alles war nutzlos: Hylas war schon unsterblich. Die Argo fuhr ohne ihn ab.

Nymphenstatue mit einer Muschel, Frankreich, Versailles

Hippolytos und Phaidra: entfesselte Pferde

Nachdem er Antiope verlassen hatte heiratete Theseus Phaidra, die Prinzessin von Kreta und Tochter der Könige Minos und Pasiphae. Sie hatten zwei Kinder, Akamantos und Demophonte. Mit der Amazonenkönigin hatte Theseus einen Sohn, einen schönen jungen Mann, der die Jagd praktizierte und ein Anhänger der Artemis war, der jungfräulichen Göttin Luna. Aber er betete Aphrodite nicht an, die Göttin der Liebe und Schönheit. Wütend veranlasste diese Tochter des Zeus, die auch anderen liebenden Unterfangen wie Eifersucht und Rache vorsteht, dass Phaidra eine stürmische erotische Leidenschaft für ihren Stiefsohn entwickeln sollte, den schönen Hippolytos, der sich um die Pferde kümmerte.

Es ist nicht bekannt, ob Hippolytos aus Rücksicht auf seinen Vater oder weil er nicht an Beziehungen zu Frauen interessiert war Haydars Anliegen ablehnte. Die Stiefmutter, die beleidigt Rache nehmen wollte, erreichte, dass Theseus Hippolytos nach Trecen schickte. Nun konnte Phaidra ohne Zeugen ihrem Ehemann erzählen, dass Hippolytos versucht hätte, sie zu vergewaltigen, indem er die Abwesenheit von Theseus ausgenutzt hatte. Überzeugt von den Worten der Phaidra verfluchte dieser seinen Sohn in Anwesenheit von Poseidon. Und während Hippolytos mit seinem Wagen nach Trecen reiste, verließ ein Stier das Meer und erschreckte die Pferde. Als er die Kontrolle über die entfesselten Tiere verlor, starb Hippolytos unter ihnen.

Laut Euripides (in seinem Drama *Hippolytos*) aß die abgelehnte Phaidra daraufhin nicht mehr und versuchte zu sterben, so sehr schämte sie sich für diese fast inzestuöse Leidenschaft. Ihre Amme versuchte aber sie Hippolytos näherzubringen. Die Stiefmutter wollte vermeiden, dass ihr Name in den Schmutz gezogen wurde und hinterließ einen Brief an Theseus, in dem sie Hippolytos einer versuchten Vergewaltigung beschuldigte (einige sagen, dass es die Amme war, die Phaedras Leidenschaft zum Stiefsohn weckte; danach schrieb sie auf einem Brettchen die Anklage auf und ließ sie neben der Leiche ihrer Herrin zurück). Theseus las die Botschaft und verfluchte Hippolytos, ohne dass man es hörte. Poseidon sorgte dafür, dass der Sohn in Trecen verwundet wurde und seine Gefährten ihn zu seinem Vater zurückbrachten. Artemis hatte Theseus schon die Wahrheit erzählt. Vater und Sohn versöhnten sich. Hippolytos starb.

Die Göttin der Jagd, Artemis, sorgte dafür, dass Asklepios, der Sohn des Apollon, Erfinder der medizinischen Künste, Hippolytos wieder auferstehen ließ. Sie selbst brachte ihn zu ihrem Heiligtum in Arikia, Italien, wo er Virbios genannt wurde und später als Gefährte der Göttin bekannt war.

Nicola de Urbino, Hippolytos und Phaidra, 1524, Keramik

Die Nymphen: die gerächte Natur

In den griechischen Mythen gibt es verschiedene Charaktere, die keine olympischen Götter sind aber einen Platz im Ganzen haben, sowie einen Sinn, eine Funktion und Beziehungen zu anderen Gottheiten. Die Nymphen (Bräute oder Jungfrauen) lebten als eine Art weibliche Naturgeister in Gruppen zusammen und besetzten und schützten bestimmte Orte oder Gegenden. Wie in einem Drama verkörperten sie verschiedene Kräfte, Energien oder Prinzipien, die ein aktiver Teil der antiken Welt waren. Sie begleiteten und repräsentierten Götter und Göttinnen und waren oft Gegenstand des erotisch-liebenden Verlangens von Satyrn und Silenen aber auch von älteren Göttern.

Es gab auch Meeresnymphen wie die Nereiden, Töchter von Nereus und Doris. Sie bewohnten den Meeresboden und halfen den Seeleuten in Gefahr. Sie konnten auf Wassertieren wie den Delfinen reiten und hatten Altäre an den Küsten der Meere, Ozeane oder Klippen, wo sie Opfer von Öl, Milch und Honig erhielten. Ihr Name kommt von neein, schwimmen. Tethys, Galatea und Amphitrite waren Meeresnymphen und lebten in Höhlen am Grunde des Ozeans.

Andere, die Alseiden, lebten in Blumen und waren fasziniert von Pflanzenwesen. Es war nicht selten, dass sie eine Pflanze in Besitz nahmen und mit ihr verschmolzen. Sie bewohnten die Täler und die wilden Gärten. Sie erzeugten Angst bei den Reisenden, die oft mit Wahnsinn bestraft wurden, wenn sie es wagten, ihre Domänen zu entweihen. In diesen Fällen konnte von ihnen ein rachsüchtiges und blutiges Verhalten befürchtet werden. Demeter, eine Alseide, wurde später als Göttin der Landwirtschaft und des Getreides angesehen.

Die Dryaden waren die Nymphen der Eichenwälder (dris ist auf Altgriechisch die Eiche). Sie wurden vom Baum der Hesperiden geboren und einige gingen in diesen Garten, um die goldenen Äpfel der Göttin Hera für sich zu behalten. Sie waren nicht unsterblich aber sie lebten lange. Die Hamadriaden bewohnten auch die Wälder, waren aber mit einem bestimmten Baum verbunden. Wenn dieser Baum gefällt wurde, wurde auch die Hamadriade getötet, die ihn beschützte und in ihm lebte.

Die Nefeles, Nymphentöchter von Okeanos und Tethys, lebten in den Wolken und waren für den Regen zuständig. Aristophanes erklärt in seinem Werk „Die Wolken", sie seien die Töchter des Äthers, Verkörperungen des oberen Himmels. Die Najaden waren Nymphen des Süßwassers, sie schützen die Quellen, die Heliaden das stehende Wasser und die Sümpfe, die Limnaden oder Limnatiden bewohnen die Seen, die Pegeas aber die Quellen und die Potamiden die Flüsse.

Anton Van Dyck, Diana und eine Nymphe, von einem Satyr überrascht

74.

Satyren und Silenen: das Geschenk, nicht geboren zu werden

Als Naturgeister sehen Satyren und Silenen aus wie Männer, haben aber etwas Tierisches an sich: einen Pferdeschweif und eine flache Nase. Die Satyren werden als menschliche Ziegen dargestellt, mit menschlichem Gesicht, Bart, Hörnern und Ziegenbeinen. Es sind lustvolle Wesen und sie jagen die Nymphen und begleiten Dionysos als Teil seines Gefolges bei den Mänaden.

Apollon und der Satyr Marsyas, geboren in Phrygien, trafen sich zu einem musikalischen Wettbewerb, in dem der Gewinner den Verlierer so behandeln konnte, wie er es gerne hätte. Das Ergebnis an sich war nicht eindeutig. Manche sagen, dass Marsyas viel besser spielte als Apollon, der dann die Lyra einsetzte und dabei mit derselben erhabenen Melodie sang. Marsyas konnte das mit der Flöte nicht machen. Andere sagen, dass Apollon den Klang der Lyra mit himmlischer Stimme begleitete, mit der er die Lyrik erfand. Der Gott argumentierte, dass Marsyas die Luft auf der Flöte blies, was wie seine Stimme ist. Die Musen stimmten dem Gott zu und ernannten ihn zum Sieger.

Marsyas wurde für seine Exzesse (Hybris) bestraft, weil er eine Gottheit herausgefordert hatte. Er war ein Experte im Aulos Spiel auf der Doppelflöte. Er hatte sie auf dem Boden gefunden, wo ihre Erfinderin, Athene, sie weggeworfen hatte, als sie bemerkte, dass die anderen Göttinnen über sie lachten, wenn sie sie mit vor Anstrengung angeschwollenen Wangen hineinblasen sahen. Nach seiner Niederlage wurde Marsyas in einer Höhle in der Nähe von Celenas lebendig gehäutet. Apollon schlug seine Haut an den Stamm einer Kiefer in der Nähe des Aulokrene Sees. Das Blut bildete den Fluss Marsyas.

Silenus, Anführer der Silenen und Lehrer des Dionysos, kam am Hof von Phrygien an und Midas erkannte ihn. Er organisierte zu seinen Ehren ein Fest, das zehn Tage dauerte und schickte ihn zu Dionysos, der so glücklich war, dass sein Tutor wieder da war, dass er zu Midas sagte: „Verlang von mir, was du willst und ich werde es dir geben". Midas bat: „Möge alles, was ich berühre, zu Gold werden".

Eine Geschichte besagt, dass der fabelhafte König von Phrygien Silenus betrunken machte, indem er Wein in eine seiner Lieblingsquellen goss. Dann befragte er ihn: „Was ist das Beste, was einem Mann passieren kann?". Silenus schwieg aber auf Drängen von Midas antwortete er: „Das Beste für einen Mann ist, nicht geboren zu werden. Und wenn du schon geboren bist, stirb so schnell wie möglich".

Figuren von Satyrn, Dresden, Zwinger

Hymenäus, Hochzeit von Schönheit und Freude

Hymenäus war die Gottheit der Hochzeiten und in Griechenland stand er den Brautzeremonien vor. Das Wort Hymeneum bedeutete Brautlied, noch bevor es der Name eines Gottes wurde. Dann ist es zum Synonym für die Hochzeit geworden, besonders im alten Spanien. Wenn eine Hochzeitszeremonie gefeiert wurden, so wurden verschiedene Gesänge gesungen, in denen der Name als Beschwörung wiederholt wurde: „Himenäus, Himenäus!" Anscheinend waren diese Lieder eine Tradition, die von einer Gruppe junger Menschen in Dankbarkeit gegenüber dem Gott begann, der sie von einem Piratenangriff befreit hatte.

Bei den Zeremonien, die zu Ehren des Hymenäus abgehalten wurden, wurde die Vorsichtsmaßnahme getroffen, die Galle aus den Eingeweiden der Opfertiere nicht zu entfernen, womit den Ehepartnern gezeigt wird, dass sie die dunkelsten ihrer Gefühle kontrollieren müssen, weil sonst all dies den Frieden von Ehe und Heim stört. Einigen Mythen zufolge wurde Hymenäus von Asklepius nach seinem Tod, am Tag seiner Hochzeit oder einer anderen Legende zufolge, als er an der Hochzeit von Dionysos und Ariadne teilnahm, wiederbelebt.

Als Gott der Liebeszeremonien inspirierte Hymenäus Feste und Lieder, die auf Hochzeiten gesungen wurden. Man nennt auch das lyrische Genre Himenäus, das während der Prozession der Braut zum Haus des Bräutigams gesungen wird, mit dem der Gott beschworen wird, anders als das Epitalamium, das nur auf der Schwelle gesungen wird.

Himenäus war der Sohn von Dionysos und Aphrodite oder Apollon und der Muse Kalliope. In einem der erhaltenen Fragmente des „Katalogs der Frauen", der Hesiod zugeschrieben wird, heißt es, dass Magnes einen Sohn von außergewöhnlicher Schönheit, genannt Hymenäus, hatte. Und als Apollon den Jungen sah, verliebte er sich in ihn und verließ das Haus von Magnes nicht mehr.

Hymenäus wird von Homer in der *Ilias* erwähnt, XVIII, in der Beschreibung des Schildes des Achilles, das von Hephaistos geschmiedet wurde:

> *Dort repräsentierte er auch zwei Städte von Männern, die mit Worten begabt waren.*
> *In der einen wurden Hochzeiten und Feste gefeiert: die Bräute kamen aus ihren Zimmern*
> *und wurden durch die Stadt begleitet zum Licht von Fackeln. Man hörte sich wiederholende*
> *Gesänge des Himenäus, junge Tänzer bildeten Ringe, in denen Flöten und Chöre*
> *erklangen, und die Matronen bewunderten das Spektakel von den Fluren der Häuser aus.*

Die Legende oder Geschichte von Hymenäus ist nicht wirklich ein Mythos, denn dieser Gott spielt keine Rolle beim Ursprung. Aber er ist gegenwärtig eine gestaltende Figur des Familienfriedens.

Edward Burne Jones, Hymenaeus, 1869, Delaware Art Museum

Deukalion und Phyrra: die Knochen der Mutter

Lykaon, Sohn des Pelasgos, hatte böse Kinder. Als Zivilisator von Arkadien, führte er den Kult von Zeus Likio ein, bei dem ein Kind geopfert wurde. Zeus war wütend und verwandelte ihn daraufhin in einen Wolf und zerstörte sein Haus mit Blitzen. Die Verbrechen der Söhne von Lykaon waren Zeus ebenfalls bekannt. Er besuchte sie persönlich in *Pauperis* Form (als arm verkleidet). Ihm wurden Schaf- und Ziegenfleisch serviert, das mit den Eingeweiden ihres Bruders Niktimos vermischt war. Zeus entdeckte die Täuschung und verwandelte sie in Wölfe, außer Niktimos, dem das Leben zurückgegeben wurde.

Vom Olymp aus entfesselte Zeus einen heftigen Regen, um die Sterblichen zu vernichten. Aber der König von Ptia, Deukalion, Sohn des Prometheus, bat seinen Vater, eine Arche zu bauen, sie auszustatten und ihm und seiner Frau, Königin Phyrra, zu überlassen. Der Südwind blies, der Regen wurde stärker, es traten die Flüsse über, das Meer stieg an und zerstörte die Küstenstädte und die Ebene, bis alles überflutet war. Nur die Gipfel einiger Berge ragten noch aus den Wassern heraus. Die einzigen Überlebenden waren anscheinend Deukalion und Pirra. Die Arche schwamm für neun Tage. Als der Regen aufhörte und das Wasser abfloss, ließ sich das Schiff auf dem Berg Parnass nieder – oder vielleicht auf dem Etna – und die Wolken zerstreuten sich. Die Taube, die Deukalion zum Erkunden geschickt hatte, kehrte endlich mit einem Zweig zurück: Die Flut war vorüber.

Sie stiegen aus, boten dem Göttervater ein Opfer dar und gingen zum Tempel der Themis, dessen Dach mit Seetang bedeckt und dessen Altar kalt war. Sie flehten Zeus zur Erneuerung der Menschheit an. Zeus, der sie aus der Ferne hörte, sandte Hermes: ihre Bitten wurden erhört. Themis erschien ihnen und sie sagte ihnen, dass sie mit bedeckten Köpfen, die Knochen ihrer Mutter sammeln und sie über ihre Schultern werfen sollten. Die Mütter von Deukalion und Phyrra waren bereits verstorben und sie wollten sich nicht so gottlos ihnen gegenüber verhalten. Deswegen folgerten sie, dass Themis sich auf Mutter Erde bezog, deren Knochen die Felsen am Ufer des Flusses Cephiso waren. So entsprachen sie dem Befehl: die Steine, die Deukalion warf, wurden zu Männern, die von Phyrra zu Frauen.

Andere Menschen wurden ebenfalls gerettet und kehrten bald zu ihrem früheren Verhalten zurück. Daher war die Deukalion Flut als Erneuerer der Menschheit nicht sehr nützlich.

Paul Peter Rubens, Deukalion und Phyrra, 1636

762.

Die Parzen: die Stunde des Todes

Es heißt, dass selbst Zeus der Macht der Parzen unterworfen ist. Sie seien nicht seine Töchter, sagte die Priesterin Pythia in einem Orakelspruch. Es sind jungfräuliche Geburten der Großen Göttin des Schicksals – auch „Starkes Schicksal" genannt – gegen die selbst die Götter des Olymps nichts ausrichten können, auch wenn Zeus die Macht im Kosmos an sich reißt und sich selbst zum Herrn über die Parzen macht und damit zum einzigen, der das Vorrecht hat, darüber zu entscheiden, wie lang das Leben eines Menschen sein darf.

Weiß sind sie, wie Gespenster, geboren aus dem Dunkel der Nacht. Sie sind auch bekannt als Moiren oder als dreifache Mondgöttin mit heller Tunika aus weißen Leinenfäden. Klotho, die Spinnerin, knüpft die Sterblichen an das Ende eines Leinenfadens, der sorgsam abgemessen und jedes Jahr aufgerollt wird, bis er endet. Lachesis ist es, die mit ihrer Elle die wahre Länge des Fadens, also die Dauer unseres Lebens, misst. Athropo, die Unausweichliche, die kleinste von allen, doch bei weitem die schlimmste, schneidet den Faden mit ihrer Schere ab – jenen Faden, aus dem bei der Ankunft des Neugeborenen auf der Welt der Stoff für seine Windeln gewebt wird und aus dem ebenso der Stoff ist, auf den die Zeichen seiner Familie gestickt werden, die den Platz bestimmen, den dieser Menschen in der griechischen Gesellschaft einnehmen wird.

Dieser Faden ist das menschliche Leben, so fein und zart und den unbekannten, den unerbittlichen Kräften des Schicksals gnadenlos ausgesetzt. Zeus wiegt das Leben der Menschen ab und übermittelt den Parzen die Entscheidung über die Stunde des Todes jedes einzelnen von ihnen. Doch der Göttervater wird nicht selbst tätig – das überlässt er diesen unsterblichen alten Weibern. Er behält sich nur das Recht vor, seine Meinung im letzten Augenblick zu ändern und den Tod eines von ihm auserwählten Menschen hinauszuschieben.

Die Sterblichen maßen sich an, selbst über ihr Leben zu bestimmen, obwohl sie doch nur über einen so kleinen Spielraum verfügen, denn in der antiken wie in der heutigen Welt erwarten den Menschen auf Schritt und Tritt Gefahren: Wälder, in denen sich Götter, Zauberer und Seher verbergen, Hexenmeister, die an Kreuzwegen warten, Sphinxe, die an Abgründen lauern … Und die Menschen geben vor, die Kontrolle über ihr Leben und die Herrschaft über ihr persönliches Schicksal in eigenen Händen zu haben.

Niemand entkommt den Parzen. Nicht einmal die dreifache Mondgöttin Luna, sei sie als Neumond ein junges Mädchen, als Vollmond eine sommerliche Nymphe oder als abnehmender Mond eine alternde Herbstgöttin.

Francisco de Goya, Die Parzen oder Athropo, 1819–1823, Mischtechnik auf Putz, Museo del Prado

Tyro, verliebt in einen Fluss

Sich in einen Gott verlieben? Das kann sehr schwierig sein und einige Probleme nach sich ziehen. Und doch ist es in der Mythologie gang und gäbe. So war es auch der Fall der Tyro, einer jungen Prinzessin, die ihre Mutter verloren hatte. Ihr Vater heiratete erneut und ihre Stiefmutter, Sidero, war nicht besonders nett zu ihr – wie man es aus vielen anderen Erzählungen kennt. Sie erfand Geschichten über das junge Mädchen und zwang ihren Vater, sie zu verbannen und zu ihrem Onkel Kretheus, dem König von Thessalien, zu schicken. Am Ende heirateten Tyro und Kretheus, wobei nicht klar ist, ob dies vor oder nach ihrer Romanze mit dem Fluss geschah. Es wird jedenfalls erzählt, dass Tyro einst, als sie in Thessalien spazieren ging, auf den Fluss Enipeus traf und von der Schönheit der Landschaft, dem kristallklaren Wasser des Flusses und der friedlichen Stimmung des Ortes ergriffen war.

Sie beugte sich über das Wasser, um ihr Spiegelbild zu betrachten, doch was sie erblickte, war der Flussgott Enipeus selbst. Er erschien ihr wunderschön und so verliebte sie sich auf der Stelle in ihn. Sie dachte nur noch an ihn, sehnte sich nach ihm, rief nach ihm und träumte davon, dass Enipeus ihre Leidenschaft erwiderte. Doch obwohl der Flussgott sich geschmeichelt fühlte, hatte er kein wirkliches Interesse an der jungen Frau. Es reichte ihm, sie verliebt zu sehen, ohne sie wissen zu lassen, ob er etwas für sie fühlte, oder aber ihrem Sehnen ein Ende zu setzen.

Poseidon, der große Gott des Meeres, erfuhr von diesen Umständen und fühlte sich zu der jungen Frau hingezogen. Als er bemerkte, dass Enipeus nichts für Tyro empfand, nahm er dessen Gestalt an und erschien so der Tyro, die ihre Liebe endlich erwidert glaubte und sich ihm ohne Zögern hingab.

Erst nach ihrer Vereinigung legte Poseidon seine List offen und bemühte sich von da an stets, Tyro vor ihrer Stiefmutter und allen anderen Gefahren zu bewahren.

Aus der Verbindung von Tyro und Poseidon gingen die Zwillinge Pelias und Neleus hervor, die schließlich ihre Mutter rächten und deren Stiefmutter Sidero umbrachten.

Als Enipeus entdeckte, was Poseidon getan hatte, wollte er ihn zur Rechenschaft ziehen, doch der Gott des Meeres hielt ihm vor, dass er Tyro ja gar nicht liebte und sie ohne eine Antwort ihren Träumen überlassen hatte. So geschah es, dass die junge Frau, die sich in einen Fluss verliebte, schließlich zur Mutter der Söhne des Meeresgottes wurde.

Karte der nördlichen Gegenden des antiken Griechenland. In der Mitte liegt Thessalien.

Amimone und die Quellen

Amimone war eine Danaide, also eine der fünfzig Töchter des Königs Danaos. Dieser war Herr über Libyen und Bruder des Königs Aigyptos, der dem Land am Nil seinen Namen gab. Als er sah, dass sein Bruder immer mehr Macht anhäufte, blieb ihm nichts anderes übrig, als nach Argos zu fliehen, ein weit entlegenes Land, in dem er wiederum König wurde.

Zu seinem Unglück war Argos jedoch ein trockenes Land ohne Wasser. Poseidon, der das Land eigentlich für sich haben wollte, hatte mit ansehen müssen, wie es Hera zugesprochen worden war und aus Wut darüber hatte er alle Quellen versiegen lassen, um so Hera das Wasser zu versagen.

Danaos sandte seine Töchter aus, um Wasser zu suchen. Unter ihnen befand sich auch Amimone. Der Sage nach, war sie es bald müde, erfolglos nach einer Quelle zu suchen und legte sich nahe des Weges in den Schatten, um sich auszuruhen. Dort schlief sie ein. Plötzlich schreckte sie mit einem seltsamen Gefühl aus dem Schlaf auf: Ein Satyr – ein schrecklich anzusehendes, stark behaartes Wesen mit dem Oberkörper eines Menschen, den Beinen eines Ziegenbocks und einem langen Schwanz – kam mit gierigem Blick näher, um sich die Danaide gefügig zu machen.

In ihrer Verzweiflung rief Amimone um Hilfe, während sie sich nach Kräften dem Begehr des Satyrs widersetzte. Sei es nun, dass sie den Gott Poseidon direkt um Hilfe anflehte oder dass er sich nur gerade in der Nähe befand, er eilte ihr jedenfalls schnell zu Hilfe und schleuderte seinen Dreizack gegen den Satyr, um sie zu beschützen. Der Dreizack verfehlte den Angreifer und schlug in einen Felsen ein, während der Satyr floh.

Die schöne Amimone fühlte sich sogleich von dem stattlichen Gott angezogen. Poseidon verführte sie und sie gab sich ihm schließlich hin. Aus dieser Verbindung ging der große Krieger Nauplios hervor, der viele Abenteuer erlebte und die Stadt Nauplia gründete.

Da Poseidon aber der Gott des Wasser war, beschränkte sich sein Einwirken nicht nur darauf, einen Krieger zu zeugen. Als er seinen Dreizack aus dem Felsen zog, entsprang dort eine Quelle mit drei Strahlen, die von da an Argos mit Wasser versorgte. Sie wurde später als Quelle von Lerna bekannt. Andere Versionen der Geschichte geben an, der Gott habe der schönen Amimone lediglich gezeigt, wo sich diese Quelle befand. Er habe das Wasser dann mit bis in ihre Stadt fließen lassen, sodass die Danaide sich immer vom Geist des Wasser begleitet sah.

Auguste Rodin, Danaide, ca. 1886

Triton, Bote der Tiefen des Meeres

Es ist in der Mythologie oft üblich, dass ein göttliches Geschöpf oder ein Gott von eher geringer Bedeutung die Rolle eines Götterboten einnimmt. Im Falle des Meeres kam diese Aufgabe Triton zu, dem Sohn des Poseidon und der Nymphe Amphitrite, einer der Nereiden.

Triton ist so etwas wie das männliche Gegenstück zu den Sirenen. Der obere Teil seines Körpers ist der eines Menschen, der untere der eines Fisches. Dazu trägt er einen üppigen Bart, wodurch er in vielen Darstellungen seinem Vater Poseidon sehr ähnlich sieht.

Normalerweise trug er in seinen Händen einen Dreizack, wenn auch einen kleineren als sein Erzeuger. Doch sein wichtigstes Erkennungsmerkmal war ein großes Schnecken-haus, das er als Trompete benutzte. Dessen Klang war so durchdringend, dass selbst die Giganten erschraken, wenn sie ihn hörten. Mithilfe des Klangs dieser Schnecke konnte Triton die Wasser besänftigen oder aber zu stürmischen Wellen aufwühlen und auf diese Weise Einfluss auf das Geschick all jener nehmen, welche die Meere befuhren. Er war zwar keiner der wichtigen Götter des griechischen Pantheons, doch er wurde geachtet und verehrt, viele Opfer wurden ihm dargebracht.

Es heißt, dass er mit seinen Eltern in einem goldenen Palast auf dem Meeresgrund wohnte. Allerdings wird gemeinhin eher angenommen, dass er in Libyen lebte, sei es im Tritonsee oder an der Küste dieses Landes.

Triton spielte eine wichtige Rolle in der Geschichte von Iason, der mit seinen Gefähr-ten, den Argonauten, aufbrach, um das begehrte Goldene Vlies zu suchen. Einmal trug ein Sturm das Schiff bis nach Libyen, doch ein dem Triton dargebrachtes Opfer bewegte den Gott, sich den Argonauten zu zeigen und sie sicher wieder auf das offene Meer hinaus zu geleiten, von wo aus sie ihre Fahrt fortsetzen konnten.

In vielen Texten dient Triton als Vorbild für eine ganze Reihe von Wesen, die nach ihm als Tritonen benannt wurden und zum Gefolge der großen Meeresgötter wie Poseidon oder Acheloos gehören.

Er wird auch – allein oder in einer Gruppe von Tritonen – als ein bedrohliches Wesen beschrieben, das junge Mädchen belästigt, die unbegleitet in seinen Wassern baden. Einmal soll er die Töchter des Dionysos behelligt haben, woraufhin es zu einem Kampf kam, den der Meeresgott allerdings verlor.

Schließlich wird er, obwohl es sich bei ihm nur eine niedere Gottheit handelt, als möglicher Stiefvater der Athene gehandelt, einer Göttin die sehr wohl zu den Hauptfiguren auf dem Olymp zählt.

Gian Lorenzo Bernini, Triton, Rom, Piazza Navona, Fontana del moro

Acheloos, der Geist des Wassers

Das griechische Pantheon mit all seinen Göttern, übernatürlichen oder gottähnlichen Wesen besaß für jeden Teil des Universums einen oder sogar mehrere Gottheiten. So sind Poseidon, Triton, Nereus und viele andere mit dem Wasser verbunden. In einigen Fällen sind sie miteinander verwandt, in anderen haben sie jeweils eine eigene Geschichte, die nicht immer mit der der anderen zu tun hat.

So eine Geschichte ist die des Acheloos, einem alten Wassergott, Sohn des Okeanos und der Gaia (oder der Thetis), der in der Antike sehr verehrt wurde.

Als Erstgeborener war er der älteste und der mächtigste aller griechischen Wassergeister, in diesem Falle des Süßwassers, denn er war der Flussgott des gleichnamigen Flusses Acheloos, der durch Ätolien und Akarnanien fließt. Die Menschen brachten ihm viele Opfer dar. So wurde etwa vom Orakel des Zeus in Dodona zum Dank für jede Antwort auf eine Frage ein Dankesopfer an Acheloos dargeboten.

Von Acheloos sind sehr viele unterschiedliche Darstellungen erhalten. Interessanterweise stehen nicht alle mit Wasser- oder Meereswesen in Verbindung. Eines der Bilder zeigt einen Greis mit einem langen Bart, aus dem ständig Wasser tropft. Doch die berühmtesten Abbildungen zeigen den Gott als Schlange, als sagenhaften Stier oder gar als eine Art Minotaurus aber mit dem Körper eines Stiers und dem Kopf eines alten Mannes.

Acheloos entbrannte in Liebe für Deianeira, eine kalydonische Prinzessin, die Tochter des Oineus. Allerdings interessierte sich auch Herakles für das junge Mädchen. Daher kam es zu einer Auseinandersetzung zwischen den beiden Bewerbern um ihre Hand. Acheloos schöpfte alle seine Möglichkeiten aus. Er verwandelte sich sogar in eine Schlange, um dem starken Arm des Helden zu entkommen. Dann nahm er die Gestalt eines Stiers an, um gegen Herakles anzutreten, doch der Sohn des Zeus war stärker als er und überwältigte den Flussgott. Aber Acheloos gab sich erst geschlagen, nachdem ihm Herakles das rechte Horn abgebrochen hatte.

Der Sage nach verwandelten die Naiaden dieses Horn in das berühmte, von Früchten überquellende Füllhorn. Wenn man dagegen anderen Quellen Glauben schenkt, übergab Acheloos den Naiaden selbst ein Horn, das der Ziege Amaltheia gehörte, um damit sein eigenes Horn auslösen zu können.

Acheloos heiratete schließlich Perimela, eine Tochter des Königs Hippodamas, die dieser von einem Felsen stürzte und die Acheloos rettete und dann zu seiner Frau machte. Mit ihr hatte er zwei Söhne, Hippodamas und Orestes. Acheloos gilt auch als Vater der Sirenen und einiger Nymphen.

François-Joseph Bosio, Herakles im Kampf mit Achelous in Gestalt einer Schlange

Keyx und Alkyone

Keyx und Alkyone waren miteinander vermählt. Zwar waren beide Kinder von Göttern, doch sie selbst waren sterblich. Keyx war der Sohn des Morgensterns Eosphoros und Alkyone war die Tochter des Windes Aiolos. Keyx regierte mit seiner Gemahlin als König von Thessalien. Beide verband eine tief empfundene Liebe. Doch eines Tages wurde ihr Glück getrübt weil verschiedene Vorzeichen und Weissagungen eine Katastrophe befürchten ließen. Der besorgte Keyx wollte sich auf die Reise machen, um das Orakel des Apollon zu befragen.

Alkyone war nicht einverstanden und versuchte, ihn von seinem Vorhaben abzubringen und nicht in See stechen lassen. Da ihre Bitten und Vorhaltungen zu nichts führten, versuchte sie ihren Mann davon zu überzeugen, sie auf die Reise mitzunehmen. Doch der König wusste, dass die Vorzeichen nicht günstig standen und er liebte seine Frau zu sehr, als dass er sie dieser Gefahr aussetzen wollte. Daher machte er sich allein auf den Weg und ließ die Königin besorgt zurück, versprach ihr aber, in zwei Monaten wieder heimzukehren.

Auf dem Meer überraschte ihn jedoch ein heftiger Sturm. Der Kapitän und die Seeleute bemühten sich nach allen Kräften, das Schiff zu retten, doch schließlich mussten sie es aufgeben. Im Angesicht des Todes waren alle verzweifelt, nur Keyx blieb ruhig, denn er sah, dass es die richtige Entscheidung gewesen war, Alkyone sicher zuhause im Palast zu lassen. Da er sie in Sicherheit wusste, konnte der König in Ruhe sterben und ertrank.

An Land fand Alkyone jedoch keine Ruhe. Sie war besorgt und ging mehrmals am Tag zum Tempel der Hera, wo sie für ihren Gemahl betete und Opfer für seine gesunde Rückkehr darbrachte. Die Göttin Hera wusste um den Tod des Keyx und begann, sich Alkyone gegenüber schlecht zu fühlen. Also sandte sie die Götterbotin Iris aus, um Hypnos, den Gott des Schlafes, zu bitten, Alkyone im Traum eine Botschaft zu übermitteln, damit sie die Wahrheit erfuhr.

So wurde Morpheus aufgetragen, die Gestalt des Keyx anzunehmen, der Königin im Traum zu erscheinen, ihr mitzuteilen, dass der König auf dem Meer gestorben war, und sie zu bitten, die Totenfeiern für ihn auszurichten.

Als sie erwachte, ging Alkyone zum Hafen, wo sie ihren Mann das letzte Mal gesehen hatte. Bitterlich weinend entdeckte sie seinen leblosen Körper, den die Wellen dorthin getragen hatten. Verzweifelt stürzte sie sich ins Meer, um ihr Leben neben ihrem geliebten Mann zu beenden.

Die Götter waren durch diese Geste gerührt und verwandelten die beiden in ein Vogelpaar. Bis heute leben diese Vögel, die Eisvögel (Alcedinidae oder Halcyoninae), in der Nähe des Meeres.

Herbet James Draper, Alkyone, 1915

Priapos, der die Felder fruchtbar macht

Weil Hera eifersüchtig auf Aphrodite war, berührte sie den Bauch der schwangeren Liebesgöttin und der kleine Priapos kam missgebildet auf die Welt. Aphrodite setzte ihn in den Bergen aus, wo ihn Hirten fanden, aufzogen und wie einen Gott verehrten. Er brachte Glück und half Schaden von der Ernte fernzuhalten.

Bei den Riten zu Ehren des Priapos wird ein mit Blumen gekrönter Esel herumgeführt, offensichtlich, weil dieses Tier ähnlich gut ausgestattet ist, wie er. Zu den Attributen des Gottes gehört eine Gartenschere. Ironischerweise kann diese als Symbol der Kastration gedeutet werden, was gar nicht so unsinnig ist, da Priapos paradoxerweise unter Impotenz litt bzw. kein echtes sexuelles Verlangen verspürt haben soll.

Seine Mutter war zweifellos Aphrodite, doch als Vater des ländlichen Gottes des Fruchtbarkeit werden Zeus, Dionysos oder Adonis gehandelt. Die Lebenskraft seines übergroßen Geschlechts schützt Nutz- und Ziergärten, ebenso wie es der vorgetäuschte Geschlechtsakt eines Paares auf dem Acker vor dem Ausbringen der Saat tut, indem er die Pflanzen durch homöopathische Magie und Nachahmung zu vermehrtem Wachstum anregt.

Darstellungen des Gottes Priapos wurden verwendet, um Zaubersprüche gegen den bösen Blick oder unerwünschte Neider zu verstärken oder auch um Räuber abzuschrecken. Alle seine Attribute bleiben hinter seinem riesigen Phallus zurück, der zuweilen so groß ist wie er selbst und als Symbol der Fruchtbarkeit der Natur gilt. Priapos wurde verehrt als Beschützer der Ziegen- und Schafherden, der Bienenstöcke, der Obst- und Gemüsegärten und des Fischfangs. Wie einigen anderen Schutzgöttern der Landwirtschaft wurden auch ihm hellseherische Fähigkeiten zugeschrieben.

Die ursprünglichen Kultstätten des Priapos befanden sich in Kleinasien, vor allem in Lampsakos. Über den Hellespont breitete sich die Verehrung des Gottes vom Orient bis nach Griechenland und Italien aus. Er wird weder von Homer, noch von Hesiod erwähnt und zählt auch nicht zu den Hauptpersonen des heroischen Zeitalters, wo er grotesk wirken würde. Nein, er gehört in eine Zeit, in der Satire und Übertreibung Eingang in die Dichtung und die Komödie fanden. Erst spät erlangte er auch als Gott Verehrung, wie Strabon berichtet.

In seinen *Fasti* erzählt Ovid, dass die Nymphe Lotis, ebenso wie vor ihr schon einmal Hestia, nach einem Festmahl einschlief. Priapos näherte sich ihr leise, doch gerade als er sie umarmen wollte, stieß einer der Esel des Silen laute Schreie aus. Die Nymphe erwachte und wurde in eine Lotusblüte verwandelt. Priapos tötete den Esel. In Lampsakos, wo Priapos zusammen mit den Nachkommen des Hermes verehrt wurde, brachte man ihm Esel als Opfer dar.

Eine Frau malt eine Statue des Priapos, um 50 n. Chr., Pompeji, Haus des Chirurgen

Amphitrite, vom Meer genährt

Amphitrite, Göttin des ruhigen Meeres, wurde zur Gemahlin des stürmischen Poseidon. Für Hesiod ist sie als Tochter des Nereus und der Doris eine Nereide. Apolodorus dagegen, erklärt sie zur Tochter von Okeanos und Thetis, weshalb sie eigentlich eine Okeanide wäre, obwohl der Autor selbst sie ebenfalls als Nereide bezeichnet. Bei Homer tritt sie nicht eindeutig als Person auf: „die riesenhaften Wellen der blauäugigen Amphitrite, vom Meer genährt". Auch Thetis wird mit dem Beiwort *halosidne* („vom Meer genährt") bezeichnet, so gibt es in gewisser Weise eine Dopplung der Nymphen des Meeres.

Der Gott, der sie später zu seiner Gemahlin auswählen sollte, erblickte sie zuerst auf der Insel Naxos unter den anderen Nereiden und verliebte sich in sie. Die junge Frau floh jedoch vor ihm bis ans Ende der Welt und suchte Schutz bei dem Titan Atlas. Doch Poseidon gab nicht so schnell auf. Er sandte viele Geschöpfe aus, die sie suchen sollten. Einer dieser Diener war Delphinos. Er fand Amphitrite und richtete ihr das Ansinnen seines Herren aus. So überzeugend bat er sie, Poseidon zu ehelichen und die Göttin des Meeres zu werden, dass sie endlich einwilligte. Zum Dank für seine erfolgreiche Vermittlung wurde Delphinos unsterblich gemacht und nimmt einen Platz unter den Sternbildern ein.

Trotz ihrer prunkvollen Hochzeit mit Poseidon reichte die Macht der Amphitrite nie über den Bereich des Meeres hinaus, so als ob es den Göttern des Olymps schwerfiele, eine so alte Gottheit als ihresgleichen anzuerkennen. Amphitrite wurde nicht gemeinsam mit ihrem Gemahl verehrt und erschien auch in künstlerischen Darstellungen nur, wenn besonders auf die Rolle ihres Gemahls als Beherrscher des weingrünen Meeres hingewiesen werden sollte. Pausanias gibt an, er habe ihr Bild im Tempel des Poseidon von Korinth gesehen.

Die große Erneuerung des hellenischen Pantheons, die sich in der Mythologie mit dem Sieg des Zeus über die Titanen ausdrückt, zog auch eine Umbildung der Priesterschaft nach sich. Damit wurde die Anrufung der Amphitrite im Gottesdienst erschwert. Sie gehörte zur alten Garde und war nicht mehr in Mode, sodass niemand mehr in ihrem Namen schwor. Trotzdem erzählt eine homerische Ode an den Apollon von Delos, dass bei der Geburt dieses Gottes „alle wichtigen Göttinnen" anwesend gewesen seien: „Dione, Rhea, Themis und die laut seufzende Amphitrite". Und Pindar lobt in einer seiner olympischen Oden die Rolle Poseidons als „großem Gott des Meeres und Gemahl der Amphitrite, der Göttin der vergoldeten Spindel".

Zu den Nachkommen der Amphitrite gehören Seehunde und Delphine. Mit Poseidon bekam sie Triton und Rhodos. Für die Dichter der späten Antike war sie nur noch eine Metapher des Meeres.

Haus des Neptun und der Amphitrite, Mosaik, Italien, Herculaneum

Proteus, nur der Wandel ist von Dauer

Homer beschreibt den archaischen Gott Proteus in der *Odyssee* als *halios geron*, also als „alten Mann vom Meer" und als Hirten der Seehundherden des Poseidon. In der *Theogonie*, der Geschichte der olympischen Götter, wird er dann zu einem Sohn des Meeresgottes oder des Nereus und der Doris – oder des Okeanos und einer Naiade. Jedenfalls entstammt Proteus ohne Frage einem Wassergeschlecht. Er besaß die Fähigkeit, durch die Tiefen des Meeres zu sehen und die Zukunft vorauszusagen, obwohl er oft seine Gestalt veränderte, um auf Fragen nicht antworten zu müssen. Nur unter Druck gab er jenem eine Antwort, dem es gelang, ihm in seinen Verwandlungen zu folgen.

Die sandige Insel Pharos im Delta des Nils war, laut Homer, der Wohnort des Proteus, des Hirten der Wesen des Wassers und der Geschöpfe des Ozeans. Ein ägyptischer König namens Proteus hatte den jungen Gott Dionysos auf einer seiner Fahrten empfangen. In der *Odyssee* vertraut Menelaos dem Telemachos an, dass er auf seiner Rückkehr vom brennenden Troja an diesem Ort den Frieden wiedergefunden habe. Eidothea, die Tochter des Proteus (ihr Name bedeutet „Bild der Göttin"), hatte diesem König verraten, dass ihr Vater – wenn er ihn nur zu fassen bekäme – ihm sicher verraten könne, welchen Gott er, Menelaos, gekränkte habe, damit er mit ihm Frieden schließen und in sein Königreich zurückkehren könne.

Menelaos kämpfte mit dem die Wahrheit sprechenden Greis der Meere, dem unsterblichen Proteus von Ägypten, der die Tiefen aller Meere kennt und dem Poseidon dient. Es gelang ihm tatsächlich, ihn zu fangen, obwohl sich der Gott in einen Löwen, eine Schlange, einen Leoparden, ein Schwein, in Wasser und in einen Baum verwandelte. Proteus sagte ihm also die Wahrheit und verriet ihm, dass sein Bruder Agamemnon von seiner Gemahlin ermordet worden sei, dass der jüngere Ajax Schiffbruch erlitten habe und gestorben sei und dass Odyseus sieben Jahre auf der Insel Ogygia in den Betttüchern der Nymphe Kalypso verbracht habe, der Tochter des Atlas und der Pleione.

Als die Bienen des Aristeus, des Sohnes von Apollon und Kyrene, krank wurden und verendeten, verriet ihm Proteus die Lösung: Er solle zwölf Rinder opfern, die Kadaver liegen lassen und am dritten Tage zurückkehren. Bei seiner Rückkehr fand Aristeus in einem der toten Tiere einen Bienenschwarm, fing ihn ein und brachte ihn zu seinem Bienenstock. Proteus half ihm, doch erst, als es sich gezwungen sah, seine ewigen Verwandlungen aufzugeben.

Neben Eidothea (die von Menelaos verführt wurde) war Proteus der Vater der Nymphe Kabyro sowie von Polygonos und Telegonos, die Herakles tötete, als sie ihn in einem seiner Kämpfe gegen die vorolympischen Gottheiten herausforderten.

Protheus, Italien, Bomarzo, Sacro Bosco

Morpheus und Hypnos, Verwandte des Todes

Der Name Morpheus kommt von *morphé* (Form), und zwar wegen der großen Vielfalt von trügerischen Traumbildern, die uns im Innern unseres Kopfes überfallen. Als Sohn des Hypnos, des immateriellen Gottes des Schlafes, ist Morpheus auf seine Art fassbarer, lebendiger aber zugleich auch flüchtiger und durchtriebener, weil er sich den Sterblichen nur dann zeigt, wenn sie besonders verletzlich sind, nämlich im Schlaf. Seine Brüder sind Ikelos und Phantasos. Morpheus wird dargestellt als ein stiller Greis mit Flügeln, der in der Hand eine Mohnblüte trägt.

Hypnos ist der Sohn der Nyx, der Nacht, und des Erebos, des Gottes der höllischen Finsternis. Beide sind Kinder des Chaos. Hypnos hat einen Zwillingsbruder, Thanatos (der gewaltlose Tod, der gewaltsame Tod ist Ker). Seine Herkunft verliert sich im Dunkel der Frühzeit, denn Nacht und Finsternis sind grundlegende Elemente der Urzeit.

Als Daimon des Schlafes wohnt Hypnos im Erebos, der zugleich sein Erzeuger als auch das Land der ewigen Dunkelheit ist, das noch hinter den Toren der aufgehenden Sonne liegt. Von dort aus steigt er jeden Abend gemeinsam mit dem Gefolge seiner Mutter zum Himmel auf. Oft wird er gemeinsam mit seinem Bruder Thanatos dargestellt. Hypnos ist ein junger Mann mit Flügeln an den Schultern oder an den Schläfen. Seine Attribute sind entweder ein Horn, das Opium enthält, um den Schlaf herbeizuführen, eine Mohnblume, einen Zweig, von dem Wasser des Lethe tropft, des Flusses des Vergessens, oder eine umgekehrte Fackel.

Die *oneiroi* (Träume) sind die Brüder oder die Kinder des Hypnos. Dieser eilt über die Erde und die Meere und schläfert die Lebewesen ein. Er berührt die Stirn der Menschen mit einem Zweig oder träufelt ihnen etwas Opium aus seinem Horn in die Augen. Es heißt, er habe hundert Kinder. Der Dichter Ovid gibt eine genaue Beschreibung seines verwunschenen Palastes an, der sich im Land der Kimmerer befindet und in dem alles schläft.

Auf ausdrücklichen Wunsch der Hera versetzte Hypnos den verhassten Herakles in Schlaf, damit sein Schiff von den Wellen des Meeres mitgerissen wurde. Ebenso ließ er den unentschiedenen Zeus einschlafen, damit Poseidon im Trojanischen Krieg zugunsten der Argiver oder der Griechen eingreifen konnte. Mithilfe des Thanatos brachte er den Leichnam des vor Troja gefallenen Kriegers Sarpedon nach Lykien. Hypnos verliebte sich in den Schäfer Endymion, einen Sohn des Zeus, den die Mondgöttin Luna (Selene) liebte, und verlieh ihm die Gabe, mit offenen Augen schlafen zu können, damit er ihm auf ewig in die Augen schauen konnte, denn Endymion wachte nie wieder auf.

René-Antoine Houasse, Morpheus und Iris, 1688

Phosphoros und Hesperos: Lichter am Himmel

Eosphoros oder Phosphoros, auch Luzifer, also Lichtträger, genannt, ist der Sohn des Gottes Astraios (Stern) und der Eos (Aurora), der Morgenröte. Er ist der Morgenstern, sein Bruder Hesperos oder Vesperus, ist der Abendstern, der Sohn des sterblichen Kephalos. Beide sind Personifizierungen des Planeten Venus in doppelter Zuschreibung, da dieser je nach Zeitpunkt der Betrachtung als zwei unterschiedliche Himmelskörper wahrgenommen werden kann. Man hielt ihn für einen „Wanderstern", einen Planeten. Eosphoros/Hesperos gilt als Vater von Keyx und Daidalion, wobei ihm auch die Vaterschaft über die Hesperiden zugeschrieben wird.

Die Griechen setzen ihn mit Aphrodite gleich und einige Quellen schreiben dem Mathematiker Pythagoras – andere dem Philosophen Parmenides – die Entdeckung zu, dass es sich um ein und dasselbe Gestirn handelt. Die griechische Septuaginta nennt ihn Heosphoros, den Glänzenden (Venus). Jedoch hatten bereits die babylonischen Astronomen ihn als nur einen Himmelskörper erkannt und ihn ihrer Fruchtbarkeitsgöttin Ischtar gleichgestellt.

Einige christliche Gemeinden des 3. und 4. Jahrhunderts unserer Zeit nannten ihn Luzifer, den Träger des Lichts, den Allerhöchsten. Im theologischen Denken der Hebräer bezeichnet der Name Satan den Gegner und spielt auf eine Dualität zwischen Gut und Böse an. Im 7. Jahrhundert steht der Name Luzifer schlicht für die Venus. Sehr bald jedoch, schon im darauffolgenden Jahrhundert, bezeichnet Luzifer den gefallenen Engel, den Gegenspieler Gottes, der zum Prinzip des Bösen wird, zum Fürsten der Finsternis.

In einem Psalm des Alten Testaments ist von einem babylonischen König die Rede, der in seiner Stadt einige Juden gefangen hielt und den man anschließend gestürzt hatte. Diese eigentlich unbedeutende politische Begebenheit wurde in ein Gebot der theologischen Doktrin verwandelt. Der Heilige Hieronymus übersetzte den Psalm in der *Vulgata*, seiner lateinischen Bibelübersetzung, mit dem Wort Luzifer als Eigennamen, obwohl es sich um eine Entsprechung des hebräischen *Helel* handelt, das glänzend oder Träger des Lichts bedeutet.

Etwas vom Morgenlicht jener heroischen Zeiten bleibt bis heute in unserem Körper, unserer Hosentasche oder in der Küche erhalten, unserem bescheidenen alchemistischen Labor: Phosphor mit dem Symbol P ist das 15. Element des Periodensystems von Mendelejew. 1669 isolierte der deutsche Alchimist Hennig Brand den Stoff aus dem menschlichen Urin und nannte ihn φωσφόρος, *phosphóros*, lateinisch *phosphorus*, zu Deutsch Lichtträger. Der Phosphor ist sehr reaktionsfreudig: Er verbindet sich mit dem Luftsauerstoff in einer Verbrennungsreaktion, die ein helles Licht ausstrahlt, also phosphoresziert. In unserem Gehirn entstehen durch Reize Phosphene, plötzliche gelbe Funken.

Anton Raphael Mengs (1728–1779), Hesperus

Tyche und Nemesis: glückliches Schicksal und Vergeltung

Zeus verlieh seiner Tochter Tyche (Fortuna) die Macht, darüber zu entscheiden, welches das Schicksal jedes einzelnen Menschen sein solle. Einige beschenkt sie mit außerordentlichem Glück und überhäuft sie mit den reichsten Gaben aus ihrem Füllhorn, anderen hingegen entreißt sie alles, was sie besitzen. So gibt und nimmt sie, geht mit dieser von ihrem Vater verliehenen Gabe recht launenhaft um, irrt über die Wege der Welt, während sie einen Ball emporwirft oder ihn fallen lässt und auf diese Weise zeigt, wie unsicher das Glück ist: einmal oben im Himmel schwebend, dann wieder unten im Staub des Weges liegend.

Wenn jedoch ein Mensch, den sie mit ihren Launen begünstigt hat, mit seinen großen Reichtümern oder seinen Begabungen prahlt und weder den Göttern einen Teil seines Besitzes opfert, noch sich um das Elend seiner Mitmenschen sorgt, dann schreitet die alte Göttin Nemesis ein und wird ihn, ihrem Namen gemäß gebührend, in irgendeiner Weise demütigen und bestrafen.

Als Tochter der Nyx, der Nacht, und des Okeanos ist Nemesis die Göttin der Rache. Sie nahm die Gestalt einer Gans an, um vor dem in sie verliebten Zeus zu fliehen, der sie auf der ganzen Erde verfolgte und dann in Gestalt eines göttlichen Schwanes verführte. So ist Nemesis die Mutter der Dioskuren und der von Leda aufgezogenen Helena, die dereinst den Krieg um Troja und dessen Zerstörung heraufbeschwören sollte.

Nemesis wohnt in Rhamnus, in Attika, wo ihr zu Ehren Weihestätten errichtet wurden. Sie trägt in der einen Hand einen Apfelzweig und in der anderen ein Rad, dessen Speichen die Jahreszeiten anzeigen. Ihr Haupt schmückt eine silberne mit Hirschen verzierte Krone und im Gürtel trägt sie eine Peitsche. Als Tochter des Okeanos war sie auch die Nymphengöttin des Todes im Leben, also die schaumgeborene Aphrodite, die Schwester der Erinyen.

In Rhamnus hatte ein persischer General ein marmornes Denkmal errichten wollen, um die Eroberung Attikas zu feiern, doch angesichts der Nachricht von der Niederlage in der Seeschlacht von Salamis sah er sich gezwungen, die Arbeiten einzustellen. Der Marmor wurde daraufhin genutzt, um ein Standbild der örtlichen Nymphengöttin Nemesis zu errichten. Vielleicht erklärt sich daraus, dass Nemesis schließlich eher die göttliche Rache personifizierte, als die gebührende Bestrafung im Rahmen des Ritus des Todes, sei er real oder symbolisch. Man kennt diese Nymphengöttin auch unter dem Namen Adrasteia. Die Erinyen wurden aus dem Blut des kastrierten Uranos geboren, das auf die Erde fiel.

Statue der Nemesis

Phaethon: die verbrannte Welt

Phaethon wuchs als Sohn des Sonnengottes Helios und der Okeanide Klymene in Ägypten in Obhut seiner Mutter auf. Noch als er sehr jung war, sagte sein Freund Epaphos zu ihm: „Ich glaube nicht, dass du der Sohn des Helios bist, denn wärst du es, so lebtest du in einem Palast. Deine Mutter hat dir nicht die Wahrheit über deine Herkunft erzählt". Als Phaethon daraufhin seine Mutter fragte, schwor ihm diese, sie habe die Wahrheit gesprochen und zeigte ihm, wie er seinen Vater finden könne.

So machte sich Phaethon auf die Suche nach seinem Vater und fand ihn schließlich in einem märchenhaften, mit Gold, Silber und Elfenbein geschmücktem Palast. Phaethon bat ihn um einen unumstößlichen Beweis seiner Vaterschaft. Helios schwor ihm bei den Wassern des Styx, dass er bereit sei, ihm den ersehnten Beweis zu liefern. Da bat der Jüngling um die Erlaubnis, für einen Tag das Viergespann des Sonnenwagens auf seinem Weg über den Himmel lenken zu dürfen.

Helios bedauerte sein Versprechen, doch sein Schwur ließ ihm keine Wahl. Es gab kein Zurück. Er riet seinem Sohn achtsam zu sein, denn er setze sich selbst und die ganze Welt großer Gefahr aus. Nur Helios – nicht einmal Zeus – konnte das Gespann lenken und die unsterblichen Rösser bändigen, von denen die Wärme auf der Welt abhänge. Der Jüngling hörte jedoch kaum auf die Worte seines Vaters, besessen von dem Gedanken, den großartigen Wagen zu lenken und ein Abenteuer zu erleben, das er dann seinen Freunden, vor allem Epaphos, erzählen konnte. Helios überließ ihm die Zügel des Gespanns.

Die Rösser, die aus ihren Nüstern Feuer speien konnten, wurden gezäumt und vor den Wagen gespannt. Helios bat Phaethon erneut vorsichtig zu sein, er solle die Geschwindigkeit kontrollieren und weder zu hoch noch zu tief fahren. Phaethon wollte sich nur vor seinen Schwestern als guter Lenker zeigen und seine Mutter hielt zu ihm. Doch die weißen Pferde vermissten die gewohnte Kontrolle und das Gespann kam vom Weg ab. Die Sternenbilder am Firmament gerieten in Panik. Der strahlende Wagen kam näher, Städte, Länder und Berge wurden angesengt, die Flüsse trockneten aus, die Wüsten entstanden und die Haut der Äthiopier wird dunkel. Gaia erlitt Verbrennungen und flehte Zeus um Hilfe an, der den Wagen mit einem Blitz vom Himmel herabholte.

Der Jüngling stürzte in den Fluss Eridanos, den heutigen Po. Helios war tief betrübt und die Erde verbrachte einen Tag im Dämmerschatten. Klymene irrte untröstlich durch die Welt. Die Schwestern Phaethons wurden in Pappeln am Ufer des Flusses verwandelt und weinten Tränen von Bernstein.

Simone Mosca (1492–1553), der Struz des Phaeton

Helios, Herr von Rhodos

Die im östlichen Mittelmeer gelegene Insel Rhodos gehört Helios aufgrund einer Nachlässigkeit des Zeus. Der Göttervater hatte Helios bei der Verteilung der Städte und Inseln vergessen und bedauerte danach, dass er nun von Neuem beginnen müsse, denn er durfte jemanden von derartiger Bedeutung nicht kränken. Doch in einem Anflug göttlicher Bescheidenheit begnügte sich der Sonnengott mit einem Stück Land, das nach der Sintflut des Deukalion soeben aus den Fluten aufgetaucht war: Rhodos.

Die Insel war vom Volk der Telchinen bewohnt. Der Meeresgott Poseidon verliebte sich in eine einheimische Nymphe namens Halia. Aus ihrer Verbindung entstanden die Nymphe Rhode und sechs Söhne. Diese Söhne beleidigten Aphrodite, als sie von Kythera nach Paphos zog. Sie ließ sie daraufhin wahnsinnig werden. Wohl im Liebeswahn vergewaltigten sie ihre Mutter Halia und begangen weitere abscheuliche Gräueltaten, sodass ihr Vater sie unter der Erde verbarg und sie zu den Dämonen des Ostens wurden. Halia stürzte sich ins Meer und wurde als Leukothea vergöttlicht. Auf Rhodos hatte Helios sieben Söhne und eine Tochter mit der Nymphe Rhode, welche seine Besitztümer erbte. Seine Söhne wurden die Herrscher über die Insel und berühmte Astronomen. Aktis, einer von ihnen, wurde des Brudermordes angeklagt, floh nach Ägypten, gründete dort die Sonnenstadt Heliopolis und lehrte die Ägypter die Astrologie.

Helios ist Sohn des Titans Hyperion und der Euryphaessa oder Theia, der Kuhäugigen, und damit Bruder der Selene (Luna), der Mondgöttin, und der Eos (Aurora), der Göttin der Morgendämmerung. Der Hahnenschrei ist ihm geweiht. Er wird von Eos angekündigt und fährt jeden Tag mit seinem von vier Pferden gezogenen Wagen über den Himmel, von einem Palast in Kolchis, im äußersten Osten, bis zu einem anderen prächtigen Palast im fernen Westen. Sobald die Pferde abgespannt sind, weiden sie auf den Inseln der Glückseligen. Um zurückzugelangen, begibt er sich auf ein vergoldetes Fährschiff, das Hephaistos für ihn gebaut hat, und segelt über den Okeanos, der um die Welt fließt, wieder zu seinem Heim zurück, wo er die Nacht über ruht.

Er besitzt viele Rinderherden, jede von dreihundertfünfzig Tieren, doch seine besten Kühe leben und weiden auf der Insel Erytheia im westlichen Mittelmeer. Zu Ehren des Helios errichteten die Bewohner von Rhodos den Koloss, eine Statue von siebzig Ellen Höhe mit einem großen Hohlspiegel an der Spitze, der das Sonnenlicht bündeln und feindliche Schiffe in Brand setzen konnte. Während des Kampfes zwischen Göttern und Giganten fiel ein Geschoss neben Italien ins Meer: Es entstand die neue Insel Sizilien, die später auch zu den Besitztümern des Sonnengottes gehörte.

Darstellung von Helios als Koloss von Rhodos, eines der sieben Weltwunder der Antike

Die Zentauren

Die Zentauren – *Kentauri*, der Ursprung des Namens liegt im Dunkel – sind mythologische Geschöpfe, halb Mensch, halb Pferd. In der ältesten Darstellung sieht man einen Mann mit vollständigem Oberkörper, dem aus dem Rücken ein Pferdekörper mit seinen vier Beinen entspringt. Die weibliche Version (Kentauriden) ist das Ergebnis einer späteren Erfindung und erscheint sehr viel seltener in den epischen Erzählungen. Davor hatten die Zentauren, wie andere halbtierische Mischwesen, Nymphen als Gattinnen und Töchter.

Die Zentauren stammten aus den Bergen Thessaliens und gehen aus der Vereinigung zwischen Kentauros (Sohn des Ixion und der Nephele oder von Apollon und Hebe, laut anderen Mythen) mit einigen magnesischen Stuten auf dem Berg Pelion hervor. Die Zentauren galten als wild, unbezähmbar und unberechenbar. Wie ihr Körper, so war auch ihr Charakter zwiespältig: Mal zeigten sie sich gutmütig, mal roh und gewalttätig.

Cheiron ist der bekannteste Zentaur. Er hatte einen freundlichen Charakter und war der Mentor einiger der berühmtesten Helden der Antike wie Iason und Achill. Ein anderer Zentaur von freundlichem Wesen war Pholos, der Herakles während der Jagd auf den erymanthischen Eber bewirtete. Doch der Held nutzte die Gastfreundschaft aus und forderte Wein aus einem Fass, das den Zentauren gehörte. Diese kamen herbei und es gab eine gewalttätige Auseinandersetzung. Herakles rief Cheiron um Hilfe, den er dann im Kampfe versehentlich verletzte. Der edle Zentaur verbrachte einige Zeit im Hades, um den Schmerz seiner Wunde ertragen zu können, bis er schließlich von Zeus an das Firmament erhoben wurde. Ein dritter Zentaur mit ausgeprägter Individualität war Nessos, der Deianeira entführte, die Braut des Herakles.

Auch Theseus lernte die gewalttätige Seite der Zentauren kennen, in diesem Fall verstärkt durch ihre Vorliebe für Wein. Die Zentauren versuchten Hippodamia am Tag ihrer Hochzeit mit Peirithoos zu entführen, dem König der Lapithen und wie die Zentauren Nachkomme von Ixion. Die daraus folgende Auseinandersetzung wurde unter dem Namen Kentauromachie bekannt und ist unter anderem auf den Flachreliefs auf dem Parthenonfries der Akropolis wiedergegeben. Er gilt als sinnbildlich für den Kampf zwischen rücksichtsvollem Verhalten und den niederen Instinkten. Theseus stellte sich auf die Seite des Peirithoos und die Zentauren wurden vertrieben.

Peter Paul Rubens, die Liebe der Zentauren, ca. 1635

Die Amazonen

Dieses Volk von Frauen soll am Ufer des Schwarzen Meeres gelebt haben, im äußersten Nordosten Kleinasiens. Es gibt zahllose Theorien über den Ursprung des Namens. Die bei den Griechen beliebteste – und dabei zugleich die am wenigsten wahrscheinliche – ist jene, wonach der Begriff sich von *a*- und *mazon* also „ohne Brust" ableite, da man annahm, die kriegerischen Frauen würden sich eine Brust amputieren, um auf diese Weise besser ihren Bogen spannen zu können. Laut anderen Quellen kommt das Wortes aus dem Armenischen und bedeutet „Mondfrauen", offensichtlich in Anspielung auf die Rolle der Amazonen als Priesterinnen der Mondgöttin. Andere Texte verweisen auf das Persische: „die Krieg führen", oder sogar auf das Protoindoeuropäische: „die ohne (Ehe)Männer".

Die Amazonen waren Töchter des Kriegsgottes Ares und der Naiade Harmonia oder der Aphrodite und erblickten in den Tälern des akmonischen Phrygiens das Licht der Welt. Zunächst lebten sie am Amazonenfluss, doch nach einem Streit mit Aphrodite zog Lysippe, die damalige Anführerin der Amazonen, mit ihren Töchtern an die Küste des Schwarzen Meeres. Die Amazonen waren in ganz Hellas berühmt für ihr Geschick als Kriegerinnen, besonders mit Pfeil und Bogen. Ihre Bogen waren aus Metall gearbeitet und wurden mit kleinen halbmondförmigen Schilden kombiniert.

Was den Aufbau ihrer Gesellschaft angeht, so gibt es zwei grundlegende Theorien. Nach der einen lebten sie mit Männern zusammen, die sich um die häuslichen Aufgaben kümmerten, während die Frauen regierten und kämpften. Den neu geborenen Knaben wurden die Gliedmaßen verstümmelt, um sie unfähig zum Kämpfen und Reisen zu machen. Die zweite Theorie besagt, dass im Land der Amazonen keine Männer lebten und dass die Amazonen nur einmal im Jahr einen benachbarten Stamm, die Gargarier besuchten, um mit Männern das Lager zu teilen und auf diese Weise ihr Überleben als Volk zu sichern. Die aus diesen geschlechtlichen Vereinigungen hervorgehenden Knaben wurden verstümmelt, wenn nicht gar getötet, während die Mädchen für die Arbeit auf dem Feld, für die Jagd und für das Kriegshandwerk erzogen und ausgebildet wurden.

Die Amazonen erscheinen in einigen der bekanntesten Geschichten der griechischen Mythologie. Auf Wunsch von Admete muss Herakles als neunte Arbeit den Gürtel der Hippolyte erringen, der Königin der Amazonen, die ihm ihren Gürtel überreicht, oder den er ihr mit Gewalt entreißt. In einer anderen Version der Geschichte ist es Theseus, der den Gürtel erringt und ihn dann Herakles überreicht. Auch Bellerophontes kämpfte auf dem Rücken des Pegasus gegen die Amazonen. Er besiegte die kriegerischen Frauen auf Befehl des Königs von Lykien und erhielt zum Lohn dessen Tochter Philonoe.

Johann Heinrich Wilhelm Tischbein, Achill und Penthesilea, die Königin der Amazonen, ca. 1823

Andromeda: Eine äthiopische Prinzessin steigt in den Himmel auf

Kassiopeia, die äthiopische Königin von Ioppe, und ihr Gemahl Kepheus, einer der Argonauten, hatten eine Tochter, die alle Schönheit besaß, die eine Sterbliche sich nur wünschen konnte. Ihre Mutter prahlte stolz mit ihrer Tochter, die schöner als die Nereiden sei. Die Nymphen waren beleidigt und forderten von ihrem Vater, diesen Hochmut nicht ungestraft zu lassen. So entsandte Poseidon eine Sintflut und ein Seeungeheuer in Form eines Wals, den Ketos. Das von Schrecken erfüllte Königspaar fragte das Orakel des Ammon, was zu tun sei. Die Hellseherin sprach, dass ihre einzige Hoffnung darin bestehe, ihre Tochter Andromeda dem Ungeheuer zu opfern. Da dies nun die einzige Möglichkeit war, das Königreich zu retten, ließen sie ihre Tochter an einen Felsen in Reichweite des Ketos anketten.

Für Andromeda scheint alles verloren: Des Schreiens um Hilfe müde, steht sie unbeweglich über dem Meer und sieht den Ketos näherkommen … In diesem Augenblick zeichnet sich am Himmel die Silhouette des nahenden Helden ab, es ist ein Reiter auf einem geflügelten Pferd, zweifellos hat er die Hilferufe des Mädchen vernommen.

Perseus kehrte zurück, nachdem er die Gorgone Medusa besiegt hatte, indem er ihr das Haupt mit einer diamantenen Sichel abtrennte. Nun erblickt er die angekettete Andromeda, die ein schreckliches Ende im Rachen des Wals erwartet. Der Held zögert nicht und wirft sich auf das Ungeheuer, schließt die Augen und zeigt ihm das Gorgonenhaupt. Ketos wird zu Stein und sinkt zum Grund des Mittelmeeres hinab.

Perseus steckt das Medusenhaupt zurück in seine Tasche, damit Andromeda es nicht erblickt. Befreit von ihren Ketten, erlöst von ihrem Schicksal durch diesen prächtigen Reiter, ist Andromeda von Bewunderung und Dankbarkeit überwältigt. Die beiden schauen sich in die Augen und verlieben sich ineinander.

Kepheus und seine Gemahlin hatten zuvor versprochen, dass derjenige ihre Tochter zur Frau erhalten solle, der sie retten könne. Die äthiopischen Könige waren glücklich, ihre Tochter Andromeda gerettet zu sehen. Doch die Königin Kassiopeia war nicht einverstanden mit der Hochzeit und versuchte sogar, Perseus zu töten. Der Held nutzte seine geheime Waffe, das abgeschnittene Schlangenhaupt, um alle zu Stein werden zu lassen, die sich ihm und seiner Liebe in den Weg stellten. Er kehrte auf seine Insel zurück. Dort weigerte sich seine Mutter Danae, den König Polydektes zu heiraten. Auch hier kam das Medusenhaupt wieder zum Einsatz: Alle Widersacher wurden in Stein verwandelt.

Perseus und Andromeda scheinen noch heute am nächtlichen Himmel. Athene hatte sie dorthin entsandt.

Statue der an den Felsen geketteten Andromeda, Potsdam, Park Sanssouci, ehemalige Sommerresidenz von Friedrich II

Die Musen, das Gefolge des Apollon

Die Musen wurden als Töchter des Zeus und einer Titanin namens Mnemosyne (Erinnerung) nach neun aufeinanderfolgenden Liebesnächten in Pierien am Fuße des Olymps geboren. Damit sind die Musen also Enkelinnen von Uranos, dem Himmel, und Gaia, der Erde. Nach Pausanias waren es am Anfang nur drei: Aoide (die Stimme, der Gesang), Melete (die Meditation) und Mneme (das Gedächtnis), also die Voraussetzungen für die Dichtkunst in Verehrung der Götter. Die Musen besingen die Götter und bilden das Gefolge Apollons. Ihr erster Gesang galt dem Sieg der Olympier über die Titanen und der Errichtung der neuen Weltordnung.

Homer spricht mal in der Einzahl, mal in der Mehrzahl von der oder den Musen und sagt nur einmal, es seien neun gewesen, ohne allerdings ihre Namen zu nennen. Hesiod zählt als erster die Namen aller Musen auf, die dank ihrer Werke bekannt sind. Plutarch erwähnt mehrfach, dass sie auch mit dem allgemeinen Namen *Mneiae* (Erinnerungen) benannt wurden. Traditionell sind es:

Kalliope, „die mit der schönen Stimme", als Muse der Redekunst, der Schönheit und der epischen Dichtung (erzählende Lieder). Sie führt einen Griffel und eine Schreibtafel mit sich. Mehrere Legenden bezeichnen sie als die Mutter von Orpheus und Linos.

Klio, „die Ruhm versprechende", als Muse der Geschichtsschreibung (der Epik). Es heißt, sie habe das phönizische Alphabet in Griechenland eingeführt. Sie ist die Mutter von Apollons Gefährte Hyakintos und wird mit einer Pergamentrolle dargestellt.

Erato, „die liebreiche", als die reizende Muse der Liebeslyrik und des Schauspiels. Ihr Attribut ist die Lyra.

Euterpe, „die freundliche", als die Muse der Musik. Ihr wird die Erfindung der Doppelflöte zugeschrieben.

Melpomene, „die singende", als die Muse des Gesangs und der Tragödie. Sie trägt die Kothurne, die besonderen Bühnenschuhe eines Schauspielers, ein Messer und eine tragische Maske.

Polimnia, „die hymnenreiche", als die Muse der heiligen Gesänge, der heiligen Dichtkunst und der Redekunst. Sie erscheint in nachdenklicher Haltung mit einem Finger auf den Lippen.

Thaleia, „die festliche", als die Muse der Komödie und der bukolischen oder Hirtendichtung. Ihre Attribute sind die Komödienmaske und der Hirtenstab.

Terpsichore, „die sich am Tanz erfreut", als die Muse des Tanzes und der dramatischen Chöre. Sie wird sitzend mit einer Lyra in den Händen dargestellt.

Urania, „die himmlische", als die Muse der Astronomie. Ihre Attribute sind Himmelsglobus und Zeigestab.

Andrea Appiani, Parnass (dargestellt sind Apollon und die Musen auf dem Parnass), 1811, Mailand, Galleria d'Arte Morderna

Die Sibylle

Als Sibyllen wurden der antiken griechischen Tradition zufolge die Seherinnen bezeichnet. Es heißt, dass die erste von ihnen eine Wahrsagerin dieses Namens war, die Tochter eines Einwohners von Troja namens Dardanos und seiner Gemahlin Nesso. Sie besaß die Gabe der Hellseherei und gelangte aufgrund der Genauigkeit ihrer Vorhersagen zu so hohem Ansehen, dass der Name Sibylle von da an unaufhörlich mit der Gabe der Wahrsagerei verbunden blieb, sodass unter diesem Namen schließlich auch die immer zahlreicher werdenden Hellseherinnen des Gottes Apollon bekannt waren.

Da diese Wahrsagerinnen nun alle Sibyllen genannt wurden, ging man dazu über, sie nach ihrem Wohnort zu benennen, um sie auf diese Weise voneinander unterscheiden zu können. So kennen wir die Sibylle von Samos, die vom Hellespont, die phrygische Sibylle, die delphische Sibylle und viele andere mehr. Die bekannteste unter ihnen ist wahrscheinlich die delphische Sibylle gewesen, da das Orakel der Stadt Delphi das berühmteste der Antike war.

Die ältesten Erzählungen erwähnen nur eine Sibylle und man nimmt an, dass es sich dabei um Herophile handelt, die den Trojanischen Krieg voraussagte.

Die Sibyllen blieben über viele Jahre hinweg von Bedeutung. Das zeigt sich nicht zuletzt daran, dass auch noch nach ihrem Verschwinden aus Rom weiterhin eine Reihe von Büchern zu Rate gezogen wurde, die als „Sibyllinische Orakel" bekannt sind und von denen man glaubte, dass sie die gesammelten Weissagungen und Orakel der Sibylle von Cumae enthielten.

Besonders von dieser Sibylle hat sich eine große Anzahl von Geschichten erhalten, weshalb sie eine der berühmtesten ist. Es wird erzählt, dass ihre prophetische Gabe und ihre Schönheit selbst den Gott Apollon in Liebe zu ihr entbrennen ließ und er versprach, ihr einen Wunsch zu gewähren. Die Sibylle wünschte sich, so viele Jahre leben zu dürfen, wie sie Sandkörner in ihren Händen halten könne. Doch sie vergaß, zugleich um ewige Jugend zu bitten, sodass sie ein Alter von über 900 Jahren erreichte, dabei aber so sehr alterte und verfiel, dass sie schließlich als winziges, zerknittertes Wesen in einem Käfig ausgestellt zum Gespött der Kinder wurde. Wenn diese sie nach ihren Wünschen befragten, entgegnete sie, sich nur noch den Tod zu wünschen.

Francesco Umbertini, Sibylle, 1525–1550, Ölgemälde auf Holz, Wien, Kunsthistorisches Museum

Die Korybanten

Die Korybanten sind tanzende Jünglinge, die nur mit einem Helm mit Federbusch bekleidet sind. Während des Tanzes schlagen sie ihre Schilde aneinander und lassen sie erklingen, als Echo künftiger Siege, auf die sie sich vorbereiten. Das Tanzen wird oft als Initiationsritus verstanden. Man kann auch durch den Tanz, der für sich allein schon etwas Magisches hat, in Ekstase gelangen. Platon erzählt uns in seinem *Gastmahl*, dass Alkibiades in Ekstase gerät, während er den Worten des Sokrates lauscht, und erläutert dies mit diesem Bild: „Wenn ich seine Worte höre, schlägt mein Herz stärker als das, der von der Musik besessenen Korybanten".

Diese ekstatische Macht der Musik setzt die Korybanten mit den Mänaden oder den Bacchantinnen in Beziehung. Doch während diese Frauen oder Mädchen auf diese Weise in Kontakt zu einem Gott treten, nämlich Dionysos bzw. Bacchus, huldigen die Korybanten einer Göttin phrygischen Ursprungs, der Kybele. Mehrere Autoren vermuten den Ursprung dieser Tänzer in der vorgriechische Zeit. Trotzdem wird ihre Herkunft auf verschiedene Weise erklärt. Aufgrund ihrer Verbindung zur Musik werden sie traditionell als Söhne Apollons, des Gottes der Künste, und der Muse Thaleia betrachtet. So sieht es Robert Graves, der uns daran erinnert, dass die Korybanten anlässlich der Feiern zur Wintersonnenwende tanzten. Andere halten sie für die Söhne einer anderen Muse, nämlich der Kalliope: Die Korybanten wären demnach aus einer inzestuösen Beziehung zwischen ihr und ihrem Vater Zeus hervorgegangen. Als weitere mögliche Eltern werden auch Helios und Athene oder Apollon und die Nymphe Retia genannt.

Der Legende nach huldigten sie ihrem Gott mit frenetischen, orgiastischen Tänzen, wobei sie sich zuweilen im Rhythmus ihrer Trommeln wie besessen selbst Wunden zufügten. Von diesen wilden und unbändigen Rhythmen heißt es, dass sie die Epilepsie heilen oder die Schwermütigkeit des Zeus mildern konnten.

Einmal, als Zeus noch ein kleines Kind war, hatten der Lärm und das Geschrei der Korybanten geholfen, sein Weinen vor seinem Vater Kronos zu verbergen, der den Tod seines göttlichen Kindes befohlen hatte. Die Korybanten kümmerten sich auch um den Dionysos, als er noch ein Kind war. Sie sind nicht zufällig das große Symbol der Initiation, des Übergangs von der Kindheit zur Jugend, wenn nicht zum Mannesalter, vom Spiel zum Krieg.

Bronzeschild, der Zeus im Zentrum darstellt, umgeben von den Kureten oder Korybanten, die ihre Trommeln schlagen. Gefunden in Ideon Andron auf Kreta, geometrische Periode, 8. bis 7. Jh. v. Chr.

Myrrha oder die Folgen der Trunkenheit

Myrrha war eine schöne Prinzessin. Allerdings ist nicht geklärt, ob sie die Tochter des Tias, des Königs von Assyrien, oder von Kinyras, des Königs von Zypern, war.

Ihre Schönheit war so unbeschreiblich, dass man sagte, sie sei schöner als Aphrodite selbst, die Göttin der Schönheit. Kaum hatte die Göttin von dieser Unverfrorenheit erfahren, beschloss sie, den Hochmut der jungen Frau beispielhaft zu bestrafen.

Daher erfüllte sie das Herz des Mädchens mit einer ungezügelten Leidenschaft für den eigenen Vater. Völlig besessen von dieser Liebe brachte Myrrha eine Dienerin dazu, ihren Erzeuger trunken zu machen, damit sie das Lager mit ihm teilen konnte. Sie begnügte sich nicht mit einer inzestuösen Vereinigung, sondern hielt ihren Vater elf Tage lang im Rausch und ließ dabei ihrer Leidenschaft freien Lauf. Am zwölften Tag kam der König wieder zur Vernunft und raste vor Wut, als er erkannte, zu welchen abscheulichen Taten er gezwungen worden war. In blindem Zorn beschloss er, seine Tochter zu töten, die vor ihm floh. Er verfolgte sie, um ihr mit einem Messer das Leben zu nehmen.

Myrrha flehte die Götter um ihr Leben an und Aphrodite selbst erbarmte sich ihrer und verwandelte sie in den Myrrhenbaum. Auf diese Weise gelang es der jungen Frau, ihr Leben zu retten. Doch der letzte Teil der Geschichte ist noch nicht erzählt: Zehn Monate nachdem sie in den Baum verwandelt worden war, wetzte ein wilder Eber seine Hauer an der Rinde und als späte Frucht des Inzests wurde Adonis geboren, ein wunderschöner Jüngling.

So schön war Adonis, dass Aphrodite selbst sich in ihn verliebte. Er wurde zu einem Gott, der vielerorts von den Frauen verehrt wurde.

Den Tod des Adonis verschuldete ebenfalls ein wilder Eber, einigen Erzählungen zufolge war es Ares selbst, der Gemahl der Aphrodite, der aus Eifersucht über ihre Liebe zu dem Jüngling Tiergestalt annahm. Anderen zufolge war der Eber von Artemis aus Rache gegen Aphrodite gesandt worden. Jedenfalls endete Adonis auch als Pflanze, denn der Überlieferung nach wurde er von Aphrodite in Tau oder Nektar gebadet. Als dieser mit den Tropfen seines Blutes in Berührung kam, die aus der Wunde tropften, die ihm der Eber beigebracht hatte, entstand die als Anemone bekannte Pflanze und aus dem Blut, das Aphrodite vergoss, als sie sich in der Nähe an Dornen verletzte, entstanden die Blumen, die wir als Adonisröschen kennen.

Myrrha, halb Baum, halb Frau, gebiert den Adonis

Kakos: den Herakles beraubt man nicht!

Kakos war ein Sohn des Hephaistos, ein Gigant, dessen berühmteste Tat darin bestand, Herakles beraubt zu haben. Der Held hatte Geryones besiegt, den reichsten Viehzüchter der Welt, indem er seine drei Leiber mit einem Pfeil durchbohrt hatte. Auf der Reise von Erytheia, im heutigen Spanien, nach Mykene, trieb er seine Herden bis an die Ufer des Tibers im heutigen Italien. Er wollte die Tiere dem König Eurystheus bringen, der im Dienst der Hera stand. Während das Vieh weidete, legte sich Herakles in den Schatten um sich auszuruhen. Von der langen Reise müde, schlief er nahe der Behausung des Kakos ein. Kakos machte seinem Namen, der schlecht oder bösartig bedeutete, alle Ehre. Genau das war er nämlich, halb Mensch, halb Satyr, spie er Feuerwirbel und Rauch. An der Tür seiner Höhle im Aventin, in Latium, hingen die blutigen Köpfe der Sterblichen, die er verschlungen hatte.

Kakos betrachtete die unendlichen Weiden mit den grasenden Rindern und dabei fielen ihm vier Paar Ochsen ins Auge, die zu den Herden des Gerion gehörten. Er ergriff sie und brachte sie in seine Höhle, indem er sie am Schwanz zog, sodass ihre Spuren in die entgegengesetzte Richtung führten. Als Herakles aus dem Schlaf erwachte und seine Reise fortsetzen wollte, brüllten die Kühe in Richtung der Höhle des Riesen und aus den Tiefen jener Höhle antwortete ihnen ein Muhen.

Zornig lief Herakles zur Höhle. Kakos hatte den Zugang zu seinem Unterschlupf mit einem riesigen Felsblock und eisernen Ketten versperrt, die ihm einst Hephaistos, der Schmied und Erfinder des Olymp geschmiedet hatte. Um sich nun Zugang zu der Höhle zu verschaffen, musste Herakles einen Teil des Berggipfels abtragen, doch der bösartige Riese griff ihn mit Feuerstößen, todbringenden Flammen und dichtem Rauch an. Herakles bewaffnete sich mit Felsbrocken und Baumstämmen. Schließlich gelang es ihm, in die rauchgeschwängerte Höhle einzudringen und Kakos zu erwürgen. Bei Ovid heißt es, der Held habe den Riesen mit seiner Keule erschlagen.

Für die Römer, deren Mythen ihren Ursprung bei den Griechen und den Etruskern haben, war Kakos ein angesehener Feuergott. Im Laufe der Zeit schwand seine Macht und aus einem Gott wurde ein Riese. Es wird oft angenommen, dass seine Schwester Kaka dem Herakles die Lage der Höhle verraten habe. Nach dem Tode des Riesen errichtete Herakles einen Altar, in dessen Nähe später ein Viehmarkt stattfand.

Bacco Bandinelli vollendete seine Statue von Herakles und Kakos 1534. Das Werk war ursprünglich Michelangelo übertragen worden, der jedoch nur Zeit gehabt hatte, ein Modell anzufertigen, bevor er wegen dringender Verpflichtungen nach Rom ging. Die Statue steht auf der Piazza della Signoria in Florenz.

Die Kerkopen, sympathische Gauner

Epimetheus, der Bruder des Prometheus, hatte einst das Bild eines Affen geschaffen, um die Geschöpfe der Götter nachzuahmen. Zeus verbannte ihn wegen seiner Leichtsinnigkeit auf die Insel Pithekusai. Dort, in der Nähe der Sirenen, lebten Affen, die einst Menschen gewesen waren, die Kerkopen. Ihre Anführer nannten sich Eurybates und Phrinondas. Sie waren zwei Diebe, die es Kakos gleichtaten und Herakles bestahlen. Als Söhne von Thea und Okeanos entstammten sie dem archaischen Göttergeschlecht und erlangten Berühmtheit durch ihre Streiche in den Wäldern von Euböa und an den Thermopylen.

Nachdem Herakles sich im Wettstreit um die Hand der Iole bemüht hatte, wurde er als Strafe für die Ermordung des Iphitos zum Sklaven der Omphale gemacht. Als er sich in dieser Lage befand, wollten die Kerkopen seine Waffen stehlen. Herakles bestrafte sie dafür, indem er sie kopfüber an einem Pfahl aufhing. Die Haut des Nemeischen Löwen reichte nicht ganz über Gesäß, sodass dieses von der Sonne, dem Feueratem des Kakos und dem minoischen Stier verbrannt war. Die beiden Kerkopen sahen dies und krümmten sich in ihrer Lage vor Lachen darüber. Ihr Gelächter steckte den Herakles an, der sie schließlich wieder freiließ.

Ein anonymes episches Gedicht aus dem sechsten Jahrhundert v. Chr. spricht von den Kerkopen als „Lügenbolde, Betrüger, Schmeichler, Gauner, welche die Menschen betrügen" (zitiert nach P. Azara, *La imagen y el olvido*). Ihre Position – kopfüber hängend – verrate schon ihren verdrehten Charakter, sagt Delcourt und fügt hinzu: „In der Welt der Magie und der Hexerei geschieht alles umgekehrt, gegen den Strom, denn die Regel ist eben, gegen alle Regeln zu verstoßen. Das Bild des auf den Kopf gestellten Menschen wird mit einem vorbeugenden Schutzzauber in Verbindung gebracht".

In einer anderen Sage wird ihr Name (Menschen mit Schwanz) dadurch erklärt, dass sie von Zeus in Affen verwandelt worden waren. In einer weiteren Überlieferung verwandelt er sie in einen Stein, weil sie auch ihn betrogen hatten. Dieser Stein wird noch heute an den Termopylen gezeigt.

Als Gesetzlose leben sie außerhalb der Stadt und werden im Schutze der Nacht tätig. Sie greifen ihre Opfer überraschend an oder warten, bis sie eingeschlafen sind, wie im Falle des Herakles. „Doch Zeus, der Göttervater, hatte schließlich genug von den Untaten und Betrügereien dieser gerissenen Sippe und verwandelte die Kerkopen in abstoßende Tiere", sagt Ovid.

Die Kerkopen werden kopfüber dargestellt wie auf dieser Metope (dem Feld, das zwischen zwei Triglyphen im Fries der dorischen Ordnung steht) in Paestum, Italien.

Niobe, die bestrafte Liebe

Niobe war die Tochter des Tantalos und der Dione. Sie heiratete den König von Theben, den berühmten Musiker Amphion, der geholfen hatte, die Mauern der Stadt aufzurichten, indem er Felsbrocken mit den Tönen seiner Leier zusammenfügte. Aus dieser Ehe gingen zahlreiche Kinder hervor: Homer spricht von zwölf, Euripides und der Pseudo-Apollodorus von vierzehn. Andere Autoren wie Sappho sprechen gar von achtzehn oder zwanzig. Niobe brüstete sich aus Freude über ihre Nachkommenschaft gegenüber Leto (Latona), die nur zwei Kindern das Leben geschenkt hatte, Artemis und Apollon, und spottete über die Feiern zu Ehren der Göttin. Alle Versuche der Mütter Thebens, die Göttin mit Weihrauchgaben zu besänftigen, waren vergebens. Zu zornig war Leto über den Hochmut Niobes und befahl Artemis und Apollo gnadenlos, alle Nachkommen Niobes zu töten. Der Gott der Kunst und der Musik fand die Söhne auf der Jagd am Berg Kithairon und schoss seinen Bogen auf alle ab. Es blieb nur einer am Leben, Amyklas, der ein Bittgebet an Leto richtete und das Erbarmen ihres Sohnes fand. Artemis ihrerseits traf die Töchter der Niobe und des Amphion beim Spinnen im Palast an und tötete sie mit ihren Pfeilen. Auch hier gab es eine Überlebende, Meliboia, die vor Angst erbleichte und seitdem unter dem Namen Chloris bekannt ist. Gemeinsam mit ihrem Bruder Amyklas errichtete sie der Leto einen Tempel, um ihr zu danken.

Niobe konnte ihre Kinder nicht beerdigen, weil Zeus alle Einwohner von Theben zu Stein werden ließ, sodass niemand das Bestattungsritual vornehmen konnte. Auch Amphion fand den Tod, entweder weil er während der Angriffe von Artemis und Apollon getötet wurde oder weil er sich selbst mit seinem Dolch umbrachte oder aber weil er vor Wut versuchte, den Tempel des Apollon zu schänden und der Gott ihn in seinem Zorn tötete. Am zehnten Tag nach dem Unglück beschlossen die Götter selbst, dem Leiden Niobes eine Ende zu setzen und begruben ihren toten Kinder.

In ihrer Trauer floh Niobe in ihre ursprüngliche Heimat, nach Lydien, wo aus ihren Tränen der Fluss Acheloos entsprang. Anderen Quellen zufolge habe sie ein Wirbelsturm (Zeus selbst) auf den Berg Sipylos im heutigen Anatolien gebracht. Dort habe sie der Gotte des Blitzes mitleidig in ein Standbild verwandelt, um sie von ihrer Traurigkeit zu erlösen. Dieses Standbild ist heute ein steiler Felsen in Form einer Frau, der zu weinen scheint, wenn die Sonnenstrahlen den winterlichen Schnee zum Schmelzen bringen.

Antonio Tempesta (Florenz 1555–Rom 1630) hat sich mit seinen Radierungen einen Namen genmacht. Diese Darstellung stammt aus einer Serie zu den Metamorphosen des Ovid, der Tod der Kinder Niobes (1606).

Niobes liberi sagittis ab Apolline et Diana conficiuntur.

Glaukos und Skylla: das Meer als Heimat

Glaukos war zunächst der Sterbliche Glaukis, ein junger Fischer, dessen Schönheit den Göttern gefiel. Eines Morgens stand er vor einem Bach, dessen klares, reines Wasser noch von keiner Menschenhand berührt worden war. Verführt von den geometrischen Spielen des Lichts im kristallenen Wasser und überzeugt davon, dass man nur die Hand auszustrecken braucht, um das Leben zu begreifen, beobachtete er, wie die eben aus dem Wasser gezogenen Fische wieder ins Meer zurückschwammen, ja, die Fische lebten wieder und kehrten in ihre Heimat zurück.

Glaukos isst nun einige Kräuter und empfindet eine große Sehnsucht nach Okeanos. Er stürzt sich in die See und wird von den Meeresgottheiten empfangen, die ihm Unsterblichkeit und ein neues Aussehen verleihen. Er erscheint nun wie ein Triton: glänzender schuppenbedeckter Körper, Kiemen und Flossen, menschlicher Oberkörper und Kopf, Bart und Haupthaar von grünen Algen und Fischschwanz. Okeanos und Thetis empfangen ihn und reinigen ihn von seinen menschlichen Leiden. Er ist ein Meeresgott von solcher Schönheit, dass die Zauberin Kirke sich in ihn verliebt, obwohl sie vorgibt, nur Freundschaft zu suchen.

Skylla ist ein Ungeheuer, das zusammen mit dem Strudel Charybdis die Meerenge von Messina bewacht. Doch die alten Autoren berichten, dass sie einst eine Nymphe von einzigartiger Schönheit gewesen sei, die viele ihrer zahllosen Freier zurückwies, unter denen sich auch Glaukos befand. Skylla zeigte kein Interesse an seiner Liebe, als der Meeresgott sich ihr offenbarte.

Glaukos war betrübt und verstört. Er beschloss, die Dienste einer Zauberin in Anspruch zu nehmen und wählte dazu Kirke aus. Er bat sie um Kräuter, um damit die Liebe Skyllas zu gewinnen. Kirke warnte ihn: Suche nicht Skylla, siehst du Törichter denn nicht, wen du vor Augen hast? Doch Glaukos wollte von niemandem etwas wissen, nur von seiner Liebe. Kirke war über die Zurückweisung sehr verstimmt. Sie war außer sich vor Zorn und bereitete Glaukos einen Trank zu. Sie gab ihm diesen und sprach: Gieß das in ihr Bad, und sie wird dich lieben wie sonst niemanden.

Der Trank tat seine Wirkung und verwandelte Skylla in ein schreckliches Ungeheuer mit zwölf Beinen und sechs Hälsen, an deren Enden Köpfe mit Mäulern voll von Zähnen saßen. Ovid beschreibt in seinen *Metamorphosen* noch, dass der Bauch Skyllas mit bellenden Hundeköpfen besetzt gewesen sei, die dem Zerberus ähnelten.

Skylla rächte sich später an Kirke, indem sie sechs Seeleute aus der Mannschaft ihres Geliebten Odysseus verschlang.

Bartholomeus Spranger (Antwerpen 1546–Prag 1611) war ein flämischer Maler, Zeichner und Kupferstecher. Er gilt als einer der wichtigsten Vertreter des nordischen Manierismus. Glaukos und Skylla, Öl auf Leinwand, Wien, Kunsthistorisches Museum

Hygieia: die Vorzüge der Gesundheit

Hygieia ist die Tochter von Asklepios, dem Gott der Medizin und der Heilung. Alle Mitglieder ihrer Familie haben mit der Gesundheit zu tun. Ihre Mutter Epione beruhigt den Schmerz, ihre Schwester Panakeia steht für die Heilbehandlung, ihr Bruder Telesphoros stellt die Genesung dar, ihre beiden anderen Brüder, Machaon und Podaleirios, sind die Schutzgötter der Ärzte und Chirurgen.

Hygieia ist die Personifizierung der Vorbeugung. Von ihrem Namen ist unser Wort Hygiene abgeleitet. Ursprünglich handelte es sich bei ihr um eine Gottheit, die nur in einer kleinen Region verehrt wurde. Doch nach einer Reihe von Seuchen, die Athen und Rom heimgesucht hatten, wurde ihre Rolle von dem berühmten und vielbeachteten Orakel von Delphi anerkannt. Dadurch verbreitete sich ihr Ruhm und ihre Verehrung in vielen Orten der griechischen und der römischen Welt.

Ihr zu Ehren wurden Tempel erbaut und Statuen errichtet, an denen Kleidungsstücke und Frauenhaar geopfert wurde. Der Künstler Ariphron von Sikyon widmete ihr eine Hymne, die in der antiken Welt sehr berühmt wurde.

Ähnlich wie bei ihrem Vater gilt eine um den Körper gewundene Schlange als ihr Attribut. Die Göttin nährt sie aus einer Schale, die sie ihr darbietet. Dazu ist zu sagen, dass die Schlange in der griechischen Kultur positiv besetzt ist. Sie steht für Erneuerung und Heilung, weshalb sie gewöhnlich als Attribut der Mitglieder dieser Familie zu finden ist, die mit der Gesundheit in Verbindung gebracht wird.

Die Bedeutung der Hygieia nahm zu, ihr Name wurde neben denen ihres Großvaters Apollon, ihres Vaters Asklepios und ihrer Schwester Panakeia in den hippokratischen Eid aufgenommen.

Aus anderen Quellen geht hervor, dass Hygieia als eine veränderte oder alternative Darstellung der Athene gilt, weshalb sie in einigen Statuen als Athene Hygieia erscheint.

Sogar die Pythagoräer, eine Bruderschaft von Mathematikern in der Antike, bedienten sich eines Grußes, der auf einem fünfzackigen Stern mit den Buchstaben des Namens der Göttin beruhte und als Zeichen des Glücks galt.

Morel, Hygieia, Kupferstich

Prokrustes, der hinterhältige Mörder

Prokrustes (der Strecker), Damastes (der Unterwerfer), Polypemon (der viel Schaden bringt), Prokoptas … Alle unheilvollen Namen, unter denen dieser Unhold bekannt war, lassen bereits Böses ahnen.

Die Gelehrten rätseln über den Ursprung dieses Mythos: War Prokrustes ein Wegelagerer oder der Wirt eines Gasthauses in Eleusis, nahe Athen oder in Attika? Dabei gibt es sicher einige Unterschiede zwischen einem Banditen und einem ehrlichen Gastwirt. Für die einen gilt er als Sohn des Poseidon, für die anderen ist er einfach ein Riese. Es heißt, mit seiner Frau Silea habe er Sinis gezeugt.

Beherbergen kann auch eine beschönigende Umschreibung für Entführen sein. In der Tat ging es hier um die Entführung von Menschen, die im Wald umherirrten. Sobald Prokrustes seine Opfer in sein Haus, also das Gefängnis, geführt hat, bietet der Räuber keinesfalls ein schmackhaftes Mahl an, sondern lässt sie zwischen den zwei einzigen Betten wählen, über die er verfügt. Nur zwei – aber was für Betten! Aus Eisen sollen sie gewesen sein und zu ihrem schrecklichen Zwecke wie geschaffen.

Irgendwie wählt Prokrustes, Polypemon oder Prokoptas, wie auch immer er sich gerade nennt, jeweils besonders kleine oder besonders große Opfer aus, von denen er weiß, dass sie nicht in das ausgewählte Bett passen. Denn die Kleinen kommen auf das lange Bett, die Langen dagegen auf das kurze. Jedenfalls werden sie auf das Eisengestell geschnallt und dann von dem Unhold in seiner Rolle als Damastes gnadenlos ihrer Unterlage angepasst.

Bei den Kurzen werden die Gliedmaßen ausgerenkt, bis der Körper die passende Länge hat. Hier ist also Prokrustes, der Strecker, am Werk. Bei den Langen ist weniger Mühe gefragt, hier braucht der Übeltäter nur die über den Rahmen des Bettgestells hinausragenden Füße abzuschlagen. Dazu dient ihm seine Doppelaxt. Keine Aufgabe ist ihm zu schwer, wenn es darum geht, seine Gäste den Betten anzupassen.

Die Menschen in Attika kamen zu Theseus, dem Sohn des Aigeus, dem Überwältiger des Minotaurus. Sie fielen ihm zu Füßen und flehten ihn an, wieder für Sicherheit in den Wäldern zu sorgen. Der Held zog aus, gelangte zur Herberge, überwältigte den Unterwerfer, den Strecker, und führte seine eigene grausame Behandlung an ihm durch.

Theseus und Prokrustes, Staatliche Antikensammlungen München

ΚΑΛΟΣ

Die Sirenen

Sie sind keine Fischweiber, sondern Vogelweiber. Über ihre Herkunft besteht Uneinigkeit: Sie können Töchter der Melpomene sein, der Muse der Tragödie, oder aber der Terpsichore, der Muse des Tanzes. Der Vater wäre in beiden Fällen Acheloos. Vielleicht sind sie auch aus dem durch Herakles vergossenen Blut des Acheloos entsprungen. Auf der Rückkehr von Troja können die Schiffbrüchigen von Ithaka durch die Klugheit des Odysseus den Klauen der Sirenen entkommen: Der Listenreiche heißt seine Gefährten, sich Wachs in die Ohren zu stopfen und lässt sich von ihnen an den Mast des Schiffes binden. So hört er als einziger den betörenden Gesang der Sirenen. Man mag sich vorstellen, wie die treuen Gefährten des Odysseus neidisch auf ihren Anführer schauen, der den vielgerühmten, wenn auch gefürchteten Gesang zu Ohren bekommt, während sie selbst von dieser fragwürdigen Ehre ausgeschlossen bleiben.

Der Überlieferung nach waren es drei Sirenen, jede mit ihrem Namen und ihrem Instrument: Peisinoe mit der Leier, Aglaope mit der Flöte und Ligeia nur mit ihrer Stimme. Anderen Quellen zufolge waren es vier. Es waren ursprünglich Mädchen in der Blüte ihrer Jugend, denen Demeter erlaubt hatte, die liebliche junge Persephone zu begleiten. Doch als diese von Hades entführt wurde, bestrafte die Göttin die Sirenen, weil sie ihre Tochter vernachlässigt und nicht vor dieser Entführung bewahrt hatten.

Am Ort ihrer Verbannung verbringen sie nun ihre Zeit damit, die Seefahrer mit ihrem himmlisch schönen aber zugleich todbringenden Gesang anzulocken. Wenn die Seeleute die Gewalt über ihr Schiff verlieren, das an den Felsen zerschellt, werden die Schiffbrüchigen von den Sirenen verschlungen. Daher meiden die Seefahrer diese Gegenden, in der Nähe von Skylla und Charybdis. Als die Argonauten einen Ort bei Sorrent passierten, den Sirenen gefährlich nahe, sang Orpheus zum Spiel seiner Leier, damit seine Gefährten auf der Argo jene tödliche Oper nicht hören konnten, die ihnen die Sirenen mit ihren langen Haaren, ihren Spiegeln und Kämmen vorspielten.

Die Sirenen singen für die Seelen auf den Inseln der Glückseligen und stehen daher für die himmlischen Harmonien der Bestattungsriten in vielen mediterranen Kulturen. Odysseus überlebte und die Sirenen kamen um doch in *Ligeia*, einer Erzählung von Giovanni Tommaso di Lampedusa, heißt es:

„Auf dem Kaminsims Amphoren und antike Krater; Odysseus gefesselt am Mast des Schiffes, die Sirenen stürzen sich die Felsen hinab und zerschellen auf den Klippen, zur Strafe dafür, dass sie diese Beute haben ziehen lassen.

– Lügen, Corbera, nichts als Lügen bürgerlicher Poeten; niemand entkommt ihnen, und selbst wenn es jemandem gelungen wäre, hätten sie sich deshalb noch lange nicht umgebracht ...“.

Mosaik von Odysseus, wie er gefesselt am Mast seines Schiffes steht, um dem Gesang der Sirenen widerstehen zu können, Tunesien, Nationalmuseum von Bardo.

Die Erinyen, Rächerinnen der Familie

Uranos, der Himmel, brachte mit der Mutter Erde die Titanen hervor, nachdem er die Zyklopen, seine anderen Söhne, in den Tartarus verbannt hatte. Diese stiftet aus Rache die Titanen an, ihren Vater anzugreifen und gab Kronos, dem jüngsten, dazu eine Sichel aus Feuerstein. Kronos ergriff mit der Linken das Geschlecht des Alten und entmannte ihn mit der Sichel. Er warf das Gemächt und die Sichel vom Kap von Drepanum ins Meer, doch zuvor waren einige Tropfen Blut aus der Wunde des Vaters auf die Mutter Erde gefallen.

Daraus entstanden die Erinyen: Alekto, die Rächerin der moralischen Vergehen, Teisiphone, die Verbrechen gegen das Leben rächt, und Megaira, die Rächerin von Betrug und Untreue. Diese Rachegöttinnen, die Furien der Römer, sorgen für die Sühne des Vatermordes und des Meineids. Sie sind vor den Göttern des Olymps geboren und unterliegen damit nicht der Autorität des Zeus. Die anderen Götter fürchten sie und behandeln sie mit Abscheu. Die Menschen fliehen vor ihnen. Sie sind schrecklich anzusehen mit ihren Hundeköpfen und Schlangenhaaren und tragen Peitschen und Stäbe, aus denen glühende Flammen schlagen.

Der Mord an einem Familienmitglied wird von ihnen gerächt. Dies wird besonders deutlich im Mythos von Orestes, dem Sohn der Klytemnästra und des Agamemnon. Orestes sieht seinen Vater nach Troja ziehen. Angesichts seiner bevorstehenden Rückkehr planen Klytemnästra und Aigisthos ihn umzubringen. Sie setzen den Plan um, als Agamemnon aus seinem Bad mit silbernen Wänden steigt. Klytemnästra erschlägt ihn mit der Doppelaxt.

Daraufhin befragt Orestes das Orakel: „Soll ich die Mörder meines Vaters vernichten?". „Übst du keine Rache", so lautet die Antwort, „so bist du ein Ausgestoßener, ein Aussätziger, der keinen Tempel mehr betreten darf". Also begibt sich Orestes als Fremder verkleidet in den Palast von Mykene und verkündet, Orestes sei tot. Die Königin zeigt sich erfreut. Orestes erschlägt Aigisthos mit seinem Schwert und enthauptet dann seine Mutter Klytemnästra.

Um seinen Vater zu rächen, hat Orestes seine Mutter getötet. Nun muss er die unbarmherzige Verfolgung durch die Erinyen auf sich nehmen, die schon auf dem Grab seiner Mutter erscheinen. Orestes wird von diesen Mächten der Urzeit bedrängt und trägt einen mit Wollsträngen durchflochtenen Lorbeerzweig mit sich, um zu zeigen, dass er unter dem Schutz des Apollon steht, während die dunklen Geschöpfe in Schlafen und Wachen nicht mehr von seiner Seite weichen. Sie fassen ihn schließlich, als er das Standbild der Pallas Athene in ihrem Tempel umfängt. Er wird auf dem Areopag vor Gericht gestellt, mit Apollon als Verteidiger, und freigesprochen. Im Gegenzug für seine Freisprechung genossen die Erinyen in Athen größte Verehrung und erhielten weitere Vorrechte.

William-Adolphe Bouguereau, die Gewissensbisse des Orestes (Orestes verfolgt von den Furien), Chrysler Museum of Art

Janus, das zweifache Gesicht der Zeit

Janus ist der Sohn des Uranos, des Himmels, und der Zaubergöttin Hekate. Er ist der älteste mythische und historische König Latiums. Anderen Quellen zufolge soll er in Athen geboren sein und im Mannesalter eine Flotte ausgerüstet und mit ihr in das heutige Italien gekommen sein, wo er viele Dörfer erobert und eine mythische Stadt gegründet haben soll: Janiculum.

Als Saturn, der Verstoßene des Himmels, auf der Apenninhalbinsel Zuflucht suchte, nahm ihn Janus freundschaftlich in seinem Herrschaftsgebiet auf. Zum Dank dafür, verlieh ihm der verstoßene Gott eine zweifache Erkenntnis: Er gab ihm zwei Gesichter, um in die Vergangenheit und in die Zukunft zu sehen. Seitdem schaut sein rückgewandtes dunkles Gesicht auf das bereits Geschehene und lässt ihn erkennen, wie sich die Dinge zugetragen haben, während sein anderes, von hellem Strahlen umhülltes Gesicht, ihn die Zukunft der Welt erblicken lässt.

Janus trägt einen Schlüssel bei sich, mit dem er das Tor zum neuen Jahr aufschließt, und ein Zepter, mit dem er an den Wegen steht und Pfade in das Unentdeckte aufzeigt. Sein Monat ist der *januarius*, unser Januar, der allerdings bei den antiken Völkern des Mittelmeers nicht immer zu dieser Jahreszeit gestanden hat. Die Kalenderzählung hat sich mehrfach geändert und das Jahr begann nicht immer mitten im Winter.

Als Herr über Tür und Tor, über Schwellen und Übergänge aller Art wird Janus zu Beginn aller religiösen Feiern angerufen, denn Gläubige und Bittsteller fänden ohne ihn keinen Zugang zu den Göttern. Er wird daher keineswegs als eine Art göttlicher Türsteher betrachtet, sondern als mächtiges und vorausschauendes Wesen. Die vielen Türen seines Tempels in Rom wurden zu Friedenszeiten mit hundert Riegeln und Eisenstangen verschlossen und nur nach reiflicher Überlegung wieder geöffnet, sodass die Befürworter der häufigen Kriege, die Seher, Priester und obersten Priester immer mit stichhaltigen Argumenten überzeugen mussten, dass eine kriegerische Auseinandersetzung unvermeidlich war und die Türen geöffnet werden mussten.

Sobald der Krieg erklärt war, öffnete der Konsul in seiner mit purpurner Borte besetzten Toga im Angesicht des ernsten Anlasses feierlich den Tempel.

Daraufhin begab sich das Volk ins Innere des Tempels, wo die heiligen Schilde hingen, die *ancilia*, um auf diese zu schlagen und so den Gott des Krieges zu wecken. Nur der innere Frieden und die gesellschaftliche Stabilität konnten diese Türen verschlossen halten, die sonst in eine Zeit der Zerstörung führten.

Januskopf, Vatikanische Museen

Eos, vom Osten der Welt

Die Nacht muss zurückweichen. Ein erneuertes Licht kündigt sich an, im Verband mit einem neuen Tag, der anbricht. In diesem Augenblick erscheint die tanzende Eos, die Morgendämmerung (Aurora). Ihre Beinamen sind: „die mit den rosenfarbenen Fingern, die Tochter des Tages, die sich auf den goldenen Thron setzt" (Homer), die im safrangelben Gewand. Ihre Eltern sind die Titanen Hyperion und Theia. Sie lebt im Osten der Welt, wo sie mit dem ersten Licht des Tagesanbruchs in ihren Wagen steigt, der von zwei Pferden gezogen wird: Phaethonte (Glanz) und Lampos (Schein). Sie fährt zum Olymp und verkündet den Göttern die Ankunft ihres Bruders Helios. Wenn dann die Sonne aufgeht, verwandelt sich Eos in Hemera, den Tag, und begleitet Helios auf seinem Weg nach Westen, bis sie unter dem Namen Hesperia (Abend) verkündet, dass der Sonnenwagen heil und unbeschadet den westlichen Rand der Welt erreicht hat.

Eines Morgens überraschte Aphrodite ihren Bruder und Geliebten Ares im Bett von Eos und stieß eine Verwünschung aus: Sie sollte beständig und unaufhörlich Lust nach jungen Sterblichen empfinden. Eos begann sogleich, Jünglinge zu verführen, zu verfolgen und zu bedrängen: Orion, Kephalos, Klitos, den Enkel des Melampos ... Sie vermählte sich mit Astraios, der auch aus dem Geschlecht der Titanen stammte, und zeugte mit ihm den Nord-, den Süd- und den Westwind sowie Eosphoros. Manche sagen gar, auch alle Sterne des Himmels seien aus dieser Verbindung hervorgegangen.

Eos entführte Ganymed und Tithonos. Doch Zeus war nicht damit einverstanden und zog Ganymed als Mundschenk und Geliebten an sich. Eos heiratete Tithonos, einen schönen Prinzen von Troja, und bat Zeus darum, ihrem Gemahl die Unsterblichkeit zu verleihen. Zeus kam ihrem Wunsch gnädig nach. Doch sie vergaß, auch um ewige Jugend zu bitten (wie es schon Selene mit Endymion ergangen war). Als der unsterbliche Tithonos Anzeichen des Alters zeigte, verfiel sein Körper mehr und mehr, und seine Stimme wurde schrill. Eos wurde es müde, sich um ihn zu kümmern und schloss ihn in seine Kammer ein, wo er sich in eine Zikade verwandelte. Eos wollte ihn nicht mehr hören und stand jeden Morgen früher auf.

Eos verführte auch die Jäger Kephalos und Orion. Mit dem letzteren reiste sie auf die Insel Delos, zum heiligen Hain der Artemis. Die Liebe der Eos verwandelte Orion in ein Sternbild, das die Regenzeit ankündigt.

Dessa Kirk, Skulptur der Eos

Prometheus und die Kinder des Feuers

Prometheus war der Sohn eines Titanen, entweder des Iapetos oder des Eurimedon, und der Nymphe Klymene. Seine Brüder waren Epimetheus, Atlas und Menoitos. Nachdem sie die Sintflut und den Untergang von Atlantis überstanden hatten, standen die beiden letztgenannten auf der Seite der Titanen in ihrem Kampf gegen die Götter des Olymps. Zeus tötete Menoitos und verbannte ihn in den Tartarus. Atlas wurde begnadigt, muss aber seitdem das Gewicht der gesamten Welt auf seinen Schultern tragen, auch wenn ihn Herakles für kurze Zeit ablöste.

Der vorausschauende Prometheus schlug sich auf die Seite des Zeus und überzeugte auch Epimetheus, es ihm gleich zu tun. Prometheus machte die Geburt der Athene möglich, indem er den Schädel des Göttervaters mit der Doppelaxt öffnete. Athene entdeckte die Künste und die Wissenschaften, die sie dann die Menschen lehrte. Zeus war erzürnt über die Fortschritte der Menschen und wollte sie vernichten doch er verzieh ihnen schließlich auf inständiges Bitten des Prometheus.

Die Götter stritten einst darüber, welche Teile eines geopferten Stieres ihnen zuständen und welche sie den Menschen überlassen könnten. Prometheus schlichtete den Streit. Er schlachtete das Tier, zerlegte es und formte zwei Haufen: Auf den einen legte er alles Fleisch und bedeckte es oben mit dem wenig ansprechenden Magen, auf den anderen Haufen legte er alle Knochen und tat darüber das Fett. Er vertraute darauf, dass Zeus diesen zweiten, größeren Haufen wählen würde. Und wirklich tat er es, obwohl er die List durchschaute und deshalb den Prometheus bestrafte und die Menschen vom Gebrauch des Feuers ausschloss: „Sie sollen ihr Fleisch roh essen!".

Athene ließ Prometheus heimlich in den Olymp treten, wo er eine Fackel am Sonnenwagen entzündete und ein glühendes Stück Holzkohle in einem Fenchelstrunk mitnahm. Dann löschte er die Fackel, verließ den Olymp und brachte den Menschen das Feuer. Zeus rächte sich: Er befahl dem Hephaistos, aus Lehm eine Frau zu formen, welcher die Winde Leben einhauchten und welche die Göttinnen des Olymps reich ausstatteten. Sie wurde Pandora genannt und dem Epimetheus geschenkt, der die Gabe trotz der Warnungen seines Bruders Prometheus annahm. Zeus befahl, Prometheus nackt an die Felsen des Kaukasus zu ketten, wo ein Adler von seiner Leber zehrte, die sich immer wieder erneuerte. Erst Herakles sollte ihn aus dieser Lage befreien.

Epimetheus heiratete Pandora. Und obwohl ihn Prometheus gewarnt hatte, öffnete seine schöne und neugierige Frau die Büchse, die ihr die Götter mitgegeben hatte. Damit gelangte alles Übel in die Welt und befiel die Menschen: Alter, Krankheiten, Müdigkeit, Wahnsinn, Laster, Leidenschaft … Nur die Hoffnung verblieb in der Büchse, als Pandora sie wieder verschloss. So brachte Prometheus den Menschen das Feuer.

Eduard Müller, Prometheus und die Okeaniden, Berlin, Alte Nationalgalerie

Die Zyklopen oder Niemand und ein Auge

Die Zyklopen waren Riesen mit nur einem Auge in der Mitte der Stirn. Als Kinder von Uranos und Gaia blieben sie im Bauch ihrer Mutter eingeschlossen, weil Uranos fürchtete, von ihnen entthront zu werden. Nachdem Kronos seinen Vater entmannt hatte, wurden sie befreit, obwohl sie bald darauf wieder in den Tartarus verbannt wurden. Nach dem Sturz des Kronos übergaben die Zyklopen Zeus den Blitz, den tödlichen Zorn. Ihrem göttlichen Bruder Poseidon verliehen sie den goldenen Dreizack und für Hades schufen sie einen Helm, der ihn unsichtbar machte. Diese Geschenke hatten sie selbst geschmiedet und zwar aus Dankbarkeit für ihre Befreiung aus dem Tartarus, dem Strafort der Unterwelt, durch Zeus. So waren die Zyklopen die ersten Experten der Metallverarbeitung.

In der Antike waren die Zyklopen bekannt als Götter der Metalle, geschickte Handwerker und kräftige Helfer des Hephaistos in seiner Schmiede. Horaz, der römische Dichter des 1. Jahrhunderts v. Chr., spricht von der „mächtigen Schmiede der Zyklopen, die sich im Vulkan Ätna" befinde. Nach den Worten des größten lateinischen Dichters, Vergil, schmiedeten sie die Rüstung des Aeneas in den Tiefen dieses Vulkans an der Ostküste Siziliens, zwischen Messina und Catania. Auch die Mauern der griechischen Städte Tiryns und Mykene sollen von Zyklopen errichtet worden sein.

Der Sänger Homer gibt in seiner *Odyssee* ein wenig heroisches Bild der Zyklopen. Aus den mythischen Schmieden waren im Laufe der Geschichte einfache Hirten geworden, die vereinsamt in Höhlen wohnten. Als sich Odysseus und seine Gefährten in eine dieser Höhlen flüchteten, wussten sie nicht, dass dort ein Zyklop namens Polyphem hauste, der Menschen fraß. Die Griechen aßen und legten sich schlafen.

Bei seiner Heimkehr verschloss Polyphem die Grotte mit einem riesigen Felsblock. Er entdeckte die Seeleute und fraß zwei von ihnen. Odysseus wollte den Zyklopen nicht töten, denn Polyphem allein war in der Lage, den Felsblock vom Eingang der Höhle fortzurollen. So spitzte er einen Olivenstamm an, härtete die Spitze im Feuer und versteckte ihn. Nachdem Polyphem sechs weitere Seeleute verschlungen hatte, bot ihm Odysseus starken Wein an, den er mitgebracht hatte. Es gelang ihm, den Zyklopen betrunken zu machen. Als Polyphem ihn nach seinem Namen fragte, antwortete er, er hieße Oudeis, Niemand. Gemeinsam erhitzten die Gefährten den großen Spieß und rammten ihn dem Polyphem in das einzige Auge auf seiner Stirn. Der Zyklop stieß einen entsetzlichen Schrei aus. Von Weitem fragten seine Freunde, was geschehen sei. Er schrie: „Ich bin geblendet und habe starke Schmerzen. Und Niemand ist schuld daran".

Dem listenreichen Odysseus und seinen Gefährten gelang die Flucht.

Der Vorraum des Polyphem, römische Villa in Casale, Raum 44

Die Chariten, die Anmut der Welt

Die Chariten, auf lateinisch Grazien genannt, sind Gottheiten der Schönheit und der Natur, die auf dem Olymp leben und die Musen und die anderen Göttinnen begleiten. Es sind drei junge Frauen von blendender Schönheit, die zur Musik der Flöte Apollons tanzen und sich mit Satyrn und Silenen mischen, unter denen ihre Jugend und Schönheit umso mehr hervorsticht. Sie sind Töchter des Zeus und der der Nymphe Euriynome, die ihrerseits eine Tochter des Titans Okeanos ist.

Ihre Namen sind Aglaia, Euphrosyne und Thaleia, obwohl letzterer auch der Name einer der Musen ist, mit denen sie in der Überlieferung zuweilen vertauscht werden. Die Chariten stehen für das Angenehme und Lustvolle der Welt, für die hellsten Eigenschaften wie die Freude, die Schönheit oder den Liebreiz. Sie tanzen und spielen gemeinsam mit den Musen des Apollon und sind mit ihnen so vertraut, dass man sie kaum zu unterscheiden vermag. Sie erfreuen die manchmal düstere Welt der Götter, die allzeit unbekannten Mächten unterworfen ist. Die Chariten können Weisheit verleihen und bringen auserwählte Sterblichen dazu, ein überragendes künstlerisches Talent zu entwickeln.

Die Chariten werden meist als drei nackte Mädchen dargestellt, die einander die Arme um die Schultern legen. Zwei von ihnen schauen zu einer Seite, die dritte zur anderen. Mit ihren Händen haben sie die Kleider der Harmonia, der Tochter von Aphrodite und Ares, für ihre Hochzeit mit Kadmos gewebt. Zu diesem Anlass kamen auch die Musen, um zu singen und Flöte zu spielen.

Die Chariten gerieten wegen der Gabe der Schönheit in Wettstreit mit Aphrodite, obwohl sie die Göttin auch über den Verlust des Adonis trösteten, der aus der inzestuösen Verbindung zwischen dem König Kinyras von Zypern und seiner Tochter Smyrna (Myrrha) hervorgegangen war. Aphrodite hatte sie dafür in den Myrrhenbaum verwandelt. Aus diesem Baum entsprang Adonis, ein schöner, aber gefährlicher Sterblicher, den auch die Göttin Persephone liebte und im tiefsten Tartarus verbarg, damit ihn niemand finden und sich an ihm erfreuen konnte. Aphrodite spürte ihn dort auf und machte ihn zu ihrem Geliebten. Doch sie sah sich gezwungen, sich ihn mit der Gattin des Gottes Hades zu teilen – so entschied es ein Gericht unter dem Vorsitz der Muse Kalliope. In seiner Eifersucht begab sich der aufbrausende und gewalttätige Gott Ares in Gestalt eines wilden Ebers bis zum Libanon, um Adonis dort vor den Augen der Aphrodite zu töten.

Die Chariten sind zwar in keinem Mythos die Hauptfiguren aber sie erfüllen die Welt mit ihrer Fröhlichkeit und streifen zu dritt und unzertrennlich durch die Wälder. Als untergeordnete Geisterwesen können wir sie als Überbleibsel der archaischen Welt betrachten, in der die Natur vergöttlicht wurde.

Mosaik mit einer Darstellung der drei Grazien, Barcelona, Archäologisches Museum Kataloniens

Horen und Moiren: der Ruf des Schicksals

Die Horen sind Töchter des Zeus und der Themis (Recht und Gesetz). Sie schützen die Pflanzenwelt, verteilen den Regen und versprühen den Tau. Sie sind Gehilfinnen ihres Vaters Zeus und Dienerinnen der Götter. Sie stehen ihren Hochzeiten vor, öffnen mit Eos, der Morgenröte, die Tore des Olymps, spannen die Rösser des Sonnenwagens aus und bestimmen über das Leben der Sterblichen. Homer erwähnt weder ihre Eltern, noch spricht er davon, wie viele dieser Gottheiten es gibt, die über das Klima und damit die Fruchtbarkeit der Erde entscheiden. Sie gelten auch als die Göttinnen der Jahreszeiten, deren Verlauf im „Tanz der Horen" oder auch „Tanz der Stunden" beschrieben ist. Die Horen begleiten die Lieder der Musen und die Klänge der Leier des Apollons.

Sie sind auch Schwestern der Moiren und Wächterinnen des pflanzlichen Kreislaufs. Zunächst waren sie zu zweit: Thallo, die für den Frühling stand, und Karpo, für den Herbst. Dann wurden es drei, die für die Aufrechterhaltung der Ordnung standen: Eunomia (die guten Gesetze), Dike (die moralische Gerechtigkeit) und Eirene (der Friede). Ging es dagegen um Wachstum und Kraft der Pflanzen, sprach man von Thallo (Knospe), Auxo (Wachstum) und Karpo (Frucht). Sie wurden als drei schöne Mädchen mit Pflanzen und Füllhörnern dargestellt. Später dann waren es vier, die für die Jahreszeiten standen.

Schließlich wurden sie zu den Stunden des Tages, erst neun, dann elf und endlich zwölf, die die Aufgaben des Tages aufteilten. Ihre Namen sind: Auge, das erste Licht, Anatole, der Tagesanbruch, Musia, Musik und Studium, Gymnasia, die nackte Leibesübung, Nymphe, die Waschungen, Mesembria, der Mittag, Sponde, die Reinigung nach dem Mittagsmahl, Eilete, die erste Arbeitsstunde am Nachmittag, Akme, Essen und Genuss, Hesperis, der Nachmittag, Dysis, der Sonnenuntergang, Arctos, das letzte Licht des Tages.

Die Moiren – die Parzen der Römer – versinnbildlichen das Schicksal. Nachdem sie zuerst als jeder Person zugehörig galten, machte sie die Überlieferung zu abstrakten weiblichen Gottheiten. Es sind drei: Athropo, Klotho und Lachesis. Sie regeln das Leben jedes einzelnen Sterblichen vom Augenblick der Geburt bis hin zu seiner letzten Stunde und zwar mittels eines Fadens, den die erste spinnt, die zweite aufrollt und die dritte abschneidet.

Das Schicksal war für die Griechen unpersönlich und unbeugsam, so wie die Moiren es waren, als ihr Mythos entstand. Für die Dichter, die nach Homer kommen, sind sie es, die vermeiden, dass die Götter in die Schlachten der Menschen eingreifen. Nach anderslautender Überlieferung sind sie die Töchter der Nacht und gehören damit der ersten göttlichen Generation an. Man kann sie gemeinsam mit Eileithyia sehen, der Personifizierung der Geburt.

Haus des Theseus, Mosaik im Bad des Achill, Griechenland, Archäologischer Park von Pahos

ΠΗ ΛΕΥC ΚΛΩΘΩ ΛΑΧΕCΙC ΑΤΡΟΠΟC

Pandora oder die Erfindung der Frau

Pandora wird nicht als Frau geboren, sondern von Hephaistos erschaffen, dem Handwerker des Olymps, dem Schutzherr der Schmiede und Metallbearbeiter. Zeus hat den Götterschmied um diese Kreatur gebeten, Hermes, Athene, Aphrodite und einige weniger bedeutende Gottheiten wie die Horen sollen auch mitwirken. Der Göttervater reibt sich die Hände und schmunzelt, denn er bereitet eine Überraschung für die Sterblichen vor, die diesen aufdringlichen Bewohnern der Welt Verdruss bereiten soll, jetzt da sie auch das Feuer haben, das Prometheus geraubt und ihnen übergeben hat.

Zeus befiehlt also dem Hephaistos, Lehm zu nehmen, ihn mit Wasser zu befeuchten, daraus eine Figur zu formen und ihr das Antlitz einer *parthenos* zu geben, also einer Jungfrau im heiratsfähigen Alter. Der göttliche Handwerker formte die Figur und verlieh ihr die anmutigen Gesichtszüge eines schönen jungen Mädchen und den verführerisch sinnlichen Körper des schönsten nicht göttlichen Wesens – er wollte Aphrodite nicht erzürnen. Als er sein Werk vollendet hat, steht eine Frau vor ihm, die schöner nicht sein kann, doch sie ist regungslos und unbeweglich, denn sie hat kein eigenes Leben. Hermes obliegt es, ihr den Odem, die Kraft und die menschliche Stimme zu verleihen. Athene und Aphrodite kleiden sie ein und legen ihr herrlichen Schmuck an, der ihre körperlichen Vorzüge unterstreicht und sie unwiderstehlich macht. Hephaistos fertigt außerdem ein Diadem, in das er alle auf der Erde lebenden Tiere eingraviert und mit dem er den Brautschleier befestigt. Das Ergebnis der Mühen versetzt alle in Erstaunen: Von der strahlenden Schönheit der Pandora geht eine unbeschreibliche Anmut aus, die selbst die Götter überwältigt.

Pandora gilt als das Urbild menschlicher oder vielmehr weiblicher Schönheit. Hermes stattet sie mit der Fähigkeit aus, zu lügen und alle ihre Gefühle zu verbergen. Prometheus erkennt sogleich *(Pro-metheus)*, dass dieses Geschenk des Zeus nichts Gutes birgt und warnt seinen Bruder Epimetheus, ja nichts von Zeus anzunehmen. Und natürlich schenkt Zeus ihm diese schöne Frau. Epimetheus nimmt das Geschenk an, heiratet Pandora und erkennt erst im Nachhinein *(Epi-metheus)*, was für eine Gabe dies war: Pandora öffnet die Büchse, die zu öffnen ihr verboten war. Heraus kommen alle Übel (Müdigkeit, Krankheit, Tod, Unglück …) und verbreiten sich über die ganze Welt. Das war die Antwort des Zeus auf die List des Prometheus.

Pierre Loison, Pandora, Louvre

Python: die Schlange des Urbeginns

Der Python wurde aus dem Schlamm geboren, der nach der Sintflut des Deukalion die Erde bedeckte. Daher ist er ein Sohn von Gaia, der Mutter Erde. Der Python ist ein Drache oder Lindwurm, der Phokien verwüstete, eine alte Gegend im Zentrum Griechenlands, die von dem mächtigen Massiv des Parnass geteilt wird. Das Untier verschlang Menschen und Tiere und vergiftete das Waser der Quellen und Flüsse. Ein Teil dieser Gegend zu Füßen des heiligen Berges trug einst den Namen Pytho, bevor er als Delphi bekannt wurde, der Ort des Orakels des Gottes Apollon.

Der Python lebte in einer Grotte nahe dem Parnass und hütete das Orakel der Themis in Delphi. Dem Ungeheuer war geweissagt worden, dass es von der Hand eines Sohnes der Göttin Leto (Latona) sterben würde. Im Auftrag der eifersüchtigen Hera versuchte der Drache daher, die unglückliche Leto wegen ihrer Liebesbeziehung zu Zeus zu vernichten, als sie mit den Zwillingen Apollon und Artemis schwanger war. Auch später versuchte sie, deren Geburt zu verhindern.

Doch kaum war Apollon geboren, lief er zu Python und tötete ihn „mit tausend Pfeilen", wie Ovid schreibt. Danach bemächtigte er sich des Orakels und wurde als Apollon Pythion bekannt. Zeus trug ihm auf, zu Ehren des Drachens die Pythischen Spiele zu veranstalten. So wurden nach dem Tod des urzeitlichen Drachens diese Spiele ausgetragen, zu denen Musik, Wettläufe und Faustkämpfe gehörten. Die ersten Priester kamen von Kreta nach Delphi. In einen Delphin verwandelt führte Apollon selbst sie mit ihrem Schiff in den Hafen.

Das Orakel von Delphi steht mit den heiligen Stätten des Apollon in Verbindung und liegt dort, wo der Python starb, nämlich am *omphalos*, dem Nabel der Welt. Es verfügte schon in der Antike über ein außerordentliches Ansehen, denn dem Drachen wurden Weisheit und Erkenntnis zugeschrieben. Götter und Helden holten seinen Rat ein, ebenso wie einige auserwählte Sterbliche, vor allem Königinnen und Könige.

Die Priesterin Pythia gab ausweichende, häufig metaphorische oder poetische Antworten, während sie auf ihrem dreibeinigen Hocker über der Felsspalte saß, unter welcher der riesige Drache lebte und durch welche die Seherin die von Apollon geflüsterten Antworten auf ihre Fragen erhielt. Die dunklen Sprüche des Orakels wurden auf vielfältige Weise gedeutet, wodurch es den Ruf der Unfehlbarkeit erhielt. Pythia mag später an den giftigen Dämpfen gestorben sein, die aus den Tiefen der Erde hervorstiegen und ihre Sinne verwirrten, sodass sie schließlich nur noch verworrene, unverständliche Laute von sich gab.

Wilhelm Janson und Antonio Tempesta, Apollon tötet den Python, Los Angeles, Kunstmuseum

Python ab Apolline interficitur.

Asteria und Hekate: die Hexenkünste der Mütter

Asteria (Stern), ist eine Tochter der Titanen Koios und Phoibe. Sie trägt eine goldene Krone und wird auch Diana oder Delia genannt, am Himmel auch Mond, wegen des Halbmondes, den sie als Schmuck an ihrer Stirn trägt. Als Göttin der Sterne und nächtlicher Prophezeiungen war Asteria so schön und begehrenswert, dass Zeus in wilder Leidenschaft zu ihr entbrannte und sie über den ganzen Himmel verfolgte. Um ihrem Verfolger zu entgehen, stürzte sich Asteria ins Meer und verwandelte sich in eine schwimmende Insel, die in einigen Quellen Ortygia genannt wird, später jedoch unter dem Namen Delos bekannt wurde – der Geburtsort des Gottes Apollon. Andere Versionen der Sage berichten, dass Asteria sich in eine Wachtel, einen heiligen Vogel, verwandelt habe, um Zeus zu entkommen. Ortygia heißt so viel wie Insel der Wachteln.

Asteria ist die Mutter einer düsteren Gottheit, die von Hexen und Zauberinnen angerufen wird. Sie ging aus der Verbindung Asterias mit dem Titan Perses hervor und gilt als Göttin der Zerstörung, der Verbrennungen und der Dürre. Zunächst nahm sich Hera dieser Tochter an und taufte sie Angelo, Botin, denn sie hatte noch keinen Namen. Doch sie raubte der olympischen Göttin ein Parfüm, und diese verfolgte sie, um sie zu bestrafen. Auf ihrer Flucht suchte sie Orte auf, die unrein waren, sei es wegen einer Geburt oder wegen eines Todesfalles.

Knapp der Verfolgung entgangen, widmete sich Asterias Tochter der Vervollkommnung ihrer Hexenkünste. Da Hera sie nun nicht mehr selbst verfolgen konnte, beauftragte sie die Kabiren, göttliche Geister, damit sie zu suchen und zu läutern. Die Kabiren brachten Angelo an das Ufer des Flusses Acheron und verwandelten sie in die höllische Göttin Hekate.

Hekate ist die Göttin der Zauberei, der Hexenkünste und der Grenzen zwischen der Welt der Lebenden und der Welt der Geister. Sie schützt vor den bösen Gottheiten. Ihr Bild wurde an Türstürzen, an Stadttoren und Hauseingängen angebracht. Die Sterblichen vermieden es tunlichst sie zu kränken, denn sie wusste sich zu rächen, indem sie denen, die ihre Regeln übertraten, vielfältige Strafen auferlegte.

Sie trägt zwei Fackeln, ein Messer, einen Schlüssel, Blumen und einen Granatapfel. Die Fackeln erleuchten dunkle Orte, das Messer verweist auf Hekate als Göttin der Geburten, weil sie damit die Nabelschnur durchtrennt, wie auch die Verbindung zwischen Körper und Geist. Der Schlüssel zeichnet sie als Hüterin von Tür und Tor aus – in einer Hymne des Orpheus wird sie als „Königin der Schlüssel des Kosmos" gepriesen. Der Granatapfel ist die Frucht des Hades.

Hekate

Die Hesperiden

Es besteht in den Quellen keine Einigkeit über den Ursprung, die Anzahl und die Namen der Hesperiden. Die Autoren stimmen nur soweit überein, als dass es sich um eine Gruppe von Frauen handelt, die den Auftrag haben, einen wunderbaren Garten im Westen der Welt zu hüten. Meistens ist von drei oder vier Hesperiden die Rede und in der Regel werden sie als schöne Frauen dargestellt, die sich nur dem Gesang, der Lyrik und der Pflege des idyllischen Gartens widmen, in dem sie leben. Der Eingang zum Garten der Hesperiden wird von einem Drachen namens Ladon bewacht, der diesen Ort umkreist. Die Frauen symbolisieren das Ende des Tages und in ihrem Garten befindet sich ein Baum, der goldene Äpfel trägt, deren Glitzern im Sonnenlicht die Farben am Abendhimmel hervorrufen. Die Hesperiden sind also für den Abend, was Eos, die Göttin der Morgenröte, für den Morgen ist.

Einigen Quelle zufolge sind die Hesperiden die Töchter des Atlas, des Titans, der dazu verdammt ist, auf seinen Schultern das Himmelsgewölbe zu tragen.

Der Garten der Hesperiden mit seinen goldenen Äpfeln spielt eine wichtige Rolle in zwei berühmten Geschichten. In der einen geht es um Eris, die Göttin der Zwietracht, des Streits und des Kampfes, die erbost ist, weil sie nicht zur Hochzeit von Peleus und Thetis eingeladen wurde. Deshalb stiehlt sie einen Apfel aus dem Garten und wirft ihn mit den Worten „Für die Schönste" auf die Hochzeitstafel. Damit löst sie sofort einen Streit zwischen Aphrodite, Athene und Hera aus. Daher rührt das Wort „Zankapfel".

In der anderen Geschichte geht es um Herakles, der den Auftrag erhalten hat, die goldenen Äpfel aus dem Garten zu rauben. Es ist eine der Arbeiten, die ihm Eurystheus aufgetragen hat. Nach einer langen Reise zu diesem entlegenen Ort, erreicht der Held das Tor und ersinnt einen Plan, der vorsieht, dass Atlas für ihn die Äpfel stiehlt, während er inzwischen das Himmelsgewölbe trägt. Der Titan nimmt den Vorschlag an. Doch als er die Früchte erlangt hat, ist er nicht gewillt, seine ursprüngliche schwere Arbeit wieder aufzunehmen und schlägt Herakles vor, er, Atlas, könne doch selbst zu Eurystheus zu gehen und diesem die Äpfel zu bringen – mit dem Hintergedanken, nie wieder zurückzukehren. Herakles durchschaut ihn und gibt vor, auf den Vorschlag einzugehen, bittet Atlas aber, das Himmelsgewölbe kurz zu halten, damit er das Gewicht besser auf seinen Schultern verteilen könne. Kaum hat Atlas das Gewölbe wieder übernommen, reißt Herakles die Früchte an sich und ergreift die Flucht. Der Titan bleibt mit seiner alten Aufgabe zurück.

Lucas Cranach der Ältere, Herkules stiehlt die Äpfel der Hesperiden, Braunschweig, Herzog Anton Ulrich Museum

Lykaon: wer einen Gott auf die Probe stellt

In den ältesten Zeiten, von denen die Sagen zu berichten wissen, noch vor der großen Sintflut des Deukalion, lebte Lykaon, König von Arkadien, Sohn des Pelasgos, des ersten Königs und Besiedlers dieser Gegend.

Zu seiner Mutter gibt es widersprüchliche Angaben, es werden die Okeanide Meliboia, Kyllene oder Deianeira genannt. Lykaon galt als listig, gebildet und großherzig. Er trug dazu bei, diese Gegend zu besiedeln, nachdem sie lange eine Wildnis gewesen war.

Er war sehr religiös und errichtete bei der Gründung der Stadt Lykosura einen Altar für Zeus Lykaios, um diesen mächtigen Gott des Olymps zu verehren und ihm Opfer darbringen zu können. Doch seine ausgeprägte Frömmigkeit verleitete ihn mit der Zeit dazu, immer größere Opfer zu bringen, bis es schließlich Menschenopfer wurden. Es heißt, dass er sich die Gewohnheit aneignete, auf dem Altar des Zeus alle Reisenden zu schlachten, die sein Königreich betraten, und damit das geheiligte Gastrecht auf schändliche Weise verletzte. Das sollte ihm zum Verhängnis werden, denn Zeus selbst wollte sich Gewissheit verschaffen und begab sich als Reisender verkleidet in den Palast des Lykaon. Der König empfing ihn und lud ihn zum Essen ein, während er die Gelegenheit suchte, sein neuestes Opfer zum Altar zu bringen. Doch Lykaon bemerkte an einigen Anzeichen, dass sein Gast ein Gott sein musste und setzte ihm die Reste eines geopferten Kindes zum Essen vor, um sicher zu gehen. Er hoffte, auf diese Weise die wahre Identität seines Gastes zu erkennen, denn ein Gott, so meinte er, würde den Betrug bemerken und das Gericht zurückweisen, denn die Menschenfresserei wurde in der griechischen Kultur hart bestraft. Eine Autoren behaupten sogar, das geopferte Kind sei Lykaons eigener Sohn Nyktimos gewesen.

Selbstverständlich bemerkte Zeus den Schwindel sofort, wies das Essen zurück und verwandelte Lykaon rasend vor Zorn in einen Wolf. Außerdem zerstörte er mit einem seiner Blitze den Palast des Königs und verwandelte laut einiger Quellen auch die Söhne des Lykaons in Wolfswelpen, da sie an den Grausamkeiten ihres Vater beteiligt gewesen waren. Nur Nyktimos rettete er, gab ihm das Leben zurück und ließ ihn auf dem Thron seines Vaters regieren.

Jan Cossiers, Zeus und Lykaon, Museo del Prado

Aristeus, der Bienenhirt

Aristeus (Aristaios) ist ein Gott minderer Bedeutung im griechischen Pantheon. Trotzdem handelt es sich um eine sehr interessante Figur und sein Beitrag zur Kultur und Zivilisation ist keinesfalls zu vernachlässigen. Er ist Sohn des Apollon, des Gottes der Künste und der Musik, und der Nymphe Kyrene, einer Frau, die das Weben und andere weibliche Handarbeiten mit der Jagd und der Feldarbeit vertauscht hatte. Von ihr wird Aristeus wohl seine natürliche Begabung für die bäuerlichen Fertigkeiten geerbt haben, die er im Zuge seiner Erziehung vervollkommnete. Zuerst wirkten die Musen von Myrto auf ihn ein und lehrten ihn, wie man Bienen zähmt und züchtet. Daher gilt er als Förderer und Schutzpatron der Imker. Von den Musen erlernte er auch die Herstellung von Käse und die Veredelung der wilden Olivenbäume. Damit wurde er zum Schutzgott der Viehzucht, der Landwirtschaft, der Jagd, der Obstbäume und der Imkerei.

Die Ausbildung des Aristeus wurde in der Zeit abgeschlossen, die er mit dem Zentauren Cheiron verbrachte. Nachdem er seine Lehrzeit hinter sich gebracht hatte, bereiste Aristeus die Welt, erledigte vielfältige Aufgaben und lehrte die Sterblichen einen Großteil von dem, was er wusste. Auf Anraten des Orakels von Delphi begab er sich auf die Insel Keos, deren Bewohner sich einer verheerenden Plage ausgesetzt sahen: Der sengende Sirius verbrannte die Insel aus Rache für die Ermordung des Ikarius durch einige Bewohner der Insel. Aristeus brachte die Schuldigen vor Gericht und errichtete einen Tempel zu Ehren von Zeus. Von da an unterließ Sirius sein Brennen und der dankbare Zeus befahl dem Wind Etesianos, vierzig Tage lang das Ägäische Meer zu erfrischen, Keos eingeschlossen.

Doch auch Aristeus hatte nicht nur Glück in seinem Leben. Aus seiner Ehe mit Autonoe ging Aktaion hervor, ein großer Jäger, der jedoch von seinen eigenen Hunden zerfleischt wurde, weil er die Göttin Artemis beleidigt hatte.

Ein anderes trauriges Ereignis in seinem Leben trug sich zu, als er sich unsterblich in Euridike verliebte und sie verfolgte, um sie zu besitzen. Euridike wurde von einer Schlange gebissen und starb. Daraufhin begannen die Bienen des Aristeus zu sterben und der Gott musste viele Opfer bringen, um den verursachten Schaden wieder gut zu machen. Sein Leben nahm ein tragisches Ende, als er von der Nymphe Naia verschmäht wurde, die ihn zuvor mit ihrem Tanz verführt hatte. Als Aristeus seine Liebe unerwidert sah, stürzte er sich von einem Berg in den Tod.

François Joseph Bosio, Aristeus, Gott der Gärsten, Louvre

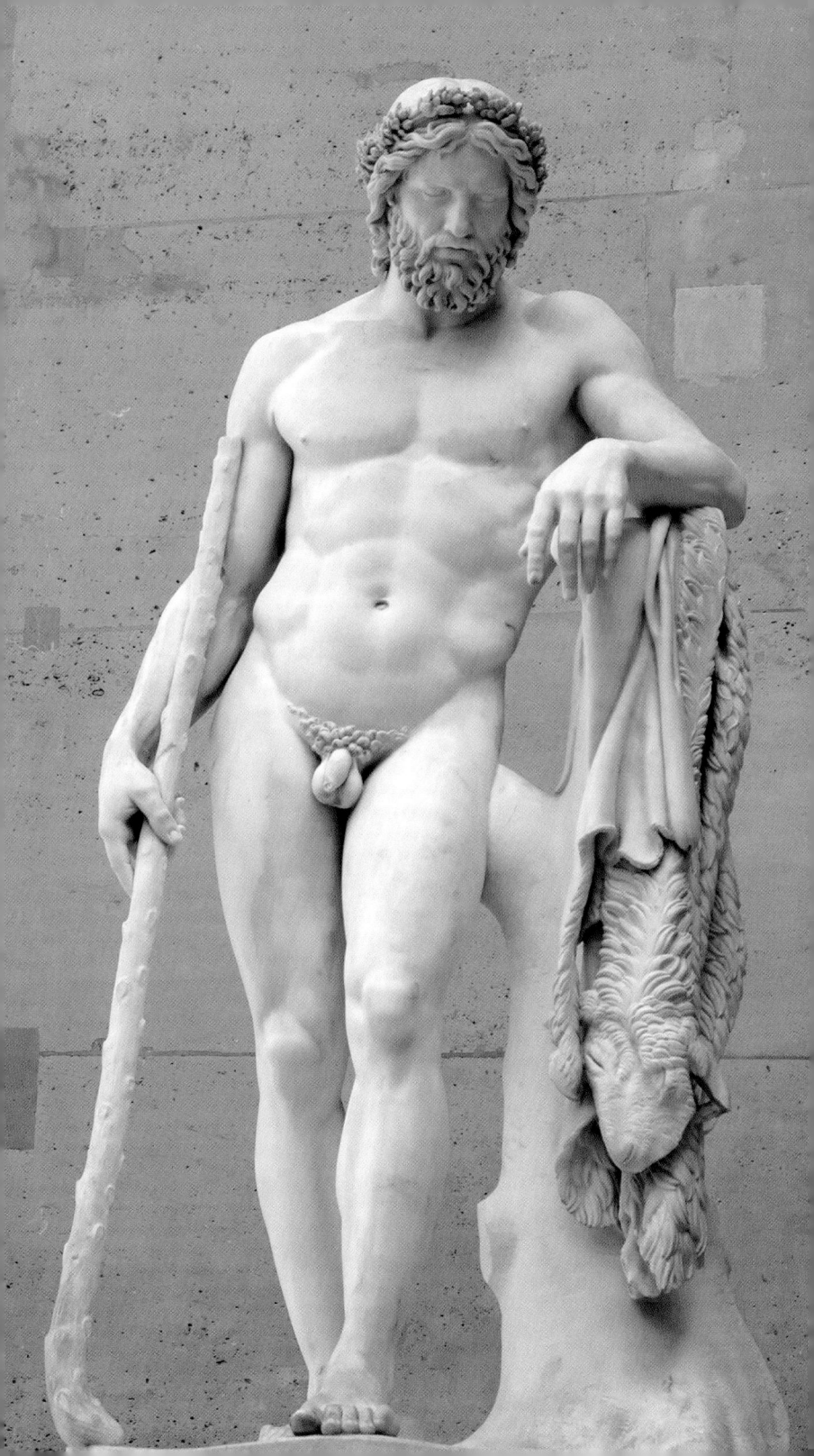

Marsyas und Apollon

Marsyas, einer der beliebtesten Satyrn der griechischen Mythologie, ist bekannt für seinen musikalischen Wettstreit mit dem Gott Apollon. Er stammt aus Kelenas in der Region Phrygien, wo er aus der Hauptquelle des Flusses Mäander geboren wurde. Marsias galt als begabt im Umgang mit dem Aulos, einem der Flöte ähnlichen Instrument, das er auf dem Boden gefunden hatte, wo es seine Erfinderin abgelegt hatte. Diese Erfinderin war niemand anderes als Athene, die es aufgegeben hatte, das Instrument zu spielen, weil sie wegen ihrer dabei aufgeblähten Backen zum Gespött der anderen Götter geworden war.

Die Virtuosität des Marsyas im Spiel des Aulos war so groß, dass er meinte, es mit Apollon selbst aufnehmen zu können. Der Gott der Musik nahm die Herausforderung des Satyrn unter der Bedingung an, dass der Sieger mit dem Verlierer anstellen könne, was er wolle. Die Musen wurden als Schiedsrichterinnen eingeladen, was von vornherein an einem unparteiischen Urteil zweifeln ließ. Zuerst spielte Apollon, der mit großem Geschick ein Stück auf der Flöte spielte, allerdings auf dem Kopf stehend. Er verlangte nun von Marsyas das gleiche, doch dieser war dazu nicht in der Lage und wurde zum Verlierer erklärt. Apollon nutzte das Recht des Siegers auf grausame Weise aus: Er ließ den Satyrn an einer Pinie aufhängen und zog ihm bei lebendigem Leibe die Haut ab. Diese Haut wurde in seine Heimat Kelenas gesandt und aus seinem Blut (oder aus den Tränen der anderen Satyrn, der Nymphen und der Hirten) entsprang ein Fluss, der seinen Namen trägt und in den Mäander mündet.

Einer anderen Version der Geschichte zufolge unterlag Marsyas, weil der Gott sang und sich selbst auf der Leier begleitete. Der Satyr habe dagegen protestiert, weil es im Wettstreit um das Spiel auf dem Aulos ging und nicht um den Gesang. Apollon führte dagegen an, dass Marsyas in seine Flöte blies und dies fast dasselbe wie sein Gesang sei. Die Musen – in dieser Version parteiischer als in der vorigen – hätten dem Gott Recht gegeben und ihm den Sieg zugesprochen.

Die Sage von Marsyas und Apollon ähnelt einer anderen, in der es um denselben Gott und den Feldgott Pan geht. Dabei war Tmolos, der Gott des gleichnamigen Berges in Lydien, der Kampfrichter, der Apollon zum Sieger erklärte. Alle Anwesenden pflichteten ihm bei, außer dem König Midas, dessen Ohren daraufhin von Apollon in Eselsohren verwandelt wurden, als Strafe für sein schlechtes Gehör.

Cornelis van Poelenburgh, der musikalische Wettstreit zwischen Marsyas und Apollon, Stockholm, Hallwyl Museum

Aktaion und die Hunde des Begehrens

In Begleitung ihrer Nymphen badete die strahlende Artemis nackt in einem Fluss in den Wäldern nahe Orkomene. Der von dem Zentauren Cheiron angeleitete Jäger Aktaion (Aktäon), Sohn des Aristeus und der Autonoe, erblickte die Göttin im Vorübergehen und war von der Schönheit ihres keuschen Leibes überwältigt. Ovid spricht von dem Farbton, „den die Wolken annehmen, wenn die Sonne sie anrührt, oder von der schillernden Morgenröte", als er beschreibt, welche Farbe Diana – der lateinische Name der Artemis – annahm, wenn sie sich in ihrer Nacktheit beobachtet fühlte.

Die Göttin bestrafte Aktaion, der es gewagt hatte, ihren Anblick zu genießen, indem sie die fünfzig Hunde des Jägers auf ihn hetzte. Die wild gewordenen Tiere zerfleischten ihren Herrn. Kaum war ihr Blutdurst gestillt, suchten sie jaulend im Wald nach ihrem Aktaion. Cheiron fand sie und errichtete Aktaion zu Ehren eine Statue, um sie zu trösten.

Nach einer anderen Fassung der Legende habe Aktaion, ein Angehöriger der Familie des Königs von Theben, damit geprahlt, nicht einmal Artemis jage besser als er selbst. Daraufhin habe die Göttin ihn in einen Hirsch verwandelt und von seinen eigenen Hunden zu Tode hetzen lassen. Wieder andere sagen, er sei nicht in Wild verwandelt oder von Artemis in die Haut eines Hirsches gesteckt worden. Die Göttin habe vielmehr den Hunden den Gedanken eingegeben, dass der Jüngling ein Tier sei, wie es auch Ovid berichtet.

Der lateinische Dichter beschreibt, wie die keusche Artemis, als sie von den Augen eines Sterblichen erblickt wird, diesem ihr Antlitz zuwendet, so als ob sie ihn mit ihren Pfeilen durchbohren wollte, dann aber mit der Hand Wasser schöpft, es ihm über das Gesicht und das Haar gießt und die Worte spricht: „Nun magst du erzählen, was du gesehen hast, wenn du dazu in der Lage bist".

Aktaion sieht sein Gesicht im Wasser, wird von großer Angst erfasst und ergreift die Flucht. Er war kein Mensch mehr: Die Göttin hatte ihn in einen Hirsch verwandelt! Auf seiner Flucht erblickte er wieder und wieder sein Bild im Fluss. Nur sein Herz und seine menschliche Erkenntnis waren ihm geblieben. Während in seinem Inneren Furcht und Schande wüteten, erblickten ihn die Hunde. Mit seinen menschlichen Gefühlen sprach er zu seinen Hunden, doch sie hörten die Stimme des Hirsches und erkannten ihn nicht. Melampos, Iknobates, Panphago, Dorkeos, Oribasos, Nebrophonos, Lelape, Theron, Tigre, Estikte, Dromade, Lykiska, Harpalos und all die anderen Hunde, alle fünfzig, fielen über ihren Herrn her.

Aktaion, Italien, Königlicher Palast von Caserta

Daphnis, die Liebe der Hirten

Daphnis, ein sizilianischer Hirte, Sohn oder Geliebter (*eromeno*) des Hermes, gilt als Erfinder der bukolischen Dichtung. Ovid sagt, er stamme vom Berg Ida, ohne genauer zu bestimmen, ob er den Berg auf Kreta oder jenen in Phrygien meint (Ida bedeutet schlicht „bewaldeter Berg"). Seine Mutter setzt ihn im Wald aus, wie man es aus vielen Mythen kennt. Das Kind ist von zwei Feuerzungen umgeben und liegt in einem Lorbeerhain, der ihm seinen Namen gibt: Daphnis. Er gilt als Liebling Apollons und wird von Nymphen und Hirten aufgezogen und hütet auch selbst Herden auf dem Berge Ätna, sich fernhaltend von den Menschen in Städten und Dörfern.

Einige Kunstwerke, in denen er dargestellt wird, zeigen Pan dabei, ihn singen zu lehren und die Syrinx zu spielen, doch es heißt, er sei vor allem der Geliebte dieses Gottes gewesen. Er genoss die Gunst der Musen und schuf bukolische Gedichte zur Erbauung der Artemis auf ihren Jagdzügen. Bevor er auf die Welt kam, waren die Hirten lediglich einfache Waldmenschen gewesen. Er war es, der sie zu zivilisierten Menschen machte, die den Göttern des Olymps huldigten, vor allem Dionysos.

Eine Naiade verliebte sich in den jungen Hirten. Ihr Name ist je nach Quelle mit Echenais, Xenea, Nomia oder Likea. Der Jüngling kannte bis dahin offensichtlich nur die Liebe unter Männern und war mit den Anforderungen der weiblichen Leidenschaft nicht vertraut. Daphnis gelobte der Naiade, niemals eine Beziehung zu einer anderen Frau einzugehen. Sollte es dennoch geschehen, würde er bestraft. Im Laufe der Zeit erstarkte die Liebe Daphnis' und er widerstand den Reizen weiblicher Versuchung in Gestalt wunderschöner Mädchen. Bis es schließlich einer von ihnen, einer namenlosen Prinzessin, gelang, ihn betrunken und sich gefügig zu machen. Er erlag ihren unzähligen Reizen. Obwohl die rachsüchtige Naiade wohl mit diesem Ausgang hatte rechnen müssen, bestand sie auf die Bestrafung Daphnis und nahm ihm sein Augenlicht. Anderen Quellen zufolge verwandelte sie ihn in Stein.

Jetzt, da er in eine Welt der Finsternis verbannt ist, bittet er Hermes um Hilfe. Der Gott lässt einen Quell sprudeln, wo das Unglück geschah, und führt Daphnis in das Empyrion, den höchsten Teil des Himmels, damit er von dort für den Schutz der Hirten und ihrer Herden sorgt. Quellen und Brunnen tragen seinen Namen. Daphnis bemühte sich, die Blindheit mit Gesang und Flötenspiel zu überwinden. Manche sagen, er sei in einen Abgrund gestürzt. Jedenfalls wurde er vergöttlicht. Der griechische Schriftsteller Longos schrieb später den Liebesroman von *Daphnis und Chloe*.

Haupt des Daphnis, Detail der Statue des Pan, der Daphnis das Flötenspiel beibringt, Rom, Nationalmuseum, Palazzo Altemps

Der Wettbewerb der Fleischfresser

Das Geschick des Idas ist unauflöslich mit dem seines Bruders Lynkeus verbunden und das beider wiederum mit jenem von Kastor und Polydeukes, den berühmten Zwillingshelden, mit denen die beiden ihre Kindheit und Jugend verbrachten. Ihre Rivalität geht auf den Moment zurück, als die Zwillinge zwei Priesterinnen, Hilaira und Phoebe, entführten, um sie zu heiraten, obwohl diese mit Idas und Lynkeus verlobt waren. Dieser Raub sollte eine Rivalität zwischen den beiden Bruderpaaren begründen, die sich bis ans Ende ihrer Tage erstreckte.

Auch Idas und Lynkeus haben in der griechischen Mythologie einen gewissen Bekanntheitsgrad erlangt. Die beiden sind an der Fahrt der Argonauten beteiligt und auch an der Jagd nach dem Kalydonischen Eber. Idas seinerseits hat Marpessa entführt, um sie zu ehelichen. Marpessas Vater hat den Raub zwar nicht verhindern können, wohl aber Apollon, der das junge Mädchen rettete, um es für sich zu behalten. Zeus schlichtete den Streit und stellte es Marpessa frei zu entscheiden, wen von beiden sie heiraten wollte. Marpessa befürchtete, dass Apollon als Gott, der die ewige Jugend besaß, sie verlassen würde, sobald sie älter würde, und entschied sich für Idas.

Der Ruhm des Lynkeus gründet auf seinem sagenhaften Blick, der – so heißt es – die Dinge durchdringen konnte.

Die bekannteste Episode ist der Kampf der Brüder Idas und Lynkeus gegen die Dioskuren, Kastor und Polydeukes (Pollux, bei den Römern). Während der Rückkehr von der Fahrt der Argonauten trafen sie auf ihre alten Feinde und eingefleischten Widersacher. Sie machten einen Abstecher nach Arkadien, um Vieh zu rauben. Als es um die Verteilung der Beute ging, kam es zum offenen Streit. Einer der geraubten Ochsen sollte geschlachtet und in vier gleiche Teile zerlegt werden. Wer seinen Anteil zuerst verspeist haben würde, sollte die Hälfte der Beute erhalten. Wer auf den zweiten Platz käme, sollte die andere Hälfte behalten können.

Idas verspeiste seinen Teil mit einem einzigen Bissen zuerst und half dann seinem Bruder mit dessen Anteil, sodass sie den Sieg davontrugen und die gesamte Viehherde behalten konnten. Kastor und Polydeukes fühlten sich betrogen und verfolgten die beiden Brüder – nicht ohne zuvor ihren Anteil am Ochsen verspeist zu haben. In dem nun folgenden Kampf der beiden Bruderpaare fanden alle vier den Tod.

Das große Ochsenessen, eigentlich ein Fresswettstreit, kann somit als Abschied vier großer Freunde und noch größerer Feinde betrachtet werden.

Peter Paul Rubens mit Jan Wildens, der Raub der Töchter des Leukippos, München, Alte Pinakothek

Melampos und Phylakos

Viele der griechischen Geschichten gehen tragisch aus. Doch der Mythos von Melampos von Pylos zeigt ein freundliches Gesicht. Eine Schlange kommt zu Tode und ihr Nest bleibt verwaist. Der noch junge Melampus schützt die Schlangen und nimmt sich ihrer an. In Dankbarkeit kriechen die Schlangen eines Nachts in sein Bett und liebkosen seine Ohren mit ihren Zungen. Am nächsten Morgen kann der Jüngling auf einmal die Sprache der Tiere und der Vögel verstehen. Dank dieser Fähigkeit gelingt es ihm, in einer Vielzahl von Situationen zu bestehen, da er über Wissen verfügt, das anderen Menschen verwehrt bleibt.

Einige Zeit später verliebt sich Bias, der Bruder des Melampus, in Pero, die Tochter des mächtigen Königs Neleus. Neleus war mit der Verbindung nicht einverstanden und wollte ihr nur zustimmen, wenn Bias ihm als Mitgift die herrliche Viehherde des Phylakos über-bringen würde. Natürlich wollte Phylakos seine Herde nicht verlieren und warnte, dass jeder, der sie zu rauben versuchte, für ein Jahr lang eingesperrt und dann hingerichtet werden sollte.

Melampos erbot sich freiwillig, diese Aufgabe zu übernehmen, auch auf die Gefahr hin, gefangen zu werden, denn er vertraute darauf, dass seine besondere Fähigkeit ihm helfen würde, die Lage zu meistern. Nachdem er also schon fast ein Jahr im Gefängnis saß, hörte er das Nagen der Holzwürmer und fragte sie, wann sie mit dem Verzehren eines Balkens fertig seien. Sie entgegneten ihm, dass es sich nur noch um Stunden handeln könne und dass das Dach sicher bald einstürzen werde. Melampos rief die Wache zu sich und forderte, in einen anderen Kerker gebracht zu werden, bevor das Dach über ihm einstürzte. Als dies tatsäch-lich geschah, galt Melampos als Hellseher und wurde freigelassen.

Phylakos selbst war es, der dann den Hellseher um Rat fragte. Sein Sohn Iphiklos, einst ein gesundes Kind, war plötzlich gelähmt, und niemand wusste warum. Wenn Melampos ihm helfen könne, so Phylakos, würde er ihm seine gesamte Viehherde schenken. Melam-pos ging auf das Feld, brachte Zeus ein Opfer und begann, mit den Geiern zu reden, die sich über die Innereien des Opfertieres hermachten. Von einem alten Geier erfuhr er, dass die Lähmung des Sohnes von Phylakos auf eine Strafe Heras zurückging, denn Phylakos hatte sie gekränkt, als er einen Dolch in einen Birnbaum gestoßen hatte, den heiligen Baum der Göttin.

Obwohl seitdem schon zehn Jahre vergangen waren, fand Melampos den Dolch, zog ihn heraus und stellte aus seinem Rost eine Arznei her, mit der es ihm gelang, den Sohn des Phylakos in zehn Tagen zu heilen. So konnte Melampos Neleus die geforderten Rinder bringen und sein Bruder erhielt Pero zur Frau. Alle waren glücklich und zufrieden dank der Hilfe des weisen Melampus.

Pseudo-Seneca, London, Britisches Museum

Die Hyperboreer, die Kinder der Kälte

Alle neunzehn Jahre lenkte Apollon seinen Wagen nach Hyperborea, um sich einer Verjüngungskur zu unterziehen. Er verbrachte dort auch immer den Winter unter den Bewohnern der Gegend, die ihn sehr verehrten. Als Hyperborea bezeichneten die Griechen des Altertums das ihnen unbekannte Land des Nordens, in dem die Kinder des Nordwinds, des Gottes Boreas, lebten. Der Gott selbst lebte in Thrakien, doch seine Kinder noch weiter nördlich. Es hieß, die Hyperboreer hätten sehr einfache und raue Sitten.

In einem Scherz des Silen heißt es, die Hyperboreer hätten den ersten Besuch von jenseits des Okeanos empfangen, doch die gerade Angekommenen seien sofort wieder abgefahren, als sie bemerkten, wo sie da gelandet seien. Andererseits wird den Hyperboreern Unsterblichkeit und ein göttliches Wesen nachgesagt. Von Pythagoras wird in einigen Quellen behauptet, er stamme aus Hyperborea.

Unter den Kultgegenständen im Apollonheiligtum in Delphi waren einige von Jünglingen aus diesem fernen, geheimnisvollen Land mitgebracht worden. Zwar stellte niemand die Existenz dieser Weltgegend ganz in Frage, doch niemand wusste genau zu sagen, wo dieses Land nun eigentlich lag. Noch auf einer Karte des Abraham Ortelius aus Amsterdam von 1597 wird die Frage nur vage mit „nördlich von Thrakien" beantwortet.

Der weise Pytheas von Massalia (Marseille), ein Seefahrer des 5. Jahrhunderts v. Chr., erreichte eine Gegend am nördlichen Polarkreis, das nördlichste noch bewohnte Land. Dessen Bewohner erklärten ihm, dass er nach einer weiteren Tagesreise in Richtung Norden in „ein festes Meer" gelangen würde. Er hatte das so genannte *ultima Thule* erreicht. Man weiß nicht, ob Thule – es kann sich hier um Island oder eine andere bewohnte Insel handeln – mit Hyperborea gleichzusetzen ist oder nicht. Vielleicht war Hyperborea auch in einem Teil Skandinaviens zu verorten, wie z.B. auf Saaremaa in der Ostsee.

Für die Griechen war Thule die Hauptstadt von Hyperborea, dem Reich der Götter. Der Schriftsteller Prokopios von Caesarea spricht von Thule als einer weitläufigen Insel, auf der fünfundzwanzig Stämme zusammenlebten, die sich noch heute zuordnen lassen, wie die Gauten (Gautoi) oder die Samen. Es kann sich um Skandinavien handeln, vielleicht um die Insel Smøla vor der norwegischen Küste, auf der im ersten Jahrhundert v. Chr. die skandinavischen Könige lebten.

Thule hieß auch eine Militärbasis unter dänischer Hoheit im arktischen Grönland, im Norden der Baffin-Bay. Dort befand sich der gleichnamige Luftwaffenstützpunkt der USA, ein strategischer Vorposten im Kalten Krieg, durchaus passend für diesen Ort.

Caravaggio, Medusa, Florenz, Uffizien

Kyrene: stolze Hirtin

Es gibt verschiedene Geschichten über die Herkunft der Kyrene. Einmal gilt sie als Tochter des Hypseos, des Königs der Lapithen, und wird später von Apollon in eine Nymphe verwandelt. In einer anderen Version ist sie die Tochter des Peneios und damit schon von Geburt an eine Nymphe. In jedem Fall ist immer klar, dass Kyrene nicht daran interessiert war, die für ihr Geschlecht traditionell vorgesehenen Arbeiten zu übernehmen. Daher wurde ihr aufgetragen, die Schafherde des Königs zu hüten.

Aus diesem Grund wird Kyrene als eine ländliche Frau dargestellt, die ihre Schafe mit einem Wurfspeer mit bronzener Spitze und einem Schwert gegen die Angriffe der wilden Tiere zu verteidigen wusste. Aus einigen Quellen geht hervor, dass sie ihre Herden auf den Feldern nahe den Quellen des Flusses Peneios in Thessalien weiden ließ, wodurch die Legende entstanden sein könnte, sie sei die Tochter des gleichnamigen Flussgottes.

Einmal versuchte ein großer Löwe, ein Schaf zu reißen. Kyrene kämpfte mit dem Tier und besiegte es schließlich. Als Apollon, der Gott der Künste und der Musik, davon erfuhr, erwachte in seinem Herzen Liebe und ungestüme Leidenschaft für die mutige Frau und er beschloss, sie für sich zu gewinnen. Also entführte er sie und brachte sie nach Nordafrika in eine Gegend, die wir heute als Libyen kennen. Ihr zu Ehren wurde an jener Stelle später die Stadt Kyrene gegründet, und die Region heißt in Erinnerung an die Nymphe noch heute Kyrenaica.

Apollon und Kyrenen bekamen einen Sohn, den sie Aristeus (Aristaios) nannten. Obwohl er zu den kleineren Göttern der griechischen Mythologie gehört, war er einer der wichtigsten Förderer der Zivilisation. Erst von den Musen, dann vom Zentauren Cheiron erzogen, erlernte er die Geheimnisse der Käseherstellung, die Bienenzucht (weswegen er als Vater der Imkerei gilt) und den Olivenanbau. Es soll Aristeus selbst gewesen sein, der auf Drängen seines Vaters Apollon die Stadt Kyrene gegründet hat.

Andere Überlieferungen schreiben Kyrene und Apollon einen weiteren Sohn namens Idmon zu, der zu einem Seher wurde und an der Fahrt der Argonauten teilnahm, obwohl er von vornherein wusste, dass er dabei zu Tode kommen würde. Doch besteht hierüber keine Einigkeit, und die meisten Quellen nennen nur Aristeus als einzigen Sohn der Kyrene.

Mosaik mit Darstellung der Nymphe Kyrene, Algerien, Museum von Lambèse

Die Mänaden

Die Mänaden, also „die rasenden" oder „die wirr reden", sind mindere weibliche Gottheiten, die mit dem Gott Dionysos in Verbindung stehen. Sie sollen den Gott aufgezogen, dann aber von ihm genommen worden und zu sehr überspannten, sehr sinnlichen Wesen geworden sein, die von einem mystischen Wahnsinn befallen waren.

Dieser letzte Punkt unterscheidet sie von den eigentlichen Bacchantinnen oder Bassariden, sterblichen Frauen, die zum orgiastischen Kult des Dionysos gehörten. Aufgrund der Ähnlichkeiten wurden beide Gruppen oft verwechselt und in römischer Zeit wurde der Name Mänaden auf beide übertragen.

Die Mänaden galten als Frauen im wilden Zustand, in einer Art verrücktem Leben, denen man mit Vernunft nicht beikommen konnte. Sie streiften in Banden oder *thiasoi* um die Berghänge und hielten Feste zu Ehren des Dionysos ab, des Gottes des Weines, bei denen sie die äußerste Zügellosigkeit zeigten. So gab es unter ihnen Blutvergießen, Selbstvergiftungen oder Selbstverstümmelungen und natürlich geschlechtliche Beziehungen. In der Regel kleideten sie sich in Hirschhäute, bekrönten sich mit Weinblättern und trugen den so genannten *thyrsoi*, eine Art Stab mit einem Pinienzapfen auf der Spitze, verziert mit Wein- oder Efeublättern. Auf manchen Vasen erscheinen die Mänaden mit Tätowierungen auf ihren Gliedmaßen, die wie Leitern im Webmuster aussehen. Bei ihren Orgien oben in den Bergen sollen sie bevorzugt Pan als Liebhaber auserwählt haben, den Gott der Fruchtbarkeit und der männlichen Sexualität.

Ihre Rolle in der Sage über den Tod des Orpheus ist besonders grausam: Sie wollten ihn dafür strafen, dass er sich weigerte, Dionysos zu verehren und stattdessen Apollon huldigte. Die Mänaden von Dion in Makedonien straften ihn, indem sie ihn bei lebendigem Leibe in Stücke rissen. In anderen Quellen heißt es, er wurde für seinen Frauenhass oder seine Homosexualität bestraft. Die Mänaden beschlossen, sich im Fluss Helikon vom Blut des Orpheus reinzuwaschen, doch der Fluss weigerte sich, Mitwisser des Mordes zu sein und trocknete aus, ja er änderte sogar seinen Namen. Die Mehrheit der Götter des Olymps sprach sich ebenfalls gegen den Tod des Orpheus aus. Dionysos als einziger Verteidiger seiner Anhängerinnen konnte sie nur retten, indem er sie in Steineichen verwandelte, die fest in der Erde verwurzelt sind und sich nicht von der Stelle bewegen können. Später wird in den *Bacchantinnen* des Eurypides davon berichtet, dass die Mänaden – oder hier besser die Bacchantinnen – auf eine ähnliche Weise Pentheus, den König von Theben zerrissen haben, weil er den Dionysos-Kult verboten hatte.

Tanz der Mänaden, Florenz

Die Danaiden

Die Brüder Aigyptos und Danaos hatten jeder fünfzig Kinder: der erste nur Söhne, der letztere nur Töchter, nämlich die so genannten Danaiden. Nach einem heftigen Streit zwischen den beiden Brüdern ging Danaos mit seinen Töchtern nach Argos. Das Exil war ein Rat von Athene gewesen, weshalb die Danaiden gleich nach ihrer Ankunft in Argos einen Tempel zu Ehren der Göttin errichteten.

Danaos wurde zum König von Argos. Das Land litt jedoch in jenen Jahren unter einer schweren Dürre. Der Herrscher schickte daher seine Töchter auf die Suche nach Wasser. Unterwegs wurde eine von ihnen, Amimone, von einem Satyr belästigt. Die junge Frau rief um Hilfe und wurde von Poseidon gerettet, der den Satyrn mit seinem Dreizack angriff. Doch der Missetäter konnte dem Stoß ausweichen und der Dreizack schlug in einen Felsen ein. An dieser Stelle sprangen drei Quellen hervor, die der Dürre, die das Land verheerte, ein Ende setzten. Danach begann Argos zu einer blühenden Stadt zu werden und Aigyptos befürchtete, sein Bruder könne auf Rache sinnen. Deshalb sandte er seine fünfzig Söhne an den Palast des Danaos, damit sie ihre Cousinen heiraten sollten. Danaos jedoch hatte die erlittene Schmach nicht überwunden und trug seinen fünfzig Töchtern auf, ihre Männer noch in der Hochzeitsnacht zu töten. Alle kamen dem Befehl des Vaters nach, außer Hypermnestra, der ältesten der Danaiden, die sich weigerte, ihrem Mann Lynkeus das Leben zu nehmen.

Danaos hatte sich zwar an seinem Bruder gerächt, doch es sollte ihm schwerfallen, nun seine noch verbliebenen neunundvierzig Töchter unter die Haube zu bringen. Deshalb rief er ein Turnier aus, bei dem die Hand der Töchter der Preis der Gewinner war, ohne dass die Freier dem Schwiegervater ein Brautgeschenk machen mussten. Die Hochzeiten wurden gefeiert und die Männer der Danaiden hießen fortan Danaer. Ebenso hießen ihre Nachfolger das Volk der Danaer, das über viele Generationen die Gegend um Argos bewohnte.

Nach ihrem Tode wurden die Danaiden gerichtet und dazu verurteilt, im Tartarus mit einem Sieb ein Fass ohne Boden mit Wasser zu füllen. Die einzige, die dieser Strafe entging, war Hypermnestra. In einer anderer Fassung der Sage wiegt der Befehl des Vaters schwerer als das Verbrechen der Töchter und Zeus spricht die neunundvierzig Töchter frei. In diesem Fall wird die ungehorsame bestraft, Hypermnestra. Doch in der Hölle wird das Urteil umgekehrt: Die ungehorsame wird freigesprochen, die Mörderinnen bestraft.

Danaide, Russland, Sankt Petersburg, Park Peterhof

Das Sternbild der Jungfrau oder die Göttin Dike

Es herrscht eine gewisse Verwirrung darüber, welcher Göttin das Sternbild der Jungfrau (Virgo) entspricht, das zugleich eines der Tierkreiszeichen ist. Unter den Griechen und Römern selbst setzten einige es mit Demeter (Ceres) gleich, der Göttin des Landbaus und des Getreides. Nach einer anderen Sage sei am Himmel Erigone dargestellt, die Tochter des Ikarios von Athen, die sich über dem Grab ihres Vaters erhängte, als sie erfuhr, dass er ermordet worden war. Die Tat hatte den Zorn des Dionysos heraufbeschworen, der befahl, alle Jungfrauen Athens sollten sich auf die gleiche Weise umbringen. Danach habe Dionysos dann Erigone als Sternbild an den Himmel geholt.

Die Frage ist nicht leicht zu klären. Das Sternbild der Jungfrau wird auch mit zwei weiblichen Figuren in Zusammenhang gebracht, die für Gerechtigkeit einstehen und oft miteinander verwechselt werden: Dike und Astraia.

Die Göttin Dike, Tochter des Zeus und der Themis, bekämpfte alle Falschheit. Sie bestieg den Thron ihres Vaters jedes Mal, wenn ein Richter die Gerechtigkeit missachtete. Ihre Nachkommen waren Homonoeia (die Eintracht), Dikeosina (die Rechtschaffenheit) und Arete (die Tugend). Laut Pindar war auch Hesikeia ihre Tochter, die geistige Ruhe. Ein Epitheton der Dike, also einer der Beinamen, mit denen man sie anrufen konnte, war Astraia (Stern), eben wegen des Sternbildes. Aratos berichtet, dass Dike erkrankte, als sich zwischen dem Goldenen und dem Silbernen Zeitalter die Lüge und die Habgier unter den Menschen ausbreitete. Sie verließ die Erde und beobachtete von nun an als Sternbild vom Himmel aus, wie sich die menschliche Rasse verschlechterte und wie sie, ohne die Hilfe und den Beistand der Göttin der Gerechtigkeit, bald ins Bronzene Zeitalter trat, in dem Ungerechtigkeit, Habgier und Treulosigkeit an der Tagesordnung waren.

Obwohl Astraia nun einer der Ehrennamen der Dike ist und obwohl sie von einigen als Göttin der Gerechtigkeit angerufen wird, gibt es noch eine andere Göttin dieses Namens. Dies ist die Göttin der Unschuld und der Reinheit. Als Tochter des Astraios und der Eos ist auch sie eine jungfräuliche Göttin und zugleich die letzte Unsterbliche, die während des Goldenen Zeitalters bei den Menschen lebte.

Das Problem der Zuschreibung des Sternbilds der Jungfrau blieb über Jahrhunderte bestehen und reicht bis ins Mittelalter, als man es mit der Jungfrau Maria in Verbindung brachte.

Protome der Demeter, Paris, Petit-Palais

Der Tod des Asklepios

Die Mythologie hat uns das Bild des Asklepios als Gott der Medizin und der Heilkunst über-mittelt. In der Antike wurde er in sehr ergebener Weise verehrt. Die wichtigsten Kultstätten waren Epidauros und der Pelopones. Asklepios wird häufig umgeben von Tieren, vor allem Schlangen, dargestellt. Er besaß die Gabe der Heilung und ein umfassendes Wissen der Heilpflanzen, die er bei seinen Heilungen einsetzte.

Asklepios ist der Sohn des Apollon und der Sterblichen Koronis. Vor seiner Vergött-lichung lebte er als Held in Thessalien. Seine Erziehung unterlag dem Zentauren Cheiron, der auch der Lehrer anderer großer Helden wie Achill, Ajax, Theseus, Herakles, Aktaion und des umstrittenen Iason war.

Der Zentaur schätzte die Begabung des Jünglings und unterwies ihn in der Medizin und der Jagd. Seine Fähigkeit, Tote wieder zu beleben, verdankt er einem Geschenk der Göttin Athene: Sie hatte ihm zwei große Gefäße mit dem Blut der Medusa gegeben (eine der Gorgonen, zugleich eine Schutzgottheit). Eines der beiden Gefäße enthielt giftiges Blut, das andere besaß die Fähigkeit, Tote wieder auferstehen zu lassen. Schnell verbreitete sich der Ruf des Asklepios, Verstorbene aus dem Hades zurückholen zu können, besonders, wenn es sich um bedeutende Persönlichkeiten oder geliebte und nahestehende Verwandte handelte.

Die Gründe für seinen Tod stehen direkt mit seiner Fähigkeit zur Heilung Kranker in Zusammenhang. In der Tat war die Gabe, Tote wieder auferstehen zu lassen, für Zeus der Hauptgrund, ihn zu bekämpfen, denn der Göttervater fürchtete, die Rückkehr von Men-schen, die schon aus dem Leben geschieden waren, könnte die Weltordnung ins Wanken bringen.

Es wird erzählt, dass Zeus in Wut geriet, als Asklepios in Troizen den Hippolytos, den Sohn des Theseus, wieder zum Leben erweckte. Er schleuderte einen seiner Blitze gegen Asklepios, der in den Himmel aufstieg und sich in das Sternbild des Schlangenträgers ver-wandelte. Währenddessen tötete Apollon, der über den Tod seines Sohnes erzürnt war, die Zyklopen, die bei der Herstellung des tödlichen Blitzes geholfen hatten.

Es wird erzählt, dass Asklepios während seines Lebens mit Epione vermählt war und mit ihr sechs Kinder hatte: Die beiden Söhne Podaleirios und Machaon nahmen beide als Ärzte am Trojanischen Krieg teil. Seine Töchter Iaso, Hygieia, Panakeia, Aigle und Akeso standen auch alle mit der Heilkunst und der Medizin in Verbindung.

Statue des Asklepios, Athen, Archäologisches Nationalmuseum

Der Ursprung des Sternbilds Orion

Orion war ein ansehnlicher Mann und ein großer Jäger, einer der besten der bekannten Welt. Er wurde in Böotien geboren und wird oft als Riese bezeichnet. Viele Geschichten sind über ihn im Umlauf, in denen von seinen Taten berichtet wird.

Unter den zahlreichen Erzählungen von den Abenteuern des Orion stechen zwei hervor, in denen es um seine Verwandlung in ein Sternbild geht. Nach einer Version verliebte sich Orion unsterblich in die Pleiaden, sieben Nymphen, Töchter des Atlas und der Pleione. Doch diese wollten den Vorzügen des Jägers nicht erliegen und flohen vor ihm. Je weiter sie flohen, desto mehr Verlangen spürte Orion nach ihnen. Er stellte ihnen sieben Jahre lang nach. Als sie es leid waren, vor Orion zu fliehen, wandten sich die Nymphen an Zeus. Der Göttervater verwandelte sie in Tauben, doch selbst in dieser Form waren sie vor Orion nicht sicher. So beschloss Zeus, sie zu Sternen zu machen und an den Himmel zu setzen. Orion gelang es, auch zu einem Sternbild zu werden, allerdings ist sein Ort nicht in ihrer Nähe, sondern es ist ihm auferlegt, sie auf ewig zu verfolgen, ohne sie jemals erreichen zu können, genau wie ein Verliebter, dessen Liebe auf ewig
unerwidert bleibt.

In einer anderen Version der Geschichte spielt eine Liebesgeschichte mit der Göttin Artemis eine Rolle. Orions außerordentliches Geschick als Jäger machte Eindruck auf die Göttin der Jagd. Apollon, der sich an dieser Neigung seiner Schwester störte, ersann eine List und schickte einen großen Skorpion zu Orion. Der Jäger verteidigte sich gegen die Angriffe des Untieres, doch als er bemerkte, dass seine Pfeile nichts ausrichten konnten, stürzte er sich ins Wasser und schwamm davon. Als er schon weit vom Ufer entfernt war, forderte Apollon seine Schwester heraus und brachte sie dazu, einen Pfeil auf den weit entfernten Punkt abzuschießen. So kam es, dass Artemis ihren Geliebten tötete. In ihrem Schmerz verwandelt sie Orion in ein Sternbild, das auf ewig vor dem Sternbild des Skorpions flieht.

In den beiden Versionen des Mythos geht Orion in die Ewigkeit ein, sei es indem er seine Geliebten verfolgt oder indem er selbst von dem Untier verfolgt wird, das ihn töten will. Das Sternbild des Orion ist eines der größten am Nachthimmel und sehr leicht erkennbar. Deshalb spielt es in vielen Kulturen eine wichtige Rolle.

Johann Bayer, Kupferstich in der Uranometria, Bibliothek des Marineobservatoriums der Vereinigten Staaten von Amerika (US Naval Observatory)

Erysichthon und die Rache der Demeter

Demeter, die Göttin der Fruchtbarkeit und der Landwirtschaft, gehörte eigentlich nicht zu jenen Unsterblichen, die auf Bestrafung und Rache sinnen. Dennoch gab es einige Ausnahmen. Eine der bekanntesten ist die Strafe, die Demeter dem Erysichthon von Thessalien auferlegte.

Erysichthon, der offensichtlich kein sehr gottesfürchtiger Mann war, benötigte Holz, um das Dach seines Speisesaales neu einzudecken. Zu diesem Zweck fällte er die Bäume eines Wäldchens, das der Demeter geweiht war. Die Göttin erschien ihm in Gestalt einer Priesterin, um ihn vor der Frevelhaftigkeit seines Tuns zu warnen aber Erysichthon bedrohte sie mit seiner Axt. Dabei weiß jedermann, dass in jedem Baum seine schützende Nymphe wohnt, die sterben muss, wird ihr Baum gefällt.

Demeter war außer sich vor Zorn. Trotzdem empfahl sie Erysichthon, weiter Bäume zu fällen, denn er würde einen Festsaal brauchen. Ihre Rache war von Sarkasmus geprägt. Sie bestrafte Erysichthon damit, dass er von da an einen unstillbaren Hunger empfinden sollte, einen Heißhunger, der ihn und seine Reichtümer verzehren würde. Wie viel er auch aß, er wurde nie satt, im Gegenteil, er nahm immer mehr ab, bis er schließlich nur noch aus Haut und Knochen bestand. Er verspeiste all sein Vieh und wurde endlich zu einem Bettler.

Um Geld für Lebensmittel zu erhalten, blieb ihm nichts anderes übrig, als seine Tochter zu verkaufen, allerdings auf eine sehr eigentümliche Art und Weise. Mestra war die Geliebte des Poseidons gewesen, der sie jedes Mal in ein Tier verwandelte, wenn sie es wünschte. Daher wurde sie in der Gestalt aller erdenklichen Tiere verkauft: Pferd, Kuh, Schwein, Fisch. Ihr Vater erhielt Geld, und sie konnte ihrem Käufer in Menschengestalt wieder entkommen.

Natürlich blieb dieses Vorgehen nicht ohne Gefahr für Leib und Leben und in der Tat gelang es Mestra einmal nicht zu entkommen. Kurz nach dem Verkauf musste sie sterben, denn sie wurde verspeist wie irgendein anderes Tier des Bauernhofes.

Der Hunger des Erysichthon blieb jedoch unersättlich und es blieb ihm nur noch, sich selbst aufzufressen. Demeter, die Göttin, die uns mit Nahrung versorgt, hatte ihre Rache befriedigen können, indem sie das frevelhafte und grausame Tun des Erysichthon mit dieser ausgeklügelten Strafe bedachte, ohne Zweifel eine der beispielhaftesten und doch eher weniger bekannten Strafen der antiken Mythologie.

Standbild der Göttin Demeter

Die Daktylen

Die Daktylen (wörtlich: „die Finger") sind kleinere Gottheiten, so genannte daimones, die vor allem auf den Inseln der Ägäis verehrt wurden wie die Kabyren oder die Telchinen. Die männlichen Daktylen waren hervorragende Schmiede und gelten als Entdecker des Eisens, vielleicht auch der Bronze, nahe dem Berg Berekintos. In einigen Geschichten liest man, dass sie mit Hephaistos zusammenarbeiteten und die Menschen die Schmiedekunst, das Alphabet und die Mathematik lehrten. Im Laufe der Zeit wurden den Daktylen auch gewisse Heilkräfte zugeschrieben. Ihre weniger bekannten Schwestern ließen sich in Samothrake nieder und weihten Orpheus in die Geheimnisse der Zauberkunst ein.

Einige sagen, die Daktylen seien am Berg Ida in Kreta gebürtig und es habe fünf Männer und fünf Frauen gegeben. Sie seien aus den Händen der Rhea entsprungen, als sie diese während der Geburt des Zeus gegen die Erde (Gaia) gepresst habe. Daher war es unter den Griechen Brauch, die Finger gegen den Boden zu pressen, wenn sie etwas feierlich versprachen. Da die Göttin Rhea später mit der kleinasiatischen Göttin Kybele gleichgesetzt wurde, verlagerte sich auch die Geburt der Daktylen vom Berg Ida nach Troas, also in die Gegend um Troja.

Nichtsdestotrotz hat die Theorie am meisten Anklang gefunden, dass die Daktylen am Berg Ida auf Kreta lebten und zwar lange vor der Geburt des Zeus und dass ihre Mutter eine Nymphe namens Anchiale war, die sie in der Diktischen Höhle zur Welt brachte, oder dass sie aus dem Boden sprossen, als die Nymphe eine Handvoll Erde hinwarf. Es herrscht auch keine Einigkeit über ihre Anzahl: Bei einigen Autoren sind es drei oder fünf, die ihre Arbeit in der Werkstatt mithilfe ihrer Schwestern verrichten. In anderen Quellen dagegen ist von zweiunddreißig linkshändigen und zweiundzwanzig rechtshändigen Daktylen die Rede, bei wieder anderen sind es bis zu hundert. Wir kennen die Namen einiger von ihnen: Akmón (Amboss), Damnameneus (Hammer) oder Kelmis (Schmelzer) – ein Kindheitsgefährte des Zeus. Ovid berichtet von ihm, dass er Rhea geschmäht habe und deshalb von seinem einstigen Freund in Adamantan verwandelt wurde, ein göttliches, unzerstörbares Material.

Einige Autoren behaupten, die Olympischen Spiele seien nicht von dem berühmten Helden Herakles begründet worden, sondern von einem zwergenhaften Daktylen gleichen Namens. Jener Herakles habe den Ölzweig der Hyperboreer nach Olympia gebracht und seine vier jüngeren Brüder Peoneos, Epimedes, Iasion und Akesidas aufgefordert, einen Wettlauf zu veranstalten, woraus dann die Spiele entstanden seien. Der Sieger sei Peoneos gewesen, der mit einem Kranz aus Ölzweigen bekrönt wurde und von da an auf einer Bettstatt aus grünen Blättern ruhen konnte.

Dirk van Baburen (um 1594/1595–1624), der von Hephaistos an den Felsen geschmiedete Prometheus

Der listenreiche Odysseus

Odysseus, der Sohn von Laertes und Antiklea, ist auch unter seinem lateinischen Namen Ulysses bekannt. Er wurde König von Ithaka, wo er mit seiner Frau Penelope und seinem Sohn Telemachos lebte. Als Paris die schöne Helena entführte und nach Troja brachte, sah Odysseus sich gezwungen, sich den griechischen Kriegern anzuschließen, die sich auf die Reise in diese Stadt machten und sie belagerten, um Helena zurückzuholen. Während des Kampfes um Troja befehligte er einen Teil des griechischen Heeres. Er kämpfte zusammen mit Menelaos und gilt als eine der wichtigsten Personen in diesem Krieg.

Die Belagerung Trojas dauerte zehn Jahre. Während dieser Zeit musste Odysseus nicht nur mehrere Male gegen trojanische Krieger kämpfen, sondern auch mit anderen griechischen Kriegern um Ehre und Führerschaft wetteifern. Als Achill stirbt, fällt Odysseus und Ajax die Ehre zu, um die Rüstung des Helden zu kämpfen. Odysseus siegt in diesem Zweikampf, der ersten Gelegenheit, bei der ein Held mehr auf seine List und Klugheit vertraut als auf seine Körperkraft.

Eben diese Klugheit ist es, die Odysseus dazu bringt, mithilfe zweier strategischer Schachzüge den Widerstand der Trojaner zu überwinden. Zuerst gelingt es ihm, als Bettler verkleidet in die Stadt einzudringen und das Palladium, das Bild der Pallas Athene zu stehlen, das die Stadt beschützte. Danach ersann er die Idee des hölzernen Pferdes, das die Griechen vor der Stadt zurückließen und dann vorgaben, die Belagerung aufzugeben und sich zurückzuziehen. Im Inneren dieses Pferdes hatten sich Odysseus und dreißig ausgewählte griechische Krieger verborgen, die darauf hofften, in die Stadt zu gelangen und dort den passenden Augenblick für einen Angriff abzuwarten, um die Trojaner zu besiegen.

Obwohl dieses Vorhaben glücklich ausgeht, sollte es noch lange dauern, bis Odysseus nach Ithaka heimkehren konnte, denn auf dem Weg dorthin widerfuhren ihm eine ganze Reihe von Begebenheiten und Unglücksfällen, die ihn weitere zehn Jahre herumirren ließen, bevor er sein Heim wieder erreichte. Diese Reise erzählt Homer in seiner *Odyssee*: Der Held von Troja kämpft mit dem Zyklopen, entkommt der Zauberin Kirke, die versucht ihn zu verführen, ebenso wie die Sirenen mit ihrem Gesang, er steigt hinab in den Hades, um mit den Seelen der Toten zu sprechen und entgeht den menschenfressenden Riesen. Am Ende gelangt er an sein Ziel und muss mit ansehen, wie seine Gemahlin Penelope von zahlreichen griechischen Fürsten und Königen bedrängt wird. Wieder sinnt er auf eine List, um sich ihrer zu entledigen: Er kommt als Bettler verkleidet in seinen Palast, um mit seiner Frau und seinem Sohn zu sprechen, sich ihres Beistandes zu versichern und seine Waffen zu holen, mit denen er schließlich alle Freier tötet und die Herrschaft über sein Königreich zurückerlangt.

Gerard de Lairesse (1641–1711), ein in den Niederlanden geborener Maler und Kupferstecher, hatte großen Einfluss auf die spätere Kunst des 18. Jhs. Die Rückkehr des Odysseus nach Ithaka, 1719, Öl auf Leinwand, Staatsgalerie Bayreuth

Laokoon und seine Söhne

Laokoon, der Sohn des Königs Priamos und der Hekabe (wobei nicht alle Überlieferungen sie als seine Mutter nennen), war ein Priester des Apollon in Troja. Ebenso wie Kassandra wollte er während der Belagerung der Stadt ihre Bewohner vor den Griechen warnen.

Eines Morgens fanden die Trojaner, die sich im Krieg mit den Griechen befanden, in der Ebene vor der Stadt ein riesiges hölzernes Pferd vor, das jene dort zurückgelassen hatten, offensichtlich als Opfer für Poseidon, damit er für die gute Heimfahrt der griechischen Flotte sorgte. Die Belagerung war zu Ende.

Die Trojaner stritten darüber, was sie nun mit dem Pferd anfangen sollten: Einige wollten es als Zeichen des Sieges in die Stadt führen, andere wollten es an Ort und Stelle verbrennen. Der Priester Laokoon misstraute den Griechen und ihren Geschenken. Doch die Mehrheit der Trojaner hörte nicht auf ihn. Daraufhin warf er einen Speer gegen den Bauch des Pferdes, der hohl widerhallte. Trotzdem hörte man nicht auf ihn.

Die Göttin Athene, die den Griechen beisteht, schickt zwei große Seeschlangen aus dem Meer gegen die Söhne des Laokoon, um sie umzubringen. Als der Vater seinen verzweifelt um ihr Leben ringenden Söhnen beistehen will, wird er wie sie von den Schlangen getötet. Die Trojaner sehen dadurch ihre Meinung bestätigt, dass sie das Pferd als ein Geschenk der Götter nach Troja bringen sollen, denn Laokoon hatte es ja mit seinem Pfeil geschändet. So bringen sie das hölzerne Pferd in ihre Stadt, in dessen Innerem, wie wir wissen, bewaffnete griechische Krieger kauern, die sich der List des Odysseus folgend der Stadt bemächtigen sollen.

Die Mythen variieren je nach Autor. Bei Sophokles heißt es, dass Laokoon von den Schlangen bestraft wurde, weil er sich als Priester nicht an das Gebot der Enthaltsamkeit gehalten hatte. In einer Version der Sage stirbt auch nur ein Sohn und der Vater bleibt am Leben, um für das durch sein Vergehen erzeugte Leid zu büßen.

Auch die Namen der Söhne des Laokoon sind nicht immer dieselben. In einigen Quellen heißen sie Antiphante und Antreus, in anderen Etron und Melanthos. Auch über die Seeschlangen herrscht keine Einigkeit. Der Dichter Lykophron von Kalkis, bei dem der Kampf im Inneren des Apollontemples stattfindet, nennt sie Chariboia und Porkes. Andere Autoren sprechen von Kurissia und Periboia.

Die Laokoongruppe ist ein griechisches Kunstwerk, dessen Datierung umstritten ist, obwohl man es gemeinhin für ein Originalwerk aus der Zeit kurz nach Christi Geburt hält. Die Skulpturengruppe ist knapp zweieinhalb Meter hoch und aus weißem Marmor gearbeitet. Sie befindet sich im Museum Pío-Clementino, in den Vatikanischen Museen in Rom. Neben dem Torso vom Belvedere ist sie das einzige griechische Original dieser Antikensammlung.

Kassandra, die Verwünschung der Erkenntnis

Kassandra, die Tochter der Könige von Troja, war eine Wahrsagerin. Im alten Griechenland spielten Seher, Wahrsager und Orakel eine entscheidende Rolle, wenn es darum ging, die Zukunft oder die Wünsche der Götter zu erkennen, was wiederum den Sterblichen ermöglichte, sich entsprechend zu verhalten oder sogar den Gang der Ereignisse zu verändern. Der Legende nach erhielt Kassandra von Apollon die Gabe der Weissagung, damit sie seine Geliebte würde.

Kassandra wurde also in die Kunst des Weissagens eingeführt, hielt sich dann jedoch nicht an ihren Teil der Vereinbarung, woraufhin der geschmähte Gott in Wut geriet und sie verfluchte (laut einigen Quellen, indem er ihr in den Mund spie). Er entzog ihr jedoch nicht die Gabe der Weissagung, sondern nur die Kraft der Überzeugung. So konnte Kassandra weiterhin in die Zukunft schauen, doch die Trojaner glaubten ihr nicht. Sie lebte also in dem beständigen Schmerz mit ansehen zu müssen, wie die von ihr vorhergesagten Ereignisse eintraten, ohne irgendetwas unternehmen zu können, um es zu verhindern.

Es gibt drei Augenblicke in ihrem Leben, bei denen ihre Gabe die Geschichte hätte ändern können. Die erste Gelegenheit ist, als sie erkennt, dass Paris die Stadt ins Verderben stürzen wird, obwohl sie selbst ihn später rettet, als sie entdeckt, dass er der Sohn des Priamos ist.

Als Paris dann wirklich Helena entführt und nach Troja bringt, warnt Kassandra, dass diese Frau die Zerstörung der Stadt und aller ihrer Bewohner bringen wird, doch auch diesmal wird sie von den Trojanern nicht erhört.

Der dritte Augenblick ist jener, in dem Kassandra die List des Odysseus durchschaut, mithilfe des hölzernen Pferdes in die Stadt zu gelangen. Die Wahrsagerin stellt sich den Trojanern entgegen, die das Pferd als Geschenk annehmen und in die Stadt bringen wollen, weil sie weiß, dass es sich um eine Falle handelt, doch ihre Worte stoßen auf taube Ohren. Auch Laokoon, ein anderer Seher, warnt vor den Gefahren dieses Pferdes, doch Apollon sorgt dafür, dass zwei Seeschlangen ihn töten. So öffnen die Trojaner schließlich ihre Tore für das Pferd des Odysseus und ihre Stadt wird von den Griechen erobert.

Allerdings hat das Unglück der Kassandra damit noch kein Ende gefunden. Sie flieht in den Tempel der Athene, wo sie von Ajax gepackt und laut einigen Quellen von ihm vergewaltigt wird. Als Kriegsbeute wird sie dem Agamemnon übergeben, der sie zu seiner Konkubine macht. Doch die eifersüchtige Gattin des Königs von Mykene – die ihrerseits auch einen Geliebten hat – tötet Agamemnon und Kassandra. So endet die Seherin, deren Weissagungen niemandem helfen konnten.

Ajax und Kassandra, 1806, gilt als eines der besten Werke von Johann Heinrich Wilhelm Tischbein. Kassandra erhält die Gabe des Weissagens, doch ein Fluch bewirkt, dass niemand ihr Glauben schenkt.

Achill, der Sohn einer Göttin

Achill (Achilles, Achilleus), der berühmteste Held des trojanischen Krieges, ist der Sohn einer Göttin, der Thetis, und des Sterblichen Peleos und damit ebenso sterblich wie sein Vater.

Thetis, die weiß, dass ihr Sohn einst zu einem herausragenden Helden werden wird, kennt auch seine Schwäche, da ihm als Sterblichen die Unsterblichkeit der Götter vorenthalten bleiben wird. Also versucht sie mit allen Mitteln, sein Leben zu stärken. Sie beschließt, ihn mit Ambrosia einzureiben, der berühmten Speise der Götter, deren Name wortwörtlich „Unsterblichkeit" verheißt, und ihn in den Fluss Styx zu tauchen, der als Grenze zwischen den Lebenden und den Toten galt und von dem Fährmann Charon bewacht wurde.

Thetis hielt ihren Sohn an der Ferse fest, als sie ihn in die Wasser des Styx tauchte, um ihm Unsterblichkeit zu verleihen. Doch damit war ihr Bestreben umsonst, denn er blieb an dieser Stelle seiner Ferse verletzlich, weshalb wir noch heute den wunden Punkt einer Person als die „Achillessehne" bezeichnen. Diese Verletzlichkeit sollte dem heldenhaften Achill schließlich zum Verhängnis werden.

Die klassische Mythologie und Kultur weiß unendlich viel über Achill zu berichten. Er wurde von dem Zentauren Cheiron erzogen, der schon andere Helden unterrichtet hatte. Der junge Achill wollte seinem Ruf als gewaltiger Krieger gerecht werden und warf sich in den Kampf um Troja. Die Trojaner fürchteten ihn, wenn er mit seinem Streitwagen herankam, der von den beiden sprechenden Pferden Xantos und Balion gezogen wurde.

Während der zehn Jahre, die der Kampf um Troja anhielt, unternahmen die Griechen zahllose Beutezüge in das Umland der Stadt, an denen Achill immer teilnahm und so seinen Ruhm als gefürchteter und mutiger Krieger vermehrte.

Sein Tod kam dann so, wie seine Mutter Thetis es vorhergesehen hatte. Sie warnte ihren Sohn, dass er sterben würde, sobald er den Tod seines Freundes Patroklos rächen würde, indem er Hektor tötete. Und so geschah es: Obwohl er von seiner Rüstung geschützt war, traf ihn ein Pfeil des Paris an seiner einzigen verwundbaren Stelle, der Ferse.

Die Leiche des Achill wurde verbrannt und die Asche in einer vergoldeten Urne in demselben Grab nahe des Meeres beigesetzt, in dem schon sein Freund Patroklos ruhte.

Achill am Hofe des Königs Lykomedes, Detail, 240 v. Chr., Louvre

Ajax der Große

Ajax ist ein sagenhafter Held der griechischen Mythologie. Es heißt von ihm, er sei von eindrucksvoller, hochgewachsener Gestalt und unglaublicher Kraft gewesen, dazu ein sehr geschickter Krieger auf dem Schlachtfeld, fast gleichauf mit seinem Vetter Achill, mit dem er am Kampf um Troja teilnahm.

Wenn man sich die Kindheit des Ajax anschaut, so ist sie gekennzeichnet durch die strenge Zucht, die all jene durchlaufen mussten, die zu großen Helden werden wollten. Auch Ajax wurde von dem Zentauren Cheiron ausgebildet. Er kämpfte für gewöhnlich mit einer großen Streitaxt und einem riesenhaften Schild, der aus sieben Schichten Ochsenleder bestand, über denen zuletzt eine Bronzeschicht lag, während die Schilde sonst meist nur vier Schichten umfassten. Aber nicht das war es, was ihn auf dem Schlachtfeld vor anderen Kriegern auszeichnete, sondern, dass er sich dem Kampf ohne irgendeinen göttlichen Schutz stellte, denn Ajax stand in der Gunst keines Gottes.

Wir wissen von seiner ersten Heldentat während des Trojanischen Krieges, als er gemeinsam mit seinem Bruder Teukros zwölf Schiffe der griechischen Seestreitkräfte anführte. Gegen Hektor bestand er in einem ganztägigen Zweikampf, ohne dass einer von beiden als Sieger daraus hervorging. Beide erkannten den Mut des Gegners an und beschenkten einander mit ihren Waffen.

Der Fall des Achill war der Anfang vom Ende des Ajax. Nachdem sein Vetter tot und entschieden worden war, dass er es nicht würdig sei, dessen Waffen zu tragen und mit ihnen die Führung des griechischen Heeres zu übernehmen, ließen die Götter, deren Gunst Ajax nie genossen hatte, ihn wahnsinnig werden. So zog er nachts aus, um aus Rache jene umzubringen, die ihn nicht für würdig hielten, die Nachfolge Achills anzutreten. Aber in seinem Wahn verwechselte er eine Viehherde mit den Anführern der Griechen und tötete die Tiere. Als er am nächsten Morgen wieder bei Sinnen war und seine Schmach entdeckte, beschloss er, sich mit dem Schwert des Hektors umzubringen, das ihm jener am Tag des Zweikampfes geschenkt hatte.

Es heißt, dass Ajax niemals die Gunst der Götter errang, weil er in seiner Jugend behauptet hatte, der feigste Mann könne mit ihrer Hilfe siegen, während der wahre Mut sich nur auf den Gebrauch der Waffen und das Geschick des Kriegers stützte.

Michail Iwanowitsch Koslowski (1753–1802), Ájax trägt den Leichnam des Patroklos

Hektor, der Feind des Achill

In der griechischen Mythologie war Hektor ein trojanischer Prinz, dem während der Belagerung der Stadt durch die Griechen ihre Verteidigung oblag, bis er durch die Hand des Achill starb.

Hektor war also Sohn des trojanischen Königs Priamos und der Königin Hekabe und damit Bruder von Paris und Kassandra. Er war mit Andromache vermählt und hatte mit ihr einen Sohn, Astinakte.

Dank der mythologischen Überlieferung ist uns Hektor als der große Feind des Achill bekannt, als sein wichtigster Gegenspieler, sowohl auf dem Schlachtfeld, als auch in der Art seines Wesens und der Weise, wie er die Geschehnisse des Lebens aufnimmt, vor allem während des Kampfes um Troja.

Hektor und sein Bruder Paris sind zwei Krieger, die das trojanische Heer anführen, obwohl sie wissen, dass sie sterben oder bestenfalls zu Sklaven der Sieger gemacht werden können. Als Hektor dann durch einen Seher erfährt, dass seine Sterbestunde noch nicht so bald geschlagen hat, fordert er alle Krieger heraus, die sich ihm in den Weg stellen, bis er auf Ajax den Großen trifft. Der Zweikampf der beiden zieht sich wegen des Mutes und der Kampfesstärke der beiden einen ganzen Tag hin. Schließlich tauschen sie ihre Waffen aus, zum Zeichen, dass der Kampf beendet, aber unentschieden ausgegangen ist.

In einem der Kämpfe tötete Hektor Patroklos, den Freund des Achill, der dessen Rüstung trug und vorgab, der große Krieger zu sein und so versuchte, die griechischen Truppen zu neuem Kampfesmut anzuspornen. Nach dem Tod des Patroklos hatte Achill nur noch ein Ziel: den Tod seines Freundes zu rächen und Hektor umzubringen.

Obwohl Hektor vom Zorn des Achill wusste und trotz der Aufforderung seines Freundes und Waffenbruders Polydamante, sich in die Stadt zurückzuziehen, erwartete er den gefürchtetsten der griechischen Krieger auf dem Schlachtfeld. Achill tötete ihn mit einem Lanzenstich am Halsansatz. Die Leiche Hektors wird mit den Fersen an den Streitwagen des Achill gebunden und durch den Staub geschleift. Danach wird der geschundene Körper zwölf Tage lang der Sonne und den Aasfressern ausgesetzt, doch der Gott Apollon schützt ihn und erhält ihn unversehrt.

Endlich erhört Achill das Flehen des Königs Priamos und übergibt ihm den Leichnam gegen ein Lösegeld, sodass der Vater seinen Sohn mit den gebührenden Ehren in Troja beisetzen kann.

Detail einer Weinkanne, auf der man Odysseus und andere griechische Krieger um den Leichnam des Patroklos stehend sieht, 1. Jh. n. Chr., Italien

Achill und Patroklos

Die Freundschaft zwischen Achill und Patroklos ist im Laufe der Jahrhunderte auf unterschiedliche Weise ausgelegt worden. So ist aus reiner Freundschaft schließlich eine Liebesbeziehung geworden, was auch die überaus heftige Reaktion des Achill auf den Tod des Patroklos und seinen besessenen Drang nach Rache erklären würde.

Die Gunstbezeugungen Achills gegenüber Patroklos waren in der griechischen Gesellschaft nichts Ungewöhnliches, da homosexuelle Beziehungen dort ein übliches Zeichen der Verherrlichung des männlichen Körpers waren.

Über die Herkunft des Patroklos gibt es verschiedene Ansichten, denn obwohl alle Quellen darin übereinstimmen, dass sein Vater Menoitios war, herrscht Unklarheit darüber, wer seine Mutter war: Sthenele, die Tochter des Akastos, Periopis, die Tochter des Pheres, oder Polypeia, die Tochter des Peleus. Von Homer wissen wir, dass Patroklos sich am Hof des Peleos befand, als Krieger für den Kampf gegen Troja einberufen wurden. Später, in der Schlacht, erscheint Patroklos als Waffengefährte Achills und wird als geschickter Reiter geschildert, den seine große Treue gegenüber dem Freund auszeichnet, als er sich mit diesem gemeinsam aus dem Kampf zurückzieht.

Der Trojaner Hektor tötet Patroklos und die Wut Achills kannte keine Grenzen mehr. In seiner Rachlust tötet er den Sohn des Priamos. Thetis, die Mutter des Achill, nährt Patroklos mit Ambrosia, um zu verhindern, dass sein irdischer Leib verfällt und es wird eine Leichenfeier abgehalten. Doch an deren Ende erscheint die Göttin ihrem Sohn und bittet ihn, den Leichnam so bald wie möglich zu verbrennen. Achill befiehlt einen Scheiterhaufen für den toten Freund aufzurichten, schneidet sich selbst eine Haarlocke ab und opfert zu seinen Ehren mehrere Tiere wie Ochsen, Hunde und Pferde aber auch zwölf junge trojanische Edelleute. Nach der Einäscherung veranstaltet Achill zu Ehren des Patroklos Wettspiele mit Wagenrennen, Wettläufen, Speerwerfen und Bogenschießen. Diese im 23. Gesang der *Ilias* geschilderten Spiele sind eines der ältesten Zeugnisse für sportliche Wettkämpfe im antiken Griechenland, der Wiege der Olympischen Spiele.

Achill verbindet den Arm des Patroklos, um 500 v. Chr., Tintenzeichnung, Kopie einer attischen Vase des Sosias

Priamos

In der griechischen Mythologie ist Priamos, Sohn des Laomedon und der Nymphe Strimon, der König Trojas zur Zeit des Krieges zwischen diesem Stadtstaat in Kleinasien und den Achäern.

Es wird gesagt, dass Priamos als Kind Podarkes hieß. Damals hatte Herakles seine Schwester Hesione vor einem von Poseidon entsandten Meeresungeheuer gerettet. Nach dieser Heldentat wollte sich der Vater des Podarkes nicht erkenntlich zeigen und der wütende Herakles entlud seinen Zorn gegen Troja: Er tötete die gesamte königliche Familie. Nur Podarkes war von seiner Schwester gerettet und vor der Sklaverei bewahrt worden. Er änderte seinen Namen in Priamos.

Priamos wurde später für seine große Nachkommenschaft berühmt. Der Sage nach soll er mehr als fünfzig Söhne und ebenso viele Töchter gehabt haben. Unter den Söhnen sticht sein Liebling hervor, der heldenhafte Hektor, eine der Hauptfiguren im Kampf um Troja. Man nimmt zwar gemeinhin an, er sei der älteste Sohn gewesen, doch zuweilen wird dieses Vorrecht Paris eingeräumt, der in den Mythen als ein selbstsüchtiger und kraftloser junger Mann dargestellt wird, dem der Untergang der Stadt zuzuschreiben ist. Unter den Töchtern sind Kassandra und Polyxena die bekanntesten.

In seiner Jugend tat sich Priamos als Krieger hervor. So kämpfte er in der Schlacht gegen die Amazonen, während er zur Zeit des zehnjährigen Krieges um Troja schon ein fortgeschrittenes Alter erreicht hatte. Daher trat er kaum auf dem Schlachtfeld in Erscheinung: nur um mit Agamemnon über das Ende des Krieges zu verhandeln und so einem Zweikampf zu entgehen.

Achill ließ ihm das Leben und übergab ihm den Leichnam seines Sohnes Hektor, damit er ihn beisetzen konnte, nachdem dieser ihn getötet hatte. Der Tod kam für Priamos schließlich mit dem berüchtigten Pferd in die Stadt. Als die Griechen aus dem Bauch des hölzernes Pferdes krochen, das die Trojaner in ihre Stadt geholt hatten, zog sich Priamos seine Rüstung an, die er so viele Jahre nicht getragen hatte und fand den Tod am Hausaltar in seinem Palast, als Neoptolemeus, der Sohn des Achill, ihn vor den Augen seiner Gemahlin Hekabe tötete. Sie hatte ihn vor den Altar des Zeus gebracht, um ihn unter den Schutz des Göttervaters zu stellen, doch wie die *Ilias* berichtet, war ihre Mühe umsonst.
Am Ende überlebt Hekabe als Gefangene und Sklavin des Agamemnon.

Priamos wurde oft für seine zahlreichen Nachkommen gerühmt. Laut Ilias soll er mehr als fünfzig Söhne und zwei Töchter gehabt haben. Der Tod des Priamos, um 1706, Andrea Celesti zugeschrieben.

Agamemnon

Agamemnon war der Urenkel von Tantalos, der Enkel von Pelops, der Sohn von Atreus und Aerope und der Bruder des Menelaos. Seine Taten werden von Homer in der *Ilias* geschildert. Als mythischer König von Mykene bestieg er den Thron nach langen dynastischen Konflikten. In Sparta heiratete er Klytemnästra, die Tochter des Tyndareos. Es scheint, dass er Thyestes, den König von Mykene, vom Thron gestoßen hat, um ihn als Tyrann selbst einzunehmen. Wie aus dem so genannten Katalog der Schiffe in der *Ilias* hervorgeht, wurde er zu einem der mächtigsten Könige Griechenlands: Hundert der Schiffe gehörten ihm, siebzig weitere lieh er den Arkadiern.

Als der Trojaner Paris die Königin Helena von Sparta entführt – aus jenem Königshaus, das ihm so großzügig Gastfreundschaft gewährt hatte – kamen die Anführer der Achäer im Palast des Diomedes von Argos zusammen, um einen Angriff als Antwort auf diese Beleidigung zu planen. Die Versammlung beschloss, den Oberbefehl Agamemnon zu übertragen und zwar in Anerkennung seiner Macht und seines Reichtums, der es ihm erlaubte, eine große Flotte von Kriegsschiffen auszurüsten.

Nachdem die Vorbereitung des Feldzugs sieben Jahre in Anspruch genommen hatte, trafen sich die Verbündeten in Aulis, einem Hafen in Böotien. Nach mehreren Vorzeichen tötete Agamemnon einen der Artemis geweihten Hirsch. Die Göttin sandte daraufhin eine Seuche und völlige Windstille. Der Zorn der Göttin, sagten die Seher, könne durch das Opfer der Tochter des Königs von Mykene, Iphigenie, besänftigt werden.

Im zehnten Jahr des Krieges, nach einer weiteren unheilbaren Pest, ist das archaische Heer durch einen Streit unter seinen Anführern gelähmt: Achill ist außer sich, denn er soll dem mykenischen König seine Lieblingssklavin Briseida übergeben. Damit kommt es zur Spaltung der griechischen Streitkräfte, die vor Troja liegen. Die Führerschaft des Agamemnon wird vom leichtfüßigen Achill, dem Halbgott, dem angesehensten Krieger der Argos Expedition, in Frage gestellt.

Schließlich überwinden die Griechen ihre Zwistigkeiten und besiegen nach vielen Schwierigkeiten die Trojaner. Die Stadt wird erobert, verbrannt und dem Erdboden gleichgemacht. Bei seiner Rückkehr nach Mykene sieht sich Agamemnon einem Aufstand in seinem eigenen Hause gegenüber. Doch nicht nur das: Seine Gattin Klytemnästra betrügt ihn mit seinem Vetter Aigisthos (Ägist). Ihrerseits ist sie auf ihren Mann böse, der sich aus Troja die Tochter des Priamos, Kassandra, als neue junge Geliebte mitgebracht hat. Klytemnästra und ihr Geliebter verschwören sich gegen den König von Mykene und töten ihn in seinem Bad mit silbernen Wänden.

Goldene Totenmaske aus der Akropolis von Mykene, die über dem Gesicht eines Toten lag. Ihr Entdecker meinte, den Körper des legendären griechischen Königs Agamemnon gefunden zu haben. Daher gab er der Maske dessen Namen. Allerdings haben moderne archäologische Untersuchungen ergeben, dass die Maske auf 1550 bis 1500 v. Chr. zu datieren ist, also etwa dreihundert Jahre vor der Zeit, in der Agamemnon wahrscheinlich gelebt hat.

Das Trojanische Pferd

Das Trojanische Pferd war eine große hölzerne Vorrichtung, welche die Griechen benutzten, um unerkannt in die befestigte Stadt Troja eindringen zu können.

Vergil schildert in seiner *Aeneis* ausführlich, wie die Geschehnisse abliefen. Die Trojaner fanden das riesige Pferd in der Ebene vor den Mauern ihrer Stadt. Zugleich sahen sie, wie die Griechen ihre Schiffe bestiegen und Kleinasien in Richtung Griechenland verließen, was nur bedeuten konnte, dass sie die jahrelange erfolglose Belagerung der Stadt aufgegeben hatten. Doch die Trojaner wussten nicht, dass es sich hier um einen Plan der Griechen handelte, den Odysseus erdacht hatte: Sie ließen das riesengroße Pferd mit einer Inschrift zurück, in der sie auf die neun Jahre andauernde Belagerung Trojas anspielten. Das Tier schien ein Weihegeschenk an die Göttin Athene zu sein, um sie dadurch zu bewegen, den Griechen eine glückliche Heimkunft zu sichern. Sie wurden in diesem Glauben durch einen Trojaner bestärkt, der in Wahrheit ein griechischer Spion mit Namen Sinon war. Auf seinen Rat hin holten sie das hölzerne Pferd als Beutestück in ihre Stadt, wobei sie wegen seiner Größe sogar einen Teil der Stadtmauern einreißen mussten, um es zum Zeichen des Sieges ihrerseits den Göttern zu weihen. Doch sie wussten nicht, dass sich im Inneren des Bauches griechische Soldaten versteckt hielten, die auf die Gelegenheit warteten, die Festung Troja von innen anzugreifen.

Als sie das Pferd in die Stadt gebracht hatten, wollten die Trojaner ihren Triumph in aller Pracht feiern, mit reichlichem Essen, Wein, Musik und Tanz, ohne zu ahnen, was später geschehen würde. Sinon ging unbemerkt zum Pferd und half den darin verborgenen Kriegern, vorsichtig aus einer Falltür zu klettern. Sie öffneten die Stadttore und ließen das griechische Heer herein, das auch über die Bresche in der Mauer eindringen konnte, welche die Trojaner geschlagen hatte, um die Trophäe hineinzubringen.

Kaum waren sie im Inneren der Stadt, töteten die Griechen die trojanischen Wachen und übernahmen die Stadt, die sie in Brand steckten und zerstörten, ohne dass die von der List der Feinde völlig überrumpelten Trojaner etwas dagegen unternehmen konnten.

In den klassischen Quellen gibt es zahlreiche unterschiedliche Angaben hinsichtlich der Anzahl und der Namen der Krieger, die sich im Bauch des Pferdes versteckt hielten. Apollodor spricht von fünfzig, doch dann merkt er an, dass der Autor der so genannten Kleinen Ilias, eines verschollenen Gedichts, behauptete, es seien 3000 gewesen.
Giovanni Domenico Tiepolo, der Bau des Trojanischen Pferdes, um 1760, London, National Gallery

Odysseus und der Trojanische Krieg

Odysseus – oder Ulysses auf Lateinisch – ist einer der großen Helden der griechischen Mythologie, von dem ausführlich in der *Ilias* zu lesen ist, während er in der *Odyssee* Hauptfigur und Namensgeber ist. Beide Epen stammen von Homer.

Die Rolle des Odysseus im Trojanischen Krieg war entscheidend und wird in zahlreichen Abenteuern und Episoden beschrieben, so etwa, als die von ihm geführten Schiffe mitten im Lager der Griechen vor Troja stranden oder als er den Auftrag erhält, Chryseis zu ihrem Vater zurückzubringen.

Odysseus wird zusammen mit Phönix und Ajax auserwählt, um in einer Abordnung der Griechen vor Achill zu treten und ihn zu überzeugen, den Kampf wiederaufzunehmen, allerdings ohne Erfolg. Ebenso erfolglos blieb später sein Bemühen, Achill zur Besonnenheit zu bewegen, als er er voller Ungeduld den Tod seines Freunde Patroklos rächen wollte und Odysseus ihm riet, dass seine Leute besser ausruhen und mit neuer Kraft in den Kampf zurückkehren sollten.

In den Spielen zur Totenfeier des Patroklos zeigt sich Odysseus im Kampf dem Ajax ebenbürtig und beide erhalten den gleichen Preis, als Achill ihren Kampf abbricht, weil er um das Leben der beiden Helden fürchtet. Beim Wettlauf gewinnt Odysseus mithilfe der Göttin Athene, die den jüngeren Ajax stürzen lässt, und erhält als wertvollen Preis einen silbernen Krater, ein großes Gefäß, in dem Wasser und Wein vermischt wurden.

Aus den mythologischen Erzählungen, die nach der *Ilias* entstanden, erfahren wir, dass Odysseus im Kampf verwundet wird, dass er sich am Leichnam des Achill einfindet und dass er es ist, der vor Ajax die Waffen des gefallenen Helden zugesprochen bekommt. In diesen Berichten spielt Odysseus nun die Hauptrolle. Ihm wird auch die Idee zugeschrieben, das hölzerne Pferd zu bauen, in dessen Bauch dreißig Krieger Platz fanden, während das Heer vorgab, die Belagerung abzubrechen und in die Heimat zurückzusegeln. Diese versteckten Krieger kamen dann innerhalb der Mauern der Stadt Troja aus ihrem Versteck und ermöglichten ihren Gefährten den Einlass in die ummauerte Stadt, als die vermeintlichen Sieger ihren Triumph feierten. Denn die Griechen hatten nur so getan, als ob sie fortsegelten, und waren zurückgekommen, um sich in den Kampf zu werfen.

Odysseus ist in den Gesängen Homers durch seine Intelligenz, seine Gerissenheit und seinen wechselhaften Charakter. In dem Epos sind seine Beinamen oft der „listenreiche" oder auch „der vielfältig geistreiche".

Odysseus und die Lotusblüte

Die Sage berichtet, dass Odysseus auf der Reise nach Ithaka nach einem schweren Sturm vom Kurs abkam und seine Schiffe durch unbekannte Gewässer segelten, bis sie an einen Küstenstreifen gelangten, den sie nicht kannten, und von dem sie nicht wussten, wer oder was sie dort erwartete.

Nach der Landung befahl Odysseus einer Gruppe seiner Männer, ins Landesinnere vorzustoßen, um Lebensmittel und Wasser zu suchen. Auch sollten sie die dort lebenden Menschen ausfindig machen und erkennen, ob sie eine Bedrohung darstellten, oder ob man sie sich zu Verbündeten machen konnte. Der Stoßtrupp nahm Kontakt zu den Einheimischen auf, den so genannten Lotophagen, also „Lotusessern", die sie zu einem großen Festmahl einluden, auf dem das Hauptnahrungsmittel die Lotusblume war, deren Geschmack als köstlich und unwiderstehlich wie der Honig beschrieben wird, ihren Verzehrern aber großen Verdruss bringt.

Die Lotophagen waren ein freundliches und hilfsbereites Volk, das allerdings ein recht großes Problem hatte: Der Verzehr der Lotusblüte hatte als Nebenwirkung Gedächtnisschwund zur Folge. Dadurch waren die Lotophagen immer glücklich, sorglos und zufrieden, weil sie sich in der Tat an nichts erinnerten. Sie lebten in den Tag hinein, mit Festmahlen und Spielen zum Zeitvertreib. Die von Odysseus entsandten Männer nahmen an einem dieser Mahle teil und, als sie ihren Anführer wieder trafen, wussten sie nicht genau, was geschehen war. Sie wollten nur an diesem Ort bleiben und damit vermeiden, an die zurückgelassenen Familien und die schrecklichen Bilder des Krieges denken zu müssen.

Da Odysseus nun aber so schnell wie möglich nach Ithaka zurückkehren wollte, zwang er die Ruderer seiner Schiffe, die verwirrten Männer einzufangen und an Bord zu bringen. Die Männer ohne Erinnerung wussten nicht mehr, wer sie waren, noch wie ihnen geschah oder warum man sie auf diese Schiffe brachte und in See stach. Odysseus ließ sie fesseln, damit sie sich nicht wehren konnten, und wartete ab, bis genug Zeit vergangen war und die Wirkung der Lotusblume nachließ. Odysseus wollte diesen Ort schnellsten verlassen, bevor noch mehr seiner Leute die Lotusblumen essen konnten und damit die Rückkehr nach Ithaka ein unerwartetes Ende gefunden hätte.

Odysseus und Penelope

Odysseus und Polyphem

Nachdem er das Land der Lotophagen überstürzt hinter sich gelassen hatte – heißt es in der Sage – sahen sich Odysseus und seine Gefährten von dichtem Nebel umhüllt, der sie daran hinderte, irgendetwas um sie herum erkennen zu können. Schließlich strandeten sie auf einer kleinen Insel.

Sie hatten kein Trinkwasser und keine Lebensmittel mehr, sodass Odysseus beschloss, mit zwölf seiner Männer an Land zu gehen, um Proviant und Wasser zu suchen und danach die Reise nach Ithaka fortzusetzen.

Er wollte einen Hügel erklimmen, um aus der Höhe einen Blick auf das ganze Eiland zu haben. Am Gipfel des Hügels befand sich eine Höhle. Die Griechen drangen in sie ein und fanden Käse, der dort zum Reifen lag. Obwohl es sicher das Beste gewesen wäre, den Käse zu nehmen und wieder zu verschwinden, bestand Odysseus darauf, die Tiefen der Höhle weiter zu erkunden um festzustellen, ob sie bewohnt sei.

Bald waren Geräusche zu hören, so als ob ein wildes Tier herankäme. Es war ein Zyklop, ein riesenhafter Kerl mit einem einzigen Auge mitten auf der Stirn. Mit ihm kamen Schafe und Widder. Die Griechen flohen vor ihm, doch er entdeckte sie. Da erzählte ihm Odysseus, sie seien Griechen, kämen von Troja und hätten Schiffbruch erlitten – was nicht ganz der Wahrheit entsprach. Der Zyklop machte sich jedenfalls nicht viel aus den Erklärungen: Er packte einen der Griechen, schleuderte ihn gegen die Felswand und verschlang ihn roh. Dann verschloss er den Eingang der Höhle mit einem Felsblock und machte sich daran, weitere Griechen zu verspeisen.

In dieser scheinbar ausweglosen Lage verfällt Odysseus wiederum auf eine List: Er wendet sich an den Zyklopen, lenkt ihn mit Lobreden ab, erfährt, dass er Polyphem heißt, und schenkt ihm den Wein, den die Griechen mit sich führen. Der Zyklop betrinkt sich und schläft ein. Mit einem angespitzten Pfahl stößt Odysseus ihm sein Auge aus.

Nun müssen die Gefährten aber noch aus der Höhle entkommen. Dazu klammern sie sich unter die Schafe und Widder. Als der geblendete Polyphem den Felsblock vom Eingang fortwälzt und den Tieren nur den Rücken abtastet, bevor er sie zum Weiden herauslässt, gelingt es den Griechen zu fliehen.

Amphore mit einer Darstellung von Odysseus und Polyphem

Kalypso, die hartnäckige Gastgeberin

Der Mythologie zufolge war Kalypso die Tochter des Titanen Atlas und der Pleione, obwohl sie einigen anderenVersionen zufolge die Tochter von Helios (der Sonne) und Perseis war.

Es wird gesagt, dass die Olympier, als die Titanen den Krieg verloren hatten, Kalypso als Tochter des Atlas bestraften und sie nach Ogygia schickten, von dem bekannt ist, dass es sich um einen Ort im westlichen Mittelmeer handelt, der wahrscheinlich mit dem heutigen Ceuta vor Gibraltar identisch ist.

Der Mythos besagt ebenfalls, dass Kalypso, die von Homer „die Versteckerin" genannt wird, Odysseus überaus gastfreundlich empfing als er Schiffbruch erlitt. In der Erzählung der Odyssee wird berichtet, dass Kalypso sich unsterblich in Odysseus verliebte und ihn gegen seinen Willen viele Jahre lang festhielt (der Version des Mythos zufolge ein, sieben oder sogar zehn Jahre), obwohl Odysseus selbst das Gefühl hatte, dass nur ein paar Tage vergangen waren. Damit der Krieger aus Troja für immer bei ihr blieb, bot sie ihm die Unsterblichkeit an. Die Vision des Odysseus war jedoch sehr klar und sein größter Wunsch war, so schnell wie möglich in seine Heimat Ithaka zurückzukehren und sich mit seiner geliebten Penelope zu vereinen. Odysseus verabschiedete sich von ihr, anscheinend aber wohl in Angst, sie könne ihm einen Streich spielen oder eine Falle stellen, sodass er niemals gehen könnte, so wie es die Absicht Kalypsos war. In einer Legende heißt es, dass Kalypso schließlich, nachdem Odysseus gegangen war, vor Kummer starb.

Bezüglich der Frage des Aufenthaltes oder der Abfahrt von Odysseus scheint es, dass Athene, seine Schutzgöttin, Zeus anflehte, damit er Kalypso über seinen Boten Hermes ausrichten lassen sollte, Odysseus gehen zu lassen. Diese erhielt die Nachricht und als sie sah, dass sie keine andere Wahl hatte, als zu gehorchen, erlaubte sie Odysseus aufzubrechen, stellte ihm Materialien zur Verfügung, um ein Boot zu bauen, und gab ihm Nahrung für die lange Reise und Rat, an welchen Himmelssternen er sich bei seiner Heimkehr orientieren sollte.

Es gibt auch Legenden vor der Odyssee, in denen berichtet wird, dass Odysseus und Kalypso einen Sohn mit Namen Latino hatten. Andere Geschichten besagen, dass Nausithoos und Nausinoos die Kinder von Kalypso und Odysseus seien, während wieder andere Versionen davon sprechen, dass Auson ihr Sohn sei, der Ausonia gründete.

Kalypso versuchte, Odysseus sein vorheriges Leben vergessen zu lassen und bot ihm Unsterblichkeit und ewige Jugend an, wenn er bei ihr blieb. Gerard de Lairesse, Hermes befiehlt Kalypso, Odysseus gehen zu lassen, 1680, Amsterdam, Rijksmuseum

Odysseus und Aiolos, der Herr der Winde

Laut der Odyssee lebte Aiolos, der Herr der Winde, auf der Insel Aeolia mit sechs Söhnen und sechs Töchtern, die untereinander geheiratet hatten.

Odysseus suchte die Hilfe von Aiolos, um dank seiner Macht über die Winde nach Ithaka gelangen zu können, die dieser nach Belieben festhielt und manipulierte, da Zeus ihm diese Macht verliehen hatte. Die Legende besagt, dass Aiolos den Besuch des Odysseus sehr begrüßte und viele Geschenke verteilte, als ob er einen Verwandten empfangen würde. Odysseus wurde wie ein Held behandelt. Aiolos erhörte die Bitten des Odysseus, der begierig darauf war, so schnell wie möglich nach Ithaka zu kommen, und gab ihm neben dem Segen der Winde einen Ledersack, in dem die Winde enthalten waren, sowie detaillierte Anweisungen, wie dieser Sack benutzt werden sollte. Aiolos warnte ihn aber auch davor, dass er, wenn er schnell nach Ithaka kommen wolle, den Sack nicht öffnen solle. Odysseus, der sehr zurückhaltend war, teilte seinen Männern den Inhalt der mysteriösen Tasche nicht mit und sehr bald misstrauten ihm viele von ihnen und schauten mit etwas Argwohn auf ihren Herrn, da sie dachten, dass die Tasche Reichtum und Juwelen von immensem Wert enthielt.

Die Reise nach Ithaka verlief neun Tage und neun Nächten lang ereignislos aber die Tatsache, dass es keine wahrnehmbaren Missgeschicke gab, bedeutete nicht, dass nichts in den Köpfen der Matrosen des Odysseus vorging, die an das Gold dachten, das im Ledersack versteckt sein könnte. Sie hatten nicht aufgehört darüber nachzudenken, seit sie die schwimmende Insel Aeolia verlassen hatten.

So kam es, dass sich die Mannschaft, während Odysseus schlief, des Sacks bemächtigte und diskutierte, ob sie ihn öffnen sollten oder nicht. Schließlich öffneten sie ihn, da sie dachten, sie würden Gold und Schätze darin finden Tatsächlich aber setzten sie alle Winde frei, die einen schrecklichen Sturm verursachten, der ernste Folgen hatte. Das Boot strandete an der Küste Aeolias und die Seefahrer waren völlig verloren und wichen von der Route nach Hause ab.

Angesichts dieser Situation, bat Odysseus Aiolos erneut um Hilfe aber dieser weigerte sich, ihnen nochmal zu helfen, da sie seine Kräfte so offensichtlich missbraucht hatten. Also mussten sie ihren Weg ohne göttliche Hilfe fortsetzen.

Obwohl traditionell die Heimat von Aiolos als eine der Inseln Aeolias, in der Nähe von Sizilien, identifiziert wurde, so wurde als alternativer Ort auch Grambusa, an der nordwestlichen Küste von Kreta, vorgeschlagen.

Isaac Moillon (1614–1673), Aiolos gibt Odysseus die Flügel, Frankreich, Musée de Tesse

Kirke (Circe) die Zauberin

Der Mythos besagt, dass Kirke eine Göttin und Zauberin der Insel Aiaia war, Tochter des Titanen Helios, der Sonne, und der Okeanide Perse.

Ihr wurde die Macht zugeschrieben, ihre Feinde durch Zaubertränke in Tiere zu verwandeln und sie war für ihr Wissen über Hexerei, Medizin und die Verwendung von Kräutern und Pflanzen bekannt. In der Tat erzählt Homer, dass sie in einem steinernen Tempel in einem üppigen Wald lebte, umgeben von Tieren wie Wölfen oder Löwen. Diese waren längst nicht mehr gefährlich, da sie Feinde Kirkes waren, die sie mithilfe ihrer Tränke verwandelte hatte.

Kirke erscheint in der *Odyssee* von Homer und hat große Bedeutung in der Legende von Iason (Jason) und den Argonauten.

Die Erzählung besagt, dass Odysseus, als er auf der Insel Aiaia ankam, wie auch bei anderen ähnlichen Gelegenheiten, eine Gruppe seiner Männer losschickte, um die Insel zu erkunden. Die Gruppe traf auf Kirke, die sie zu einem Bankett einlud, dessen Gerichte aber durch einen Trank vergiftet waren, der alle Männer Odysseus in Schweine verwandelte, außer einem, der fliehen und seinem Herrn über das Geschehene berichten konnte.

Odysseus zögerte nicht, seine Gefährten zu retten und bekam unerwartete Hilfe von Hermes, dem Götterboten, der ihn vor den Gefahren der Kirke warnte und ihm riet, einige Kräuter mitzunehmen, die ihm dabei helfen sollten, nicht ihrem Zaubertrank zum Opfer zu fallen. So geschah es und als Kirke ihm ein Getränk anbot, tat Odysseus unbemerkt seine Kräuter hinein, sodass der Trank keine Wirkung auf ihn hatte. So konnte er die Zauberin zwingen, die Verzauberung seiner Männern rückgängig zu machen. Sie hörten auf Schweine zu sein und bekamen ihren menschliches Aussehen zurück.

In einer anderen Version des Mythos wird erzählt, dass Kirke dem Helden Odysseus verfiel und sich in ihn verliebte. Nach Hesiod, Autor der *Telegonie*, wurden als Ergebnis dieser Verliebtheit drei Kinder geboren: Agrios, Latino und Telgonos.

In der Legende von Iason und den Argonauten, reinigte Kirke die Seefahrer, als diese auf die Insel Aiaia kamen. Die Zauberin empfing sie und reinigte Iason und Medea vom Tod des Apsyrtos. Es wird auch gesagt, dass Kirke Skylla in eine hybride Kreatur verwandelte, die eine Frau im oberen Teil ist aber im unteren Teil aus wilden Hunden besteht. In der *Odyssee* wird Kirkes Haus als Steintempel beschrieben, der sich inmitten einer Lichtung eines dichten Waldes befindet.

Waterhouse, Kirke bietet Odysseus ein Getränk an, 1891

Odysseus und der Besuch bei den Toten

Im 11. Lied der *Odyssee* wird der Abstieg Odysseus in die Unterwelt beschrieben. Seine Absicht war es, des Rat den weisen Teiresias zu suchen, der im Hades lebte. Er wollte ihn fragen, wie er einen sicheren Weg zurück nach Hause, nach Ithaka, finden könne. Sobald er seine Reise in die Unterwelt begonnen hatte, führte er ein rituelles Opfer durch und brachte den Verstorbenen Trankopfer und Opfergaben dar. Diese erscheinen durch den Blutgeruch, der ihnen angeboten wird. Einige von ihnen waren Odysseus oder der Mannschaft bekannt, sie erzählten ihr Unglück, den Grund für ihren Tod und unterhielten sich sogar mit ihnen.

Unter den Toten, die Odysseus traf, war auch seine Mutter Antiklea, die aufgrund der langen Verspätung ihres Sohnes oder aufgrund einer Falschmeldung über seinen Tod vor Kummer gestorben war. Die Enttäuschung und Traurigkeit des Odysseus war groß, da er auf diese Weise die Nachricht vom Tod seiner eigenen Mutter erhielt, die schließlich auch der Grund für seine Rückkehr war und weil er sie nicht ein letztes Mal umarmen konnte. Er hatte auch die Gelegenheit, sich mit Achilles in der Unterwelt zu treffen, dem Helden der Ilias, der unzufrieden mit seiner Lage war.

Schließlich erschien auch Teiresias und im Austausch für etwas Blut eines Opferlamms, ließ er Odysseus an einer Prophezeiung teilhaben: er zeigte ihm einige Gefahren auf, die ihm auf seinem Weg begegnen würden, wie die der Insel der Sirenen, aber er prophezeite ihm auch, dass er nach Hause zurückkehren würde, aber ohne seine Gefährten und auf einem anderen Schiff als dem, auf dem er derzeit reisen würde.

Der Abstieg in die Hölle war trotz einiger frustrierender Begegnungen für Odysseus profitabel, denn er konnte sich von seiner Mutter verabschieden, die er sonst bei seiner Rückkehr in die Heimat nicht mehr gesehen hätte. Er wusste nun, wie er seinen Weg fortsetzen konnte (trotz der Enthüllung, dass er es alleine machen würde). Letztendlich war er auch die erste Person, die in der Lage war, in die Unterwelt zu gelangen und wieder zu gehen, um davon zu erzählen. Tatsächlich lesen wir in der *Odyssee*, wie er es dem König Alkinoos selbst erzählte, den er und seinen ganzen Hofstaat so bewegte, dass dieser sich bereit erklärte, Odysseus und seiner Mannschaft zu helfen, Ithaka zu erreichen.

Odysseus und Teiresias, Detail

Odysseus und die Gefahren des Meeres

Der Mythos besagt, dass Kirke die Zauberin Odysseus beriet, bevor er die Insel Aiaia verließ. Sie riet ihm, die Gefahren auf dem Weg zu meiden. Die Zauberin bezog sich auf die Bedrohung, die von den Sirenen sowie Charybdis und Skylla ausgehen würden.

Odysseus und seine Männer brachen früh im Morgengrauen auf und obwohl die morgendliche Brise ihnen dabei half, die Reise anzutreten, trafen sie nach einiger Zeit auf ein Meer, das viel zu ruhig war. So hörten sie die Stimmen der Frauen, die auf einer nahegelegenen Insel sangen. Odysseus war von Kirke gewarnt worden und wusste, dass diese Gesänge von den Sirenen kamen. Er verlangte von seinen Männern, dass sie sich die Ohren verstopften und befahl ihnen, dass sie ihn am Mast des Schiffes festbinden sollten, denn er wollte diese seltsamen Klänge hören und gab die Anweisung, dass sie ihn nicht losbinden dürften, sosehr er auch darum bitten würde. Als er den Gesang der Sirenen hörte füllte sich sein Herz mit Wehmut und trotz der großen Versuche, sich zu befreien, gelang es dem Boot, sich zu entfernen, bis die Sirenen keine Gefahr mehr waren.

Nach den ursprünglichen Mythen handelte es sich bei den Sirenen um Wesen mit dem Körper eines Vogels und dem Gesicht oder dem Torso einer Frau und sie zeichnen sich unmissverständlich durch die Tatsache aus, eine musikalische, unglaublich attraktive und hypnotische Stimme zu haben.

Wenig später trafen sie auf die zweite erwartete Gefahr, als sie auf der linken Seite das wirbelnde Monster Charybdis und auf der rechten Seite Skylla sahen, ein Monster mit sechs Köpfen und einem Dutzend Tentakeln, die tödlich für ihre Beute waren. Aber Odysseus war dank der Hilfe der Kirke vorgewarnt und führte das Boot, um den Wirbel zu vermeiden und Skylla nicht zu berühren, die ein halbes Dutzend der Matrosen von Odysseus in den Tod riss. Sie ruderten mit all ihrer Kraft, um sich von der Bedrohung zu entfernen, bis sie zu einer Insel kamen, auf der sie sich ausruhen konnten. Jedoch erinnerte er sich an die Warnungen des Teiresias bezüglich der Rinder der Sonne, als Odysseus ihn im Hades befragt hatte. Er befahl seinen Männern weiterzufahren, obwohl seine Mannschaft vor Erschöpfung nicht weiter rudern wollte. Odysseus akzeptierte eine Pause, aber vorher ließ er sie schwören, dass sie keine Kuh anrühren durften, auf die sie auf der Insel treffen würden.

In der gleichen Nacht schickte Zeus einen großen Sturm, der länger als einen Monat anhielt. So blieben die Männer ohne Nahrung und hielten sich nur mit einigen Fischen und Vögeln am Leben. Odysseus wollte angesichts dieser Situation eines Nachts die Götter beschwören aber er schlief ein. Diesen Moment nutzten seine Männer aus, um einige Kälber zu schlachten, angesichts der extremen Notlage, in der sie sich befanden. Zeus wurde wütend und sorgte dafür, dass Charybdis das Schiff versenkte, als Odysseus und seine Männer ihre Reise fortsetzen wollten. Diesen Schiffbruch überlebte nur der König von Ithaka.

Waterhouse, Odysseus und die Sirenen, 1891, Melbourne, National Gallery of Victoria

Odysseus im Reich der Nausikaa

Nausikaa, die Tochter des Königs der Phäaken, war sehr schön und freundlich und wurde von allen geliebt, weil sie so liebenswürdig und mitfühlend zu ihren Untertanen war. In einer Nacht, in der die Prinzessin fest schlief, wurde sie von Athene besucht, die darauf bestand, dass sie am nächsten Morgen zum Fluss gehen sollte, unter dem Vorwand, ihre Kleider waschen zu müssen.

So überzeugte sie ihren Vater am nächsten Tag von ihrem Vorhaben und er organisierte schnell eine Prozession von Dienstmädchen und Sklaven, die sie zum Fluss begleiten sollten. Als sie dort ankamen, verbrachten sie einen wunderschönen Tag am Fluss und nachdem sie ihre Kleider in der Sonne getrocknet hatten, spielten sie mit einem Ball. Der Ball aber landete im Fluss und die Strömung trieb ihn bis aufs Meer. Die Frauen kreischten so laut, dass sie Odysseus weckten, der ganz in der Nähe auf einem improvisierten Bett aus Ästen und Blättern schlief. Sein Aussehen war wirklich abschreckend, zerlumpt und er wirkte nicht sehr vertrauenswürdig. Das machte den Mädchen Angst als sie ihn sahen. Nicht so Nausikaa, die immer freundlich war und sich ihm näherte.

Odysseus erklärte, dass er ein Krieger sei, der in Troja gekämpft hatte und dass er auf dem Heimweg mit zahllose Hindernissen und Schwierigkeiten zu kämpfen hatte und schließlich ohne Männer dastehe. Sie seien alle tot und er habe kein Schiff mehr, da es zerstört worden war. Er bat um Hilfe im Austausch für eine Belohnung, die die Göttern jenen gewähren würden, die ihm halfen. Nausikaa befahl, dass sie ihm Kleidung gaben, die Odysseus brauchte, um seine Heldenwürde wiederherzustellen, und nahm ihn mit in den Palast.

In der Residenz des Königs der Phäaken erzählte Odysseus seine Abenteuer, sodass sowohl der König als auch die Königin von seinem Heldentum überrascht waren. Er verbrachte eine Weile im Palast, um wieder zu Kräften zu kommen und erzählte die Ereignisse, die er erlebt hatte, bis zu dem Moment, als er an diesen Ort kam und schließlich bat er die Königin um Hilfe um in seine Heimat Ithaka zurückkehren zu können.

Die Hilfe wurde ihm gewährt, sie gaben ihm ein Boot, das sie mit Geschenken aus Gold und Silber füllten, in Anerkennung des größten Helden, der jemals durch diese Länder reiste. Ausgestreckt auf dem Deck des Bootes und durch die sanften Wellenbewegungen, schlief Odysseus ein und seine Schutzgöttin Athene hüllte das Boot in einen dichten Nebel, sodass Odysseus dachte, er sei verloren, als er schließlich erwachte.

Johann Heinrich Wilhelm Tischbein, Schöpfer des Bildes Odysseus und Nausikaa, 1819, war ein Freund Goethes, den er im Jahr 1787 nach Neapel begleitete. Goethe erzählte diese Reise später in seinem Buch Italienische Reise.

Odysseus und Penelope

Der Mythos besagt, dass Odysseus nach dem Verlassen des Reiches der Nausikaa ohne seine Männer und nachdem sich der dichte Nebel aufgelöst hatte, der das Schiff umhüllte, die Göttin Athene anflehte, ihn nicht zu verlassen und ihm zu helfen, so schnell wie möglich nach Hause zurückzukehren.

Athene sprach sehr sanft zu ihm und bestätigte, dass sie ihn nicht verlassen, sondern ihm helfen würde, aber er müsse ihren Anweisungen genau folgen. Die erste Voraussetzung der Göttin war, dass er alle Schätze, die er auf dem Schiff hatte, verstecken sollte. Odysseus war endlich an den Ufern von Ithaka angekommen und sobald er seine Habe versteckt hatte, verwandelte Athene ihn in einen armen und ungepflegten alten Mann und trug ihm auf, in die Hütte des Schweinehirten des Palastes zu gehen und weiter ihren Anweisungen zu folgen.

Odysseus gehorchte der Göttin und ging zu der Hütte, in der sein Diener seine wahre Identität nicht bemerkte und ihn mit einem großen Mahl empfing. Dieser informierte ihn auch über das Elend von Königin Penelope, die von einer Gruppe von Adligen belästigt wurde, einen von ihnen zu heiraten. Von seinem früheren König wusste der Schweinehirte nur, dass er eine lange Reise ohne Rückkehr unternommen hatte.

Als beide so zusammensaßen, kam der Sohn des Odysseus, Telemach, um den Schweinehirten zu begrüßen, den er sehr schätzte. Da gab Athene Odysseus sein wahres Aussehen zurück, mit galanten Gewändern, ohne dass der Bauer es bemerkte, und der Held wurde in einer liebevollen Umarmung seines Sohnes empfangen. Danach schmiedeten beide einen Plan, wie sie die schrecklichen Bewerber der Penelope loszuwerden könnten. Sofort verwandelte sich Odysseus wieder in einen alten Mann und gelangte auf diese Weise in den Palast, um seinen Plan auszuführen.

Am Hof gelang es Odysseus, trotz seiner veränderten Erscheinung, in die Nähe von Penelope zu gelangen. Diese gestand dem alten Mann kurz vor dem Zubettgehen, dass sie nun keine Entschuldigung mehr hätte, ihre Verehrer aufzuhalten und dass sie sich entschieden hätte, dass derjenige, welcher der Beste im Bogenschießen Wettbewerb war, als Ehemann ausgewählt werden würde. Es war eine Kunst, in der Odysseus selbst besonders hervorstach. Der alte Mann offenbarte ihr dann, dass er ihr vermisster Ehemann sei, der den Wettkampf gewinnen würde.

Und so nahm der alte Mann am Turnier teil und gewann. Dann nahm er sein wahres Aussehen an und tötete alle Adligen, die beabsichtigt hatten, seine Frau zu heiraten und seinen Platz im Palast einzunehmen. Penelope nahm ihn in die Arme und so endeten die Abenteuer des Odysseus.

Penelope wartete zwanzig Jahre auf die Rückkehr ihres Mannes aus dem Trojanischen Krieg. Aus diesem Grund gilt sie bis heute als Symbol der ehelichen Treue.

Tischbein, Odysseus und Penelope

Nestor, der langlebige Krieger

Einer der berühmtesten Krieger Griechenlands war Nestor, König von Pilos. Er war der Sohn von Neleos und Chloris, der jüngste Nachkomme des Paares. Eine Reihe von Umständen hatten Nestor dabei geholfen, Ruhm in der Geschichte zu erlangen. Zuerst überlebte er die Rache des Herakles gegen seine Familie. Grund dafür war eine Beleidigung durch Neleos. Sein Vater und seine elf Geschwister starben durch die Hand des Kriegers aber er verschonte das Leben Nestors. Entweder weil er sich außerhalb der Stadt befand, als die Ereignisse, die sie zum Kampf führten, ihrem Lauf nahmen oder weil er nicht daran beteiligt war, als seine Brüder den Sohn des Zeus beleidigten.

Zuvor hatte seine Onkel ein ähnliches Schicksal durch Apollon und Aphrodite ereilt. Der Gott Apollon hatte Mitleid mit Nestor und dem tragischen Tod seiner Onkel. Er versprach ihm, dass er all die Jahre leben würde, die ihnen fehlten, was dazu führte, dass der Krieger viel länger lebte, als jeder andere Sterbliche.

Das gab ihm Gelegenheit, viele der Heldentaten der Antike zu vollbringen. Er wird als einer der Argonauten erwähnt, die Iason bei der Suche nach dem Goldenen Vlies begleiteten. Er kommt unter anderem auch in der berühmten Kalydonischen Eberjagd vor, sowie in den Kämpfen gegen die Moliniden und die Zentauren (Kentauren).

Als alter Mann hatte er von Anfang an eine führende Rolle im berühmten Trojanischen Krieg, denn er begleitete Menelaos durch ganz Griechenland, um die Anführer zu versammeln, die sich vor der Stadt treffen sollten. Seine weisen Worte und Ratschläge, sowie sein großer Ruhm für alle erlebten Taten, wurden bei der Begegnung der Könige und während der Belagerung sehr geschätzt.

Die Geschichte zeigt ihn als einen weisen und umsichtigen Ältesten, der immer einschritt, um die Streitigkeiten zwischen den archaischen Führern zu lösen und dessen Stimme respektvoll gehört wurde. Durch sein rechtschaffenes Verhalten während dieses Krieges, durfte er ruhig und friedlich nach Hause zurückkehren, im Gegensatz zu anderen Kriegern, deren Rückkehr häufig verzögert wurde.

Der alte Anführer ergänzte seinen Ruf als tapferer und mutiger Krieger mit dem eines weisen und gerissenen Königs. Nach der Rückkehr nach Pylos lebte er noch viele Jahre ruhig mit seiner Frau und seinen Kindern zusammen. Er half sogar Telemachos bei der Suche nach seinem Vater Odysseus, denn er gab ihm die Ausrüstung für sein Vorhaben und forderte seinen eigenen Sohn Pisistratos auf, ihn zu begleiten.

Apollon, in der Arbeit von Pompeo Batoni (1708–1787). Apollon und die Musen (rechts), erlaubte Nestor, all die Jahre zu leben, die seine Onkel nicht leben konnten.

Idomeneus, Gefangener des Eides

Idomeneus war der Enkel von König Minos der Insel Kreta, Sohn des Deukalion, Verehrer von Helena von Sparta, auch genannt Helena von Troja. Homer erzählt von ihm in der *Ilias* als einem der mutigsten Krieger in diesem mythischen Krieg, der von den Argiven entfesselt wurde, um die Hauptstadt der Troade zu zerstören. Idomeneus führte die kretischen Truppen mit einer Flotte von achtzig Schiffen vor Ort an und überlebte die zehn Kriegsjahre, in denen er außerordentliche Tapferkeit zeigte. Nach der langen Belagerung und der vollständigen Zerstörung und nach dem Brand der trojanischen Hauptstadt, lud Idomeneus seine Schiffe mit zahlreichen Schätzen voll, die Teil der Beute waren. Hiermit endete die Plünderung.

Auf dem langen Weg zurück in die Heimat wurden ihre Schiffe von einem Sturm überrascht, der drohte, alle kretischen Krieger zu töten und ihre Abenteuer auf dem Meeresboden zu begraben. Währenddessen wurde Meda, Idomeneus Ehefrau, von Nauplio der Untreue bezichtigt. Er war ein weiterer Krieger der Konföderation der Argiva, die zurückgekehrt waren. Medas Liebhaber hieß Leuco und es dauert nicht lange, bis die untreue Ehefrau gemeinsam mit ihrer Tochter Clisitera aus dem Palast geworfen wurde, dann tötete Leuco sie in einem Tempel. Leuco ermutigte zehn Städte, ihrem legitimen König den Rücken zu kehren und blieb auf dem Thron.

Aber Idomeneus wusste von all dem nichts. Der Sturm, der auf dem Weg nach Kreta seine Flotte bedrohte, verleitete ihn zu einer verzweifelten Entscheidung: er bat Poseidon, den Herrn der Meere, die wütende Brandung zu beruhigen und sein Leben und das seiner Matrosen und Soldaten zu retten. Er versprach dem Gott, dass er die erste Person auf seinem Altar opfern würde, die er bei seiner Ankunft sehen würde. Der Sturm legte sich und die Flotte, zerschlagen aber segelnd, erreichte den ersehnten Hafen. Sein Sohn beobachtete die Ankunft der Schiffe und wollte seinen Vater, den König, willkommen heißen. Somit wurde er zur ersten Person, die Idomeneus bei seiner Ankunft sah.

Zu dem Zeitpunkt, an dem dieser Abraham der Antike sein Opfer darbringt, breitete sich auf der Insel eine Plage aus und das Ritual wurde aufgeschoben. Andere sagen, dass die Epidemie die Folge davon war, dass Idomeneus sein Gelübde erfüllte und seinen eigenen Sohn tötete. Die Untertanen beschuldigten ihn und vertrieben ihn ins Exil. Man sagt, er floh nach Kalabrien, in Italien, und dann nach Kolophon in Kleinasien. Dort ist er begraben.

Jacques Gamelin (1738–1803), die Rückkehr des Idomeneus. Das genaue Datum des Bildes ist nicht bekannt aber es könnte gut sein, dass es von Mozarts gleichnamiger Oper inspiriert wurde.

Telephos: die Waffe und die Wunde

Ein Orakel weissagte Aleos, dem König von Tegea, dass der Sohn seiner Tochter seine Onkel mütterlicherseits töten würde. Hipotoo und Pereo waren die Brüder der Mutter von Auge, Tochter des Aleos. Er entschied, dass Auge Priesterin im Tempel der Athene werden sollte, was Keuschheit bedeutete. Aber Herakles trank den Wein der Nepenthes, ohne ihn mit Wasser zu vermischen, geriet in einen Rausch und vergewaltigte das schöne Mädchen. Der Wahrsager offenbarte dies Aleos, der daraufhin Auge in die Hände von Nauplios gab, König von Euböa. Er sollte sie im Meer ertränken, tat es aber nicht.

Auge gebar daraufhin Telephos und wurde zusammen mit dem Jungen an einen anderen König, Teutrante, verkauft. In einer anderen Version wurde Telephos an einen weiteren König übergeben, Korythos, der ihn aufzog. Als junger Mann reist Telephos dann nach Delphi und stellt Nachforschungen zu seiner Abstammung an. Das Orakel schickt ihn nach Teutrania, wo er seine Mutter findet. In beiden Versionen erscheint Auge als Frau des Königs Teutrante.

In einer dritten Version ist Auge die Adoptivtochter des Teutrante und nicht seine Ehefrau. Einer der Argonauten, der Iason nach Kolchis auf der Suche nach dem Goldenen Vlies begleitete, war ein Seemann mit Namen Idas, der versuchte Teutrante zu entthronen. Telephos traf und besiegte ihn. Der König ernannte Telephos daraufhin zu seinem Nachfolger und gab ihm seine Tochter zur Frau.

Aber Auge wollte keine fleischlichen Beziehungen mehr mit einem Mann eingehen und so besorgte sie sich ein Schwert, um Telephos zu töten, ohne zu wissen, dass dieser schöne Fremde ihr Sohn war. Kurz vor dem Vollzug der Ehe, schickten die Götter eine Schlange. Auge ließ das Schwert fallen, das zu Boden fiel. Telephos wollte sie augenblicklich töten und in den Moment rief sie verzweifelt Herakles an. Daraufhin klärte sich alles auf: Mutter und Sohn erkannten sich.

Als die Griechen Troja angriffen, machten sie einen Fehler und landeten in Mysia, wo Telephos regierte. Während der Konfrontation wurde er vom Helden Achilles verwundet. Acht Jahre später hatte sich die Wunder immer noch nicht geschlossen. Das Orakel sagte ihm: „nur der, der dich verletzt hat, kann dich heilen". *In forma pauperis* (als Bettler verkleidet) ging Telephos nach Aulide, wo sich die Streitkräfte der Expedition der Griechen und ihrer Verbündeten gesammelt hatten, unter anderen die Myrmidonen. Archilles, Anführer der Myrmidonen, heilte Telephos, indem er den Speer anwendete, der die Wunde verursachte. Telephos zeigte dann den Achaiern den richtigen Weg nach Troja. Und irgendwann tötete er auch Hipotoo und Pereo.

Telephos, Sohn des Herakles, der von einer Hirschkuh gestillt wird

Argos, der Hund des Odysseus

Argos, der Hund des Odysseus, ist eine Nebenfigur in der griechischen Mythologie. Mehr als ein großartiges oder schreckliches Wesen, wie es der Zerberus (Cerberus) ist, ist er eher ein armes Tier, wie Homer es uns beschreibt, das dazu dient, die Ankunft von Odysseus nach vielen Jahren des Trojanischen Krieges menschlicher darzustellen und den Leser oder Zuhörer zu bewegen.

Argos, ein ehemaliger Gefährte auf der Jagd und bei Familienfesten, begleitete seinen Herrn nicht in den Krieg. Die Geschichte enthält keine Abenteuer für ihn bereit. Seine größte Leistung, für die er heute noch bekannt ist, war dass er bis an die Grenze seiner Kräfte die Ankunft seines Herrn erwartet hat und ihn erkannte. Er – und nur er – erkannte ihn, trotz der Tricks und Bemühungen Odysseus', seine Identität zu verbergen, als er nach Hause kam.

Während der Abwesenheit Odysseus' von Ithaka, in den zwanzig Jahren, die der Krieg dauerte, hatte Penelope viele Freier, die sein Heim umgaben und es fast besetzten. Viele versuchten, ihre Hand zu bekommen, da sie von allen schon als Witwe angesehen wurde. Aber sie gab sich nicht damit ab, dass ihr Mann nicht zurückkehren sollte und wartete. Sie wob am Tag und entwirrte den Webstuhl in der Nacht, um Ihre Entscheidung hinauszuzögern.

Schließlich beschloss Odysseus am Tag seiner Rückkehr, sich als Bettler zu verkleiden und so sein Haus zu betreten, um zu prüfen, ob er immer noch erwartet und geliebt wurde. Als er sich seinem Hause näherte, sah Odysseus Argos, seinen alten Hund, auf dem Boden liegen, von Läusen befallen, alt und sehr müde. Der Hund erkannte ihn, hatte aber nur Kraft – erzählt uns Homer – um die Ohren anzuheben und mit dem Schwanz zu wedeln. Er konnte aber nicht aufstehen und sich seinem Meister nähern. Odysseus ging an seiner Seite vorbei, nicht ohne eine Träne für seinen alten Freund zu vergießen und betrat den Raum, in dem er schließlich alle Verehrer seiner Frau tötete. Argos starb, nicht ohne Odysseus ein letztes Mal gesehen zu haben.

Die Rolle von Argos in der Geschichte steht im Gegensatz zu der von Penelope. Odysseus zweifelt nicht an der Treue seines Hundes, sondern an der seiner Frau. Der Hund erkennt ihn, im Gegensatz zu allen anderen im Haus. Der heikle Zustand von Argos, der schon nicht mehr aufstehen kann, sorgt andererseits auch dafür, dass die Szene gerettet und Odysseus nicht erkannt wird, denn wenn Argos sich auf ihn gestürzt und ihn als seinen Herrn begrüßt hätte, wäre der geniale Odysseus entlarvt worden.

Odysseus und Argos

Die Myrmidonen: Unzählige Kriegerameisen

Ein griechisches Volk, das in Thessalien lebte, obwohl ihre mythologische Herkunft in Ägina liegt, einer Insel in der Nähe von Attika. Sie waren tapfere, organisierte und fähige Krieger. Die Myrmidonen gingen nach Troja, unter dem Befehl des göttlichen Achilles, Sohn des sterblichen Peleus, der wiederum als Sohn des Eaco und Enkel von Zeus zum Teil göttlich war. Er fühlte eine leidenschaftlichen Liebe zur Nymphe Tethis mit den silbrigen Füßen. Die Götter kamen zur Hochzeit von Tethis und Peleus. Nur Eris, die Göttin der Zwietracht, war nicht eingeladen. Sie kam trotzdem und warf in die Mitte der Frauen einen goldenen Apfel mit dem Wort *Kallisti* (für die Schönste). Der darauffolgende Streit endete schließlich erst mit dem Triumph der Achaier über Troja.

Als junger Prinz reiste Peleus nach Yolcos. Er war so schön, dass sich Astidamia, die Gemahlin des Königs Akastos, in ihn verliebte. Die Königin, die vom Prinzen zurückgewiesen wurde, beschuldigte ihn vor ihrem Mann der versuchten Verführung. Hinterhältig lud der König den ausländischen Prinzen zu einer Jagd ein. Der Mirmidone, der von der Intrige nichts ahnte, nahm die Einladung an, nur um in einem feindlichen und verlassenen Gebiet, nahe der Heimat der Zentauren, gefangen zu werden. Bald traf Peleus auf Cheiron, einen weisen Zentaur, dessen Freundschaft er pflegte. Er vertraute ihm so sehr, dass er ihm später die Erziehung seines Sohnes Achilles anvertraute.

Ovid erzählt in seiner *Metamorphose*, dass eine Seuche Ägina entvölkerte, das im Saronischen Golf zwischen Attika und dem Peloponnes liegt. König Äako, Regent der Stadt und Vater von Peleus, brachte ein Opfer vor dem Altar des Zeus dar und bat ihn, die Hauptstadt wieder zu bevölkern. Der Vater der Götter verwandelte Ameisen, die einen Eichenstamm bewohnten, in Menschen und so gedieh Aigina erneut.

Aber Peleus kam nach Iolkoss zurück, um den Affront zu rächen. Er tötete König Akastos und auch die intrigante Königin Astidamia und nahm das Land in Besitz, dessen südlicher Bezirk unter der Herrschaft der Myrmidonen blieb. Die Ländereien der Insel Ägina sind trocken und voller Steine, nichts im Vergleich zur *fruchtbaren Ftia*, im Norden der Helade, die weit und gut bewässert ist.

Estraban erwähnt, dass die Myrmidonen lange Reihen von Männern bildeten, um die Steine von den Äginafeldern zu tragen. Wegen dieser Aufgabe nannte man sie Ameisen, ein Name, den sie in ihrer neuen Heimat Thessalien behielten.

Hans Rottenhammer, die Hochzeit von Peleus und Thetis, Heritage Museum

Äneas: Rom, das neue Troja

Er war der Sohn der Aphrodite und des Anchises und der Vetter von König Priamos. Äneas konnte der Zerstörung Trojas entkommen und trug seinen Vater auf seinem Rücken, als die Stadt von den attischen Truppen in Brand gesetzt wurde. Er ging mit seinen Leuten nach Lazio, in Italien, wo er König wurde. Seine Nachkommen Romulus und Remus gründeten später die Stadt Rom. Kreusa, seine Frau, starb auf der Flucht, als sie zurückblieb.

Geboren am Berg Ida, wurde Äneas von seiner Mutter den Nymphen und dem Zentaur Cheiron anvertraut. Während der Kämpfe und der Einnahme und Zerstörung Trojas wurde er von Diomedes verwundet und von seiner Mutter, der Göttin Aphrodite, gerettet. Aphrodite wurde ebenfalls von dem griechischen Helden verletzt. Apollon hüllte Äneas in eine Wolke und brachte ihn in die Stadt Pergamon, wo er von Artemisa und Leto behandelt wurde. Poseidon rettete ihn außerdem vor einer erneuten Verwundung, diesmal von Achilles, dem Anführer der unzähligen Myrmidonen.

Die Stadt Troja war durch die Schlauheit von Odysseus, auch Ulysses genannt, gefallen und zerstört worden und Aphrodite sagte ihrem Sohn, dass er nicht sterben dürfe: Die Stadt existierte nicht mehr und er war für eine höhere Mission bestimmt. Er floh mit seinem Vater auf den Schultern und seinen Söhnen Iulo und Askanios. Er wurde begleitet von Akates, Sergeste, Akmon, Miseno und dem Arzt Iapix. Er nahm auch die Götter Lares, die Penaten und das Palladium von Athenea mit.

Mit zwanzig Schiffen kamen sie in Mazedonien an und gingen dann nach Karthago, wo er eine Liebschaft mit der Königin Dido hatte. Zeus befahl ihm, weiterzuziehen und Dido starb aus Liebe zu ihm (beleidigt, sprach sie auch später nicht mit ihm im Tartarus). Sie kamen in Sizilien an, wo sie von Akestes begrüßt wurden. Einer der verlorenen Seefahrer von Odysseus, auch genannt Achemenides, der sich ihnen anschloss. In Lukania schlief Äneas' Lotse Palinurus ein und fiel ins Wasser, schwamm zum Strand und wurde von den Anwohnern getötet. Der Berg Palinuro wurde schließlich nach ihm benannt.

Die Reisenden kamen in Laurentum an der Küste von Latium an. Äneas heiratete Lavinia, Tochter des Königs Latino, die ihre lokalen Verehrer ablehnte. Die Ankunft der Flüchtlinge aus Troja erschütterte die Machtverhältnisse in Latium. Es bildeten und lösten sich Allianzen, die Einfluss auf den normalen Turnus hatten, sowie auf König Latino selbst und die Etrusker. Lavinia und Äneas zeugten Silvio. In dieser Nachkommenschaft liegt der mythische Ursprung des römischen Volkes.

In einem der ersten Kämpfe starb Äneas und erhielt hohe Auszeichnungen als Jupiter Indiges.

Nathaniel Dance-Holland, die Begegnung von Dido und Äneas

Anchises: ein Sterblicher, der von Aphrodite geliebt wird

Als Aphrodite sich überschwänglich leidenschaftlich in den schönen Anchises verliebte, geschah dies auf Veranlassung von Zeus. Er war der Sohn des Capis und der Themis, König der Dardaner, Enkel der Io, die eine Liebesbeziehung mit den Göttervater selbst hatte, ebenfalls durch die Hilfe eines Zaubers.

In einer dunklen Nacht schlief der junge Hirtenkönig in seiner Hütte auf dem trojanischen Berg Ida. Aphrodite, von tödlicher Schönheit, verkleidete sich als phrygisches Mädchen, ihre rote Tunika umhüllte sie und sie zeigte sich dem jungen König, der von dem unbekannten Mächten verführt wurde. Ihre Schönheit hatte etwas vom Ursprung der Welt, eine wilde und ganz neue Beschaffenheit. Sie liebten sich auf dem Pelzbett. Am nächsten Morgen eröffnete sie ihm ihren Namen, nachdem er ihr schwören musste, ihn niemandem zu verraten. Anchises war voller Angst und flehte die Göttin an, sein Leben zu verschonen. Sie versprach, dass ihn der Sohn, der während dieser entfesselten Nacht empfangen wurde, berühmt machen würde.

Der junge Hirtenkönig verriet seine Liebe in einem Gespräch seinen Freunden und seine Indiskretion kostete ihn die Liebe der Göttin, die ihn jedoch davor schützte, vom Blitz des Zeus getroffen zu werden. Anchises wurde geschwächt, er konnte nicht länger stehen und Aphrodite vergaß ihn, als Äneas geboren wurde. Dieser Sohn rettete seinem Vater nach der Zerstörung von Troja durch die griechischen Truppen das Leben, indem er ihn auf seinen Schultern bis nach Latium in Italien trug.

Anquises starb in Drepano. Äneas besuchte ihn im Tartarus unter der Führung der Sibylle von Cumas, die ihn darum bat, einen goldenen Zweig abzuschneiden, um ihn Persephone, der Göttin der Toten, zu geben. Zwei Tauben, die von Aphrodite geschickt wurden, führten Anchises und seinen Freund Akates bis zu einer übelriechenden Lagune. Dort flogen die Tauben über einen Baum aus gleißendem Licht und er schnitt den kleinen Zweig ab. Hekate musste er vier schwarze Ochsen opfern.

Während des Opfers öffnete sich die Erde und er drang in sie ein und kam dort an, wo zwei Flüsse zusammenlaufen, der Kokytus und der Acheron. Die Lebenden durften nicht dorthin gelangen aber Charon erlaubte ihnen, die Flüsse zu überqueren obwohl Zerberus versuchte, sie daran zu hindern. Auf dem „Feld des Weinens und Gebrechens" fand Äneas Dido, seine Liebe, die ihn nicht erkannte. Sie konnten auch Minos und Radamante, die Richter der Toten, sehen.

Laut der Äneis fand Äneas schließlich auf den Feldern der Elyseen seinen Vater, der ihm eine Zukunft voller Ruhm offenbarte, die seine Nachkommen erwartete.

Pierre Lepautre, Äneas und Anchises, Louvre

Laertes, Vater des Odysseus

Er war der König von Ithaka, einem wichtigen Inselstaat der griechischen Antike. Sein Vater hieß Arkisios und er regierte diese Insel und die umliegenden, in der so genannten Region Kephalonia. Legenden zufolge war diese Linie mit Zeus verbunden, während andere Quellen sie mit Kephalos in Verbindung bringen. Auf jeden Fall war das Haus von Laertes von hohem Rang und deshalb hatte seine Familie einen vorherrschenden Platz in der Geschichte. Laertes war Teilnehmer an der Expedition der Argonauten, angeführt von Iason, auf der Suche nach dem begehrten Goldenen Vlies. Er nahm auch an der berühmten Kalydonischen Eberjagd teil.

Er war mit Antiklea verheiratet und bekam mit ihr Odysseus, den berühmten griechischen Helden, weswegen Laertes im Folgenden noch besser bekannt war. Aber aufgrund einer früheren Beziehung von Antiklea mit Sisyphos, weisen viele Quellen daraufhin, dass Letzterer der wahre Vater von Odysseus sei und nicht der König von Ithaka. Ob er ihn gezeugt hat oder nicht, sicher ist, dass Laertes der Vater von Odysseus wird. Er schickte ihn weg, um ihn vom Zentaur Cheiron erziehen zu lassen und dieser sollte ihn anleiten, bis Odysseus mit Erreichen des Mannesalters das Königreich Ithaka erben konnte.

Dann zog sich Laertes mit Antiklea auf das Land zurück. Dort beschäftigte er sich mit der Aussaat und Landwirtschaft, arbeitete in einem Weinberg und kümmerte sich um seine Tiere. So vergingen die Jahre aber das Paar litt unter der Abwesenheit des geliebten Sohnes, der nach Ausbruch des Krieges nach Troja gehen musste. Antiklea, die schon alt war, konnte die Abwesenheit von Odysseus nicht mehr ertragen und starb. Dies stürzte auch Laertes in tiefe Trauer und die Legenden berichten, dass der alte Mann krank und schwach wurde und verwahrloste. Er verbrachte die Tage mit den Sklaven auf dem Feld und wartete auf die Rückkehr des Sohnes. Endlich, zwanzig Jahre nach seiner Abreise, kehrte Odysseus nach Hause zurück. Nachdem Odysseus alle Freier seiner Frau getötet hatte, die in seinen Palast eingedrungen waren und seine Ressourcen aufgebraucht hatten, ging er auf das Feld, wo sein alter Vater das Land bearbeitete.

Dieser erkannte ihn nicht und hielt ihn für einen Reisenden und fragte ihn nach seinem geliebten Sohn. Odysseus enthüllte schließlich seine Identität, was den alten Mann wiederbelebte. Noch vor dem Sterben zog er mit seinem Sohn und seinem Enkel in die Schlacht, die sich gegen die Verwandten der toten Verehrer der Penelope verteidigen mussten. Athene gab seinem alten Körper Kraft und er schaffte es sogar, den Vater des Antinoos zu töten. Schließlich starb Laertes und Odysseus zollte ihm bei seiner Beerdigung Tribut und ehrte ihn.

Odysseus besucht seinen Vater Laertes, gemalt von Richard Westall (1765–1836), der der Zeichenlehrer von Prinzessin Victoria war (später wurde sie zur Königin Victoria I des Vereinigten Königreiches gekrönt).

Drawn by R.ᵈ Westall R.A.

Engraved by Ja.ˢ Fittler A.

Charon, das Übergangsritual

Dieser Sohn von Erebus und Nix (der Nacht) wird oft als cholerischer, bizarr angezogener alter Mann dargestellt oder als geflügeltes Wesen, das mit einem doppelten Hammer bewaffnet ist. In griechischer Schreibweise Χάρων (khárón, intensive Helligkeit) ist es Charon oder Caron der Lotse, der in seinem Boot die Seelen der Toten von einem Ufer des Flusses Acheron zum anderen bringt, und nicht, wie angenommen wird, auf dem Styx, einem anderen Fluss des Hades, über den Phlegias das Boot steuert.

Charon rudert nicht, er steuert nur. Für das Rudern sind die Seelen selbst verantwortlich, diese Schatten ihrer selbst, die sich vom Leben auf der hellen Oberfläche der Welt zur Schattenwelt bewegen. Um an Bord zu gehen, verlangt Charon einen Obolus. Die Leiche hat diese Münze im Mund oder auf den Augen, da dies die vertraglich vereinbarte Leistung abdeckt. Wenn man nicht einmal den Obolus dieser kleinen Silbermünze hat, so kann man nicht an Bord gehen und die Seele des Toten muss hundert Jahre lang an den Ufern des Höllenflusses entlang wandern. Irgendwann wird aber der geizige Lotse zustimmen, sie doch ohne Bezahlung mitzunehmen.

Es warten immer Seelen am Ufer und für alle ist das Übergangsritual gleich. Menschen sterben jeden Tag. Charon wählt unter denen, die für ihn am lukrativsten sind: diejenigen, die zwischen einem und drei Obolusse für die Reise bezahlen können. Charon verkörpert das Groteske und den Geshäftssinn, die im Pomp des Todes gedeihen: nicht umsonst beleidig er in *die Kröten* von Aristophanes, dem Autor von Komödien, die übergewichtigen Seelen: „Fettwanst", sagt er zum Beispiel zu Bacchus. Charon, eine Figur in der Komödie … Nur ein Genie wie Aristophanes konnte die tiefe Verwandtschaft zwischen beiden Extremen erkennen.

Herakles schlug Charon und zwang ihn, die Regel zu brechen, die besagt, dass kein lebender Sterblicher den Hades erreichen darf. Charon hatte keine Wahl. So musste Herakles ihm nicht einmal die sonst von den Sterblichen verlangte Bezahlung zukommen lassen: eine goldene Kröte, die von der Sibylle von Cumas ausgegeben wird.

Auch Orpheus kam in den Hades und überlebte. Seine Waffe, mit der er sich über Hindernisse hinwegsetzen konnte, war schon immer die Musik. Mit seiner Leier verzauberte er Charon und schläferte Zerberus (Kerberus) ein. So konnte er zumindest versuchen, wenn auch erfolglos, seine Geliebte zurückzuholen. Eine weitere war Psyche, als Aphrodite ihr befahl, das Wasser der ewigen Jugend zu suchen.

Giuseppe Crespi, Äneas, die Sybille und Charon

Phlegias, Schiffer des Styx

Sohn von Ares und Dotis, der Lapithen. Phlegias gründete die Stadt, die seinen Namen trägt (Flegia). Seine Tochter Coronide wurde vom Gott Apollon verführt und bekam Asklepios, die erste medizinische Gottheit. Sehr bald verliebt sie sich aber in Isquis und ein Rabe erzählt dem Gott davon, der seiner Schwester Artemis den Mord an der jungen Frau befiehlt. Er übergibt das Baby jedoch Cheiron, dem Zentauren, für dessen Erziehung. Phlegias zündet aus Wut den Tempel des Apollon in Delphi an, woraufhin Apollon ihn tötet.

Nach Vergil (Äneis) war Phlegias ein Tyrann im Land der Lapithen und er selbst entführte seine Tochter Coronide. Er starb im Kampf gegen Lico und Nicteo. Phlegias ist im Hades wegen seiner Gottlosigkeit eingesperrt. Für Dante (*Göttliche Komödie*) ist er der Fährmann oder Lotse der Seelen, die den Styx überqueren, einen der drei Flüsse des Hades, im fünften Kreis der Hölle, anders als Charon, der ein Boot auf dem Fluss Acheron fährt.

Eine andere Version spricht anders von Coronides Vater: Phlegias, der Gründer der Stadt Flegia, versammelte die größten Krieger der Helade. Er kam nach Epidaurus, um sich mit dessen Ressourcen, Leuten und dem Territorium vertraut zu machen. Aber auch seine Tochter war an diesen Ort gekommen, um sich seiner Überwachung zu entziehen. Sie wusch ihre Füße in einem See in Tessalien, als Apollon sie sah und sie zu seiner Geliebten machte. Das junge Mädchen wurde schwanger. Apollon ging nach Delphi und ließ einen Raben dort, der den Ort bewachen sollte.

Obwohl Apollons es wünschte, erwiderte sie seine Liebe nicht, stattdessen liebte sie heimlich Isquis. Apollon, der bereits vermutet hatte, dass Coronide ihm untreu sein würde, verfluchte den Raben dafür, dass er Isquis nicht die Augen ausgestochen hatte, als er Coronide sah. Die ehemals weißen Federn der Raben wurden schwarz und sind es bis heute noch.

Schwanger von Apollon, gebar Coronide im Tempel des Gottes in Epidaurus ein Kind und setzte den Jungen am Berg Tition aus. Der Ziegenhirt Arestanas, der nach einer seiner Ziegen und seiner Hündin suchte, fand die Tiere schließlich bei einem Säugling: Sie wechselten sich ab, das schöne Kind zu stillen. Er kam näher und versuchte, es an sich zu nehmen. Ein intensives Licht hielt ihn jedoch davon ab. Der kluge Arestanas überließ den Jungen Asklepios somit der Obhut seines Vaters Apollon.

Rodin, die Tore der Hölle

Thanatos

Thanatos ist die Personifizierung des gewaltlosen Todes. Der griechischen Denkweise zufolge ist er seinem Zwillingsbruder Hypnos sehr verbunden (dem Schlaf), sowohl in seiner Verkörperung, als auch in seinem Konzept. Beide lebten in benachbarten Häusern in der dunkelsten Ecke der Erde, in der Nähe des Wohnsitzes der Nix (der Nacht), ihre Mutter.

Beide Brüder diskutierten jede Nacht darüber, was den einzelnen Menschen zustehen würde, sei es der Traum oder der Tod. Es wird auch gesagt, dass Hypnos jeden Abend Sterblichen das Leben nahm, nur um seinen Bruder zu imitieren, der seinerseits letztendlich nur den Befehlen der Moiren nachkam. Im Gegensatz zu Thanatos, gehört der gewaltsame Tod zu seinen Schwestern, den Keres, die besessen vom Blut und immer auf dem Schlachtfeld zugegen waren.

Thanatos ist eine dunkle und unheimliche Kreatur und wird normalerweise in der Gestalt eines jungen Mannes mit Bart dargestellt. Er ist oft geflügelt und trägt einen Schmetterling, eine Krone oder eine umgekehrte Fackel in seinen Händen, die ausgeht oder zu Boden fällt.

Thanatos und Hypnos waren bekannt für die Effizienz und Geschwindigkeit ihrer Handlungen, daher wandte sich Zeus an sie, als er jemanden brauchte, um den Körper seines Sohnes Sarpedon nach Lykien zu überführen, um ihn zu beerdigen. Obwohl der Göttervater seinem Sohn ein Leben über drei Generationen versprochen hatte, starb Sarpedon während der Belagerung Trojas durch die Hand des Patroklo. Daraufhin bat Zeus Apollon, sein Blut in einem Fluss zu reinigen, seinen Körper mit Ambrosia zu salben, ihn als Unsterblichen anzukleiden und ihn in seiner Geburtsstadt begraben zu lassen. Diese letzte Mission wurde Thanatos und Hypnos anvertraut.

Thanatos kommt außerdem eine der Hauptrollen einer anderen Geschichte zu, die davon erzählt, wie Alkestis beschloss, sich selbst zu verbrennen, damit ihr Ehemann Admetos ihr Leben retten würde. Um diesen Ausgang zu verhindernn, hielt Herakles Thanatos fest und versuchte ihn dazu zu überreden, auf das natürliche Sterben der jungen Frau zu warten. Dieser stimmte widerwillig zu und nachdem er nachgegeben hatte, forderte er von den Göttern Respekt für seine Funktionen innerhalb der kosmischen Ordnung. Schließlich konnte er sich rächen, als er Herakles selbst begleiten konnte, als dieser an der Reihe war zu sterben. Seine Feindschaft mit dem Helden hielt ihn nicht davon ab, Makaria zu heiraten, Tochter von Herakles und Deyanira, Herrin der Insel der Seligen. Thanatos hat jedoch keine führende Rolle in der griechischen Mythologie und wird von Hermes in den Schatten gestellt, der dafür verantwortlich ist, die Toten in die Unterwelt und die Hölle zu bringen und der über sie herrscht, wenn sie in die Unterwelt hinabsteigen.

Säule des Artemistempels in Ephesus, Detail, British Museum

Zerberus, der Wachhund

In der griechischen Mythologie war Zerberus (oder Kerberos „Dämon des Brunnens") auch bekannt als Can Cerbero, der Hund des Hades, ein Monster mit drei Köpfen in der geläufigsten Version, aber mit fünfzig nach Hesiod oder sogar mit hundert Köpfen nach Pindar. Zerberus hat eine Schlange anstelle eines Schwanzes und er wird häufig zusammen mit Reptilien dargestellt, die ihm aus anderen Teilen seines Körpers kriechen. Er war der Sohn der Equidna und des Taifun und Bruders der Hydra (einer dreiköpfige Wasserschlange), der Chimära (einer Ziege mit Löwenkopf und Schlangenkörper, der Feuer ausatmete) und Ortro (einem Hund mit zwei Köpfen). Als Hüter des Tors zum Hades war er dafür verantwortlich, dass kein Toter die Unterwelt verlassen und dass kein Lebender eintreten konnte. Manchmal war es auch der gerechte Aiakus und nicht Zerberus, der als Wächter oder Meister der Schlüssel fungierte. Zerberus ist an einem der Ufer des Acheron angekettet und er hat kaum Kontakt zu Charon, der am anderen Ufer ist. Die Sterblichen, die den Fluss überquerten, während sie noch am Leben waren, konnten ihn beruhigen, indem sie ihm einen Honigkuchen gaben, der ein Teil der Opfergaben für den Verstorbenen war. Generell ist Zerberus unerbittlich und versagt nur selten bei seiner Arbeit als Wachmann. Eine der Ausnahmen ist der Abstieg des Orpheus in die Unterwelt auf der Suche nach seiner Geliebten, der Nymphe Eurydike. Dieser benutzt sein verführerisches Lied, um den Hund zu täuschen und in die Unterwelt zu gelangen. Dort angekommen nutzt er es sogar erneut, um Hades Herz zu erweichen.

Die letzte der zwölf Aufgaben des Herakles bestand darin, den Zerberus zu fangen.

Dafür musste er lernen, wie er in die unterirdische Welt eintreten und sie wieder verlassen konnte. Nachdem er den Acheron überquert hatte, traf der Held auf Hades. An diesem Punkt stimmte dieser entweder seinem Vorschlag zu, im Gegenzug dem Hund keinen Schaden zuzufügen oder Herakles benutzte seinen Bogen, um ihn gewaltsam zu überreden. Es ist sogar möglich, dass Zerberus Herakles ganz zahm nach draußen begleitete, da er so gut von ihm behandelt wurde.

Die Dorier verbanden Zerberus mit dem ägyptischen Gott Anubis, der einen Hundekopf hatte und dessen Mission auch mit der Unterwelt zu tun hatte (er war dafür verantwortlich, Seelen ins Jenseits zu führen). Ursprünglich hätte es auch die Göttin des Todes sein können (Hekate oder Hekabe), die ebenfalls als Hündin dargestellt wurde.

Nicolo Van Aelst und Antonio Tempesta, Herakles und Zerberus, Los Angeles, Kunstmuseum

Cerberum domat Hercules.

Der Zentaur Cheiron

In der Mythologie sind Zentauren im Allgemeinen halbwilde Charaktere, unhöflich und gewalttätig, die ständig in Schlachten und Kämpfe involviert sind. Einer von ihnen jedoch, zeichnete sich durch seine Weisheit, Geduld und seinen zivilisierten Charakter aus. Dieser Zentaur war Cheiron, Sohn des Titanen Kronos und der Okeaniden Filira. Kronos, der nicht wollte, dass seine Frau Rhea seine Untreue bemerkte oder vor ihr flüchten wollte als sie es tat, nahm die Form eines Pferdes an, in dem Moment, als er die Beziehung mit der Okeaniden hatte. Als Filira die Frucht der Begegnung zur Welt brachte, entdeckte sie, dass es eine Kreatur, halb Mensch, halb Pferd war.

Cheiron verdiente sich einen Ruf als Arzt, Musiker, Lehrer, Bogenschütze und im Allgemeinen als Gelehrter auf allen Gebieten. Dies führte dazu, dass sein Haus auf dem Berg Pelion in Thessalien zu einem wichtigen Ort der Antike wurde, denn viele suchten für ihre Kinder die Bildung, die der Zentaur vermitteln konnte. Selbst der Gott Apollon, ein enger Freund Cheirons, befahl dem Zentauren die Erziehung seines Sohnes Asklepios, des Gottes der Medizin. Obwohl Asklepios nicht der einzige war, den Cheiron erzogen oder unterstützt hatte, war dies eine große Ehre für Cheiron. Unter anderem waren Iason, der Anführer der Argonauten, Herakles, der große Held und Sohn des Zeus, Achilles und Ajax, Krieger, die vor Troja kämpften, sowie viele andere berühmte Charaktere bei ihm in der Lehre.

Einmal rettete er Peleos vor einem Angriff der Zentauren, indem er ihm sein Schwert zurückgab, das versteckt worden war. Dies führte dazu, dass sie gute Freunde wurden. Cheiron half Peleos dabei Tetis zu erobern, da er wusste, wie der Krieger die Nereiden besiegen konnte. Er war mit einer Nymphe namens Chariklo verheiratet, mit der er die Tochter Okyroe zeugte.

Trotz seines Ruhms, ein wahrer Freund der Götter zu sein und ein untadeliges Leben gehabt zu haben, war das Ende des Zentauren schmerzvoll und ungerecht. Da er das Schicksal hatte, als Sohn eines Titanen unsterblich zu sein, wurde er in einer Querele, die in der Nähe seines Hauses zwischen Herakles und anderen Zentauren entstanden war, versehentlich von einem der Pfeile des Helden verwundet, die mit dem Blut der Hydra vergiftet waren.

Da er unsterblich war, konnte er nicht sterben aber die Wunde war unheilbar und verursachte große Schmerzen. So groß war die Not des Zentauren, dass er Prometheus schließlich seine Unsterblichkeit abtrat, um endlich sterben zu können und der Qual ein Ende zu setzen. Er wurde als Sternbild in den Himmel erhoben, obwohl die Autoren sich nicht einig sind, ob er im Schützen oder im Zentaur verewigt ist.

Eugène Delacroix, die Ausbildung des Achilles, ca. 1862

Selene und Endymion:
der junge Tod

Ein wunderschöner Sohn des Zeus und der Nymphe Kalyke, genannt Endymion, vertrieb Klymenos aus dem Königreich Elis. Seine Frau hatte verschiedene Namen: Ifianasa, Hiperipa, Chromia, Neis, alle Namen des Mondes. Mit ihr bekam er vier Kinder.

Eines nachts schlief der wunderschöne Halbgott in einer Grotte auf dem Latmos. Dort sah ihn Selene (der Mond) zum ersten Mal. Sie legte sich neben ihn und küsste seine geschlossenen Augen. Einige Quellen sagen, dass Endymion später in die Höhle zurück-kehrte und dort einschlief und noch bis heute schläft. Diese Lethargie, aus der er nicht mehr erwachte, kam ihm entweder auf eigenen Wunsch (er fürchtete sich vor dem Alter) oder weil Zeus annahm, dass er ihn mit Hera betrügen würde. Oder vielleicht war es auch, weil Selene es vorzog, ihn sanft zu küssen, anstatt noch weitere Kinder mit ihm zu bekom-men: Selene bekam insgesamt fünfzig Kinder mit Endymion. Trotzdem ist seine Erschei-nung immer noch die gleiche wie damals, als Selene ihn zum ersten Mal sah.

Eine andere Version besagt, dass sein Vater Aethlios mit der gleichen Nymphe Kalyke zusammen war, der Tochter des Aeolos, Gott des Windes. Er führte einige Aeolianer von Thessalien nach Elis, wo er den König, den kretischen Klymenos, vertrieb. Endymion wäre somit der erste König von Elis. Andere Quellen bestätigen, dass er der Nachfolger seines Vaters Aethlios war. Seine Kinder waren Epeios, Paion, Aitolos und Eurykyda. Er war einer der Erfinder der Olympischen Spiele, als er seinen drei Söhnen befahl, in Olympia ein Rennen zu bestreiten, dessen Sieger den Thron besteigen würde. Es gewann Epeios.

In der Version des Mythos, in der er als Hirte, König oder Jäger in Kleinasien auftritt, ist Endymion so schön, dass Selene Zeus oder den Gott des Schlafes Hypnos bittet, dem jungen Mann Unsterblichkeit und ewige Jugend zu verleihen. Damit er sie nicht verlassen konnte, äußert sie außerdem den Wunsch, dass er immerzu schlafen sollte. Und er akzeptier-te in diesem ewigen Traum zu leben, der ihm vom Vater der Götter auferlegt wurde. Jede Nacht besuchte Selene ihn auf seinem Feldbett auf dem Berg Latmos in der Nähe von Herakles de Caria.

Es gibt noch eine andere Version, nach der sich sein Grab im Stadion von Olympia befindet, am Ausgang der Läufer, obwohl die Einwohner von Herakles de Caria darauf bestehen, dass es sich auf dem Latmos befindet, wo es ein Heiligtum gibt, das Endymion gewidmet ist.

Sarkophag, auf dem der Mythos von Selene und Endymion abgebildet ist

Adonis, rote Anemone
der Leidenschaft

Adonis ist phönizischen Ursprungs. Die hellenischen Patriarchen suchten einen Vater und fanden ihn in Byblos und Zypern, getreuen Kennern des Ursprungs dieses Kultes. Die am häufigsten akzeptierte Version seines Ursprungs ist der des Inzest der Mirra mit ihrem Vater, durch das Eingreifen der Aphrodite. Mirra (oder Esmirna), Tochter eines Königs von Zypern, Esmirna oder Syrien, huldigte Aphrodite nicht. Diese war beleidigt und strafte sie mit Zauberei, die bewirkte, dass sie sich in ihren eigenen Vater verliebte. Mit Hilfe einer der Jungfrauen schaffte sie es, mehrmals mit dem König zu schlafen. Dieser bemerkte durch die Dunkelheit des Raumes nicht, dass er mit seiner eigenen Tochter schlief.

Als der König den Inzest bemerkte, zog er sein Schwert und verfolgte seine Tochter, um sie zu töten. Aber Mirra, die zu diesem Zeitpunkt schon schwanger war, flüchtete und die Götter verwandelten sie in die Pflanze Myrte. Am Ende schießt ihr Vater einen Pfeil auf den Baum, der entzweibricht. Und so wird Adonis geboren. Seine Schönheit erstaunte alle, seit er ein Baby war. Diese Situation gefiel Aphrodite nicht. Sie versteckte den Kleinen in einem Korb und brachte ihn zu Hades Frau Persephone. Diese schaute voller Verwirrung in den Korb und war gerührt von der übermenschlichen Schönheit dieses Kindes. Sie brachte Adonis sofort in den Palast in der unterirdischen Welt des Todes und gab ihn nicht mehr zurück. Die Göttinnen stritten um ihn.

Adonis wuchs voller Stärke und Schönheit heran. Für niemanden war es ein Geheimnis, dass er die Liebe der Persephone genoss. Aber Aphrodite war das ein Dorn im Auge. Zeus wollte nicht eingreifen und beauftragte die Muse Kalliope, den Fall zu beurteilen. Das Urteil fiel so aus: Adonis musste ein Drittel des Jahres mit Aphrodite verbringen, ein anderes Drittel mit Persephone und das letzte alleine.

Verliebt in einen Sterblichen, konnte Aphrodite Adonis für sich zurückgewinnen, obwohl ihr Glück nicht anhalten sollte. Es gibt keine Geheimnisse vor den Göttern. Sie hatte Adonis gebeten, auf der Jagd vorsichtig zu sein und es wäre ihr noch lieber gewesen, wenn er weniger gefährliche Aktivitäten ausüben würde. Aber sein jugendlicher Leichtsinn überwog. Eines Morgens wurde er während der Jagd von einem Wildschwein angegriffen. Einige sagen, Ares habe sich auf Anraten von Persephone in einen wildgewordenen Eber verwandelt. Für andere wiederum wurde der Eber von Artemis geschickt, um Aphrodites Einmischung in Hippolytes Tod zu rächen.

Aphrodite ließ rote Anemonen aus jedem der Tropfen von Adonis Blut sprießen. Zeus ließ ihn wieder auferstehen.

Peter Paul Rubens, der Tod des Adonis, ca. 1614

Die erste Entführung der Helena

Bellerophon wollte seine Tochter Etra mit Pittheus verheiraten. Die Zeremonie konnte aber nicht gefeiert werden, nachdem der Bräutigam in eine andere Stadt verbannt worden war. Der Vater machte daraufhin Egeos betrunken und ließ ihn mit Etra schlafen. Wenn ein männliches Kind geboren wird, sagte ihm der Liebhaber, dürfe es nicht ausgesetzt, sondern müsse in Trecen aufgezogen werden. Etra gebar in Genetlio auf dem Weg zum Hafen. Es wurde Theseus geboren, der Bewunderer und früher Anhänger seines Vetters Herakles war und den Nahkampf erfand, dessen Techniken und Regeln bis zu diesem Zeitpunkt niemandem vertraur waren.

Polipemon, alias Prokrustes, wohnte an der Straße und in seinem Haus hatte er ein großes und ein kleines Bett. Wenn er einem Reisenden Unterkunft anbot, legte er die Kleinen in das große Bett und dann legte er sie auf die Streckbank. Die Großen legte er in das kleine Bett und sägte dann die hervorstehenden Teile ihrer Beine ab.

Theseus tötete ihn auf seiner Reise nach Athen.

Theseus und Pirithous, sein Freund, unterhielten sich über ein Mädchen von verstörender Schönheit: Helena.

Eines Tages brachte sie vor dem Altar der Artemis ein Opfer und wurde von den Freunden gesehen. Sie war erst zehn Jahre alt und tanzte bereits mit der Gnade einer Unsterblichen. „Was willst du machen", fragte Pirithous den Theseus, „du weißt, dass ich dir bei allem, was du entscheidest, helfen werde". Sie entführten das Mädchen und nachdem sie gelost hatten, fiel sie Theseus zu. Aber in Athen wurde dem Mädchen nicht erlaubt, die Stadt zu betreten.

Helena war noch minderjährig und Theseus, obwohl er sich danach sehnte, sie zu heiraten, beschloss, sie im Haus seiner Mutter zu lassen, in Afidna. Von seinem Vater, Ägeus, wissen wir immer noch nichts. Die Freunde gingen zum finsteren Erebos auf der Suche nach Demeters Tochter, um eine Gemahlin für Pirithous zu finden. Fast müssen sie dort bleiben, gefangen auf einigen höllischen Stühlen, die einen Teil des Fleisches ihres Gesäßes behielten, als sie versuchten aufzustehen. Man sagt, deshalb haben die jungen Athener bis heute einen mageren Po. In der Zwischenzeit wurde Helena bereits von ihren Brüdern Castor und Polux gerettet, welche die Mutter von Theseus und die Schwester von Pirithous gefangen nahmen: Sie wurden nach Sparta gebracht, um Sklavinnen von Helena zu werden.

Nach einer Tradition hatten Theseus und Helena eine Tochter, Iphigenia, die ihrer Schwester Klytaimnestra übergeben wurde, die mit Agamemnon verheiratet war. In anderen Versionen, die akzeptierter sind, gilt Iphigenia als die natürliche Tochter von Königin Klytaimnestra.

Mosaik der Entführung der Helena durch Theseus, 300 vor Chr., Griechenland, Pella

ΦΟΡΒΑΣ

Zweite Entführung der Helena

Menelaos, der Bruder des Atriden Agamemnon, herrschte über Sparta, einem Stadtstaat im Süden Griechenlands. Er ist im Vergleich zu der einzigartigen Persönlichkeit seines Bruders, des mächtigen Königs von Mykene, eher eine Nebenfigur aber sein Eingriff in diesem Drama hat die Geschichte komplett verändert. Und das nur, weil er Helena geheiratet hat, die schönste Sterbliche des bekannten Erdkreises. Gerechterweise muss man sagen, dass sie eher eine Halbgöttin ist, da sie aus dem Ei geboren wurde, das Leda ausgebrütet hat, als Zeus, als siegreicher weißer Schwan, seine Lust mit ihr stillte.

Helena wurde als kleines Mädchen von Theseus entführt und wurde später von ihren Brüdern, den Dioskuren, zurückgeholt. Als ihre unvergleichliche Schönheit im ganzen Universum bekannt wurde, kamen die mächtigsten achäischen Fürsten, bereit, um ihre Hand zu kämpfen. Sie hatte niemanden in Betracht gezogen und nur Menelaos von Sparta ihren Blumenkranz geschenkt. Sie heirateten und bekamen Hermione, ein Mädchen.

Eines Tages kamen einige Ausländer in Sparta an, die von ihren Pferden vor dem königlichen Palast abstiegen. Einer der Prinzen, jung und schön, betrat den königlichen Palast von Menelaos und bat um Asyl, nachdem er erklärt hatte: Ich bin der Sohn des Königs von Troja. Die Sklaven bereiteten ihm ein Bad. Es gab ein Bankett und die strahlende Jugend von Paris, eingehüllt in diese asiatische Kleidung, ließ Helena schwach werden.

Es war sie, die Paris von Aphrodite vorausgesagt worden war: die schönste Frau der Welt war dort, bereit, von diesem Prinzen geblendet zu werden. Natürlich wusste sie, dass Paris während der Hochzeit von Peleus und Thetis zum Schiedsrichter ernannt worden war, die Schönste zu küren, in einem Versuch des Zeus, die Zwietracht, den der Apfels säte zu bewältigen. Ein kalter und brennender Pfeil durchbohrte ihren verliebten Körper. Nicht einmal die nackte und flehende Aphrodite erschien Paris während ihres Treffens auf dem Berg Ida so schön. Und es war Aphrodite, die in Helenas Ohr die entzündeten Worte der Liebe flüsterte.

Aber Menelaos musste verreisen, so überließ er Helena die Betreuung der Gäste und die Regierung der Stadt. Er konnte sich nicht vorstellen, dass Paris nur wenige Stunden später König Menelaos im Schatten der Nacht hintergehen und Helena rauben würde, nicht mit Gewalt, sondern mit ihrer Zustimmung. Leider nutze er die Gelegenheit, um aus dem königlichen Palast noch andere Schätze zu stehlen, abgesehen von seiner Hauptbeute, der Königin von Sparta: der schönste Frau der Welt.

Der Trojanische Krieg hatte begonnen.

Benjamin West, Helena und Paris

Arachne

Die Fabel, die Velázquez in seinem berühmten Gemälde *Las Hilanderas* (Die Spinnerinnen) darstellt, wurde vom römischen Schriftsteller Ovid (43 v. Chr. – 17 n. Chr.) in seinem berühmtesten Werk *Metamorphose* aufgenommen, in dessen sechsten Buch (Verse 1–145) die Szene beschrieben wird. Auch Virgil erwähnt die Fabel in den *Georgica*. Beide Autoren erzählen in ihren Werken, dass Arachne eine junge Lydierin war, die sich großen Ruhm als Weberin und Stickerin erworben hatte. Nicht umsonst war ihr Vater Idmon von Kolophon ein erfahrener Färber.

Der Ruhm und die Bewunderung der Arachne war so groß, dass die Leute glaubten, dass sie ihr Handwerk von Athene selbst gelernt haben müsse, der Göttin der Weisheit. Weit davon entfernt geschmeichelt zu sein, beschloss sie zu beweisen, dass sie das, was sie wusste, selbst gelernt hatte. Also forderte sie Athene zu einem Wettstreit heraus, wer geschickter weben würde.

Die Göttin beschloss, der Sterblichen eine Lektion zu erteilen. Sie stieg vom Olymp herab und erschien Arachne als alte Frau verkleidet, bereit, sie für ihre Arroganz zu bestrafen. Aber Arachne wiederholte ihre Herausforderung. Also begannen beide zu weben, um ihre Fähigkeiten zu demonstrieren. Während des Wettbewerbs, der den ganzen Tag über dauerte, bemerkt Athene, dass Arachne ihr als Weberin überlegen war. Die Göttin stellte die Götter dar und fügte vier Szenen hinzu, in denen der Sieg der Götter über die Sterblichen dargestellt wurde. Der Wandteppich der Arachne allerdings, zeigte die Untreue und Lügen von Zeus, Jupiter, Neptun oder Apollon. Der Wandteppich stellte das egoistische Verhalten der Götter und die Wehrlosigkeit der Sterblichen dar.

Genau eine dieser Lügen ist in der Arbeit von Velázquez dargestellt. In seinem Wandteppich, der am unteren Ende des Gemäldes zu sehen ist, ist der Moment dargestellt, in dem der zu einem Stier gewordene Zeus die Nymphe Europa entführt.

Wütend über die Unverschämtheit von Arachne, zerstörte Athene den Wandteppich und beschloss, das lydische Mädchen in eine Spinne zu verwandeln, damit sie ihr ganzes Leben lang spinnen möge. Der große Mythograph Pierre Grimal greift in seinem Wörterbuch der griechischen und römischen Mythologie Ovids Worte zu Arachnes Versuch auf, sich das Leben zu nehmen, als sie sich ihrer Beleidigung gegenüber Zeus bewusst ist. Aber Athene erlaubt dies nicht und verwandelt sie zur Strafe in eine Spinne.

Velázquez, Las Hilanderas (die Spinnerinnen), 1657

Narziss vor dem Spiegel

Der Flussgott Cefiso umströmte die blaue Nymphe Liriope und vergewaltigte sie schließlich. Ihnen wurde Narziss geboren, ein Junge von unvergleichlicher Schönheit. Der Wahrsager Teiresias erzählte Liriope, dass ihr Sohn sehr alt werden würde „unter der Bedingung, dass er sich selbst nie sieht". Jeder, ob Mann oder Frau, verliebte sich in ihn. Sie alle wurden Opfer seiner Zurückweisung, denn seine Schönheit, so glaubte er, war von einer höheren Ordnung.

Unter den Zurückgewiesenen war auch die Nymphe Echo, deren Besonderheit darin bestand, dass sie ihre Stimme nur benutzen konnte, um zu wiederholen, was andere sagten. Dies war die Strafe dafür, dass sie Hera Geschichten erzählte, um sie abzulenken, während ihr Ehemann den Besuch einer anderen Nymphe erhielt. Eines Tages ging Narziss auf die Rehjagt und Echo folgte ihm heimlich durch den Wald. Sie wollte gern mit ihm sprechen, musste aber auf seine Worte warten. Narziss sah sich nicht allein und rief: „Ist jemand hier?", „Hier" wiederholte Echo zur Überraschung von Narziss, der niemanden sonst sah. „Komm!" sagte Narziss. „Komm!" „Geh nicht weg!" „Nicht weg!" „Wir sollten uns hier vereinen!" „Hier vereinen!", wiederholte Echo und verließ ihr Versteck um ihn zu umarmen.

„Ich sterbe lieber, bevor ich bei dir liege!" schrie Narziss. „Bei dir liege!".

Genervt entfernte sich Narziss. Sie blieb allein zurück und litt so sehr, dass nur noch ihre Stimme übrigblieb. Eines Tages schickte Narziss ein Schwert an Aminias, einen seiner hartnäckigsten Verehrer. Sein Name bedeutet „Töte dich". Was so viel bedeutete wie „Töte dich selbst für mich". Aminias benutzte das Schwert auf Narziss' Türschwelle und bat die Götter darum, seinen Tod zu rächen. Artemis hörte die Bitte und zwang Narziss, sich zu verlieben, ohne seine Liebe vollenden zu können. Er kam zu einem Bach in seinem Land Tespia, einem Strom klar wie Silber, unberührt von Rindern, Vögeln oder anderenTieren, nicht einmal die Zweige der Bäume fielen auf ihn.

Am Wasserlauf stillte er seinen Durst, sah sein eigenes Spiegelbild und verliebte sich augenblicklich. Zuerst versuchte er dieses wunderschöne Wesen zu umarmen. Aber bald erkannte er sich und war von seinem Bild gefesselt, dass er stundenlang betrachtete. Er hatte sich natürlich: Hier war er, sein schöner Körper, sein Gesicht … Aber er hatte sich auch nicht: Es war unmöglich etwas anderes als das Wasser zu berühren. Echo begleitete ihn ohne Vergebung.

Narziss ertrank im klaren Bach. Aus seinem Blut ging die Dichternarzisse hervor, eine weiße Blume mit roter Krone.

Echo und Narziss, 1903, gehört zur präraffaelitischen Phase des englischen Malers John William Waterhouse. Öl auf Leinwand, England, Liverpool, Walker Art Gallery

Pyramus und Thisbe: das Dunkelrot der Liebe

Diese zwei großartigen jungen Bewohner von Babylon lebten unter der Herrschaft von Semiramis. Sie lebten in zwei angrenzenden Häusern und diese Nachbarschaft brachte sie dazu, sich buchstäblich bis zum Tod ineinander zu verlieben. Pyramus war jung und schön und Thisbe das hübscheste Mädchen der hohen Stadt von Semiramis, die von fünf Mauern aus gebranntem Lehm umgeben war. Die Eltern, die die Liebe erkannten, die in ihren Kindern entbrannte, waren gegen die Beziehung. Daher war eine Hochzeit unmöglich: Sie durften sich nicht sehen, geschweige denn miteinander reden. Aber sie zeigten ihre Liebe durch Gesten, Zeichen und sehnsüchtige Blicke. Es schien, als ob die Eltern sie mit ihren Einwänden mehr und mehr dazu brachten, einander zu lieben.

Die Trennwand der beiden Häuser hatte einen Riss aus der Zeit ihrer Erbauung. Die Liebenden entdeckten ihn und konnten ihre Stimmen durch diesen Spalt hören. Sobald sie einander hören konnten, wurden sie schwach … Sie durchlebten alle Stimmungen die man sich vorstellen kann: die unendliche Zärtlichkeit, die Traurigkeit, den Verfall, die Verzweiflung. Dies alles konnte man durch diesen Spalt in der Mauer hören, die die Liebenden voneinander trennte, so wie wie sie es auch schon mit den vorherigen Generation getan hatte. Die Mauer war ihr Feind. „Neidische Wand, warum stehst du als Hindernis zwischen zwei Liebenden da? Du könntest uns erlauben, unsere Körper zu vereinigen oder, wenn das zu viel ist, biete uns wenigstens eine Öffnung für unsere Küsse an", meinten sie.

Eines nachts beschlossen sie zu fliehen. Sie planten, die Wachen zu überlisten und sich außerhalb der Stadt zu treffen, neben Ninos Grab, neben dem schneeweißen Brombeerbaum, in der Nähe einer Quelle. Bei Einbruch der Nacht gelang es Thisbe zu entkommen. Niemand hatte sie gesehen. Zuerst am Grab ankommen, suchte sie Zuflucht neben dem Baum. Aber eine Löwin näherte sich der Quelle, um Wasser zu trinken, ihr Maul noch immer mit Blut beschmiert. Thisbe sah sie im Mondlicht und floh erschrocken. Auf der Flucht fiel ihr Schleier herunter, der ihren Kopf bedeckte. Die Löwin fand den Schleier nach dem Trinken und spielte mit ihm, wobei sie ihn mit dem Blut beschmutzte.

Nach einer Weile traf auch Pyramus schließlich ein. Er sah die Spuren der Löwin und hatte Angst um Thisbe. Später fand er den zerrissenen Schleier, der voller Blut war und hatte keinen Zweifel. Er fühlte sich schuldig. Er verletzte sich mit dem Dolch und sein Blut besprizte die Brombeeren, die seitdem eine dunkelrote Farbe haben. Thisbe kehrte zurück und folgte seinem Ende.

Nicolas Poussin (Les Andelys, Normandie, 15. Juni 1594 – Rom, 19. November 1665) war ein französischer Maler, einer der herausragendsten der klassizistischen Schule. In dieser tragischen Szene wird ein Sturm inszeniert, so wie es schon Leonardo da Vinci als Modell in seiner Abhandlung über die Malerei festgelegt hatte. Landschaft mit Pyramus und Thisbe, 1651, Deutschland, Frankfurt am Main, Städel Museum

Hero und Leander: l'amour fou

Es scheint nicht möglich, dass es ein schöneres und reineres Phänomen gibt, als das einer junge Liebe, so absolut und so tödlich zugleich. Der Liebe, die erreicht worden war, vulgär, alles überlebend, sich selbst heilend, fehlt es an Leidenschaft und Höhepunkten. Aber einen Diamanten mit klaren Facetten, ein so reines und durchscheinendes Paar wie Hero und Leander, findet man nur schwerlich.

Zwei wunderschöne junge Menschen: sie, Hero, war Priesterin der Aphrodite, Bewohnerin eines Turms in Sesto, am Ufer des Hellesponts und er, Leander, war Einwohner von Abido und lebte auf der anderen Seite der Meerenge. Sie lernten sich kennen und lieben: sie verliebten sich, als seien sie infiziert mit einer tödlichen Krankheit. Die Leidenschaft und die Sehnsucht erfüllten sie, sie zogen sich gegenseitig an, ohne Genesung, ohne Pause. Sie waren eins. Aber ihre Eltern fürchteten, durch eine dunkle Macht angetrieben, diesen Ausbruch leidenschaftlicher Liebe. Sie erlaubten sie nicht: sie wollten sie auslöschen, außer Kraft setzen, verbannen. Sie durften nicht heiraten, sie durften sich nicht sehen, es wurde verhindert, dass sie sich treffen und sich noch mehr lieben können und sie wiederum vergaßen die Welt um sich, schlossen sie aus ihrem eigenen Gesetz aus und ignorierten sie. Die Liebe war verboten.

Kein Kontakt. Extreme Überwachung. Aber Liebe kann auch ein hungriges und schlaues Tier sein: intelligent, abwartend. Es kommt der Moment, an dem die Verliebten, verschlungen in einem erotischen Sturm, weinend bei dem Gedanken, sich wieder trennen zu müssen, einen Plan entwickeln, wie sie sich sicher und im Geheimen treffen können.

Der Hellespont (heute die Meerenge der Dardanellen, Türkei) ist ein 60 Km langer Kanal, mit einer Breite zwischen 1,6 und 6,5 Km, wo sich heute die Städte Lapseki und Çanakkale befinden. Die Vereinbarungen waren klar: Hero sollte ein Feuer im Turm entzünden und Leander würde vom anderen Ufer herüberschwimmen. Wir spekulieren nicht wie Lord Byron, ob Leander die Meile schwimmen konnte, schuld war der Sturm, der das Feuer löschte. Leander sah das Leuchten nicht, verlor die Orientierung und ertrank. Nachdem Hero es bemerkte, stürzte sie sich vom Turm. Pyramus und Thisbe machten es nicht besser.

Über das Thema der jungen und totalen Liebe haben viele geschrieben, wie Ovid in seinen *Heroides*, das Byzantinische Museum, der Katalane Juan Boscan, Erneuerer der spanischen Poesie … Der große Dichter Luis de Góngora lässt Hero diese Worte sagen:

> *Die Liebe, wie zwei Eier,*
> *Zerbrach unsere Gesundheit:*
> *Er ist durch das Wasser gegangen,*
> *Und ich stürzte in den Tod.*

William Etty war der erste britische Maler, der Nacktheit und Stillleben miteinander verband, was ihm einen „unanständigen" Ruf verschaffte. Hero und Leander, 1829, Öl auf Leinwand

Herakles und Omphale

Das Leben von Herakles war gefährlich und kompliziert. In vielen Fällen beging er Verbrechen, die er angetrieben von seinen Wutanfälle verübte, was ihn immer wieder in schwierige Situationen versetzte oder dazu führte, dass er Buße tun musste.

Aus diesem Grund war er gezwungen, seine berühmten zwölf Aufgaben unter dem Befehl von König Euristeus zu erfüllen. Sobald seine Missionen abgeschlossen waren, wurde er freigelassen und setzte sein Leben fort, das voller Abenteuer war. Beleidigt, weil er nicht den versprochenen Preis bekam, den er bei einem Bogenschießen-Wettbewerb gewonnen hatte — die Hand der Tochter von König Euristeus — tötete er in einem erneuten cholerischen Ausbruch Ifito, den Sohn des Königs. Dieser stand während der Diskussion auf Herakles Seite, da er ihn bewunderte. Wieder sollte der Held bestraft werden aber Euristeus wollte keine Zeit mehr mit ihm verschwenden und verbannte ihn. Auch wurde er vom Orakel von Delphi zurückgewiesen, was seine Geduld überstrapazierte und beim Versuch, mehrere heilige Gegenstände aus dem heiligen Schrein zu stehlen, erregte er diesmal die Wut von Apollon. So begann ein Kampf, den Zeus selbst beenden musste und da er von dem Halbgott so enttäuscht war, entschloss sich der Göttervater des Olymps, Herakles für drei Jahre als Sklaven zu verkaufen, um damit seine Schuld zu begleichen.

So erwarb Königin Omphale von Lydien im Austausch für drei silberne Talente die Dienste des Helden. Sie war die verwitwete Königin von Tmolo, von dem sie das Königreich in Kleinasien geerbt hatte. Herakles musste die Befehle und die Wünsche der Königin erfüllen, was er gemäß allen Quellen eindrucksvoll tat.

In dieser Zeit fing Herakles die Kerkopen ein und kettete sie an. Sie waren Kobolde, die nur Unheil stifteten und die Reisenden ärgerten. Sie versuchten auch, Herakles die Waffen zu stehlen. Bei einer anderen Gelegenheit beendete er das Leben von Sileos, einem Winzer, der Leute zwang, in seinem Weinberg zu arbeiten. Eines seiner letzten Werke bei der Königin Omphale war, eine riesige Schlange zu töten, die im Fluss Sagaris lebte.

Es wird gesagt, dass Omphale wusste, wie man den Krieger besänftigte und dass sie es schaffte, dass er sich Frauenkleider anzog, Musik spielte und lernte zu stricken. Sie wurden schließlich zu Geliebten und hatten Kinder (zwischen einem und drei gemäß der unterschiedlichen Quellen) und es scheint eine der glücklichsten Zeiten im Leben des Herakles gewesen zu sein. Als die drei Jahre der Knechtschaft vorbei waren, wurde Herakles freigelassen und kehrte nach Griechenland zurück, beladen mit Geschenken und guten Erinnerungen an die Länder von Lydien, dem Königreich der Omphale.

Die Allegorie des Herakles, zusammen mit dem Spinnrad der Omphale, wurde häufig in der Kunst verwendet. In den Werken, in denen dieses Thema behandelt wird, wird der Held als Frau verkleidet dargestellt und hält einen Korb, während die jungen Mädchen der Königin spinnen, während sie die Haut des Löwen von Nemea und die Olivenkeule des Herakles trägt. Herakles und Omphale, Fresko, Pompeji

Die Graien, Wächterinnen der Schwelle

Auf der Liste der monströsen Kreaturen der griechischen Mythologie sind insbesondere die Graien oder „die Grauen" zu erwähnen, drei schreckliche alte Frauen: Deino (Angst), Enyo (Schrecken) und Pemphredo (Alarm), archaische Gottheiten, die noch vor den olympischen Göttern existierten. Sie wohnten in der westlichsten Region der Welt und waren Schwestern der Gorgonen Esteno, Euralela und Medusa, Töchter des Ceto und der Forcis, Meeresgottheiten. Die Gaien hatten nur ein Auge und einen Zahn, die sie sich teilten und für deren Gebrauch sie sich abwechselten: während die eine wachte, schliefen die anderen. Sie wurden alt geboren und verkörpern den Schaum des Meeres.

Sie erscheinen nur in dem Mythos von Perseus. Perseus war der Sohn des Zeus und der Danae, einer Prinzessin, derer sich der oberste Gott verwandelt als Goldregen habhaft machte. Zuvor war sie von ihrem Onkel väterlicherseits vergewaltigt worden. Von Zeus wurde sie schwanger und ihr Vater vermutete, dass sein Bruder die Prinzessin erneut besucht hatte. Er konnte sie nicht töten aber nachdem Perseus geboren war, wurden Mutter und Kind in einer Kiste ins Meer geworfen und von einem Fischer gerettet.

König Polydektes wollte Danae zwingen, ihn zu heiraten, als Perseus bereits erwachsen war. Er gab aber vor seinen Freunden vor, dass er Hippodamia heiraten werde und bat Perseus um ein Geschenk. „Wenn du nicht versuchst, meine Mutter zu heiraten", antwortete er, „werde ich dir geben, was du verlangst, sogar den Kopf der Medusa". Polydektes akzeptierte und hoffte, dass Perseus von seiner Reise nicht zurückkehrte.

Die Gorgone Medusa hatte Schlangen als Haare, riesige Zähne und eine heraushängende Zunge. Wer sie ansah, wurde in einen Stein verwandelt. Athene war verantwortlich für dieses schreckliche Aussehen der Gorgone, ihrer Feindin. Sie begleitete Perseus nach Dikterion, in Samos. Dort zeigte sie ihm Bilder der drei Schwestern, damit er Medusa von den anderen unterscheiden konnte. Er durfte sie nicht direkt ansehen, sondern nur ihr Spiegelbild, unterwies sie ihn, und gab ihm einen polierten Schild.

Perseus suchte die drei Graien auf, indem er sich in einen Schwan verwandelte. Unsichtbar, drängte er sich lautlos zwischen sie und ergriff das Auge, als eine von ihnen es der anderen übergab. Er würde es zurückgeben, wenn sie ihm den Aufenthaltsort der stygischen Nymphen verraten würden, die ihm den Helm des Hades geben sollten, um unsichtbar zu werden, eine magische Satteltasche, um darin den Kopf aufzubewahren, eine Diamantsichel und geflügelte Sandalen. So konnte er die Medusa enthaupten. Anschließend, warf er das Auge und den Zahn in den See Triton, in Lybien.

Die Graien können mit den drei Spinnerinnen des Schicksals verglichen werden (den Moiren), den nordeuropäischen Nornen oder mit der baltischen Göttin Laima und ihren zwei Schwestern.

Meleagros und Atalante

Meleagros war das Kind des Öneus, König von Kalydon, und der Althaia, der Schwester der Leda. Die Moiren verkündeten ihr, dass das Leben ihres Sohnes von einem brennenden Scheit abhängen würde. Er würde unverwundbar sein aber wenn der Scheit verbrannt sei, würde er sterben, meinten sie. Althaia nahm den Scheit aus dem Feuer, löschte ihn und versteckte ihn gut.

Artemis hatte einen Eber zur Strafe gegen König Öneus nach Kalydon geschickt, weil er vergessen hatte, die notwendigen Opfer zu bringen. Öneus war verängstigt und organisierte eine Jagd, um das Biest zu töten. Es wird gesagt, dass es Meleagros war, der den Eber tötete, der viele Schäden verursacht hatte. Aber es gibt verschiedene Versionen dieses Mythos'.

Nach Homer, trafen am Ende der Jagd die Kalydonier und die Küretten aufeinander und kämpften um die Überreste des Ebers, eine wertvolle Trophäe. Meleagros kämpfte bei den Kalydoniern und tötete seine Onkel mütterlicherseits, die Küretten. Althaia verfluchte ihn daraufhin. Meleagros kehrte nach Hause zurück, was den Küretten einen Vorteil verschaffte, woraufhin sie die Stadt Kalydon besetzten. Meleagros wollte nicht erneut in den Kampf ziehen, bis seine Frau Kleopatra ihn darum bat. Mit seiner Hilfe gelang es den Kalydoniern, ihre Gegner zu schlagen. In dieser Version wird nicht vom Tot des Meleagros gesprochen.

In einer anderen Version wird gesagt, dass sich Meleagros, obwohl er mit Kleopatra verheiratet war, in Atalante verliebte, eine wunderschöne jungfräuliche Athletin, die ebenfalls an der Jagd teilnahm und dem Eber die erste Wunde zufügte. Meleagros bot der Atalante die Trophäe des toten Ebers an, was den Zorn seiner Onkel provozierte, die Meleagros tötete, als sie die Trophäe an sich nehmen wollten. Daraufhin warf Althaia den Holzscheit ins Feuer, den sie so lange verwahrt hatte und ließ ihn komplett verbrennen. Anschließend begingen Althaia und Kleopatra Selbstmord.

Es gibt einige Autoren, die Parthänopeos als Meleagros und Atalantes Sohn ansehen und sagen, dass er an der Expedition der Sieben gegen Theben teilgenommen hat. Der unverwundbare Meleagros und Atalante tauchen auch unter den Helden auf, die sich mutig auf dem Schiff Argo auf Expedition begeben, um sich auf die Suche nach dem Goldenen Vlies zu machen.

Die Meleagriden, Schwestern des Meleagros, weinten bitterlich über seinen Tod und Artemisa, die mitfühlend war, verwandelte sie alle in Vögel, außer Gorge und Deyanira. Als Herakles den Tartarus herabstieg um den Höllenhund Zerberus auf Befehl der Hera zu fangen, vermittelt von Euristeus, traf er auf die Seele des Meleagros, der ihm einen Rat gab: Heirate meine Schwester Deyanira. Herakles tat es.

Richard Wilson (1714–1782) war ein walisischer Landschaftsmaler und gilt heute als einer der wichtigsten Spezialisten in diesem Genre des achtzehnten Jahrhunderts. Meleagros und Atalante, 1770, London, Tate Britain

Die Entführung der Töchter des Leukippos

Leukippos, der in seiner Jugend an der kalydonischen Eberjagt teilgenommen hatte, war der Prinz von Mesenia, Sohn des Perieres und der Gorgophone. Er hatte drei Töchter: Arsinoe, Hilaira und Febe. Die Neffen von Leukippos, mit Namen Idas und Linceo waren heimlich in ihre Cousinen verliebt und wollten sie gerne heiraten.

Unterdessen hatte Leda, die erst kurze Zeit mit Tyndareos, dem Erben des Stadtstaates Sparta verheiratet war, Zeus mit ihrer Schönheit fasziniert, als der Göttervater sie nackt im Fluss baden sah. Er verwandelte sich in einen wunderschönen weißen Schwan und näherte sich ihr. Sie legte sich das Tier auf ihren Bauch und liebkoste es. Nach gewisser Zeit merkte sie durch einen starken schmerz, dass sie zwei Eier gelegt hatte: aus dem einen wurden Polux und Helena geboren, die unsterblichen Kinder des Zeus, aus dem anderen Castor und Klytaimnestra, sterbliche Kinder des Tyndareos, der sie in der gleichen Nacht mit seiner Ehefrau Leda gezeugt hatte.

Zumindest erzählt eine der Versionen so von diesem wichtigen Ereignis. Andere sprechen nur von einem einzigen Ei in der Farbe der Hyazinthe. Hermes bringt sie in die Stadt Pelene, auf dem Peloponnes. Gymnastik, Kampf und das Leben an der Sonne und an der frischen Luft stärken sie. Castor wird Pferdedompteur, Polux ein großer und starker Faustkämpfer.

Die Dioskuren – auch die Tyndaridas abgeleitet von Tyndareos, dem Vater von Castor – wollten Hilaira und Phoebe, die beiden jüngsten Töchter von Leukippos, heiraten. Diese Zwillinge waren die Patrone der Seeleute und zeigten sich in gefährlichen Situationen in Form von San Telmo Feuern. Um die ersehnten Mädchen zu entführen, nutzten die Dioskuren ihre Macht aus und manipulierten die Pferde, die sich voller Eifer auf die Hinterbeine stellten und damit die beiden Mädchen überraschten.

Genau wie Castor und Polux, sind auch Idas und Linkeo Zwillinge, gemeinsame Erben von Messenien. Sie sind auch starke und gute Kämpferinnen und sie sind wütend über die Entführung. Sie lassen sich von niemandem erschrecken. Also stehen sich Zwillinge und Zwillinge gegenüber. Im Kampf schlägt Idas mit der Lanze Castor, der stirbt. Der Überlebende bittet Zeus, seinen Zwilling wieder zum Leben zu erwecken, so stark fühlt er sich seinem Bruder verbunden. Zeus entscheidet, dass die einzige mögliche Lösung darin bestehen kann, um sie nicht zu trennen, dass Polux seine Unsterblichkeit mit Castor teilt: die zwei verbrachten somit ein halbes Jahr tot im Tartarus und die andere hälfte im Olymp, göttlich.

Lovis Corinth, die Entführung der Töchter von Leukippos

Deyanira: die vergiftete Robe

Ihr Name bedeutet „die, die Helden besiegt" und sie besiegte den Helden par excellence, Herakles, Monsterjäger nur mit der Stärke seiner Arme allein, Sicherer der neuen Ordnung der olympischen Götter. Deyanira war seine dritte Frau. Sie besiegte ihn mit dem Gift der Eifersucht. Tochter der Altea und Oineos, dem König von Kalydon (oder Dionysos). Als ihr Bruder Meleagros starb, trauerten alle seine Schwestern vor dem Grab um seinen Tod. Artemis berührte sie und verwandelte sie in Vögel, außer Deyanira und Gorge, zu deren Gunsten Dionysos eingriff.

Sie war von ihrem Vater dem Flussgott Achelous versprochen worden aber Deyanira, die einen Wagen fuhr und die Kriegskunst praktizierte, wie es Apolodoro beschreibt, wollte nicht passiv warten, um verheiratet zu werden. Sie wollte auch nicht Achelous heiraten, der die Form eines Stiers oder einer Schlange annehmen konnte. Aber als Herakles zum Tartarus hinabstieg, auf der Suche nach dem Höllenhund Zerberus, sagte Meleagros oder seine Seele ihm, er solle seine Schwester Deyanira heiraten. Und Herakles akzeptierte, kämpfte mit Achelous um die Liebe von Deyanira und besiegte den Flussgott schließlich. Einmal vereint, zeugten sie eine Tochter, Makaria, und einen Sohn, Hilo. Das Paar erlebte zusammen viele Abenteuer.

Während er ihr behilflich war, den Fluss Eveno zu überqueren, versuchte ein ungestümer Zentaur namens Neso Deyanira zu vergewaltigen – er war Herakles entkommen, als die Zentauren ihn attackierten, weil er beim Fest von Folo den Dionysoswein geöffnet hatte. Sie schrie. Herakles sah und hörte alles vom Ufer aus und warf mit großer Geschwindigkeit und Präzision einen Pfeil auf die Brust des Zentauren, der mit der Galle der Hydra von Lerna vergiftet war. Schon fast ohnmächtig hatte Neso noch Zeit und den Schneid, seine Rache zu planen: „Nimm mein Blut", sagte er, „und trage es auf Herakles Tunika auf, wenn du seiner Liebe sicher sein willst". Das tat sie.

Wenig später suchte Herakles Eurytos auf, König von Ekalia, um sich dafür zu rächen, dass er ihn seines Triumphes in einem Bogenschießwettbewerb beraubt hatte. Der Preis war die Hand von Yole, Tochter des Königs. Der Held tötete Eurytos und nahm Yole als Konkubine mit. Deyanira, vergiftet durch Eifersucht, verteilte das Blut von Neso auf der Tunika, um seine verlorene Liebe zurückzugewinnen. Als Herakles die Tunika überstreifte, tötete ihn das Gift der Hydra. Und es starben alle drei, denn Deyanira erhängte sich.

Bartholomeus Spranger, Herakles, Deyanira und der Zentaur Neso, Kunsthistorisches Museum

Orpheus in der Unterwelt

Apollon gab Orpheus eine Lyra und die Musen brachten ihm bei, sie zu spielen. Die Bestien blieben in einem Zustand der Verzauberung, die Bäume und Steine verließen ihren Platz, um der Musik zu lauschen. In Thrakien hinterließ er einige alte Bergeichen in der Position ihres Tanzes – die Bäume stehen seitdem so da. Sohn von Eargo, dem König von Thrakien, und der Muse Kalliope. Orpheus ist Musiker und Dichter und eine tragische Figur.

Er ging nach Ägypten und als einer der Argonauten schiffte er nach Kolchis ein. Die mutige Expedition profitierte von seiner Musik, durch die einige Schwierigkeiten überwunden werden konnten. Nach seiner Rückkehr verband er sich mit Eurydike und sie lebten in Thrakien. Auf der Flucht vor Aristeos – Sohn des Apollon – der versuchte, sie in der Nähe von Tempe zu vergewaltigen, trat sie auf eine Schlange, deren Biss tödlich war. Ihr Geliebter, mit der Lyra in der Hand, stiegt den Tartarus hinab und kam wieder zurück in die Welt der Lebenden. Er ging nach Aorno in Tesprotide zur Passage, die zur Wohnstatt des Hades führt.

Er stieg hinab und seine Musik, voller Melancholie, verzauberte Charon, den Fahrer des Bootes, das den Acheron überquert, sowie auch den Hund Zerberus und die drei Richter der Toten. Diese Akkorde seines göttlichen Instruments hoben für einen Moment die Foltern der Verurteilten auf und stimmten sogar den kalten Gott Hades milde, der Eurydike erlaubte, zurück in die Oberwelt zu gehen. Er stellte aber eine Bedingung: Orpheus sollte nicht zurückblicken, bis sie wieder im Sonnenlicht war.

Geleitet vom erhabenen Klang der Lyra, folgte Eurydike Orpheus durch die dunkelsten Stellen. Sobald sie ans Tageslicht kamen, drehte er sich um, um zu sehen, ob sie ihm folgte und dort verlor er sie für alle Ewigkeit. Aber ihr Tod durch den Schlangenbiss und Orpheus' Versagen, sie wieder ans Tageslicht zu bringen, tauchen nur in einem späteren Mythos auf. Und es ist Dionysos, der auf der Suche nach seiner Mutter Semele in die Unterwelt geht. Orpheus ist vielmehr ein Priester des Dionysos.

Als ein heiliger König wurde er vom Blitz getroffen oder starb durch eine Doppelaxt in einem Eichenhain bei der Sommersonnenwende und wird später zerteilt durch die Mänaden des Stierkultes. Dieser Orpheus ist ein primitiver Dionysos und er spielt nicht die zivilisierte Lyra, sondern eine Panflöte. Er erfand die Geheimnisse von Dionysos und die religiösen Rituale dieser Gottheit.

Niccolo dellí Abbate, Orpheus und Eurydike, Nationalgalerie

Der Tod des Orpheus

Als Dionysos in Thrakien einfiel, erwies ihm Orpheus nicht die gebührenden Ehre und von der Spitze des Berges Pangeo predigte er, dass der größte der Götter Helios (der Sonnengott) sei. Beleidigt befehligte Dionysos, dass ihn die Mänaden von Mazedonien angreifen sollten. Andere Quellen besagen, Orpheus habe die Promiskuität der Mänaden des Gottes verurteilt und predige sogar die homosexuelle Liebe, womit er auch Aphrodite irritiere. Es ist aber sicher, dass die anderen olympischen Götter nicht einverstanden waren, den Missetäter zu töten.

Doch die Mänaden warteten voller Wut darauf, dass ihre Männer in den Tempel des Apollon gingen, wo Dionysos Priester war und dort ihre Waffen ablegten. Dann nahmen sie die Waffen, töteten ihre eigenen Ehemänner und zerstückelten Orpheus. Sein Kopf wurde in den Fluss Hebro geworfen aber er schwamm oben und sang weiter, bis er zum Meer kam und bis nach Lesbos getrieben wurde. Dionysos verwandelte die Mänaden in Eichen, die tief in der Erde verwurzelt waren.

Die weinenden Musen nahmen die Überreste von Orpheus in Empfang und beerdigten sie in Liebetra, am Fuß des Berges Olympus und bis heute sagt man, dass die Nachtigallen dort melodiöser singen als sonst wo. Die Mänaden versuchten sich das Blut des Musikers im Fluss Helikon abzuwaschen, schafften es aber nicht: die Gottheit dieses Wassers ging hier unter die Erde und tauchte erst vier Meilen später wieder an der Oberfläche auf, um mit einem anderen Namen wieder zu erscheinen, Bafira. Er tat, was er tun musste, um kein Komplize dieses Mordes zu werden.

Der Kopf des Orpheus wurde von einer eifersüchtigen Schlange angegriffen, die Apollon in einen Stein verwandelte. Dann wurde der Kopf in einer Höhle aufbewahrt, die dem Dionysos geweiht war. Dort begann er Tag und Nacht zu prophezeien. Apollon, der seine wachsende Beliebtheit sah und bemerkte, dass seine Orakel in Delphi, Grineo und Claro nicht mehr konsultiert wurden, hielt vor dem Kopf an und meinte, er solle aufhören, sich in die Angelegenheiten anderer Leute einzumischen. „Ich hatte bislang schon viel Geduld mit dir und deinen Liedern!" schrie er ihn an. Seitdem und bis heute hat der Kopf geschwiegen.

Andere erzählen den Tod des Orpheus auf andere Weise: Zeus tötete ihn mit einem Blitz, sagen sie, weil er göttliche Geheimnisse ausgeplaudert hätte. Im Gegenteil, behaupten andere: er begründete die Mysterien von Apollon (Thrakien), Hekate (Egina) und der unterirdischen Demeter (Sparta). Die Lyra des Orpheus kam auch nach Lesbos und wurde in einem Tempel des Apollon aufbewahrt, der zusammen mit den Musen eingriff, damit sie als Sternbild in den Himmel gestellt wurde.

Émile Lévy, der Tod des Orpheus, Musée d'Orsay

Die Entführung der Persephone

Für Hesiod ist Persephone, Göttin des Ackerbaus, die Tochter zweier großer Götter und ein weiterer Gott hat sie entführt:

> *Und er [Zeus] ging ins Bett mit der üppigen Demeter, die mit Persephone schwanger wurde, die mit den weißen Armen, und die von Hades ihrer Mutter geraubt wurde.*

Aber Demeter erscheint nur wenige Male zusammen mit den anderen Göttern, da sie zurückgezogen lebt, von sich selbst als archaische Göttin der Natur entführt. Von mehreren Göttern des Olymps umworben, nahm sie ihre Geschenke nicht an und übertrug diese Einstellung ihrer Tochter. Ihr friedliches Leben verlief ungestört, bis Hades plötzlich Core entführte – die erst später Persephone genannt wird – und sie zur Königin der Unterwelt machte.

Der dunkle Gott des Avernus und seiner Regionen – Felder des Elysion, Tartarus, Felder von Asphodelos –, der stille Gott der Toten, schnappte sich Core, um mit ihr in der Unterwelt den Samen einer tödlichen Liebe zu säen, die das Jahr in zwei Jahreszeiten unterteilte. Die Erde wurde unfruchtbar während der endlosen Tage, in denen Demeter nach ihrer Tochter suchte und sie nicht fand. Als schließlich Zeus angesichts der offenkundigen Zerstörung der Welt handeln musste und Hades befahl, Persephone zurückzugeben. Hades schien einverstanden zu sein und ließ sie gehen. Niemand durfte aber im Tartarus etwas essen, wenn er in die äußere Welt zurückkehren wollte und Hades schaffte es, sie dazu zu bringen, etwas Granatapfelkerne zu essen. Laut Askalaphos erzählte er den Göttern, sie habe freiwillig die Kerne gegessen.

Die Entführung der Persephone? Es gibt mindestens eine andere Version. Theseus und Peirithoos, zwei junge Freunde, Abenteurer und ein bisschen wie die Sumerer Gilgamesch und Enkiddu, versprachen sich, Töchter des Zeus zu heiraten. Die Wahl des Theseus fiel auf Helena, die er sah, als sie noch ein kleines Mädchen war. Mit Hilfe des Peirithoos, entführte er sie und wollte sie in seinem Haus verstecken, bis sie das heiratsfähige Alter erreicht hatte. Helena blieb im Haus der Mutter des Theseus, Etra.

Peirithoos war verliebt in Persephone. Sie reisten in den Tartarus, um sie zu suchen. Der Gott Hades, gastfreundlich aber vor allem wachsam, veranstaltete ein Bankett für sie. Als die beiden Freunde sich setzten, wurden sie von Schlangen gefesselt, die aus den Stühlen kamen; und wurden nicht mehr freigelassen. Herakles mischte sich dann ein und rette Theseus, der einen Teil seines Oberschenkels und des Gesäßes auf dem Stuhl lassen musste. Für Peirithoos war es das Ende des Abenteuers.

Gian Lorenzo Bernini, die Entführung der Proserpina, Galleria Borghese

Kadmos und Harmonia: niemals wieder werden wir mit den Göttern zu Abend speisen

Kadmos ist ein kultivierter und zivilisierter Held, Sohn des Agenor und der Telefasa. Er ist der Gründer von Theben. Er brachte der Helade das Alphabet, den Pflug, das Schmelzen von Metallen, die Landwirtschaft … Er war der Bruder von Cilix, Phönix und Europa, die als junges Mädchen von Zeus entführt wurde, der sich in einen Stier verwandelt hatte. Er ging mit seiner schwangeren Mutter hinaus in die Welt, um nach ihr zu suchen. „Wenn ihr sie nicht findet, kommt nicht zurück", sagte Agenor ihnen.

Phönix setzte sich ab und gründete kurze Zeit später das Reich Phönizien. Sie kletterten weiter durch die Antitauros Berge, wo der müde Cilix seine Mutter bat, die Suche aufzugeben aber sie bestand darauf, weiterzusuchen. Wenig später stirbt Telefasa bei der Geburt von Phineus und Cilix gibt die Reise auf und gründet Kilikien zwischen der Küste und den Antitauros Bergen in Antioquia. Kadmos überquert den Kontinent und kommt nach Delphi, denn er möchte das Orakel von Apollon über den Verbleib seiner Schwester Europa befragen. Die Wahrsagerin befiehlt ihm, seine Augen zu bedecken und durch irgendein Stadttor zu gehen. Sobald er eine Kuh sehen würde, die einen Mond in Ihrem Gesicht gezeichnet hatte, solle er ihr unverzüglich folgen, bis das Tier müde umfällt. Dort solle Kadmos sein Haus gründen.

Er bedeckte seine Augen, verließ Delphi in Richtung Süden und sah die Kuh. Er musste ihr einfach folgen und der Hofstaat ging ihm nach. Nach einer langen Reise starb die Kuh vor Müdigkeit und Kadmos gründete die Stadt Kadmea, später Theben genannt, wie die ägyptische Stadt. Er wollte ein Opfer darbringen und schickte nach Wasser und neben der Quelle tötete ein Drachen einige seiner Leute. So tötete Kadmos den Drachen. Ares, sein Herr, erzürnte. Zeus schickte Kadmos eine Nachricht durch Athene: „Sähe heute Abend die Zähne des Drachens in der Erde aus und es werden Hunderte von wilden und bewaffneten Kriegern geboren, die Espartos oder gepflanzte Männer, die versuchen werden, dich mit ihren Waffen zu töten. Versteck dich und lass Sie sich gegenseitig bekämpfen, und wenn nur noch wenige übrig sind, kämpfe mit einigen und besiege sie: Diejenigen, die am Leben bleiben, stehen dann unter deinem Kommando". So bekam er seine treuesten Krieger.

Ares wollte aber, dass Kadmos für den Tod des Drachen bestraft wird und er wurde dazu verurteilt, ein Jahr als Sklave zu arbeiten. Kadmos bat dann darum, Harmonia heiraten zu dürfen, die Tochter des Ares. Alle Götter des Olymps kamen zu dieser Hochzeit, und dies war das letzte Mal, dass sie sich unter die Sterblichen mischten. Niemals wieder werden wir mit den Göttern zu Abend speisen.

Ares, Tivoli, Villa Adriana

Daphne: Der Lorbeer deines Namens

Apollon spottete über Eros, den er weibisch nannte, als er die Schlange Python mit seinen Pfeilen getötet hatte. „Was machst du mit diesen lächerlichen Pfeilen und diesem Spielzeugbogen? Nur meine Schultern sind würdig, Pfeil und Bogen zu tragen", sagte er. Apollon sagte auch, dass Eros sich damit begnügen solle, sentimentale und verliebte Personen zu beschießen, ohne mit dem Gott konkurrieren zu wollen, der einen Bogen der großen Klasse trage und der von fern verletzen könne. Eros nahm Rache: Mit einem seiner Pfeile verletzte er Apollon und brachte ihn dazu, sich in eine Nymphe mit Namen Daphne (Lorbeer) zu verlieben, die Tochter des Flusses Ladun oder eines anderen Flusses, wie den Peneo. Dieser Pfeil, oder vielleicht ein ähnlicher, verletzte auch sie und verursachte ihre Abneigung gegen die Liebe, besonders gegen die des Apollon.

Der Gott verfolgte sie. Nymphen hinterherzulaufen war eine seiner Lieblingsbeschäftigungen. Als er sie fast erreicht hatte, rief sie nach ihrem Vater, dem Fluss, der sie in einen Lorbeerstrauch verwandelte. So beschreibt es Ovid in der *Metamorphose*:

> *Kaum war die Bitte ausgesprochen, wurden alle Gliedmaßen taub: ihre Innereien wurden mit einer zarten Kruste bedeckt, die Haare wurden zu Blättern, die Arme zu Ästen, die Füße, die früher so leicht waren, wurden in verdrehte Wurzeln verwandelt, das Gesicht nahm schließlich die Spitze ein und nur ihre Schönheit blieb darin enthalten.*

Auch nach der Verwandlung liebte Apollon den Baum. Als er merkte, dass Daphnes Herz immer noch unter der Rinde schlug, umarmte er die Äste, schnitt einige ab und machte daraus Girlanden: eine schmückt sein Haar, eine andere seine Lyra und eine weitere seinen Bogen. „Deine Blätter werden für immer grün bleiben wie jetzt", versprach er ihr „und sie werden die siegreichen Häupter der Athleten und Kriegsherren schmücken".

In einer anderen Version lebt Daphne, Tochter des Amiklas und Liebling der Artemis, jagend in den Bergen. Leukipo zog sich als Frau an, um sich ihr zu nähern und tat es so gut, dass er ihr unzertrennlicher Gefährte wurde. Aber Apollon, der eifersüchtig wie ein Sterblicher war, schlug seiner Geliebten und ihren Freundinnen vor, in einer Quelle zu baden. Leukipo weigerte sich, bis die Mädchen ihn zwangen, die weibliche Kleidung abzulegen. Darunter erscheinen dann seine männlichen Attribute. Sie stürzten sich auf ihn, um ihn zu töten, aber die Götter griffen ein, um ihn unsichtbar zu machen.

Apollon wollte den Moment der Verwirrung ausnutzen und Daphne fangen. Sie aber bat auf der Flucht den Gottvater Zeus, zum Lorbeerbaum zu werden, der noch heute ihren Namen trägt.

Gian Lorenzo Bernini, Apollon und Daphne, Galleria Borghese

Prokris und Cefalos: die bestrafte Tugend

Prokris war die Tochter des Königs von Athen, Erechtheus und seiner Ehefrau Praxitea. Sie heiratete Cefalos, Sohn des Deyon. Es gibt verschiedene Versionen dieser Geschichte aber alle stehen aber im Zusammenhang mit ehelicher Treue und Vertrauen.

Prokris und Cefalos zogen aufs Land, außerhalb von Athen. Der älteste Mythos besagt, dass Cefalos beschloss, acht Jahre seinem Haus fern zu bleiben, um die Treue seiner Frau zu überprüfen. Nach dieser Zeit kehrte er nach verkleidet Athen zurück, um seine Frau einem letzten Test zu unterziehen. Prokris erlag der reichen Kleidung, mit der der Fremde sie verführte, obwohl das Paar sich schließlich versöhnte. Nach einiger Zeit war sie es, die begann, an ihrem Ehemann zu zweifeln, der häufig abwesend war, um zu jagen. Ein Diener speiste diesen Verdacht mit der Bestätigung, er hätte mehrmals gehört, wie Cefalos den Namen einer Frau flüsterte: Nefele (Wolke). Prokris folgte Cefalos und nachdem sie dieses Wort hörte (mit dem er tatsächlich um Schatten bat, um ihn vor der Sonne zu schützen), kam die Frau aus ihrem Versteck. Der Jäger hielt sie für ein Tier und tötete sie.

Auf dieser Grundlage bieten andere Erzählungen signifikante Variationen. Wie in Apolodoros Version, in der es Prokris war, die eine Zeit lang von zu Hause abwesend war. Sie ging nach Kreta, wo sie eine Beziehung mit König Minos unterhielt, der ebenfalls verheiratet war und der ihr zwei Geschenke machte: einen schnellen Hund und einen Speer, der immer sein Ziel erreichte. Aus Angst vor der Eifersucht Königin Pasiphaes, die Minos verhexte, damit er Skorpione, Schlangen und Tausendfüßler ejakulierte, kehrte Prokris zu ihrem Ehemann zurück. Aber eines Tages tötete Cefalos versehentlich seine Frau. Nachdem er zur Verbannung verurteilt worden war, ging er nach Theben, wo er sich zu reinigen versuchte, indem er den Fuchs von Teumesia jagte.

Ein dritter Mythos erzählt davon, dass Cefalos versucht, die Treue seiner Frau durch einen Freund zu überprüfen, der ihr beiwohnt. Nachdem die List entdeckt wurde, floh die Frau beschämt nach Kreta und suchte den Schutz von König Minos, dessen Gunst sie gewann, indem sie ihm half, ein Problem zu überwinden, das ihn daran hinderte, Kinder zu zeugen. Die Athenerin schuf eine künstliche Vagina für den König, um darin die Schlangen und andere Kreaturen in seinem Sperma zu ejakulieren, damit er Pasiphae erfolgreich schwängern konnte. Später kehrte sie nach Athen zurück, auch in diesem Fall mit den Geschenken und verführt ihren Mann als Mann verkleidet. Dieser, begierig, die kretischen Geschenke zu besitzen, gab sich der Versuchung hin. Dies ist die einzige Version, in der Prokris kein tragisches Ende nimmt, denn später jagten die beiden den Fuchs von Teumesia gemeinsam.

Peter Paul Rubens, Cefalus und Prokris, 1636–1637, Museo del Prado, Madrid.

Pelops und Hippodamia

Wir erinnern uns, dass Pelops starb, weil er von seinem Vater Tantalos zerstückelt und den Göttern bei einem Bankett als Speise vorgesetzt wurde, um ihre Gunst zu gewinnen. Die Göttin Demeter aß die linke Schulter des Opfers. Als dem Rest der Götter die Hauptzutat des Gerichts klar wurde, das sie probierten, wurden sie rasend vor Wut, bestraften Tantalos und holten Pelops zurück ins Leben. Hephaistos fertigte ein Stück Elfenbein für die verschwundene Schulter an und dies ist die erste Operation mit Prothesen, von der man weiß.

Sie gaben ihm nicht nur das Leben und seinen früheren Zustand zurück, sondern auch, um diese schlimme Erfahrung und die Grausamkeit seines Vaters zu kompensieren, ein noch schöneres Aussehen, als er vorher gehabt hatte. Ein Nebeneffekt dieser ästhetischen Verbesserung war, dass der junge Mann die Wollust des Poseidons weckte, der ihn mit in den Olymp nahm und zu seinem Liebhaber machte.

Aber das war, bevor er Hippodamia kennenlernte. Da er einen Auftrag von Zeus zu erfüllen hatte, stieg Pelops auf die Erde hinab und dort verliebte er sich in Hippodamia, die Tochter des Königs von Olympia, der ein eifersüchtiger Vater war, wie man an der Tatsache erkennen kann, dass er schon zuvor 30 junge Freier seiner Tochter getötet hatte. Ein weiterer Grund dafür war aber auch eine Prophezeiung, die besagte, dass er von seinem Schwiegersohn getötet werden würde. Trotz allem traute sich Pelops, um die Hand von Hippodamia zu bitten. Die Bedingung des Vaters war, dass Pelops ihn in einem Wagenrennen schlagen müsse.

Der König hatte ausgezeichnete Pferde und einen erfahrenen Wagenlenker, Myrtilo, der auf diese Weise dem Schicksal den vorherigen Freier hatte entkommen können. Da er sich des Nachteils bewusst war, bat Pelops seinen ehemaligen Liebhaber, Poseidon, um Hilfe, in Erinnerung an die guten gemeinsamen Zeiten. Der Gott stimmte zu und gab ihm einen Wagen mit geflügelten Pferden. Vorsichtshalber versprach Pelops Myrtilo die Hälfte des Königreiches, das er erben würde, wenn er ihn das Rennen gewinnen ließ. Dieser bereitete daraufhin eine Sabotage an seiner eigenen Biga vor, bei der er selbst unversehrt bleiben sollte, einer der Zuschauer, König Enomao selbst, jedoch nicht.

Pelops musste schließlich sein Versprechen nicht einlösen, sein Königreich mit Myrtilo zu teilen. Dieser hatte nämlich, weil er ebenfalls in Hippodamia verliebt war, versucht sie gewaltsam zu nehmen. Pelops beschuldigte ihn bis zum Ende des Rennens nicht, sondern tötete ihn dann ihn mit seinen eigenen Händen. Der Wagenlenker verfluchte den Bräutigam. Es war ein Fluch, der sich auf seine Kinder und Nachkommen erstrecken sollte, unter denen Agamemnon, Egisto, Menelaos und Orestes sind.

Wagenrennen des Pelops um Hippodamia

Ixion und Nefele: das ewige Rad

Als König von Thessalien war Ixion einer der Lapithen Helden. Er war der Sohn des Phlegias, Leonte oder Antion, je nachdem, welchen Autor man heranzieht, und einer der berühmtesten Bewohner des Tartarus.

Ixion versprach Deyoneo ein wertvolles Geschenk, wenn er ihm erlaubte, seine Tochter Dia zu heiraten aber der Lapith erfüllte nie sein Versprechen. Sein Schwiegervater, der verärgert war, wollte die Stuten des Ixion als Entschädigung. In einem berüchtigten und vorsätzlichen Plan lud dieser Deyoneo zu einer Party ein, auf der er endlich die versprochene Zahlung erfüllen würde. Aber Ixion grub eine Grube und füllte sie mit Glut und dann bedeckte er diese mit einem Rahmen aus Zweigen, auf denen Sand verstreut wurde. Niederträchtig warf er seinen Schwiegervater in das Loch, was als das übelste Verbrechen gilt, das unter Sterblichen an einem Familienmitglied begangen werden kann.

Dieser Akt entsetzte die benachbarten Könige, aber auch die Götter, die ihn mit Wut (oder Wahnsinn) bestraften. Alle weigerten sich, ihn reinzuwaschen und Ixion wurde gezwungen, unterzutauchen und vor dem Umgang mit anderen zu fliehen. Isoliert und verabscheut, flehte Ixion Zeus um Vergebung an, der endlich Mitleid mit ihm hatte. Er vergab ihm nicht nur, sondern lud ihn an den Tisch der Götter ein. Dort trank er das göttliche Ambrosia, was ihm Unsterblichkeit brachte. Aber Ixion, weit davon entfernt, dankbar zu sein, versuchte, Hera, die Frau von Zeus, zu verführen, die es empört ihrem Ehemann erzählte. Um zu prüfen, ob Heras Vorwürfe wahr waren, ließ Zeus Nefele, die Göttin der Wolken, die Gestalt seiner Frau (oder eines Pferdes) annehmen und ließ sie vor Ixion erscheinen. Dieser lag der Göttin bei. Aus der Vereinigung wurde das Zentaur Kind geboren das, als er das Erwachsenenalter erreichte, die Rasse der Zentauren mit den Magnesias Stuten zeugte (Kreatur mit dem Kopf, den Armen und dem Torso eines Menschen und dem Körper und den Beinen eines Pferdes).

Ixion bedauerte seinen Angriff auf Hera nicht, sondern prahlte stattdessen damit vor dem Rest der Götter des Olymps. Zeus, der sehr wütend war, tötete ihn mit einem Blitz (Die einzige Art zu sterben für diejenigen, welche Ambrosia gekostet hatten) und verurteilte ihn zum Tartarus, die Ecke des Hades, wo Hermes ihn mit Schlangen an ein brennendes Rad band, das sich unaufhörlich drehte. Seine Qual sollte nur aufhören, als Orpheus in die Unterwelt hinabstieg und durch sein wunderbares Lied das Rad zum Stillstand brachte.

Aus seiner Beziehung mit Dia (oder aus der des Zeus mit Dia) wird Pirithous, König der Lapithen und treuer Freund des Theseus geboren.

José Ribera, Ixion, Museo del Prado

Ifis und Yante

Ovid erzählt im 9. Buch seiner *Metamorphosen*, dieser großen Sammlung von Mythen, die als Leitfaden und Inspiration für eine Vielzahl von Künstlern diente, die sich mit mythologischen Themen beschäftigt haben, die Geschichte von Ifis und Yante. Eine Geschichte, die in der Kunst kaum vertreten ist, vielleicht wegen der Natur der Liebe, die sie beschreibt.

Auf Kreta wurde eine Frau schwanger von ihrem Ehemann. Sie waren ein armes Ehepaar, mit knappen Ressourcen und sie konnten gerade so überleben, so dass sie keine Tochter behalten konnten, die ihrerseits eine Mitgift haben musste und die Arbeit nicht voranbringen würde – man muss sich vor Augen halten, in welcher Epoche der Mythos spielt.

Der Vater bat seine Frau, das Kind loszuwerden, falls ein Mädchen geboren wird. Vor der Geburt erschien der Mutter die Göttin Isis in ihren Träumen und versicherte, dass sie das Baby schützen und sich darum kümmern würde, egal was für ein Geschlecht es hat. Das beruhigte die Mutter.

Schließlich wurde tatsächlich ein Mädchen geboren, das die Mutter nicht töten konnte. Aber um sie vor ihrem Vater zu verstecken, beschloss sie, das Kind in Männerkleidung zu stecken und sie Ifis zu nennen, ein mehrdeutiger Name, weil er sowohl für männliche als auch für weibliche Personen verwendet werden kann.

Ifis wuchs als Junge heran und zog die Aufmerksamkeit eines Mädchens auf sich, Yante, die sich in sie verliebte, da sie glaubte, Ifis sei ein Junge. Auch Ifis fühlt sich zu Yante hingezogen, da sie sehr schön war aber Ifis war sich im Gegensatz zu ihrer Spielgefährtin ihres Geschlechts bewusst und ignorierte nicht, dass die Liebe, die sie für sie empfand, unangebracht war. Ovid beschrieb uns Ifis verzweifelt jammernd, „von einer Sehnsucht beherrscht, die niemand kennt, von einer monströsen Sehnsucht, deren Objekt eine unerhörte Liebe ist".

Der Vater von Ifis arrangierte die Hochzeit seines „Sohnes" mit Yante und obwohl die Mutter versuchte, sie mit tausend Ausreden zu verzögern, kam der Moment der Zeremonie, an dem die Täuschung bekannt werden konnte.

Die Auflösung der Handlung ist typisch für viele Mythen. Die Mutter von Ifis bittet um Hilfe der Göttin Isis, die eingreift und das Mädchen in einen Mann verwandelt. So bekommt die Geschichte ein „glückliches Ende" und ist annehmbar für die griechische Gesellschaft. Dieser Mythos, wie andere, die von jungen Transvestiten erzählen, wie Herakles selbst, als er in seiner Jugend Sklave oder eher eine Sklavin von Königin Omphale war, stehen für die Ambiguität und die sexuelle Unbestimmtheit des Jugendlichen.

Cnidus Aphrodite, 4. Jh. v. Chr., Marmor, römische Kopie des ursprünglichen Praxiteles

Poliphem und Galatea: demütige, übermäßige Liebe

Die Geschichte dieses Paares ist an sich kein griechischer Mythos, sondern eine Geschichte des lateinischen Dichters Ovid, der von Homer eine Hauptfigur aus der griechischen Mythologie und ein Gedicht der Odyssee übernommen hat. Ovid verwandelt es fast in eine Farce, eine Geschichte, die sowohl lächerlich als auch tragisch ist.

In Sizilien lebte Polyphem, ein monströser Riese mit einem einzigen Auge, verliebt in die schöne Nymphe Galatea, die wiederum einen jungen Schäfer namens Akis liebte. Sie erzählt, wie der Zyklop einen riesigen blutenden Felsen erklomm und Melodien auf einer Flöte mit hundert Rohren spielte. Im Lied präsentierte er sich als Ehemann, mit süßen Worten, die Galatea eine übermäßige Liebe beschreiben, was ihr Angst machte. Die Götter, die von der Nymphe angefleht wurden, verwandelten das Blut, das aus dem Felsen kam, in Wasser. Volle unerwiderter Liebe, blind vor Wut und ohne seine eigenen Gefühle zu verstehen, suchte Poliphem die beiden Liebenden auf und warf einen großen Stein, um Akis zu zerschmettern, der in einen Fluss verwandelt wurde. Bis hierher Ovid.

Viele Jahrhunderte später findet der bedeutende cordobesische Dichter Luis de Góngora einen Weg, dem Gedicht eine neue Spannung und kompliziertere Charaktere hinzuzufügen. Er erzählt, wie Galatea und Akis sich verlieben, ein dramatischer Kunstgriff, damit sich Polyphem seiner Liebe nicht von Beginn der Geschichte an bewusst ist. Polyphem versuchte in dieser Version auch nicht absichtlich, den Rivalen zu töten, weil er nicht wusste, dass Akis von Galatea geliebt wurde. Zufall oder Schicksal – als der Zyklop Steine auf Ziegen warf, die seine Reben fraßen und flüchteten, näherten sie sich den Liebenden. Diese glaubten, dass sie entdeckt wurden, sie flohen und Akis starb.

Die Charaktere sind besser gezeichnet, es gibt psychologische Komplexität in den Geschöpfen von Góngora. Galatea beschreibt das Aussehen ihres Geliebten, obwohl sie nichts über ihre Gefühle sagt, er ist eine Figur ohne Relief. Sie ist eine Schönheit, die von den Männern der Insel belästigt wird, vor denen sie normalerweise flieht und empfindet Bewunderung für Akis, der sie respektiert.

Galatea leidet, liebt und ist gezwungen, sich zu ergeben. Und der monströse Polyphem, abgesehen davon, dass er Täter wird, ist kraftvoll und kultiviert und ist ein Opfer des Schicksals: sein einziger Fehler ist, dass er einäugig, hässlich und gigantisch ist, obwohl er auch reich und fleißig ist, Gefühle hat und fähig ist, die Schönheit zu lieben. Ein Zyklop der frühen Moderne.

Galatea trifft sich mit Poliphem, Archäologisches Nationalmuseum Neapel

Protesilaos und Laodamia

Es ist nicht möglich, über Protesilaos zu sprechen, ohne Laodamia zu erwähnen und umgekehrt.

Protesilaos war der Prinz von Thessalien. Nachdem er Laodamia geheiratet hatte, ging er nach Troja, trotz der Warnungen des Orakels, das vorhersagte, dass der erste Grieche, der trojanisches Land betrete, der Erste sein würde, der sterben werde. Und so war es: als Odysseus (Ulysses) seinen Schild ans Ufer warf und darauf sprang, war es der tollkühne Protesilaos, der die vorher vom Orakel verkündete Prophezeiung gut kannte und das Land zuerst betrat. Bevor er starb konnte er sogar noch einige Trojaner töten.

Als die Ehefrau des Protesilaos, Laodamia, die Nachricht seines Todes bekam, wurde sie so traurig, dass sie die Götter so sehr bat, zu ihrem Ehemann zurückkehren zu können, dass Zeus selbst erlaubte, dass Hermes Protesilaos für drei Stunden aus dem Reich der Toten in die Welt der Sterblichen führte. Sobald diese Zeit vorbei war, beging die Frau Selbstmord, indem sie sich einen Dolch in ihr Herz stieß.

In einer anderen Version dieses dramatischen Mythos' wird gesagt, dass nach dem Tod des Mannes, Laodamia eine Statue bei einem bekannten Künstler in Auftrag gab, um ein Bildnis von Protesilaos anzufertigen und das Ergebnis war so perfekt, dass die Skulptur tatsächlich Protesilaos selbst zu sein schien, nur dass sie nicht sprechen konnte. Die Faszination von Laodamia für die Statue war so groß, dass sie sogar nachts die Statue in ihr Bett legte, mit ihr sprach und nur einschlief, indem sie sie umarmte und davon träumte, dass die regungslose Skulptur wirklich ihr Ehemann war. Das tragische Ende kam schließlich, als ihr Vater, der die Traurigkeit seiner Tochter nicht mehr ertragen konnte, die sie letztendlich in den Wahnsinn trieb, befahl, die Statue in einem Feuer zu zerstören. Diesen Moment nutzte Laodamia aus, um sich ebenfalls ins Feuer zu werfen, um in den gleichen Flammen zu verbrennen wie das Bildnis, um ihrem Leben ein Ende zu setzen und sich mit ihrem Ehemann in der Welt der Toten zu vereinen.

Griechischer Sarkophag mit dem Mythos von Protesilaos und von Laodamia, Neapel, Kloster Santa Clara

ALIBI MONVMENTVM ERAM
SANCTVM FELICVM OPPIDVM SANFELICIA
FAMILIA CONDIDIT NOMEN DERIVAVIT
IBI ME POSVIT
LONGVM DOMINATVM ABIECIT INCOLÆ ABIERVNT
NE MIHI DESIM HIC SVM AD OSSA IO: BAPTISTÆ
POSTREMI DOMINI ET CÆSARIS RODI DVCIS
ANNO DNI M·DCXXXII

Artemis und Orion

Es gibt keine Klarheit darüber, wie sich die Geschichte zwischen der Göttin Artemis und dem Riesen Orion entwickelt hat. Nach einem der populärsten Mythen beeindruckte Orion, der ein großer Jäger war, die Göttin der Jagd, sodass zwischen ihnen eine Beziehung begann, die mit der Zeit immer enger wurde. Das gefiel den anderen Göttern nicht, denn Orion war nur ein Sterblicher und es galt als unwürdig, dass die Göttin sich in ihn verlieben konnte.

Am schlimmsten beleidigt schien Apollon, der Bruder von Artemis, zu sein, der diese Beziehung beenden wollte, bevor Artemis den Kopf und sogar ihre Jungfräulichkeit durch den Riesen verlor. Apollon war auch eifersüchtig, da seine Schwester aufgehört hatte, ihm Aufmerksamkeit zu schenken. Also beschloss er, Maßnahmen zu ergreifen und schickte einen großen Skorpion, so groß wie ein Elefant, um das Leben von Orion zu beenden. Er verteidigte sich bestmöglich gegen das Monster, obwohl er irgendwann merken musste, dass er das Tier nicht alleine mit seinen Pfeilen töten konnte. Also beschloss er, davor zu fliehen, indem er ins Meer sprang und zu einer Insel schwamm.

Als er weit genug weg war und Orion nur noch als Punkt im Ozean erschien, forderte Apollon Artemis heraus, diesen entfernten Punkt mit einem Pfeil zu treffen und so ihre Fähigkeit im Bogenschießen zu beweisen. Die Göttin, die sich nicht bewusst war, dass das Ziel ihr geliebter Orion war, schoss den Pfeil und tötete den riesigen Jäger. Als sie entdeckte, was sie getan hatte und angesichts der Unmöglichkeit, ihm das Leben zurückzugeben, beschloss Artemis, aus ihm eine Sternbild zu machen und ihn in den Himmel zu stellen, so dass er immer vor der Konstellation des Skorpions flüchte, in Gedenken an die Lügen und Betrügereien des Apollon, der sie dazu brachte, sein Leben zu beenden.

Andere Geschichten argumentieren stattdessen, dass Artemis Orion vorsätzlich getötet haben soll, entweder weil er versucht hatte, sie mit Gewalt zu nehmen (sie oder eine ihrer Gefährtinnen) oder beleidigt hatte, weil der Jäger sie zu einem Diskuswurfwettbewerb herausgefordert und gewonnen hatte oder weil er sich damit brüstete, im Bogenschießen so gut oder besser zu sein als die Göttin selbst. In jedem Fall tötete die Göttin den riesigen Jäger und verwandelte ihn dann in eine Konstellation am Himmel.

Nicolas Poussin, Landschaft mit Orion auf der Suche nach der aufgehenden Sonne, Metropolitan Museum of Art

Klytia und Leukothoe

Diese Legende wird uns von Ovid in seiner *Metamorphose* erzählt. Er erzählt darin die Verwandlung seiner Protagonisten in zwei verschiedenen Pflanzen, die beide zu ihrer Zeit von Helios, dem Gott der die Sonne verkörpert, geliebt wurden.

Klytia war eine Wassernymphe, Tochter des Okeano und der Tetis. Sie verliebte sich in Helios, den sie jeden Tag beobachtete, wie er mit seinem Wagen morgens den Himmel durchquerte, bis er abends zurückkam und bis zum nächsten Morgen verschwand. Der Gott bemerkte sie und sie wurden zu Liebhabern, wenn auch nicht lange Zeit. Helios, die Sonne, ist von Natur aus unbeständig und kann nirgendwo lange bleiben und so verliebte er sich in Leukothoe.

Er entwickelte eine Strategie, um an Leukothoe heranzukommen, da ihr Vater, Orkamo, König von Babylon, sie eifersüchtig überwachte. Der Gott nahm das Aussehen der Mutter der jungen Frau an, um Leukothoes Schlafzimmer zu erreichen und sie zu verführen.

Als Klytia von der Liebschaft ihres Liebhabers erfuhr, wollte sie sich an ihm rächen und dazu erzählte sie alles was passierte dem strengen Vater ihrer Rivalin – und vielleicht noch etwas mehr, was sie aus Eifersucht noch hinzufügte. Orkamo ließ seine eigene Tochter lebendig begraben. Als Helios davon erfuhr, versuche er sie wieder ins Leben zu bringen, aber ohne Erfolg. Er schaffte es nur, sie in eine Weihrauchpflanze zu verwandeln und sagte: „Du wirst den Himmel berühren, gegen den Willen deines Vaters".

Auch mit ihrem eifersüchtigen Trick schaffte es Klytia nicht, die Liebe des Helios zurückzugewinnen, eher passierte das Gegenteil. Er verließ sie. Die Nymphe konnte den Verlust ihres Geliebten nicht überwinden und zog sich auf das Land zurück, wo sie, von Wasser und Nahrung entfernt und von Liebe zerfressen wurde. Sie sah Tag für Tag von Osten nach Westen Helios vorbeiziehen. Sie war untröstlich, bis sich die Götter am neunten Tag ihrer erbarmten und sie in eine Sonnenblume verwandelten, die Pflanze, die so wie Klytia den Lauf der Sonne verfolgt. Obwohl die Wurzel sie in der Erde festhält, sagt Ovidio, dreht sie sich immer weiter mit der Sonne, als wenn sie nur ihr gehören würde. Verwandelt, bewahrt sie so immer ihre Liebe.

Büste des Helios, Louvre

Die Argonauten

Die Expedition nach Kolchis, die von etwa fünfzig Helden unternommen wurde und Iason bei seiner Suche nach dem Goldenen Vlies begleitete, ist eine der großartigsten Heldentaten der Antike, nur vergleichbar mit dem Trojanischen Krieg und der anschließenden Rückkehr nach Griechenland, was die Fülle von Werten und die gelebten Abenteuer betrifft. Darüber hinaus, ist die Expedition der Argonauten an sich ein mythologischer Zyklus oder eine Zusammenstellung von Geschichten, die durch einen einzigen Handlungsstrang miteinander verbunden sind: eine auf der Suche nach einem Schatz unternommenen Reise, die aber eine Strategie verbirgt, um den Helden loszuwerden, da es eine unmögliche Mission ist, bedingt durch die Wechselfälle während der Suche und der Rückkehr. Es ist eine der ältesten griechischen Legenden, die durch die Einbeziehung zahlreicher Elemente aus populären Geschichten und mündlichen Überlieferungen bereichert wird.

Obwohl es traditionell damit endet, dass die Anzahl der Teilnehmer an der Expedition an Bord der Argo auf 50 Mitglieder festgelegt wird, variiert die Anzahl der Teilnehmer von Autor zu Autor, aber nicht nennenswert. Nicht alle Schriftsteller, die die Legende behandelt haben, haben auf der Reise die gleichen Helden mitgenommen. Alle stimmen der Anwesenheit zu und man kann sagen, dass die berühmtesten Teilnehmer dabei Herakles oder Castor und Polux sind. Andere Argonauten wären Telamon, Orpheus, der half, unversehrt durch das Gebiet zu kommen, in dem die Sirenen oder Butes waren. Apolodoro erzählt in seiner *mythologischen Bibliothek*, dass Atalante bei der Expedition als einzige Frau an diesem Abenteuer teilnahm.

Die Bedeutung dieser Reise liegt auch darin, dass die Personen uns als Iasons Gefährten präsentiert werden, die alle in einem einzigen Raum versammelt werden. Es sind Personen, die auch noch nach Beendigung dieser Reise in anderen Mythen eine wichtige Rolle spielen, durch eigene Verdienste oder als Begründer wichtiger Geschlechter. Wie auch Laertes, der zum Vater von Odysseus wird und der als menschliches Verbindungsstück zwischen der Geschichte der Argonauten und der Erzählung Homers über den Trojanischen Krieg angesehen werden kann und wichtig ist für die Rückkehr des Odysseus nach Hause. Laertes lebte noch, als der Ithaker nach Hause zurückkehrte. Oder um noch andere Argonauten mit interessanten Biographien nach dieser Expedition zu nennen, wie Admetos, dem neun Jahre Apollon diente. Oder Amphiaraos, der lebendig in die Eingeweide der Erde fiel und der in seiner Rüstung gekleidet und auf seinem Wagen ein Leben nach dem Tod hatte.

Henry Klagmann, Medea, 1868

Argo, das ausgemusterte Schiff

Die Argonauten werden nach dem Namen des Schiffes benannt, auf dem sie fuhren und ihre Abenteuer erlebten, auf der Suche nach dem Goldenen Vlies: der Argo. Das Schiff seinerseits, verdankte seinen Namen seinem Baumeister Argos, der es nach den Plänen baute, die ihm die Göttin Athene selbst gegeben hatte (Argos selbst hat dann ebenfalls auf dem Schiff angeheuert und konnte am Ruhm der anderen Argonauten teilhaben). Aber seine Etymologie hat auch die Bedeutung von „schnell", was die Leichtigkeit, mit der sich das Schiff bewegte, hervorhebt. Und so sollte es auch sein, sehr schnell, um in der Lage zu sein — was es dann auch tat, wie es in der Geschichte der Argonauten erzählt wird — die Symplegaden Felsen zu durchqueren, ein paar Felsen, die zufällig schwimmen und aufeinanderprallen, wobei nur der Verlust eines Teils der Schiffsverzierung zu verzeichnen war. Um die Bewegung der schwebenden Felsen zu berechnen, riet König Phineus ihnen, zuerst eine Taube freizulassen, und wenn diese es schaffte, durchzukommen, würde auch das Schiff es tun. Eufemo, der Steuermann tat dies und der Rest der Argonauten musste sich hart in die Ruder werfen, damit die Argo über das Wasser fliegen konnte.

Einigen Legenden zufolge, wurde in den Bug ein Stück Holz gestellt, das sprechen und sogar einige Prophezeiungen machen und seine Besatzung vor Gefahren warnen konnte, da es aus dem heiligen Wald von Dodona kam.

Es wurde spekuliert, welche Art von Schiff die Argo gewesen sein könnte und die plausibelste Erklärung ist, dass es eine Pentekontere war, ein Kriegsschiff, das mit 50 Ruderern bewegt werden musste, was ungefähr der Anzahl der Teilnehmer an Iasons Expedition entsprach.

Nachdem seine Mission abgeschlossen war, die die Besatzung nach Kolchis und zum Goldenen Vlies und in ihre Heimat zurückbrachte, kehrte die Argo zurück, um zu fliegen, aber nicht auf dem Schaum des Meeres, sondern in den Sternen. Das Schiff wurde in die weite Sternenkonstellation der Argo Navis (Argo, das Schiff) umgewandelt, in der südlichen Hemisphäre des Himmels. Es ist die einzige von Claudio Ptolemäus beschriebene Konstellation, die derzeit nicht erkannt wird. Angesichts seiner Größe, was es für das Himmelsstudium unhandlich machte, wurde es im 18. Jahrhundert in drei kleinere Konstellationen aufgeteilt deren lateinische Namen immer noch an seine Herkunft erinnern, da sie Teile einer Schiffsstruktur sind: Carina (Der Kiel), Puppis (Das Heck) und Vela (Das Segel).

Justus van Gent, Porträt von Claudius Ptolemäus, 1475

Iason und das Goldene Vlies

Pelias, Sohn des Poseidons, übernahm das Königreich von Iolkos, dessen Thron eigentlich seinem Bruder Aison gehörte. Aber das Orakel sagte ihm, dass er von einem Nachkommen des Äolos getötet werden würde. Daher tötete Pelias alle Nachkommen des Äolos, außer seinem Bruder, dem abgesetzten König. Aison und seine Frau hatten einen Sohn, den alle Diomedes nannten. Pelias versuchte das Kind zu töten, das von Cheiron, dem weisen Zentauren, versteckt und aufgezogen wurde. Ein anderes Orakel sagte Pelias: Achte auf einen Mann mit nur einer Sandale.

Und eines Tages sah er ihn: groß und mit langen Haaren. Er trug eine Leopardenhaut und war mit nur einer Sandale bekleidet. Auf seine Frage hin sagte der junge Mann, er sei Iason „und früher nannte man mich Diomedes" und dass er seine Sandale im Schlamm des Flusses Anauro verloren hätte, wo eine alte Frau um die Hilfe von Passanten gebeten hatte, um überzusetzen. Nur der junge Fremde stimmte zu, ihr zu helfen. Es war die verkleidete Hera, die Pelias beleidigt hatte. Der König fragte Iason, was er tun würde, wenn ein Landsmann vorhätte, ihn zu töten. Iason meinte: Ich würde ihn nach Kolchis, auf die Suche nach dem Goldenen Vlies schicken. Und da er wusste, dass dieser König Pelias war, verlangte er von ihm den Thron seines Vaters, den er sich widerrechtlich angeeignet hatte.

Pelias verweigerte ihm sein Recht nicht und bat ihn um Hilfe. Er wurde nämlich von der Seele des Frixos belästigt, der eine Generation zuvor das Opfer vermieden hatte, auf einem göttlichen Widder nach Kolchis zu gehen. Bei seinem Tod wurde ihm die richtige Beerdigung verweigert. Iolkos würde niemals gedeihen, wenn seine Seele nicht zusammen mit dem Vlies des goldenen Widders, wegen dem er ins Exil gehen musste, in sein Heimatland gebracht würde. Pelias versprach, dass er am Ende der Heldentat das Königreich zurückgeben würde.

Iason schickte Herolde an alle Höfe in Griechenland und suchte nach Freiwilligen. Argo baute ihm ein Schiff mit fünfzig Rudern. Einer der Argonauten war Herakles selbst, zwei andere, die spartanischen Dioskuren, Brüder der Helena von Troja … Insgesamt Fünfzig, vollständig mit nur einer Frau, Atalante. Athene legte eine orakelförmige Stange, die aus der Eiche des Zeus in Dedona geschnitten wurde, in den Bug.

In Lemnos bot Hypsipyle Iason den Thron an, wenn er wolle aber Iason musste zuerst seine Suche beenden. In der Tat war dort jeder Argonaut von schönen Lemnien umgeben, die nach ihrer Anwesenheit im Bett verlangten. Hypsipyle forderte Iason für sich und behandelte ihn wie einen König. So bekamen sie Euneos und Deipylos.

Iason mit dem goldenen Vlies, 2. Jh n. Chr., Fragment eines Sarkophags aus Marmor, Museo Nazionale Romano di Palazzo Altemps

DIE ARGONAUTEN

Atalante, die einzige Frau auf der Argo

Weder vor- noch nachher gab es eine Mannschaft, die so mutig war, wie die der Argo, meinen Apolodoros, Pindaros, Higinios, Apolonios, Diodoros … obwohl es keine Übereinstimmung gibt über die Route, die das Schiff während der Reise verfolgte, weder auf der Hin- noch auf der Rückreise. In der Zeit dieser Mythologen war die Reiseroute noch nicht durch die Geschichten festgelegt worden.

Herakles riss die anderen Argonauten aus den Betten ihrer lemnischen Gastgeberinnen, indem er mit der Keule auf die Türen ihrer Häuser schlug. Sie fuhren nach Samothrake. Mit ihnen ging Atalante, Tochter des Iasos. Ihr Vater wollte nur Söhne und als sie geboren wurde, ließ er sie im Berg Partenio oder dem Berg der Frauen zurück, wo eine Bärin sie pflegte und säugte, bis einige Jäger sie fanden. Sie beschloss, nicht zu heiraten und ihre Reinheit zu bewahren, um sich der Göttin Luna, Artemis, zu weihen.

Zwei Zentauren, Reko und Hileo, versuchten sie zu vergewaltigen, sie verteidigte sich und tötete sie mit ihren Pfeilen. Sie nahm auch an der Jagd nach dem kalydonischen Eber teil und gewann im Rennen der Trauerspiele zu Ehren von Achilles, der in Troja gestorben war. Das Orakel warnte sie: An dem Tag, an dem du heiratest, wirst du ein Tier werden. Um Verehrer zu vermeiden, verkündete sie, dass sie denjenigen heiraten würde, der sie in einem Rennen besiegte aber wenn sie gewann, würde sie ihren Gegner töten. Niemand konnte sie schlagen und sie tötete mehrere Bewerber. Alle verloren. Bis Hippomenes kam.

Dieser hübsche junge Mann präsentierte sich für das Rennen und brachte einige goldene Äpfel mit, ein Geschenk der Aphrodite, vom Baum der Hesperiden. Jedes Mal, wenn er von Atalante überholt zu werden drohte, ließ er einen Apfel fallen, der von ihr aufgenommen wurde. Sie war fasziniert von der Schönheit dieser Frucht. Auf diese Weise abgelenkt, konnte sie nicht gewinnen. Sie heirateten.

Sie waren glücklich, bis sie den Tempel der Kybele mit ihrer leidenschaftlichen Liebe entweihten. Die Göttin verwandelte sie in zwei Löwen. Die Griechen glaubten, dass die Löwen sich nicht paaren, so verurteilte ihre Verwandlung sie nicht nur dazu, Bestien zu sein, sondern auch getrennt zu leben. Sofort spannte die Göttin sie vor ihren Wagen, damit sie ihn zogen.

Parthenopeus, Sohn der Atalante, nahm an der ersten Expedition der Sieben gegen Theben teil. Es wird auch gesagt, dass er der Sohn des Ares war oder aber er wurde mit Meleager während der Jagd auf den kalydonischen Eber gezeugt. Atalante war die einzige Frau, die mit den Argonauten nach Kolchis reiste.

Die eigentümliche Geschichte der Atalante lässt sie in einer zeitgenössischen, ukronischen Perspektive als Präzedenzfall für den Feminismus gelten. Pierre Lepautre, Atalante, 1703–1705, Louvre

Der tödliche Blick: Medusa

Es waren einmal Gorgonen, die Schwestern Medusa, Esteno und Euriale, vielleicht Töchter von Typhon und Echidna oder vielleicht von Forkis und Keto. Medusa ist im eigentlichen Sinne eine Schutzgottheit, eine Wächterin. Sie kommt noch aus den Tiefen der vorolympischen Zeit, entsprungen aus der irdischen Unterwelt, eigentlich chthonisch. Sie vervielfacht sich wie der Mond und wird dann zu den drei Gorgonen. Aber nur Medusa ist eine wahre Gorgone, die anderen beiden erscheinen nicht in den Mythen.

Ihr monströser Charakter ist nicht aus einer unentschuldbaren Hässlichkeit geboren, da viele künstlerische Arbeiten sie in einer schrecklichen Schönheit darstellen: blutende Augen, offener, wilder und lasziver Mund, kastrierende Zähne, erzürnte Schlangen als Haare, Hände aus Bronze, goldene Flügel ... großartig. Ja, sie ist ein Monster, auch wegen des versteinernden Blicks. Im Mythos wird gesagt, wer in ihre Augen schaut, wird augenblicklich zu Stein werden aber es versteht sich, dass er seine vorherige Form beibehalten wird, vielleicht als eine Lektion.

Es wird nicht auf den bloßen Tod der Neugierigen, sondern auf etwas noch Schlimmeres hingewiesen: auf einen Prozess voller Geheimnisse, als Rückkehr zu dieser Unterwelt aus Felsen, Höhlen und Grotten, aus der Altsteinzeit stammend, eine prähistorische weiße Leinwand, wo es möglich ist, sich rituelle Todesfälle durch Enthauptung vorzustellen. Mit all diesen Eigenschaften ist es verständlich, dass Medusa nur durch einen Spiegel neutralisiert werden kann.

Die Gorgonen bewohnen das äußerste westliche Ende der Welt, an einem Ort in der Nähe des Landes der Toten. Esquilos *(Der entfesselte Prometheus)* setzt sie neben die Graien: *nicht weit davon entfernt, die beflügelten Schwestern/mit Schlangen als Haaren; die Gorgonen, /Feinde des Menschen ...* In einer archaischen Version des Mythos ist Medusa eine schöne junge Frau, die sich, gedankenlos bezüglich ihrer Schönheit, zur Rivalin der Athene erklärte. Die Göttin lehnte es ab, mit ihr zu konkurrieren und verwandelte sie in das Monster.

Andere sagen, sie sei von Poseidon in einem Tempel der Athene vergewaltigt worden. Bei dieser Vergewaltigung wurden das Pferd Pegasus und der Riese Crisaor gezeugt, geboren aus dem Hals der Medusa, als Perseus den schrecklichen Kopf abschnitt. Die Blutstropfen, die ins Meer fielen, wurden zu Korallen, diejenigen, die auf den Wüstensand fielen, zu Schlangen.

Perseus bewahrte das Blut auf: das von der linken Seite war giftig und tödlich, das von der rechten, heilend und wiederbelebend. Der Kopf blieb in der Obhut der Athene, die ihn auf ihrem Schild befestigte, als unbesiegbare Waffe. Unzählige Armeen flohen davor, wenn sie sich die offenen toten Augen der Medusa vorstellten.

1940 erschien posthum der Artikel von Sigmund Freud „Das Medusenhaupt" in dem er die Grundlagen für eine Kritik an dem Ungeheuer legte.

Pegasus, das fliegende Pferd

Es gibt verschiedene Versionen, die von der Geburt dieses mythologischen Wesens erzählen. Am häufigsten heißt es, dass Perseus, um Medusa, eine der drei Gorgonen, zu besiegen, den Kopf abschlagen musste. Aus dem Hals der Gorgone wurden zwei Wesen geboren: der Riese Crisaor und Pegasus, das geflügelte Pferd.

Der Legende nach war Pegasus ein weißes Pferd mit Flügeln, die ihm erlaubten, den Himmel fliegend zu durchqueren, obwohl er dabei immer noch seine Beine bewegte, als ob er in der Luft rennen würde. Dieses Pferd verließ den Hals der Medusa mit hoher Geschwindigkeit und Perseus, der Held, konnte sich darauf schwingen und reiten, um den anderen zwei Gorgonen zu entkommen, die ihn immer noch bekämpfen und töten wollten.

Pegasus, war ein Nachkomme von Poseidon und daher ein göttliches Wesen und nachdem er aus dem Hals der Medusa geboren wurde, flog er zum Olymp, um vor Zeus zu erscheinen, dem mächtigsten aller Götter. Dort war er lange Zeit frei und unbezähmbar, da kein Sterblicher oder Gott ihn beherrschen konnte. Eine seiner Eigenschaften war, dort Wasserquellen zu schaffen, wo er mit seinen Hufen auftrat. Eine Tugend, die sicherlich seinem Vater Poseidon zu verdanken war.

Pegasus wurde von vielen Menschen begehrt, schaffe es aber frei zu leben, bis der Held Bellerophon kam, der ein goldenes Zaumzeug verwendete, ein Geschenk der Athene, womit er ihn zähmen konnte. Mit Pegasus als Reittier, konnte Bellerophon einige Heldentaten bestehen, wie den Sieg über die Chimära und die Amazonen.

Bellerophon wollte jedoch immer mehr Macht und Ruhm und beschloss schließlich, zum Olymp zu gehen, um ein Gott zu werden. Daher bestieg er Pegasus, der gezwungen war, in Richtung Berg zu fliegen. Aber Zeus war mit dem Ehrgeiz von Bellerophon nicht einverstanden, also schickte er ein Insekt, um Pegasus zu ärgern und zu stechen. Durch den Stich schlug Pegasus aus und Bellerophon fiel von seinem Rücken. Damit gewann das geflügelte Pferd wieder seine Freiheit zurück und konnte wieder nach Lust und Laune durch die Welt fliegen.

Eine weitere Heldentat des Pegasus war, dass er das übermäßige Wachstum des Berges Helikon einschränken konnte, indem er ihn mit seinen Hufen schlagend zwang, sich zu beherrschen. Dort entsprang auch eine Quelle. Schließlich ernannte ihn Zeus zum Blitz- und Donnerträger, befahl ihm das Fahren des Wagens der Aurora (der die Ankunft des Tages ankündigt) und verwandelte ihn in ein Sternbild für alle Ewigkeit.

Hermes reitet auf Pegasus. Diese Statue befindet sich an der Stelle des Palastes der Tullerien, der 1871 durch einen Brand verwüstet wurde, als die Pariser Kommune zu Ende ging.

Phineus und die Harpyien

Die Harpyien waren Wesen mit dem Aussehen geflügelter Frauen. In späteren Traditionen hat sich ihr Aussehen durch Hinzufügen von noch mehr Horror allmählich verändert, bis sie als eine Art Monster oder bösartige Genies dargestellt wurden, mit einem Greifvogelkörper mit scharfen Krallen und dem Gesicht einer Frau ausgestattet, die Unglück und Pech dorthin trugen, wo sie auftauchten. Einige Traditionen machten aus ihnen die Töchter von Taumas und der Ozeaniden Electra. Andere betrachteten sie als Töchter der Typhon, einer alten bösartigen Gottheit, Trägerin von Katastrophen. Die Harpyien erscheinen immer im Zusammenhang mit den Winden.

Die Tradition sagt auch, dass es drei Harpyien waren, obwohl es auch hier keinen geschlossenen Konsens gibt: Aello, was stürmischer Wind bedeutet, wurde manchmal auch Nikotoe genannt (schnelle Füße), Okypete (schneller Flug) und Podarge (leichte Füße), manchmal wird sie auch Kelaino genannt (die Dunkle) und sie bekommt besonders in der römischen Zeit den Ruhm, die besonders böse der drei zu sein.

Der Mythos, in dem die Harpyien eine wichtige Rolle spielen, ist der des Königs Phineus von Thrakien. Phineus hatte die Gabe der Prophezeiung und schaffte es, Zeus wütend zu machen, indem er den Menschen die Zukunft offenbarte. Das heißt, er konnte den Sterblichen die Pläne verraten, die die Götter mit ihnen hatten. Aus diesem Grund wurde eine Strafe für ihn erdacht. Er sollte nicht in der Lage sein, sich von irgendetwas zu ernähren, denn in dem Moment, in dem er sich etwas Essbarem näherte, waren die Harpyien dafür verantwortlich, es zu verhindern. Sie schnappten ihm das Essen weg, beschmutzten es und wendeten noch viele andere Tricks an.

Diese Strafe dauerte an, bis die Argonauten an seine Küste kamen und er ihnen von seinen Qualen erzählte. Er prophezeite ihnen, dass zwei von ihnen, Zetes und Calais, die zwei Söhne von Boreas, dafür bestimmt waren, ihn von den Harpyien zu befreien – ein schönes Beispiel einer sich selbst erfüllenden Prophezeiung. Er versicherte Ihnen auch, dass dies sie nicht negativ beeinflussen und ihnen keine göttliche Rache einbringen würde. Außerdem würden sie durch ihn erfahren, wie sie die Straße von Simplegades überqueren konnten, auch bekannt als Cianeas Felsen oder zusammenprallende Felsen. Das waren ein paar Felsen, die zufällig schwammen und aufeinanderprallten und die bis zu diesem Zeitpunkt noch niemand durchqueren konnte. So wären sie dazu in der Lage, den Weg zu ihrem Ziel fortzusetzen.

Phineus hat bei den Argonauten die gleiche Rolle, wie Kirke mit Odysseus in der Geschichte von Homer.

Unnötig zu sagen, dass Phineus mit seiner Vorhersage recht hatte. Zetes und Calais befreiten ihn von den Harpyien und die Argonauten konnten die beiden Felsen durchqueren, indem sie, wie Phineus empfahl, eine Taube vorausschickten.

Peter Paul Rubens, die Verfolgung der Harpyien, Museo del Prado

Pygmalion und Galatea: die Liebe und das Lebena

Pygmalion lebte ohne Frau und war lange Zeit allein, schreibt Ovid im 10. Buch seiner *Metamorphose*. Er war Künstler und der König von Pafos (Zypern). Pygmalion hatte ein Meisterwerk geschaffen, eine Elfenbeinstatue von unmöglicher Schönheit. Er bewundert sie, er begehrte sie, er liebte sie, er ließ seine Hände über sie gleiten um zu tasten und sicher zu gehen, dass diese perfekte Kreatur wirklich nicht aus Fleisch und Blut sei. Er akzeptierte nicht, dass sie aus Elfenbein war. Er war in seine künstlerische Kreation verliebt, das heißt, auch in sich selbst und seine Fähigkeiten als Schöpfer.

Aber Pygmalion ging noch weiter: Er nannte sie Galatea, sprach mit ihr, küsste sie und glaubte, dass sie seine Wünsche erwiderte. Er nahm sie in die Arme und er hatte sogar Angst, Abdrücke auf ihrem Fleisch zu hinterlassen, wenn er sie zu fest drückte. Er schenkte ihr Muscheln und kleine Steine, Blumen in allen Farben und vergossene Tränen des Baumes der Heliaden. Er schmückte den ersehnten Körper mit prächtigen Kleidern, mit Schmuck, Ringen und Ketten aus feinen Perlen. Alles fühlte sich für ihn echt an, am besten aber war ihre Nacktheit auf dem Bett, wo Pygmalion sie auf Laken aus Seide aus Sidon bettete. Sie teilte mit ihm das Bett und er behandelte sie auch wie seine Partnerin, sanft bettete er ihren Hals, damit sie wie auf Federn schlief.

Die Feier der Aphrodite rückte näher, ein Tag, der auf der ganzen Insel gefeiert wurde. Viele Kühe, deren Hörner mit Gold bedeckt waren, wurden geopfert und der Weihrauch stieg in den Himmel. Pygmalion näherte sich dem Altar, brachte sein Opfer dar und sprach den Wunsch aus, der ihn innerlich verbrennen ließ: Ihr Götter könnt doch alles …Er wagte aber nicht zu bitten, dass sie seinem Kunstwerk Leben einhauchten, sondern wünschte nur: „dass meine Frau der jungen Frau aus Elfenbein ähnlich ist". Die Göttin besuchte ihr Fest und hörte das Flehen. Wie durch ein Wunder entzündete sich eine Flamme und stieg in die Luft

Als er zurückkahm suchte Pygmalion das Bildnis auf und küsste es. „Aber … ist sie warm? Das Elfenbein, wird es weich, gibt es nach wie das Wachs unter der Sonne?". Er befürchtete, Opfer einer Illusion zu sein. Immer wieder befühlt er sie … „Es ist ein lebendiger Körper!". Seine Lippen küssten schließlich echte Lippen. Die junge Frau errötete. Es bestand kein Zweifel.

Die Göttin besuchte die Hochzeit. Und als die Hörner des Mondes neun Mal zusammengefügt wurden, um die komplette Scheibe zu bilden, wurde Pafos geboren, von dem die Stadt ihren Namen erhielt.

Bronzino (1503–1572), Pygmalion und Galatea. Die Göttin Aphrodite war bewegt von der Liebe des Pygmalion für die Staue der Galatea, die er selbst geschaffen hatte, und macht sie zu einem Menschen.

Antigone, die Haut des Konflikts

Die schmerzliche Geschichte von Antigone begann noch vor ihrer Geburt, als ihr Vater Ödipus versehentlich König Laios ermordete und Königin Iokaste heiratete. Es stellte sich heraus, dass der verstorbene König in Wahrheit der Vater von Ödipus und Iokaste seine Mutter war. Auf diese Weise waren die Kinder, die aus der Ehe zwischen Ödipus und seiner Mutter entstanden, gleichzeitig seine Kinder und Brüder und die Kinder und Enkel von Iokaste. Eine solch komplexe Situation führte, als sie entdeckt wurde, zum Selbstmord der Königin und dazu, dass Ödipus sich die Augen ausriss und aus Theben vertrieben wurde. Seine Tochter Antigone, liebevoll und ihrem Vater treu ergeben, begleitete ihn ins Exil, beschützte und half ihm. Trotz der Tatsache, dass der neue König von Theben, Kreon (der Onkel von Ödipus), sie zuerst verfolgt hatte, änderte er schließlich seine Meinung und erlaubte Antigone, nach dem Tod ihres Vaters nach Theben zurückzukehren. Wieder zurück in der Heimat, verlobte sie sich mit dem Sohn Kreons, was wie eine vielversprechende Veränderung in ihrem Leben erschien.

Unglücklicherweise begannen ihre Brüder einen harten Kampf um das Königreich Theben. Beide, Eteokles und Polyneikes, waren zuerst übereingekommen, die Stadtregierung zu teilen, aber letztendlich wurde das Abkommen gebrochen und Eteokles wurde der einzige König. Polyneikes suchte Hilfe in Argos, um die Stadt einzunehmen. Nach vielen Kämpfen, schlugen sich die beiden Brüder in einem Duell, in dem beide starben, was dazu führte, dass Kreon wieder auf den Thron von Theben kam. Er beschloss, Eteokles als Held zu behandeln und gab ihm alle Ehren bei seiner Beerdigung, während Polyneikes gedemütigt und am Stadtrand den wilden Tieren vorgeworfen wurde. Das war eine schreckliche Strafe in der griechischen Kultur. Wenn man kein Begräbnis erhielt, bedeutete das, dass die Seele ewig und ruhelos wandern würde. Kreon erließ sogar, dass jeder, der es wagte, Polyneikes zu begraben, mit dem Tod bestraft würde.

Antigone zeigte erneut ihre starke Persönlichkeit und ihre feste Vorstellung von Gut und Böse und forderte Kreon heraus, indem sie ein Begräbnisritual zu Ehren ihres Bruders durchführte. Kreon beschloss Antigone für ihren Ungehorsam zu bestrafen aber anstatt sie zu ermorden, befahl er, sie in eine Höhle mit Essen und Wasser einzuschließen. Auf Geheiß eines Propheten wurde die Höhle geöffnet und man entdeckte, dass Antigone sich erhängt hatte. Sowohl der Sohn Kreons, der Verlobte von Antigone, als auch seine Mutter, konnten das Ausmaß der Tragödie nicht ertragen und nahmen sich das Leben am Ende eines Zyklus von Todesfällen, bei dem das Bemerkenswerteste die geradlinige und mutige Haltung von Antigone ist, sich dem Ungehorsam menschlicher Gesetze zu stellen.

Steiner erklärte das Fortbestehen des Antigone Mythos in der westlichen Kultur, indem er ihn den fünf fundamentalen Konflikten zuschrieb, die seiner Meinung nach alle dramatischen Situationen hervorbringen.

Ödipus, König von Theben

Die Geschichte von Ödipus beginnt als sein Vater Laios, König von Theben, von einem Orakel vor seinem fatalen Schicksal gewarnt wird: Wenn er einen Sohn hat, wird dieser ihn töten und die Königin heiraten, seine eigene Mutter. Seine Frau Iokaste ist schon schwanger in dem Moment, in dem sie die Prophezeiung erfährt.

Erschrocken entschied der König, dass das Kind sterben musste aber er wagte es nicht, seinen Sohn selbst zu töten, also beschloss er, ihn im Wald auszusetzen. Ein Bauer rettete ihn und übergab ihn den Königen von Korinth, Polibos und Merope, die ihn ins Herz schlossen und ihn als ihr eigenes Kind aufzogen. Ödipus wuchs in Korinth heran aber sobald er dem Kindesalter entwachsen war, war er das Geschwätz der Leute leid, die seine Abstammung infrage stellten. Er beschloss das Orakel von Delphi zu konsultieren und nach seinen Eltern zu fragen und dieses offenbarte ihm die Prophezeiung. Entsetzt beschloss er, nicht nach Korinth zurückzukehren, um nicht das Leben von Polibos und Merope in Gefahr zu bringen, von denen er dachte, dass diese seine biologischen Eltern seien, und ging fort. Eines Tages, an einer Wegkreuzung, wurde er von den Insassen eines Wagens rüde dazu aufgefordert, den Weg freizugeben. Eine Situation, die ihn so wütend machte, dass er die Insassen des Fahrzeugs tötete. Der Eigentümer des Gefährts war niemand geringeres als Laios selbst, sein richtiger Vater, wodurch der erste Teil der Prophezeiung erfüllt wurde, obwohl Ödipus sich dessen noch nicht bewusst war.

Ödipus beschloss dann, nach Theben zu gehen, wo ein monströses Wesen Verwüstungen anrichtete. Es war die Sphinx, ein Tier mit dem Körper eines Löwen, Torso und Kopf einer Frau und Flügeln. Postiert auf dem Weg in die Stadt, gab sie denjenigen, die auf sie trafen, Rätsel auf, die, wenn sie nicht beantwortet werden konnten, zum Tod der Opfer führten. Ödipus stellte sich der Sphinx in den Weg und schaffte es, die Frage richtig zu beantworten. Beleidigt warf sich das Ungeheuer ins Meer und Ödipus wurde zum Helden, weil er Theben von diesem schrecklichen Tier befreit hatte. Als Belohnung für seinen Dienst wurde Ödipus die Krone von Theben sowie die Hand der verwitweten Königin angeboten. Auf diese Weise heiratete Ödipus Iokaste und erfüllte damit den zweiten Teil der fatalen Prophezeiung.

Die Götter, die diese Situation sehr störte, schickten Plagen nach Theben. Erneut wurde das Orakel befragt, und das besagte, dass alles aufhören würde, wenn der Mörder von Laios entdeckt würde. Ödipus konsultierte Teiresias, ein Wahrsager, und erfuhr schließlich, dass Laios der Mann im Wagen war, den er auf dem Weg nach Theben getötet hatte und das Iokaste in Wahrheit seine Mutter war. Das Gewicht dieser Tragödie führte dazu, dass die Königin Selbstmord beging und Ödipus sich selbst die Augen ausriss und blind und verflucht im Exil bis zum Ende seiner Tage wanderte.

Freud nannte eine komplexe Ansammlung von Emotionen und kindlichen Gefühlen „Ödipuskomplex", gekennzeichnet durch die gleichzeitige und ambivalente Anwesenheit von amourösen und feindseligen Wünschen gegenüber den Eltern. Antoni Brodowsky, Ödipus und Antigone, 1828, Nationalmuseum von Warschau

Die Geschichte von Klytaimnestra

Klytaimnestras Leben wurde von vielen verschiedenen Situationen geplagt. Sie war die Tochter von Leda, die am selben Tag ihrem Ehemann Tyndareos beilag, sowie mit dem Gott Zeus verkehrte, der sich in einen Schwan verwandelt hatte. Als Ergebnis beider Ereignisse wurden vier Kinder zur gleichen Zeit geboren, Helena, Castor, Polux und Klytaimnestra, die letzte, die einzige Sterbliche der vier, wird für die Tochter von Tyndareos gehalten.

Klytaimnestra verlobte sich und heiratete später Tantalos, weckte aber die Begierden des Agamemnon, des großen Kriegers und Königs von Atreo, der Tantalos und den gemeinsamen Sohn tötete. So war der Weg frei für Agamemnon, Klytaimnestra zu heiraten, mit der er vier Kinder hatte mit Namen Iphigenia, Elektra, Orestes und Chrysothemis.

Zu seinem Unglück war Agamemnon an den Konflikten beteiligt, die zum Trojanischen Krieg führen sollten. Der Ehemann von Klytaimnestra musste in diese Stadt ziehen, um sie zu belagern aber die Schiffe konnten die Reise nicht beginnen, weil der Wind aufgehört hatte zu wehen. Dies geschah durch die Göttin Artemis, die wegen einer früheren Beleidigung des mykenischen Königs erzürnt war. Er befragte den Propheten und Wahrsager Kalchas dazu, was getan werden sollte, um die Reise unternehmen zu können. Dieser riet Agamemnon, dass es nötig sei, um die Gunst der Göttin wiederzugewinnen, seine älteste und schönste Tochter der Göttin zum Opfer darzubringen, Iphigenia.

Der Monarch weigerte sich so eine Tat zu begehen aber schließlich musste er dem Flehen der anderen Flottenkommandanten nachgeben, die begierig darauf aus waren, sich mit der Göttin gut zu stellen und die Reise beginnen wollten. Agamemnon ließ die junge Iphigenia bringen, um sie zu opfern aber im letzten Moment änderte die Göttin Artemis ihre Meinung und erhielt eine Hirschkuh als Opfer und nahm das junge Mädchen als Priesterin mit in einen ihrer Tempel in Taurika.

Klytaimnestra erfuhr nicht, dass ihre Tochter gerettet wurde und so wuchs der Hass auf ihren Mann. Darüber hinaus wurde der Standort und die Schlacht um Troja um zehn Jahre verlängert und viele Könige nahmen sich in dieser Zeit Konkubinen und der Hass und die Vermutungen der Königin wuchsen.

Klytaimnestra war wütend und voller Rachedurst und ließ sich daher von Aigisthos verführen, dem Feind von Agamemnon. Als dieser zurückkehrte, schmiedeten Aigisthos und Klytaimnestra einen Plan und sie töteten ihn, sowie die Wahrsagerin Kassandra, die Agamemnon mitgebracht hatte.

Aber die Königin rechnete nicht mit der Wut ihres eigenen Sohnes und Klytaimnestra und ihr neuer Ehemann Aigisthos wurden von Orestes getötet.

So ging ein Leben voller Unglück, Verrat und Tod zu Ende.

Pierre-Narcise Guerin, Klytaimnestra zögert, bevor sie den schlafenden Agamemnon tötet, auf der linken Seite drängt Aigisthos sie, 1817, Louvre

Philomele oder die Flecken des Verbrechens

Einmal wurde Athen von Eindringlingen angegriffen und angesichts der fast offensichtlichen Niederlage gab es keine andere Option für König Pandion, als um die Hilfe von König Tereus von Thrakien zu bitten. Mit seiner Hilfe konnte er sich aus der Notlage befreien und Pandion bot seinem thrakischen Kollegen zum Dank die Hand seiner Tochter Prokne an. Die Hochzeit fand statt, obwohl die Omen der Götter nicht positiv waren. Das Paar lebte jedoch einige Jahre in Thrakien und es wurde sogar ein Sohn namens Itys geboren.

Aber Prokne hatte Heimweh nach ihrem Land und ihrem Vater, vor allem aber nach ihrer geliebten Schwester Philomele, die sie jeden Tag vermisste. Daher bat sie eines Tages ihren Ehemann darum, ihre Schwester eine Zeitlang nach Thrakien zu bringen. Tereus stimmte diesem Wunsch zu und reiste nach Athen, um seinem Schwiegervater das Anliegen von Prokne vorzutragen. Aber als er sah, dass sich seine Schwägerin Philomele zu einer schönen Frau entwickelt hatte, überkam Tereus die Leidenschaft. Mit seinen Argumenten und auf Bitten von Philomele konnte er Pandion davon überzeugen, die Reise zu genehmigen.

Als er jedoch nach Hause zurückkam, sperrte er Philomele in eine abgelegenes, bewachtes Haus ein und belog sie, um sie ebenfalls zu seiner Ehefrau zu machen, indem er ihr erzählte, Prokne sei gestorben. Zu Prokne sagte er das gleiche über ihre Schwester und auf diese Weise konnte er sie getrennt halten und beging den grausamen Ehebruch. Philomele fand die Wahrheit heraus, die sie schon vermutet hatte, als sie eine Unterhaltung zwischen den Dienern hörte. Als sie Tereus Vorwürfe machte, schnitt er ihr die Zunge heraus, um zu verhindern, dass sie jemals die Wahrheit sagen konnte. Aber Philomele bestickte einen Stoff mit der Geschichte der schrecklichen Taten, die von Tereus begangen worden waren und schaffte es, dass dieser ihre Schwester Prokne erreichte.

Diese befreite Philomele unter Nutzung der Feierlichkeiten zu Ehren von König Bacchus und nahm sie verkleidet mit in den Königspalast. Zusammen planten sie die grausamste Rache, die man sich vorstellen kann: Sie opferten Prinz Itys und servierten ihn als Speise für seinen Vater. Dieser aß in dieser Nacht mit großem Appetit und später bat er, man möge ihm Itys bringen. Philomele erschien und trug den Kopf des Kindes und Prokne gestand ihm, dass sein Sohn in ihm war.

Verrückt vor Wut verfolgte Tereus die beiden Schwestern, um sie zu töten. Die Götter, die wollten, dass diese Verkettung von schrecklichen Umständen endlich aufhörte, verwandelten jeden von ihnen in einen andern Vogel. So wurde Philomele zur Nachtigall und bis heute trägt sie in ihrem Gefieder die roten Flecken des begangenen Verbrechens. Prokne wurde zur Schwalbe und Tereus in einen Wiedehopf verwandelt.

In seinem Werk Tito Androniko stützt Shakespeare den Charakter von Lavinia auf den von Philomele. Prokne

Die Sieben gegen Theben

Die griechische Stadt Theben ist Schauplatz vieler denkwürdiger Geschichten in der Mythologie. Dies ist zum Beispiel der Fall bei den Machtkämpfen, die durch die Ereignisse mit Ödipus und seinen Söhnen ausgelöst wurden. Beide Brüder stritten sich um die Regierung der Stadt aber Eteokles schaffte es, die Situation zu beherrschen und zwang Polyneikes aus Theben zu fliehen. Dieser flüchtete in die Stadt Argos unter dem Schutz von König Adrastos. Der Schwager des Königs, Amphiaraos, war ein mächtiger Krieger und außerdem Wahrsager und er war nicht damit einverstanden, dass der König Polyneikes beschützte, da er vorausgesehen hatte, dass dies Unglück in seine Stadt bringen würde.

Adrastos ignorierte das und in einer Diskussion wollten sie sich sogar gegenseitig töten obwohl dies Eriphyle, die Ehefrau von Amphiaraos und Schwester von König Adrastos, verhindern konnte. Sie schaffte es, dass sie ihr versprachen, dass sie sie in Zukunft bei möglichen Disputen als Schiedsrichterin rufen würden, um Konfrontationen zu vermeiden.

Polyneikes wollte die Stadt Theben angreifen und erobern, also bestach er Eriphyle, ihren Ehemann zu zwingen, sich der Schlacht anzuschließen. Polyneikes gelang dies, indem er ihr eine magische Halskette anbot, ein Geschenk der Göttin Aphrodite an seine Vorfahrin Harmonia. Die Kette hatte den Ruf, das Gesicht derjenigen, die sie trug, schön zu halten.

Auf diese Weise überzeugte Eriphyle ihren Mann, sich der Armee anzuschließen, welche die Stadt Theben einnehmen sollte. Insgesamt gab es sieben Heerführer, die den Feldzug anführten, einer davon war Amphiaraos. Da er ein Wahrsager war sagte Amphiaraos voraus, dass von den sieben Kommandeuren nur einer, Adrastos, überleben würde. Und so war es. Von dieser Expedition, bekannt als die „Sieben gegen Theben", kehrte nur Adrastos zurück. Es ist bekannt, dass vier Anführer im Kampf fielen und Polyneikes, nach vielen Konfrontationen und Todesfällen, schlug vor, den Krieg mit einer einzigen Schlacht zwischen ihm und seinem Bruder Eteokles zu lösen, ein Duell, bei dem beide starben. Seinerseits wird gesagt, dass Amphiaraos von einem Thebaner angegriffen wurde aber im letzten Moment gerettet wurde weil Zeus die Erde unter seinen Füßen mit Blitzen öffnete. Amphiaraos und sein Wagenlenker fielen direkt in die Unterwelt und wurden die einzigen Sterblichen, die in dieser Region lebten.

Amphiaraos wurde von seinem Sohn Alkmeon gerächt, der seine eigene Mutter ermordete als er den Verrat erkannte, den sie begangen hatte, nur um in den Besitz der Halskette der Harmonia zu kommen.

Venus, Juno und Aeneas, Meister der Aeneis, Louvre

Eryphile: das Verderben durch Juwelen

Eryphile war die Schwester des Adrastos, König von Argos. Sie heiratete Amphiaraos, einen berühmten General und Wahrsager, der lange Zeit ein Feind von Adrastos gewesen war. Als sie Frieden geschlossen hatten, erklärte sich der Wahrsager bereit, die Schwester des Königs zu heiraten, die sowohl er als auch Adrastos als Vermittler bei zukünftigen Streitigkeiten bezeichneten. Im Streitfall hatte Eryphile das letzte Wort.

Adrastos regierte Argos und hatte fünf Kinder. Zwei von ihnen waren Frauen, die die Krieger Polyneikes und Tideo heiraten wollten. Beide waren kurz vorher aus verschiedenen Gründen im Königspalast angekommen, der erste aus Theben und der zweite aus Kalydon. Auf diese Weise vergrößerte sich die königliche Familie und zeigte Interesse, ihr Territorium zu erweitern. König Adrastos versprach seinen Schwiegersöhnen, dass er ihnen helfen würde, in ihre Heimat zurückzukehren, und entschloss sich, zuerst Theben anzugreifen.

Zu diesem Zweck wurde eine Expedition mit mehreren Armeen zusammengestellt, jeder unter dem Befehl eines großen Kriegers. Insgesamt wurden sieben Generäle ernannt, so wurde dieser Feldzug auch als die „Sieben gegen Theben" bekannt. Eines der Heere sollte vom König Adrastos angeführt werden, ein anderes sollte unter dem Kommando seines Schwagers Amphiaraos stehen. Aber dieser sagte voraus, dass das Unternehmen sein Verderben sein würde, deshalb entschied er sich, nicht in den Kampf zu ziehen. Mit Hilfe von Eryphile versteckte er sich an einem Ort, den nur die beiden kannten, um der Gefahr zu entgehen.

Adrastos wollte wegen dessen Fähigkeiten als Wahrsager nicht ohne seinen Schwager die Reise antreten, sodass sich die Expedition verzögerte. Polyneikes, der sehr an der Einnahme von Theben interessiert war, schmiedete einen Plan. Er nahm die Halskette der Harmonia, ein wunderschönes Schmuckstück, dass Aphrodite einmal der Göttin zu ihrer Hochzeit mit Kadmos geschenkt hatte und das er bei seiner Flucht aus Theben gestohlen hatte. Er bot sie Eryphile als Bestechungsgeschenk an, damit sie das Versteck von Amphiaraos verraten und ihn überreden würde, in den Krieg zu ziehen. Eryphile, die die Juwelen von dem Moment an wollte, als sie sie zum ersten Mal sah, akzeptierte den Handel, holte ihren Ehemann und überzeugte ihn, an der Belagerung teilzunehmen.

Da Amphiaraos nun gezwungen wurde, ließ er seinen Sohn Alkmeon bevor er die Stadt mit der Expedition verließ schwören, seinem Tod an seiner Mutter zu rächen, der hinterlistigen Ehefrau, die ihn gezwungen hatte, in den Krieg zu ziehen, obwohl sie wusste, dass er darin umkommen gehen würde.

Die Vorhersagen des Amphiaraos traten ein, da er das Opfer eines der Blitze des Zeus in der Schlacht um Theben wurde. Als er die Nachricht hörte, erfüllte Alkmeon seinen Eid und beendete das Leben seiner Mutter, die immer noch die verfluchte Kette trug, die die Tragödie verursacht hatte.

Kadmos tötet die Schlange, Los Angeles, Kunstmuseum

Draco a Cadmo interficitur.

Elektra, ein gezeichnetes Leben

Die Geschichte und die Mythologie, welche die Heldentaten von Troja umgeben, haben viele Verzweigungen und Varianten, die sich in Laufe der Zeit überkreuzen. Agamemnon, Held dieser Stadt Kleinasiens und griechischer Obergeneral, der an der Belagerung teilgenommen hatte, verbrachte mehrere Jahre abseits seines Hofes. Zu dieser Zeit begann seine Frau Klytaimnestra eine Beziehung mit Aigisthos. Als der König nach Mykene zurückkehrte, beschlossen seine Frau und ihr Liebhaber, ihm eine Falle zu stellen und ihn zu töten. Sie beschlossen auch, das Leben von Orestes zu beenden, Sohn von Agamemnon und Klytaimnestra, obwohl es ihm gelang, mit Hilfe seiner Schwester Elektra nach Fokis zu fliehen.

Elektra aber lebte weiterhin in Mykene und ihr Leben ist gekennzeichnet durch den Verrat ihrer Mutter, durch den Tod Agamemnons und durch Klytaimnestras Versuch, auch das Leben ihres eigenen Sohnes zu beenden. Jahre später wurde Orestes durch das Orakel von Delphi dazu veranlasst, in sein Land zurückzukehren und den Tod seines Vaters zu rächen. Dies geschah, als Elektra zum Grab von Agamemnon ging, wo auch Orestes seinen Vater ehren wollte. Sobald sie sich gegenseitig erkannten, stimmten sie zu, gemeinsam die gewünschte Rache zu planen. Obwohl es Orestes war, der den Plan vollendete, war Elektra anwesend, als ihr Bruder das Leben von Aigisthos und Klytaimnestra beendete.

Orestes hatte auch die Hilfe eines Freundes, der mit ihm aus Fokis anreiste, mit Namen Pylades, der während seines gesamten Abenteuers ein treuer Begleiter gewesen war und später sogar Elektra heiratete.

In den Jahren, die zwischen der Flucht von Orestes bis hin zu seiner Rache vergingen, lebte Elektra unter strenger Überwachung von ihrer Mutter und ihrem Stiefvater und war gezwungen, um ihren Lebensunterhalt zu betteln, während Klytaimnestra und Aigisthos das Königreich regierten. Sobald die Rache vollzogen war, nahm Elektras Leben eine positive Wendung, da ihr Ehemann Pylades Sohn von Estrofio, König von Fokis und Beschützer von Orestes war.

Andererseits hatte ihr Bruder ein tragisches Schicksal, da er von den Erynnen verfolgt wurde (Trägerinnen der Schuld) weil er seine Mutter getötet hatte. Er konnte nur dadurch gerettet werden, dass er sich einem Prozess unterzog, der von Athene auf der Akropolis geleitet wurde.

Menelao, Orestes und Elektra

Iphigenia, Opfergabe für die Göttin

Iphigenia war eine der Töchter von König Agamemnon und Klytaimnestra, der Legende nach die schönste von allen. Der König beleidigte einmal die Göttin Artemis. Es ist nicht klar, ob dieses Vergehen seinen Männern zur Last gelegt werden kann, die einen Hirsch oder ein heiliges Reh der Göttin jagten, oder ob Agamemnon selbst einen Hirsch tötete, der sich in einem heiligen Hain, der Artemis gewidmet war, verirrte. Tatsache ist, dass aus diesem Grund die Göttin der Jagd Rache nehmen wollte und die Gefährten des Agamemnon mussten beim Angriff auf Troja auf ihre Unterstützung verzichten.

Als aber die Schiffe die Segel setzten, um zum berühmten Ort Troja zu fahren, sah die Göttin die Gelegenheit, sich für die Beleidigung zu rächen, und befahl dem Wind innezuhalten, sodass die Schiffe nicht vorankommen konnten. Der König Agamemnon sah sich gezwungen, den berühmten Wahrsager Kalchas zu konsultieren, der ihm den Grund für den fehlenden Wind erklärte und ihm sagte, dass die Kränkung der Göttin nur durch das Opfer der schönsten seiner Töchter aufgehoben werden konnte. Er weigerte sich, diesen Wunsch der Artemis zu erfüllen aber angesichts der Tatsache, dass es nicht möglich war, die Pläne der Einnahme von Troja fortzusetzen und auf Bitten der anderen Anführer, stimmte er schließlich zu und beschloss, Iphigenia der Göttin zu opfern.

Das schöne Mädchen wurde zum Opferplatz geführt aber im letzten Moment änderte Artemis ihre Meinung, rettete Iphigenia und ersetzte sie durch eine Hirschkuh. Die Göttin entschied auf diese Weise, das junge Mädchen mitzunehmen, sie nach Tiuride zu bringen und dort wurde sie eine ihrer Priesterinnen. Die Aufgabe der Iphigenia dort war, die Opfer der Ausländer durchzuführen, die an den Küsten strandeten und das Heiligtum aufsuchten.

Dort lebte sie viele Jahre, bis sie auf einmal ihren Bruder Orestes traf, der dort mit seinem Freund Pylades auftauchte. Orestes hatte die Mission, die Statue der Artemis in Tiuride zu rauben und sie nach Athen zu bringen, um so die Erynnen loszuwerden. Aber der junge Mann wurde verhaftet und man nahm sein Opfer vor. Iphigenia, die für die Durchführung des Ritus verantwortlich war, erkannte ihren Bruder und beschloss, mit ihm zusammenzuarbeiten. Also übergab sie ihm die Statue der Göttin und die drei flohen zurück in ihre Heimat.

Iphigenia nahm die Statue der Göttin mit nach Brauron und baute dort zu ihren Ehren einen neuen Tempel. Es wird geglaubt, dass Artemis Iphigenia Unsterblichkeit gewährte, um für immer ihre Priesterin zu bleiben.

Das Opfer der Iphigenia, Museum von Empúries.

Tantalos, die Bestrafung des Übertreters

Als Sohn des Zeus und Vorfahr der Könige Agamemnon und Menelaos, regierte Tantalos in Lydien, war reich und wurde viel bewundert. Die Götter beschenkten und ehrten ihn, wie man es noch nie bei einem Sterblichen gesehen hatte. Wegen seiner Abstammung bevorzugten sie ihn mit ihrer Gunst und erlaubten ihm, am Tisch seines Vaters zu essen und zu hören, was die Götter sagten. Aber seine menschliche Seite, unvollkommen und voller Eitelkeit, erlaubte ihm nicht, mit dieser übermenschlichen Situation Schritt zu halten, die ihn so sehr erfreute.

Untadelig unter den Augen der Olympier, enthüllte Tantalos den Sterblichen einige Geheimnisse, die er am Tisch der Götter gehört hatte, als er auf die Erde zurückkam. Auch nahm er heimlich vom Tisch Nektar und Ambrosia mit und verteilte sie unter seinen erstaunten Freunden und bewies ihnen so die Gunst, die ihm von seinem Vater erwiesen wurde. Er versteckte auch noch den goldenen Hund, den ein Räuber aus dem Tempel des Zeus auf Kreta gestohlen hatte und als Zeus ihn zurückforderte, leugnete Tantalos unter Eid, dass er ihn gesehen oder in seinem Besitz gebracht hätte.

Zu seiner Unverschämtheit kam noch ein Verbrechen, was sein Unglück besiegelte. Er lud die Götter zu einem Bankett in seinen königlichen Palast des Berges Sipilo ein, um ihre Allwissenheit zu testen. Er gab den Befehl, seinen eigenen Sohn Pelops zu opfern, ihn vorzüglich zu würzen und ihn am Tisch der olympischen Götter zu servieren. Die Göttin der Landwirtschaft, Demeter, verwirrt von dem Verschwinden ihrer Tochter Persephone, die von Hades entführt worden war, aß versehentlich ein Stück dieses frevelhaften Fleisches, ein Stückchen der Schulter von Pelops Rücken.

Die Götter erkannten den Schrecken dieses Verbrechens des Kannibalismus und sammelten in einem Kessel das zerstückelte Fleisch von Tantalos Sohn. Die grimmige Klotho brachte den Jungen wieder zum Leben und machte ihn noch schöner als vorher. Das Schulterblatt wurde durch Elfenbein ersetzt.

Zeus warf Tantalos hinab zu Hades, wo er bis heute schmerzhaften Qualen ausgesetzt ist. Obwohl er in einem Teich ist (der schwarze See oder Karagöl, in der Türkei) dessen Wasser ihm bis zum Kinn reicht, leidet er furchtbaren Durst, ohne die Flüssigkeit erreichen zu können: Er nähert seinen Mund zum Trinken und das Wasser weicht zurück. Am Ufer gibt es Bäume mit Ästen, die durch das Gewicht der reifen Früchte gekrümmt sind, und wenn er seinen Arm hebt, um eine zu nehmen, bläst der Wind die Zweige in den Himmel. Ein Felsen, der über seinem Kopf schwebt, vervollständigt die Tortur.

Francisco de Goya, Tantalos, Museo del Prado

Tántalo.

Teiresias: der zehnte Teil des Vergnügens

Einer der größten Wahrsager der Antike in Attika, Teiresias, war der Sohn des Eueres und der Nymphe Chariklo. Seine Töchter waren Manto und Daphne. In Theben geboren, war er der offizielle Wahrsager der Stadt und taucht in allen Mythen auf, die mit dieser Stadt verbunden sind. Ovid *(Metamorphose)* präsentiert ihn auf dem Berg Cilene, auf dem Peloponnes, wie er über zwei Schlangen nachdenkt, die sich paaren und sie mit seinem Stock trennt, aus diesem Grund macht Hera ihn zu einer Frau. So verbringt er sieben Jahre als Frau und wird zur Priesterin der Hera. Nach diesen sieben Jahren, wiederholt sich die Szene: Sie, Teiresias verwandelt sich wieder zurück in Teiresias.

Blind von Jugend, aber nicht von Geburt an, ist der Ursprung des Zustandes von Teiresias, wie üblich, ein Fluch von Hera. Aufgrund der Tatsache, dass er beide Geschlechter gehabt hatte, verwickelten ihn die olympischen Götter in eine Diskussion: Wer würde mehr die körperliche Beziehung genießen, der Mann oder die Frau? „Der Mann genießt nur ein Zehntel so viel", antwortete Teiresias: „er hat nur den zehnten Teil des Vergnügens". Hera ließ ihn aus Zorn über seinen Verrat erblinden. Um das auszugleichen, gab Zeus ihm die Gabe der Prophezeiung. Blinder und Seher. Mann und Frau.

Eine andere Version sagt, dass es Athene war, die ihn geblendet hatte, nachdem Teiresias sie nackt gesehen hatte, während sie in der Quelle des Hipokrene, auf dem Berg Helikon, ein Bad genommen hatte. Athene legte ihre Hände über Teiresias Augen und so erblindete er. Die selbe Göttin reinigte seine Ohren und seitdem konnte er die Sprache der Vögel verstehen.

Teiresias hat einen prominenten Platz auf der tragischen Bühne. Zum Beispiel in „Die Bacchien", von Euripides, wo der Kontext des Werks die gewaltsame Einpflanzung des Dionysos Kultes in Theben ist. Teiresias und Kadmos zählen zu den wenigen, die die neue Gottheit akzeptieren. Beide, als Frauen gekleidet, gehen auf den Berg, um sich den Bacchien anzuschließen.

Und Sophokles ließ in *König Ödipus*, die Pest auf die Stadt fallen. Kreon, Bruder von Iokaste, interpretierte das Orakel: Wir müssen das Land nach der Ermordung von König Laius reinigen. Der neue König Ödipus befiehlt Teiresias, die Namen der Mörder zu sagen. Teiresias zögert aber der König verlangte es. Teiresias sagte schließlich: Der Mann, der Laios getötet hat, ist hier, er ist Bruder und Vater seiner eigenen Kinder, Sohn und Ehemann seiner Frau, sowie Mörder seines Vaters.

Teiresias erscheint als ein wiederkehrender Charakter in den griechischen Tragödien, die die legendäre Geschichte von Theben erzählen, wie in der Tragödie des Europides. Die Bacchien, Louvre

Titius: zerfressen von Leidenschaft

Lüsterner Nebencharakter, Sohn der Elara, die ebenfalls von Zeus verführt wurde. Titius wurde aus Angst vor Hera in der Erde versteckt und galt als Sohn von Gaia. Seine Mutter wird von Apolodoro „Tochter des Orchomenos" genannt, was bedeuten kann, dass ihr Ursprung in der Stadt Böotien liegt, Zentrum der Macht und Kult im archaischen Griechenland, Sitz der alten chthonischen Götter. Der König Alkinoos nennt Titius in der *Odyssee* „den Sohn der Mutter Erde": Sein Volk, die alten Phäaken, bemannten die Galeeren, die Radamantis mitnahmen, den legendären König Kretas, um Titius in Euböa nahe dem Rand der Welt zu besuchen. Der in den Mythen sehr gelehrte Dichter Pindar erwähnt Thasos als Sohn des Titius, obwohl andere ihn als Bruder von Cadmus und Europa ausgeben.

Er war ein Riese — Sein Name hat die gleiche Wurzel wie das Wort *Titan* —, denn sein Körper, wenn er auf dem Boden lag, bedeckte neun Morgen Land. Er wurde in den Tartarus geworfen, weil er versucht hatte, auf Veranlassung von Hera, Leto zu vergewaltigen – in anderen Versionen ist es Artemis. Die Schreie der Leto riefen ihre Kinder herbei, Apollon und Artemis, die den Riesen mit Pfeilen beschossen und töteten. Eine andere Version erzählt von Zeus, der ihn mit seinem Blitz erschlagen hat. Er wird als Unsterblicher in den Tartarus geworfen, wo er auf dem Boden liegt und wo ihm auf ewig zwei Geier, Aasvögel, oder zwei Schlangen die Eingeweide herausreißen. Die Leber wurde in der Zeit als Sitz der Leidenschaft betrachtet.

Das Grab von Titius, so sagt Pausanias, war ein Grabhügel mit einem ungefähren Umfang eines Stadions, neben einem Bach in Panopeo, Grenzstadt von Böotien in der Nähe von Queronea. Der Thron des Apollon in Amiklas zeigt eine Darstellung des Todes des Titius durch die Pfeile der Kinder der Leto.

Ein Charakter mit einem sehr ähnlichen Namen, Tizia, wurde von Herakles im Pugilato, bei den Beerdigungsspielen, in Gedenken an einen Bruder des Königs Lico in Mariandino geschlagen. Dies geschah in Misia, was Tizia an die Ränder von Anatolien setzt, wo der Kult für die große Göttin lange aktiv blieb. Der Held gab Tizia einen starken Schlag auf die Schläfe, was aber als Unfall galt. Herakles wird in seinen Heldentaten als Fahnenträger der neuen olympischen Ordnung in seinem Kampf gegen frühere Gottheiten in einem langen Prozess des Austausches von Mythen dargestellt.

Tiziano Vecellio, Titius, Museo del Prado

Orestes

Gemäß der Odyssee war Prinz Orestes von Mykene abwesend, als sein Vater Agamemnon aus dem Trojanischen Krieg zurückkehrte. Dieser wurde von Aigisthos getötet, dem Liebhaber seiner Ehefrau Klytaimnestra (oder je nach Version von seiner eigenen Frau). Das Kind Orestes konnte gerettet werden, dank der Vermittlung seines Kindermädchens Arsinoe oder seiner Schwester Elektra, die seinen Tod durch die Hände seiner eigenen Mutter verhinderten. Orestes flüchtete nach Fanote, am Berg Parnass, wo König Estrophio ihn gemeinsam mit seinem Sohn Pylades aufzog.

Mit zwanzig Jahren konsultierte Orestes das nahegelegene Orakel von Delphi, dessen Voraussagungen ihn dazu veranlassten, nach Hause zurückzukehren, um den Tod seines Vaters zu rächen. Der junge Mann reiste zusammen mit seinem Freund Pylades nach Mykene, um seine Mission zu erfüllen. Dort, in seiner Heimatstadt, traf er auf seine Schwester Elektra, als er am Grab seines Vaters eine Haarlocke opferte. Beide erkannten sich und planten, wie Orestes sich an Aigisthos und seiner Mutter rächen konnte, die in letzter Zeit von Albträumen gequält wurde, in denen sie eine Schlange zur Welt brachte.

Orestes und sein Freund gingen zum Palast, wo der Mykener seinen Vater rächen konnte, indem er zuerst Aigisthos und dann seine Mutter tötete. In den posthomerischen Geschichten, verfolgten ihn die Erinnyen (Furien, weibliche Rachegeister) und quälten Orestes wegen des Verbrechens gegen ein Mitglied seiner Familie. Der Muttermörder suchte Zuflucht in Delphi, da Apollon ihn dazu gedrängt hatte, den Doppelmord zu begehen, obwohl sein Schutz nur halbherzig war und ging nach Athen, immer verfolgt von den Erinnyen. Dort unterzog er sich einem Urteilsspruch, bei dem Apollon sein Anwalt war. Es gab eine Jury (erster mythologischer Präzedenzfall). Das Urteil, mit dem entscheidenden Votum der Athene, erklärte Orestes für unschuldig. Dankbar gegenüber der Göttin verehrte er sie gemeinsam mit der Akropolis.

Eine spätere Erzählung berichtet über die Qual der Erinnyen, noch über den Athener Prozess hinaus, bis Orestes, wieder mit der Hilfe von Pylades, eine alte Statue von Artemis aus dem Land der Tauren in Crimea wiederbeschaffen konnte. Dort traf er überraschend auf seine gefangene Schwester Iphigenia, die als Priesterin verantwortlich für die Opfer war. Die drei schafften es dann, nach Athen zu fliehen.

Man sagt, Orestes sei in Arkadien am Biss einer Schlange gestorben. Sein Körper wurde nach Sparta gebracht, um begraben zu werden, und war dort Gegenstand der Anbetung. Obwohl nach einer lateinischen Legende sein Körper nach Rom gebracht wurde.

Benjamin West, Pylades und Orestes vor Iphigenia, Tate

Atreus und Tiestes: brüderliche Machtkämpfe

Als Söhne von Pelops und Hippodamia, der Könige von Mykene, hatten Atreus und Tiestes noch einen anderen Bruder, Chrysippus. Entweder Frucht aus einer früheren Ehe seines Vaters oder das Ergebnis einer illegalen Beziehung zwischen dem König und einer einheimischen Nymphe. Pelops bevorzugte Chrysippus über Atreus und Tiestes und diese waren eifersüchtig. Von ihrer Mutter angestachelt, beschlossen sie, ihn zu töten und seinen Körper in einen Brunnen zu werfen. Pelops erfuhr von dem hinterhältigen Verbrechen, sprach einen schrecklichen Fluch gegen seine Kinder aus und vertrieb sie aus dem Königreich.

Nach einer Zeit im Exil in Argolid kehrten die zwei Brüder nach Mykene zurück. Sie hatten zuvor das Orakel befragt und waren gewarnt worden, dass nur ein Pelopide die Stadt regieren könne. Da beide Brüder bestrebt waren, den mykenischen Thron zu besetzen, begannen sie einen blutigen Bruderschaftskampf um die Macht. Während der Auseinandersetzung schwor Atreus, Artemis sein bestes Lamm zu opfern. Als er jedoch das Exemplar aus seiner Herde wählen sollte, entdeckte er ein goldenes Lamm, das er vor der Göttin versteckte und übergab es seiner Frau Aerope. Aber sie gab das Lamm ihrem Liebhaber, der kein anderer war als Tiestes selbst. Dieser überzeugte Atreus, einen Weg zu finden, um den Kampf um den Thron von Mykene zu beenden: Der, der ein goldenes Lamm hätte, wäre der König. Atreus akzeptierte den Handel zuversichtlich, woraufhin Tiestes das Lamm vorzeigte und den Thron beanspruchte.

Die Götter, verärgert über die Beleidigung der Artemis, beschlossen, Atreus zu helfen. Dieser folgte dem Rat von Hermes und sagte seinem Bruder, dass er seine Regierung in Mykene akzeptieren würde, solange sich die Sonne nicht rückwärts in den Himmel bewegen würde. Eine Bedingung, die von Tiestes wegen ihrer Absurdität angenommen wurde. Aber Zeus erreichte das Unmögliche, Atreus bekam den Thron zurück und Tiestes wurde aus Mykene verbannt. Der neue König wusste aber vom Ehebruch von Tiestes und Aerope und plante seine Rache. Er lud seinen Bruder zu einem ausgiebigen Bankett ein, bei dem sich die Köstlichkeiten als Leichen der Söhne des Tiestes entpuppten. Sobald das Geheimnis enthüllt war, ließ Atreus ihn aus der Stadt vertreiben. In diesem zweiten Exil lag Tiestes seiner eigenen Tochter Pelopia bei, da nur ein Mann, der von Vater und Tochter gezeugt wird, die erlittenen Opfer rächen konnte. Ihr war der Inzest nicht bewusst und sobald sie es herausfand, ließ sie ihren Sohn, Aigisthos, auf dem Land zurück. Das Baby wurde von einem Schäfer gefunden, der es Atreus gab, der sich um ihn wie um seinen Sohn kümmerte. Erst als Aigisthos das Erwachsenenalter erreichte, offenbarte Tiestes ihm seine Identität. Der junge Mann erfüllte seine Mission und tötete Atreus und Tiestes wurde wieder König von Mykene.

Atreus und Tieste, Nationalmuseum für mittelalterliche und moderne Kunst

Medea oder die extreme Rache

Uns ist die Tragödie von Euripides bekannt geworden, durch die wir Zeuge werden, wie sich Medeas Liebe zu Iason in Hass verwandelte, da sie betrogen wurde und feststellen musste, dass dieser lieber die Tochter von Kreon, des Königs von Korinth, heiraten wollte. Die Wurzel von Medeas Unbehagen lagt darin, dass sie alles aufgegeben hatte, um mit Iason zusammen zu sein: Sie hinterging ihren Vater und hatte Kinder mit ihm, liebte ihn blind, während Iasons wahres Interesse darin bestand, ein mächtiger Mann zu werden.

So verließ Iason Medea, die als Wilde galt, da sie keine Griechin war. Er wollte dann die Tochter des Königs heiraten, um endlich der wichtige Mann zu werden, der er immer hatte sein wollen.

Medeas Traurigkeit ließ sie immerfort weinen. Sie bedauerte sich selbst und ihre Situation so sehr, dass König Kreon persönlich zu ihr kam, um sie zu drängen, die Stadt zu verlassen, aus Angst, dass sie aus Rache eine gefährliche und rücksichtslose Handlung ausführen könnte. Medea stritt sich zunächst ärgerlich mit ihm aber dann dachte sie, wenn sie sich rächen wolle, dann müsse sie ruhig und kooperativ erscheinen, um so den Plan auszuführen, den sie aussheckte. So änderte Sie den Ton ihrer Rede in süßere Worte und schuf Vertrauen.

Medea, die Kenntnisse der Zauberei hatte, stellte einen Schleier her, ein Kleid und eine Kopfbedeckung für das Haar der Braut, die ihren bis dahin geliebten Iason heiraten würde. Als Zeichen des guten Willens schickte sie ihre Kinder mit den Gaben zu ihr. Nach dem Empfang der Geschenke probierte die Frau den Kopfschmuck an und begann ein starkes Unbehagen zu fühlen und bald begann ihr Körper zu brennen, ebenso wie der ihres Vaters, König Kreon, der gekommen war, um ihr zu helfen, nachdem er ihre Schreie hörte, so dass beide zusammen in den Flammen starben.

Als Iason erfuhr, was passiert war, holte er schnell seine Kinder aus Medeas Haus, da er sie nach dem, was sie getan hatte, für verrückt hielt. Leider konnte er nur noch feststellen, dass Medea sie schon getötet hatte, wodurch sein Schmerz noch größer wurde. Medea war entschlossen, ihm alles zu entreißen, was ihm im Leben Vergnügen, Freude oder Sinn bereiten konnte.

John William Waterhouse, Iason und Medea

Sisyphos: die unendliche Wiederholung

Man sagt, wenn es jemanden gibt, von dem Odysseus seine Gerissenheit und Klugheit geerbt hat, dann ist es sein Vater Sisyphos, Besitzer von riesigen Rinderherden. Sisyphos hatte einen Nachbarn, Autoliko, der ein meisterhafter Dieb war und selbst Sohn eines Diebes namens Hermes, der ihm die Macht gegeben hatte, das Aussehen jedes Tieres zu verändern, das er stahl. Mit der Zeit wurden die Herden von Sisyphos immer kleiner, unterdessen vervielfachten sich die von Autoliko. Als Mann mit vielen Möglichkeiten, entwarf er einen Plan, um seinen Nachbarn zu überführen. Eines Tages gravierte er in die Hufe seiner Rinder ein Monogramm mit seinem Namen ein (andere Quellen besagen, dass es hieß „von Autoliko gestohlen"). Am nächsten Tag musste er nur zum Haus von Autoliko gehen, um den Weg seiner Herde zu verfolgen. Er rief andere Nachbarn als Zeugen herbei, ging in die Ställe und erkannte seine Kühe. Hier traf er auch auf Antiklea, die Tochter des Autoliko und Ehefrau von Laertes, und er schlief mit ihr. Aus dieser Verbindung wurde Odysseus oder Ulysses geboren, der sehr trickreich war.

Sisyphos war auch Zeuge einer Schwäche des Zeus: Der Göttervater entführte Egina, Tochter des Flussgottes Asopos. Diese Gottheit suchte Sisyphos auf, der mit ihm verhandelte: Er verpflichtete Asopos zur Schaffung einer unerschöpflichen Quelle in der Zitadelle von Korinth. Als er diese bekam, offenbarte er, was er gesehen hatte. Zeus bat Hades, Sisyphos in den Tartarus zu schicken. Hades ging zu Sisyphos' Haus, der ihm durch eine Täuschung Handschellen anlegte und ihn tagelang festhielt.

Niemand konnte sterben, während der Gott der Toten entführt blieb, die zerstückelten und enthaupteten Männer lebten noch. Aber Ares konnte diese Situation nicht akzeptieren: Er befreite Hades aus seinem Gefängnis und ließ Sisyphos im Avernus. Bevor Sisyphos zum Hades hinunterging, befahl er seiner Frau, ihn nicht zu begraben. Im Tartarus traf er auf Persephone. Er wollte in die Welt zurück. Sein Körper wurde nicht begraben also könne er nicht dableiben, meinte er. Er schaffte es zu gehen, obwohl er von Hermes wieder eingefangen wurde, der ihn mit Gewalt mitnahm. Die Richter der Toten zeigten ihm einen riesigen Felsen: Nun muss Sisyphos ihn für alle Zeiten auf die Spitze eines Hügels bringen und auf der anderen Seite herunterrollen lassen. Aber er erreicht nie die Spitze: Das Gewicht des Steins zieht sie beide nach unten.

So muss er wieder anfangen. Die gleiche Aufgabe noch einmal machen. Und noch einmal …

Tiziano Vecellio, Sisyphos, Museo del Prado

Pentheus' Wahnsinn

Pentheus war der Sohn von Echion und Agaue, Vetter des Dionysos und Nachkomme des Kadmos. Der Wahnsinn des Pentheus hat direkt mit den Bacchanten und dem dionysischen Zyklus zu tun.

Der Mythos von Pentheus repräsentiert eine unterdrückende Persönlichkeit, die Verleugnung fleischlicher Begierden, während der andere Protagonist der Geschichte, Dionysos, ein wahres Abbild des sexuellen Verlangens und der fleischlichen Befreiung ist.

Die Entwicklung der Geschichte wird in der Tragödie *die Bacchanten* von Euripides (480–406 v. Chr.) erzählt, sowie im Gedicht *die Dionysianer* von Nono de Panopopolis (5. Jh. v. Chr.). Die Grundlage der Geschichte ist ziemlich einfach: Dionysos will die Beleidigungen und Lügen seiner Tanten über seine Mutter, Semele, rächen, vor allem die von Agaue. Dazu bringt er die Frauen von Theben in einen Zustand des Deliriums und der Ekstase, die wiederum, angezogen wie Bacchanten, zum Berg Citeron gehen, um entfesselt die dionysischen Riten zu feiern.

Pentheus, besorgt über die Art und Weise, wie sich die Situation entwickelte, schafft es, Dionysos zu fangen. Dem Sohn der Semele gelingt es aber aus dem Palast zu fliehen und Pentheus zu täuschen, da er ihn in einen Zustand des Wahnsinns versetzt. Verkleidet als Menade, beschließt Pentheus zum Berg Citeron zu gehen, um die Entwicklung der Riten zu beobachten.

Bevor Pentheus auf den Berg geht um die Frauen auszuspionieren, scheint es, dass er bereits über das Treiben der Frauen informiert ist, was seinen Zorn verschlimmert. Einige Autoren wollten eine sadistische Interpretation dieser Episode erstellen, in der er extravagante Visionen hat, weswegen er als verrückt galt. Es deutet sogar auf einen inneren Kampf des Königs hin, der das unterdrückte Verlangen hat, sich als Frau zu verkleiden.

Auf dem Berg Citeron angekommen, wo auch der Tod seines Vetters Akteon stattfand, klettert Pentheus auf einen Baum. Einige Autoren meinen, dass er sich hinter einem Stamm versteckte, um die Riten zu beobachten, die die Frauen in ihrer Extase ausübten. Pentheus wird von den Bacchanten entdeckt, die ihn aufgrund ihres Zustands töten und zerstückeln. Die Quellen erwähnen, dass zu diesem Zeitpunkt Pentheus, unterstützt von Dionysos, seinen Trancezustand verlässt und sich bewusst wird, was passiert. Seine eigene Mutter, Agaue, enthauptet ihn. Eine Szene, die auf den griechischen Vasen sehr häufig dargestellt wird: die Kephalophorie. Agaue, gefangen in der Extase, geht mit dem Kopf wie mit einer Trophäe um, bis sie erkennt, dass es der Kopf ihres eigenen Sohnes ist, den sie in ihrer Hand trägt.

Penteos zerschmettert von den Mänaden, Pompeji, Haus der Vettii

Kainis oder Kaineus

Es gibt nur wenige Charaktere in der Mythologie, die sich rühmen können, die Gesamtheit der menschlichen Erfahrung gekannt zu haben, als Männer und als Frauen gelebt zu haben. Einer von ihnen ist Teiresias, der Blinde, dessen Weisheit und Wahrsagerei auf diese doppelte Vision der Wirklichkeit zurückzuführen sein könnte. Ein anderer Fall ist der von Kainis (lt. Caenis) oder Kaineus.

Kainis, Tochter von Elato, war das schönste Mädchen von Thessalien und sowohl in den Nachbarstädten als auch in ihrer eigenen, wurde sie vergeblich von vielen Freiern begehrt. Aber Kainis stimmte nicht zu, einen von ihnen zu heiraten. Eines Tages, an einem einsamen Strand, sah Poseidon sie und vergewaltigte sie am Ufer des Meeres.

Sobald die Vergewaltigung vollzogen war, wollte der Gott des Meeres ihr als Wiedergutmachung, die Möglichkeit bieten, einen Wunsch zu äußern, den er nicht ablehnen würde. Sie könne um alles bitten. Noch unter dem Einfluss der jüngsten Beleidigung bat sie, nie wieder so etwas ertragen zu müssen und daher, bat sie, keine Frau mehr sein zu müssen.

Die letzten Worte, mit denen sie ihren Wunsch ausdrückte, kamen schon in einem tieferen Tonfall aus der Kehle. Mehr wie die Stimme eines Mannes, in den sie sich verwandelt hatte. Der Mythos sagt, dass Poseidon ihr gestattete, nicht mehr verletzt werden zu können und dass sie durch kein Eisen sterben konnte. Wahrscheinlich war es das gleiche Geschenk: Auf Griechisch bedeutet unverletzlich oder undurchdringlich das Gleiche. Von diesem Moment an lebte Kainis das Leben eines Mannes. Sie nahm den Namen Kaineus an und nahm an Iasons Expedition als einer der Argonauten teil.

Ovid erzählt uns von seinem/ihrem Tod. In einer Schlacht wurde Kaineus, nachdem er das Leben von fünf Zentauren beendet hatte, von Latreos herausgefordert, eine dieser Kreaturen, der größten stärkste von ihnen. Er tat dies mit Worten, die ihn an seinen früheren Status als Frau erinnerten. Latreos empfahl ihm, dorthin zurückzukehren. Er warf ihm vor, er habe seine Männlichkeit dadurch erlangt, dass er mit einem Gott geschlafen hatte. Die beiden führten eine blutige Schlacht, in der Kaineus aber, unverwundbar wie er war, keine Verletzung erlitt. Kaineus tötete Latreos. Die Lanzen der Gefährten des Zentauren verletzten ihn auch nicht aber am Ende warfen sie Steine und Baumstämme auf ihn, bis sie ihn schließlich töteten, erstickt von all dem Gewicht, das auf ihn fiel, aber ohne irgendeinen Schaden an seinem Körper zu nehmen, der einst der einer Frau war.

Mosaik der Jahreszeiten, Detail, Regionales Archäologisches Museum von Palermo

Olymp, Heimat der Götter

Der Olymp ist ein Berg in Nordgriechenland. Weil er der höchste in der Region ist, wurde er zum mythologischen Heim der Götter. Da das griechische Pantheon sehr umfangreich und komplex ist, muss man klarstellen, dass auf dem Berg Olymp nur die Götter wohnten, die die „olympischen Götter" genannt wurden und die in der antiken griechischen Kultur die mächtigsten und verehrtesten waren.

Die Geschichten besagen, dass die Götter auf der Spitze des Berges in einem Palast wohnten, der von ihren Zimmermännern gebaut worden war, den riesigen Zyklopen. Man konnte nicht auf die Bergspitze klettern, auf die man normalerweise nur fliegend kam (Bellerophon versuchte, auf Pegasus, dem geflügelten Pferd, dort hinzukommen, aber Zeus ließ es nicht zu).

Die meisten der Götter waren in irgendeiner Form miteinander verwandt und sie waren eine sehr streitsüchtige und kriegerische Familie, wobei im Gegensatz zu anderen Religionen, welche die Vollkommenheit ihrer Gottheiten preisen, hier die gleichen Konflikte erlebt wurden, wie bei den Menschen (Liebe, Wut, Hass, Zärtlichkeit …).

Im Palast gab es eine große Halle, die sogenannte Ratshalle, in der sich die Götter trafen, um sowohl ihre Angelegenheiten, als auch die der Sterblichen zu besprechen und dort fanden auch viele dieser Geschichten statt. In der Halle waren die Throne von jedem der Götter, alle prächtig geschmückt mit Juwelen und Häuten von großem Wert und mit dem Symbol seines Besitzers. Der Hauptthron war der von Zeus, dem mächtigsten der Götter, Herr des Himmels. Die anderen Gottheiten, Poseidon, Gott der Ozeane und Meere und Hades, Herr der Unterwelt, waren beide Brüder des Zeus. Es gab auch Hestia, Göttin des Heims, Schwester der gerade genannten Gottheiten, obwohl es scheint, dass sie ihre Position im Rat zugunsten von Dionysos abgetreten hatte, Gott des Weines, nur um zu verhindern, dass es 13 Götter (eine sehr unglückliche Zahl) und einen weiteren Familienstreit gibt.

Andere Mitglieder des Rates waren Apollon, Gott der Künste und der Musik, Aphrodite, Göttin der Schönheit und Liebe, Hephaistos, ein lahmer Gott, der für Handarbeit und Handwerkskunst steht, Athene die Göttin der Weisheit und Ares, der eitle Kriegsgott. Die Gruppe aus zwölf Göttern, die Teil des Rates waren, wurde von Demeter vervollständigt, Göttin der Früchte und letzte der Schwestern des Zeus, sowie Artemis, Göttin der Jagd und schließlich Hermes, der Bote.

Darüber hinaus lebten im Olymp noch andere, niedere Götter und Diener.

Charles-Amédée-Philippe van Loo, Hebes führt Ganymed zum Olymp

Der Tartarus, Vorort der Unterwelt

Das Wort „Tartarus" scheint eine Verdoppelung des prähellenischen Wortes Tar zu sein, das man Orten im Osten gibt. In alten orphischen Quellen und in den Mysterienschulen ist es auch ein unbegrenztes „Ding", das zuerst existierte, aus dem das Licht und der Kosmos geboren wurden, die Bedeutung der „Hölle" erhielt er später. Der Tartarus ist sowohl eine Gottheit als auch ein Ort der Unterwelt. Als Wesen ist es einer der Urgötter, zusammen mit Chaos, Gaia und Eros die, nach Hesiodod, unabhängig voneinander entstanden sind.

Es ist die dunkelste und tiefste der Regionen des Universums. Laut der *Ilias* ist der Tartarus so weit von der Erde entfernt wie vom Himmel und nach der *Theogonie* ist er so tief, dass wenn man einen Amboss von der Erde hinunterwerfen würde, er neun Tage und neun Nächte fallen würde und nicht vor dem zehnten im Tartarus ankommen würde. Aus diesem Grund war er, seit seinen entferntesten Ursprüngen, das wirksamste der Gefängnisse z.B. für die Zyklopen und die Hekatoncheiren (Riesen mit jeweils fünfzig riesigen Köpfen und hundert starken Armen) bis Zeus sie befreite, um gegen die Titanen zu kämpfen. Diese, besiegt, sind nun im Tartarus eingeschlossen: Für diejenigen, die nicht sterben können, ist dieses Gefängnis und die Folter dort die maximale Strafe. Aber eine neue Gefahr schwebt über der neu eingeweihten Hegemonie, als Tayfun, Sohn der Gaia und des Tartarus (jetzt in seiner Bedeutung als Person) dem Gott des Blitzes droht. Tayfun ist eine schreckliche Kreatur, denn aus seinen Schultern werden hundert Schlangenköpfe mit schwarzen Zungen geboren, mit Augen, aus denen Feuer speit und deren Mäuler alle Arten von nicht reproduzierbaren Tönen ausstoßen. Aber wieder ist Zeus siegreich und Tayfun wird in den Tartarus gesperrt (oder unter den Etna, wie manche Quelle besagen).

Mit der Zeit verschwand die Unterscheidung zwischen Tartarus und Hades und schon bei Platon ist der Tartarus nicht mehr als eine Region der Unterwelt, wo die Qual die unwürdigen Toten heimsucht. Dort ist die angewandte Strafe immer proportional zur begangenen Straftat. So geschah es mit Sisyphos, der den fundamentalen Unterschied zwischen Göttern und Sterblichen infrage stellte und der dazu verdammt wurde, ewig einen Felsen einen Berg hinaufzurollen, um ihn später durch sein eigenes Gewicht wieder fallen zu sehen. Oder Ixion, der erste Mensch, der das Blut eines Verwandten vergoss, indem er seinen Schwiegervater in eine Grube voller brennender Kohlen stürzte. Seine gerechte Strafe bestand darin, sich auf einem brennenden Rad zu drehen. Ähnliches Glück erlitt Tantalos, der das Vertrauen der Götter genoss, der aber die Geheimnisse des Olymp nicht für sich behalten konnte, seine Strafe: in kaltem Wasser bis zum Hals eingetaucht zu sein, das jedes Mal, wenn er versucht, seinen Durst zu stillen, verschwindet. Außerdem ist er umgeben von saftigen Trauben, die außer Reichweite geraten, wenn er sie greifen will.

Jean-Baptiste Camille Corot, Orpheus führt Eurydike durch die Unterwelt, 1861, Houston, Museum der Schönen Künste

Die Flüsse der Hölle

Laut der *Odyssee*, gibt es vier Flüsse in der Hölle: die zwei wichtigsten sind der Styx (der Abscheuliche) und der Acheron (der Trübselige), während der Kokytos (der Fluss der Klage) und der Phlegeton (oder Flegeton, der Brennende) nichts als Nebenflüsse sind. Wie in den meisten Mythen, wechselt je nach Autor und Chronologie, die Natur der Flüsse.

Der Styx ist besonders heilig. Die Legenden erzählen, dass jeder Teil des Körpers, der darin versunken war, unverwundbar wurde. Aus diesem Grund badete Tetis ihren Sohn Achilles in seinen Gewässern und er erreichte Unverwundbarkeit, außer natürlich an der Ferse, bei der seine Mutter ihn packte, als sie ihn eintauchte und die sein einziger verwundbarer Punkt wurde. Wenn einer der Olympier einen Eid ablegen wollte, brachte ihm der Götterbote Iris einen Krug stygischen Wassers, um es mit einem Trank zu feiern.

Der Acheron mündete seinerseits in einen See oder in einem schlammigen Landschaft (Acherusia). Charon oder Caron ist der Steuermann, der die Seelen der Toten in seinem Boot von einer Seite des Flusses zur anderen bringt. Er tut dies für einen Obolus oder Münzen, die auf die Augen der Toten gelegt werden. Nach einigen Quellen war der Kokytos ein Nebenfluss des Acheron. An seinen Ufern wanderten diejenigen, die Charon nicht bezahlen konnten, hundert Jahre unher. Seine Wasser wurden von den Tränen der Diebe, Sünder und allen Menschen mit Fehlverhalten gespeist.

Der Name Phlegeton bezog sich ursprünglich auf die Flammen der Scheiterhaufen, auf denen die Griechen eingeäschert wurden, obwohl später diese Konnotation mit den Feuern der Bestrafung verbunden sein sollte (im Fluss der Phlegeton floss Feuer). In späterer Zeit wurde ein fünfter Fluss hinzugefügt: der Lethe (Fluss des Vergessens), dessen Wasser, wenn sie es tranken, die Toten ihre vorherige Existenz vergessen ließ.

Die Höllenflüssen haben jeweils ein Äquivalent in der oberen Welt. Ein möglicher Standort des Styx (Estigia) ist im abgelegenen Bergtal von Arkadien, während der Acheron in den Bergen von Thessalien von Epirus entspringt, im Nordosten Griechenlands. Er schlängelt sich bis zum Meer, kurz nachdem er sich mit dem Kokytos vereinigt hat. Diesen echten Flüssen werden auch bestimmte übernatürliche Eigenschaften zugeschrieben: der Styx (Estigia) konnte jeden töten, der aus seinen Gewässern trank und Keramik und Glas konnten sich darin auflösen. In diesem Fall ist nicht bekannt, ob der Styx des Hades auf dem Fluss in Arkadien basiert oder ob dieser, im Gegenteil so genannt wurde, weil sein Wasser so kalt war wie das des höllischen Styx.

Alexander Dmitrijewitsch Litowtschenko, Charon transportiert Seelen im Fluss Styx

Atlantis: Die Insel, die nicht mehr ist

Einer der am weitesten verbreiteten Mythen der Antike mit vielen Entsprechungen in anderen Kulturen ist die Existenz eines fantastischen Königreiches, auf einer Insel jenseits des bekannten Landes, bewohnt von Wesen von außergewöhnlicher Intelligenz, technologisch fortgeschritten und mit einer Kultur, die viel weiter entwickelt ist als die anderer Völker.

Die Griechen, eines der Völker, die die westliche Kultur am meisten beeinflusst haben, haben ihre Vision vom Mythos auf einer fantastischen Insel namens „Atlantida" (Atlantis). Einer der größten Philosophen der Antike, Platon, beschrieb diesen fantastischen Ort in zwei seiner Dialoge *(Timeo und Kritias)*. Seitdem hat sich ihr Ruf verbreitet.

Diese Insel befand sich noch „hinter den Säulen des Herakles", das ist die Straße von Gibraltar, die Europa von Afrika trennt. Nach dieser Aussage würde sie irgendwo im Atlantischen Ozean liegen. Ihr Name stammt wohl von Atlas oder Atlante, dem ältesten der zehn Kinder von Poseidon und Clito, denen die Insel übergegeben wurde, um sie zu bevölkern. Sogar der Ozean, der die Insel umgab, wird Atlantik zu ihren Ehren genannt.

Die Kinder von Klyto und ihre Nachkommen regierten die Insel für viele Jahre und Dank der Gunst des Poseidons konnten sie in einer reichen Umgebung gedeihen. So wurden die Titanen oder Atlanter nach und nach mächtiger, intelligenter und fortschrittlicher. So sehr, dass sie in ihrer Arroganz ihre Herrschaft ausbauten und andere Völker unterwarfen. Schließlich versuchten sie Griechenland und Ägypten zu unterwerfen und wurden schließlich aufgehalten. Die Götter, verärgert über die Haltung und Absichten der Titanen, beschlossen, sie zu bestrafen, indem sie eine Katastrophe schickten.

Obwohl Platons Texte es nicht erklären, wird angenommen, dass die Insel schließlich von einem großen Erdbeben erschüttert wurde, woraufhin eine Flut „an nur einem Tag und in einer schrecklichen Nacht" die Insel zerstörte und sie auf den Grund des Ozeans versenkte.

Obwohl die ernsteren Studien davon sprechen, dass die Insel ein fantastischer Ort ist, der für literarische Zwecke erfunden wurde, sind seit Jahrhunderten viele Menschen von diesem Ort besessen und viele Theorien wurden aufgestellt, um ihren Standort und ihren Fall festzulegen (von den Kanarischen Inseln nach Nordamerika oder den Bahamas).

Wahrscheinlich wird es noch für viele Jahrhunderte ein Geheimnis bleiben und wird weiterhin die Phantasie aller Kulturen beleben.

Herakles trägt die beiden Säulen, ein mythologisches Element in Gibraltar, einer der möglichen Orte von Atlantis.

Parnass, der Berg der Inspiration

Parnassus war eine Gottheit des griechischen Pantheons. Sohn von Poseidon und der Nymphe Kleodora. Er gab einer Bergkette Griechenlands ihren Namen, die die Gebiete der Dorer und der Phoker trennt. In dieser Bergkette befindet sich ein Berg, der auch Parnass genannt wird.

Dieser Berg nimmt eine sehr wichtige Rolle in der griechischen Geschichte und Mythologie ein, da hier Parnassus selbst das Orakel von Delphi gründete. Dies war ein Ort der Wahrsagerei, möglicherweise der berühmteste der Antike und in vielen Legenden ist er damit einer der Hauptprotagonisten. Entweder wurden hier die Helden über die zu ergreifenden Handlungen angeleitet oder sie bekamen Prophezeiungen und Rätsel, die die Männer erfüllen oder lösen mussten.

Dieses Orakel wurde kurz danach dem Gott Apollon geweiht, einer der Hauptgottheiten des Olymps, was den Ruhm des Ortes noch erhöhte. Da Apollon der Gott der künstlerischen Inspiration und Anführer der Musen war, wurde der Berg Parnass zu einem bekannten Ort unter Künstlern, Musikern und Dichtern.

Apollon selbst rief die Musen herbei, die von ihrem Wohnort auf dem Berg Helikon kamen (dort hatten sie einen Tempel), um den Parnass und das Heiligtum des Apollon zu bewohnen. Da sie kleine Gottheiten waren, die die poetischen und musikalischen Künste förderten, gilt der Berg Parnass als die symbolische Heimat von Dichtern und Musikern.

So wurde der Berg ein Wallfahrtsort. Hier gibt es viele Quellen, die berühmteste von allen ist bekannt als die Quelle Kastalia, an der sich die Künstler reinigen mussten, bevor sie den Tempel des Gottes Apollon betraten. Ihr Wasser war heilig und es wurde benutzt, um die Tempel in Delphi zu reinigen und die Inspiration der Dichter herbeizurufen. Es wird gesagt, dass von dieser Quelle Dämpfe ausgingen, die die Ursache der Visionen und Träume der Wahrsager waren, die die Zukunft vorhersagten.

So beherbergte dieser Berg viele der inspirierendsten griechischen Traditionen, wie Wahrsagen, Zukunfts-Vorhersagen und Künste. So sehr, dass die Zusammenstellung der künstlerischen und literarischen Werke mehrerer großer Autoren als „Parnass" bekannt ist.

Der Berg Parnass, in der gleichnamigen Bergkette. Parnass war ein Sohn von Poseidon und der Nymphe Kleodora. Dort wohnten die Musen und da war das Heiligtum des Apollon.

Troja, Legende und Geschichte

Wenn es Troja nicht geben würde, gäbe es einen guten Teil der griechischen Mythologie nicht und eine große Anzahl von griechischen Mythen und kleineren Geschichten würde ohne Bühne und ohne Zusammenhang bleiben. Troja verschwand jedoch und hinterließ nur den Namen und die Legende. Aber Troja hat wirklich existiert. Das beweisen die Ausgrabungen, die der Deutsche Heinrich Schliemann 1871 durchführte, ein Millionär und Amateur-Archäologe, an dem Ort, der ihm vom Diplomaten Frank Calvert, ebenfalls leidenschaftlicher Archäologe, vorgeschlagen wurde und an dem dieser sieben Jahre zuvor Schürfungen durchgeführt hatte. Beide bewiesen, dass die von Homer erwähnten Orte nicht das Werk der Fantasie oder der Legende, sondern real waren.

Dies öffnete die Tür zu einer Analyse der *Ilias* und des Krieges, den sie beschreibt. Er gilt als Überbleibsel eines echten Wettbewerbs „zu denen die Literatur Götter und Verse hinzugefügt hat" und man erkennt sogar einen wirtschaftlichen Konflikt um die Kontrolle dieses Teils des Mittelmeers, da Troja als „wohlhabende Gegend von Anatolien in der heutigen Türkei" vermutlich ein Hindernis für die mykenische kommerzielle Expansion war. So wie auch die Kreuzzüge im Mittelalter als Mittel verstanden werden können, das muslimische Handelsmonopol im Fernen Osten zu verhindern. Durch eine Reihe von Einfällen über mehrere Jahre hinweg wurde versucht, die trojanische Macht durch einen Zermürbungskrieg zu reduzieren, obwohl es in der Version von Homer und anderen Dichtern aus dramatischen Gründen zu einer großen Belagerung verschmolzen wurde, die 10 Jahre lang andauern sollte.

Die Schönheit von Helena, der Grund, einen Krieg zu beginnen, könnte auch nur eine Metapher sein, ein literarischer Trick, um trivialere Gründe, wie einen Streit zwischen Kaufleuten zu verdecken.

Gehen wir zurück zur tröstlichsten Mythologie. In der Antike galt Troja als von Tros gegründet, Enkel von Zeus und der Plejade Elektra. Poseidon und Apollon bauten die Mauern und Befestigungen, die Jahre später vom berühmtesten Krieg der Jahrhunderte erschüttert wurden.

Anton Van Dyck (1599–1641), Tethys empfängt die Waffen des Achilles von Hephaistos

Das Orakel von Delphi, das Zentrum der Welt

Ein Orakel war eine der Weissagung und Prophezeiung gewidmete Stätte, die gewöhnlich von einem Wahrsager oder einer Wahrsagerin durchgeführt wurde. Delphi war ein Ort an den Hängen des Berges Parnass. Dort lebte eine legendäre Schlange namens Python, Schwester der Gaia, Göttin der Erde. Wegen einer Rivalität, die lange Zeit zurücklag, kämpfte der Gott Apollon gegen das Monster und tötete es.

An diesem Punkt des Berges Parnass wurde ein Felsen namens Onfalo platziert, der den Nabel der Welt repräsentierte (andere Quellen weisen darauf hin, dass der Onfalo von Zeus an der Stelle platziert wurde, um das Zentrum der Welt darzustellen).

An derselben Stelle des Parnass, wo die Schlange gelebt hatte, wurde ein Heiligtum errichtet, das Apollon gewidmet war und wo auch das Orakel von Delphi errichtet wurde. Dieses Orakel war ein Ort, an dem der große Apollon durch einen Wahrsager namens Pythonisa (in Gedenken an das Leben, das die Schlange Python dort hatte) Fragen über die Zukunft beantwortete.

Es wird gesagt, dass die Pythonessen Jungfrauen waren, die sich der Anbetung des Gottes Apollon widmeten und sich im heiligen Wasser der Quelle Kastalia reinigten und im Moment der Inspiration auf einem dreibeinigen Hocker oder einer Bank sitzen mussten. Heute wird angenommen, dass die Träume und Visionen der verschiedenen Wahrsager in Delphi durch die Gase verursacht werden konnten, die aus den Öffnungen und Rissen des Bodens des Heiligtums kamen.

Dieses Orakel war nicht das einzige der Antike aber zweifellos war es jenes, das den größten Ruhm erlangte und seine Prophezeiungen waren ein wichtiger Teil vieler Geschichten der Mythologie. Da das Orakel in der Realität existierte, geht seine Transzendenz über die Mythen hinaus, da es von Königen und Kriegern oft konsultiert wurde. Sogar Philipp von Mazedonien und sein Sohn, der berühmte Alexander der Große, kamen in entscheidenden Augenblicken ihres Lebens zur Wahrsagerin.

Eine Gruppe von Schriftgelehrten musste die Worte der Wahrsagerin interpretieren und normalerweise taten sie es auf eine dunkle und komplexe Art und Weise, die sich als mehr als eine Interpretation erwies, was dem Ruhm des Ortes zugutekam, da man die Worte des Orakels immer an die Situation und das Verlangen eines jeden anpassen konnte.

Delphi blieb viele Jahrhunderte lang ein Ort der Wallfahrt und Verehrung, bis es zur Zeit der Römer zerstört wurde. Heute ist es UNESCO-Kulturerbe und es gibt dort ein Museum, das unter anderem Schätze aus dem Ort zeigt.

Das Gesicht der Sibylle ist den Madonnen sehr ähnlich, die Michelangelo in seiner Jugend malte. Michelangelo, Delphische Sybille, 1509, Sixtinische Kapelle

DELPHICA

Kolchis

Neben dem Schwarzen Meer im Kaukasus war Kolchis die Heimat von Eetes und seiner Tochter Medea. Es wird im *Periplus* von Pseudo Escilax erwähnt (Ende des vierten Jahrhunderts oder Anfang des dritten Jahrhunderts v. Chr.), sowie in der *Anabasis* von Xenophon (430–355 v. Chr.). Einige klassische Autoren erzählen davon, dass dieses Gebiet ungenaue Grenzen hatte und östlich des Flusses Halis lag. Es umfasste auch jene Völker, die in der Nähe des Schwarzen Meeres wohnten, wie die Kaliber, Tibarenos, Mikroarmenier oder Byzeres. Xenophon schließt innerhalb der Kolchis Cerasunt mit ein, was für einige Forscher bedeutet, dass Kolchis bis nach Trapezunte im alten Arkadien reichte und weiter bis zum Thermodon, wo die Amazonen lebten. Wie uns Xenophon erzählt, war Trapezunte eine griechische Stadt, die am Ufer des Pontus Euxine lag.

Der Fluss Fasis, abgesehen davon, dass er den asiatischen Kontinent vom europäischen abgrenzt, teilt Kolchis in zwei große Gebiete auf: den Norden und den Süden.

Nach Kolchis kam auch Frixo, Sohn von Atamante und Nefele, auf einem Widder mit goldenem Vlies, ein Widder, der von seiner Mutter geschickt worden war, um zu vermeiden, dass er und seine Schwester Hele geopfert wurden, wie es das Orakel von Delphi angedeutet hatte. Obwohl der Widder, ein Geschenk von Hermes an Nefele, die beiden Geschwister tragen sollte, kam nur Frixo in Kolchis an. Seine Schwester Hele ertrank in der Straße des Hellesponts.

Eetes gab die Hand seine Tochter Kalliope zur Heirat und Argo, Melas, Fronis und Citisoro wurden aus dieser Ehe geboren. Frixo, als Zeichen des Dankes, opferte den Widder zu Ehren von Zeus und bot Eletes das Vlies oder Schaffell des Tieres an, der es auf die Rinde einer Eiche nagelte.

Auch Iason kam mit den Argonauten nach Kolchis, auf der Suche nach dem goldenen Vlies. Widerwillig, es zu übergeben, zwang Eetes ihn, eine Reihe von komplexen Aufgaben zu überwinden und Iason erfüllte sie mit der Hilfe von Medea, die ihm den Körper mit einer aromatischen Flüssigkeit aus Safran einsalbte. Eetes, wütend auf seine Tochter, weigerte sich, das Schaffell auszuhändigen und zündete das Schiff der Argonauten an aber Iason nahm das Vlies und floh mit Medea.

Abraham Ortelius, Karte des Ortelius, 1624, Paergon

Parsiphae

Sie ist die Tochter des Sonnengottes Helios und Perseida und daher die Nichte des Achilles, Schwester der Zauberin Kirke, Mutter von Ariadne und Fedra … Pasiphae ist eine dieser starken universellen weiblichen Figuren, die die griechische Mythologie zu bevölkern scheinen. Sie heiratete Minos, König von Kreta, ein weiterer erwähnenswerter Charakter. Aber vorher …

Agenor, der König von Sidon, hatte eine Tochter, Europa, ein Geschöpf, für das Zeus jedes Risiko eines Skandals wert war. Während sich Europa mit anderen Mädchen am Strand vergnügte, tauchte vor ihnen ein majestätischer weißer Stier auf, der nur göttlich sein konnte. Der Stier blieb neben ihr und die anderen entfernten sich. Er war so zahm, dass Europa sich ihm näherte und mit ihm spielte, ihm Girlanden auf die Hörner legte und ihn streichelte … Nach und nach kam das majestätische Tier dem Wasser immer näher, nun mit ihr auf dem weichen Rücken. So nahm er sie mit nach Kreta, wo sie in der Nähe eines Brunnens unter dem Schatten einiger Platanen zusammen lagen, so dass diese das Privileg erhielten, immer ihre Blätter zu behalten. Aus diesem außerehelichen Abenteuer von Zeus wurden Sarpedon, Minos und Radamantis geboren. Asterion, König von Kreta, erzog sie dann wie seine eigenen Kinder.

Bereits mit Pasiphae verheiratet und Erbe des Königreichs, erhielt Minos ein Geschenk von Poseidon: einen schönen weißen Stier, der auf dem Altar des Göttervaters geopfert werden sollte. Die Schönheit und der Adel des Stieres ließen Ehrgeiz im Herzen des Königs wachsen, der die Idee hatte, den Stier in seinen Ställen zu behalten. So entwand er sich dem Willen des Gottes des Ozeans und stahl Zeus eine Huldigung. Brüskiert erzeugte Poseidon in Parsiphae ein ungezügeltes sexuelles Verlangen nach dem Albino-Bullen. Ein Wunsch, der unmöglich erfüllt werden konnte, aufgrund der offensichtlichen körperlichen Unterschiede zwischen Menschen und Rindern.

Königin Parsiphae bat Daidalos um eine Lösung. Daidalos baute daraufhin eine Kuhattrappe, in die Parsiphae kletterte, um ihren Stier-Liebhaber zu empfangen. Die Meinung von Minos über diese Freundschaft seiner Frau, die von dem Stier schwanger wurde und Asterion, den Minotaurus, zur Welt bringen sollte, ist nicht bekannt.

Minos ließ Daidalos ein unzugängliches Zentrum bauen. Dort lebte der Minotaurus, bis er vom Helden Theseus, mit Hilfe der Schwester des Monsters, besiegt wurde: Ariadna, die mit dem Wollknäuel. Von Pasiphae ist nichts weiter bekannt.

Daidalos, Pasiphae und die Kuh aus Holz, Pompeij, Haus der Vettii

Der Minotaurus in seinem Labyrinth

Der Mythos sagt uns, dass der Minotaurus nur menschliches Fleisch aß und als er wuchs, wurde er immer wilder und war ein echtes Problem für die Gebiete, durch die er ging. Als die Kreatur völlig unkontrollierbar wurde, baute Daidalos das Labyrinth auf Kreta, eine immense Struktur aus Korridoren, die sich in allen Richtungen kreuzten. Von all diesen Korridoren erreichte nur einer das Zentrum der labyrinthischen Stadt, wo der Minotaurus mit der Hoffnung ausgesetzt wurde, dass er nie wieder herauskommen würde.

In der Zwischenzeit wurde außerhalb festgelegt, dass als eine Hommage an den König von Kreta, Minos, 14 Jungfrauen als Opfergabe für den Minotaurus gegeben werden sollten. Sie wurden im Labyrinth sich selbst überlassen, durch das sie tagelang verirrt liefen, bis sie auf die Kreatur trafen, die sie einzeln verschlang. Es wird gesagt, dass dieses Opfer jedes Jahr stattfand, während eine andere Version besagt, dass es alle neun Jahre war.

Jahre später machte sich Theseus, Sohn der Ägäis und König von Athen, daran, diese Strafe zu beenden, die seinem Volk auferlegt wurde und entschied, dass er den Minotaurus selbst töten würde. Einige sagen, dass er sich, um die Bestie zu töten, unter die Gruppe der jungen Frauen mischte, die geopfert werden sollten, um so auf den Minotaurus zu treffen. Andere Quellen wiederum berichten, dass er sich, getarnt in der Gruppe der jungen Leute, sofort in eine der jungen Frauen verliebte, die geopfert werden sollten, Ariadne. Als diese erfuhr, welche Absichten Theseus hatte, überzeugte sie ihn, einen Plan auszuführen, der darin bestand, einen Köder mit einem Wollfaden am Anfang des Labyrinths auszulegen, damit man später den Ausgang finden konnte, nachdem er das Biest getötet hatte.

Die Versionen über die Beziehung zwischen Theseus und Ariadne sind vielfältig, in einigen wird eine Liebe erwähnt, wobei in anderen die Ehre des Theseus hervorgehoben wird, der die Dame retten wollte. Es gibt auch verschiedene Ansichten wie Theseus den Minotaurus getötet hat: Mit seinen eigenen Händen oder mit einem Schwert, das er getarnt hatte, als er das Labyrinth betrat.

In unserer heutigen Zeit hat die Geschichte des Minotaurus in zahlreichen poetischen Werken und in der Fiktion Früchte getragen, inspiriert von der Handlung, da die Figur des Tieres mit Merkmalen eines Stiers und eines Menschen zu vielen fantastischen Interpretationen auf vielen Gebieten geführt hat.

Edward Burne-Jones, Theseus und der Minotaurus im Labyrinth, Museum von Birmingham

Ariadne entwirrt ihr Schicksal

Von Ariadne wissen wir, dass sie die Tochter von König Minos und Pasiphae von Kreta war. Ihr Vater war der Schöpfer des Labyrinths, das der Minotaurus bewohnte, der mit jungen Athenern gefüttert werden musste. Er war eine Kreatur, die von ihrer eigenen Mutter, Pasiphae, gezeugt worden war.

Ariadne beobachtete, wie der junge Theseus das Labyrinth betreten wollte und verliebte sich in ihn. Sie entschied sich, ihn zu begleiten. Ihre Bedingung war, dass er sie heiratete und auf diese Weise würde er sie von ihrem Vater wegbringen, der eine wirklich furchterregende Person war. Theseus akzeptierte den Handel und Ariadne entwickelte einen Plan, der darin bestand, Theseus einen Faden zu geben, den er abwickeln sollte, je weiter er in die endlosen Korridore des Labyrinths vordrang, was ihm später als Leitfaden dienen sollte, um Ihnen bei Ihrer Rückkehr zu helfen. Als Minos gewahr wurde, dass Theseus den Minotaurus getötet hatte, geriet er in Rage. So musste Theseus schnell flüchten und Ariadne begleitete ihn. Aber sie sollte Athen, das Land des Theseus, nie zu sehen bekommen, denn bei einem Halt auf der Insel Naxos, verließ er die Schlafende am Ufer des Meeres.

Die Versionen dieses Verrats unterscheiden sich sehr je nach den Quellen und es wurden in dieser Hinsicht zahlreiche Hypothesen aufgestellt. Man sagt, dass Theseus Ariadne an der Küste verließ, weil er in eine andere Frau verliebt war, aber es wurde auch behauptet, dass es durch direkte und ausdrückliche Anordnung der Götter geschah. In diesem Sinne wird auch gesagt, dass Theseus zurück auf das Boot ging, während sie am Strand war, um sich von einem Schwindel zu erholen. Das Boot wurde dann von einem Wind göttlichen Ursprungs weggetrieben.

Aber Ariadne war nicht ängstlich und träge, als ob die Welt für sie geendet hätte, und vergaß ihren Liebeskummer zusammen mit dem Gott Dionysos, der sich heftig in sie verliebt hatte. Er heiratete Ariadne und brachte sie in den Olymp. Als Hochzeitsgeschenk bekam sie ein goldenes Diadem, das Hephaistos angefertigt hatte und das später zu einer Sternenkonstellation wurde. Als Folge ihrer Verbindung mit Dionysos wurden die Kinder Toante, Estasfilo, Enopion und Pepareto geboren.

Ihr Tod ist ebenfalls Gegenstand mehrerer verschiedener Sagen, weil es einige gibt, die besagen, dass Artemis sie getötet hat, im Auftrag von Dionysos. Es gibt auch andere, die behaupten, dass sie auf der Insel Naxos gestorben ist, wo Theseus sie verlassen hatte, als sie gebar. Dann wäre sie jedoch nie mit Dionysus zusammen gewesen, wie in der Version oben erwähnt.

Vincenzo de Rossi, Theseus und Ariadne, Grotta del Buontalenti

Daidalos und Ikaros

Es erzählt uns der Mythos, dass Daidalos seiner Zeit als der größte Architekt, Erfinder und Kunsthandwerker von Athen galt. Er war sehr berühmt dafür, dass er das Labyrinth gebaut hatte, in dem sich der Minotaurus befand. Er verstand sich ebenfalls auf das Entwerfen von Booten, die unter dem Meer fahren konnten, so wie die U-Boote, wie wir sie heute kennen. Es wird gesagt, dass er Ariadne heiratete und sie zwei Kinder hatten: Ikaros und Iapix.

Als König Minos ihm befahl, das Labyrinth zu bauen, ließ er Daidalos in der Gesellschaft seines Sohnes Ikaros darin einsperren, sodass er niemandem erzählen konnte, wie man dort hinausfinden konnte. Sie waren dort lange Zeit eingesperrt, bis Daidalos als gutem Erfinder die Idee kam, mit den Vogelfedern, die es hier gab und mit dem Wachs der Bienen ein paar Flügel zu bauen, damit sie mit ihnen herausfliegen konnten.

Sobald die Erfindung fertiggebaut war, ermahnte Daidalos seinen Sohn, dass er nicht zu hoch fliegen solle, da ansonsten das Wachs schmelzen würde. wenn sie aber zu niedrig flögen, würden die Flügel nass werden und konnten nicht fliegen.

Also begannen sie die Reise, um aus dem Labyrinth zu entkommen wo sie der Minotaurus früher oder später töten würde. Anfangs achtete Ikaros genau auf die Anweisungen seines Vaters aber nach und nach wurde er mutiger und entfernte sich von dessen Seite um höher und höher zu fliegen, trotz der Warnungen seines Vaters, der ihn von weitem in einer niedrigeren Ebene beobachtete. Ikaros bewegte sich weiter und weiter in Richtung Sonne, und stieg immer höher, indem er mit den Flügeln schlug. Er stieg so weit auf, dass genau das passierte, wovor ihn der Vater gewarnt hatte: Das Wachs, das die Federn zusammenhielt, begann zu schmelzen, bis es die Federn nicht mehr zusammenhalten konnte. Also fiel Ikaros ins Meer und ertrank, ohne dass der Vater ihm helfen und ihm das Leben retten konnte.

Daidalos holte seinen Sohn aus dem Wasser und begrub ihn auf einer kleinen Insel, die später den Namen Ikaria erhielt.

Die Legende besagt, dass Daidalos später und dauerhaft auf die Insel Sizilien zog, wo er bis zu seinem Tode am Hof von König Cocalo arbeitete.

Jacob Peter Gowy, der Fall des Ikaros, Museo del Prado

Skylla und Charybdis oder das Risiko der Wahl

„Beweg schnell dein Schiff neben das Riff von Skylla, es ist besser, sechs deiner Männer als dein ganzes Schiff zu verlieren", riet Kirke, die Zauberin, dem Odysseus im 12. Lied der *Odyssee*. Sich Skylla zu nähern würde ihm helfen, den schrecklichen *Maelstrom* zu umgehen, mit Namen Charybdis, einem gefräßigen Wirbel. Odysseus, den Anweisungen seiner geliebten Kirke folgend, schaffte es, die tödliche Straße zu durchqueren, obwohl das Monster Skylla mit seinen Zähnen sechs seiner Matrosen fing, einen nach dem anderen an den Köpfen packend. Weitere Krieger, die das Licht ihres geliebten Ithakas nicht wieder sehen sollten.

Skylla (Σκύλλα), Tochter von Forkis und Hekate (Sklavin der Nacht, Göttin der Grenzen zwischen den Lebendigen und den Toten), war eine schöne und junge Nymphe. Manche bezeichnen sie auch als Tochter von Tayfun und Echidna. Andere Mythologen wiederum, beschreiben ein Wesen dieses Namens als Seeungeheuer mit einem Frauentorso und einem Fischschwanz. Aus seiner Taille kamen sechs Hunde mit zwei Beinen. Oder eine lange Kreatur mit sechs Hälsen wie Schlangen, einigen bizarren Köpfen und Beine eines anderen Tieres. Aber alle Versionen stimmen überein: Jeder Kopf hat drei Reihen scharfer Zähne und heult wie der Hund der Hölle.

Dieses Fabelwesen, unerbittlicher Zöllner zwischen Leben und Tod, wartet auf kühne Reisende die versuchen, die Straße von Messina zu überqueren, die Trennlinie zwischen Sizilien und der Spitze des italienischen Stiefels. Zwei Extreme eines Dilemmas: Beide Ufer, einen Pfeilflug weit voneinander entfernt, zwingen den Reisenden – der vor Charybdis flieht, um zu verhindern, vom Sog seiner tödlichen Wirbel eingesogen zu werden – sich tollkühn der Skylla zu nähern und ihren Tentakeln und bedrohlichen Zähnen. Es gibt keine sicheren Bereiche oder geschützten Zonen. Alles ist riskant.

Herakles, in einer anderen Geschichte, auf einer Reise nach Sizilien, sah das Monster Skylla und tötete es. Später brachte ihr Vater Forkis die junge Frau mit Fackeln zum Leben zurück. Die Götter und vor allem Zeus verwandelten das Monster in einen steilen und rauen Fels, der bis heute auf nächtliche verlorene Segler lauert. Andere Mythen aber besagen, dass dies der versteinerte Charybdis ist.

Vielleicht war ein solches Monster ein Hindernis für die Handelsfreiheit im griechischen Imperium. Wer kann es wissen? Das Monster ist natürlich noch da, jetzt in Form eines Steinriffs an der italienischen Küste von Kalabrien. Es steht eine Burg auf der Spitze.

Relief von Skylla und Charybdis, Archäologisches Nationalmuseum Neapel

Lästrygonen, unsere Monster

Odysseus begab sich nach dem Trojanischen Krieg zurück nach Ithaka. Von der Insel der Winde kommend, Heimat des Aiolos – so erzählt es das 10. Lied der *Odyssee* – mit einem Dutzend seiner Schiffe, erreichte er einen ausgezeichneten Hafen mit einem schmalen Eingang, umgeben von schützenden Klippen gegen den Sturm. Die Kapitäne drangen in den Hafen ein und vertäuten ihre Schiffe dicht beieinander. Odysseus, der Kluge, band sein Boot an einem Felsen vor dem Hafen an. Er wusste es nicht aber sie hatten Telepilo von Lamos erreicht, Stadt der Lästrygonen, an der Küste von Sizilien oder Sardinien. Er klettere auf einen hohen Felsen und konnte ein wenig aufsteigenden Rauch am nahen Himmel sehen. Er schickte drei Männer zur Erkundung los.

Die Männer folgten einem Pfad, auf dem einige Wagen Holz von den Bergen transportierten. Sie trafen auf eine junge Frau von ungewöhnlicher Statur, die Wasser aus der Quelle Artakia schöpfte, vor den Toren der Stadt. Sie fragten sie, welches Land das sei und wer der König sei. Das Mädchen war die Tochter von Antiphates, dem König der Lästrygonen. Als sie im Palast ankamen, sahen sie eine gigantische Frau, die so groß wie ein Berg zu sein schien: Es war die Frau des Souveräns, die ihren Ehemann rief. Odysseus Männer wurden unruhig und begannen sich zu fürchten: „Wie wird wohl der Ehemann dieser Riesin sein? Ein Riese wie sie? Noch größer und stärker …?".

Der riesige König dieser Monster verließ die Ratsversammlung und sobald er die Männer sah, nahm er schon einen und verschlang ihn. Er rief nach seinen Untertanen. Von allen Seiten kamen immer mehr Giganten. Sie begannen mit ihrem König die Fremden bis zu den ankernden Schiffen zu verfolgen. Die anderen beiden schafften es, aus dem Palast zu fliehen, gefolgt von einer Schar von Lästrygonen mit der eindeutigen Absicht sie zu fressen. Diese riesigen Wesen warfen Steine von den Klippen, zerstörten die Schiffe und durchbohrten die Männer von Ithaka mit Harpunen.

Odysseus gelang es zu fliehen, während die anderen Boote bereits auf dem Grund des Hafens versanken. Die Überlebenden erreichten dann die Insel Eea, wo Odysseus bereits von Kirke, der Zauberin, erwartet wurde.

Der griechische Dichter aus Alexandria, Konstantinos Kavafis, sagt zu dem modernen Odysseus: *Gehst du gen Ithaka / (…) Den Lästrygonen und Zyklopen / und dem wütenden Poseidon wirst du nicht begegnen / falls du sie nicht in deiner Seele mit dir trägst / falls deine Seele sie nicht vor dir aufbaut.*

J. C. Andrä, Odysseus im Land der Lästrygonen, Illustration des Werks Griechische Heldensagen für die Jugend

Die Jagd auf den Kalydonischen Eber

Kalydon war eine Stadt in Griechenland in der Region von Aetolien, gegründet von einem Helden gleichen Namens. In einem Jahr brachte der König von Kalydon den Göttern ein Opfer dar und machte Versprechen. Er machte jedoch den Fehler zu vergessen, die Göttin Artemis zu ehren.

Die Göttin, beleidigt von der Missachtung, beschloss Rache zu nehmen und sandte einen Eber in die Ländereien, die sich außerhalb der Stadt befanden. Dies war ein majestätisches und wildes Exemplar, dessen Augen und Kiefer zu brennen schienen. Es gab keinen Gegner, keinen Hund, keinen Bauern oder Bullen, der sich ihm stellen konnte. Meleager, der Sohn des Königs, entschied sich zu handeln und rief die größten Krieger Griechenlands zur Eberjagd. Viele Helden nahmen daran teil, darunter einige von Meleagros Onkeln, die Brüder seiner Mutter Altea.

Nur eine Frau nahm an der Jagd teil. Es war die große Atalante, Tochter des Königs von Arkadien. Sie wurde in einem Wald ausgesetzt und von Artemis beschützt. Diese sorgte dafür, dass eine Bärin das Kind säugte und später wurde sie von einer Gruppe Jägern erzogen, die ihr beibrachten, wie man jagte. Atalante war sehr geschickt mit Pfeil und Bogen und mutig. Die anderen Krieger, denen die Anwesenheit der Frau unangenehm war, wollten nicht, dass sie an der Jagd auf den Eber teilnahm, aber Meleagro, beeindruckt von ihrer Schönheit und ihrem Mut, akzeptierte sie.

Die Jagd auf das Tier war von Anfang an ein gefährliches und schwieriges Unterfangen. Mehrere Krieger verloren ihr Leben und egal wie viele Speere und Pfeile sie warfen, niemand konnte den Eber schlagen. Der Krieger Anceo versuchte sogar, ihn mit seiner Axt zu töten, wurde aber von dem großen Wildschwein tödlich verwundet. Atalante schaffte es, die erste zu sein, die ihn verwundete. Sie landete einen Pfeil hinter dem Ohr des Tieres, obwohl es Meleagro war, der das Biest letztendlich tötete.

Meleagro bot Atalante die Haut und den Kopf des Tieres an, was die anderen Jäger sehr verärgerte, die sahen, das eine Frau die Belohnung bekam, die sie für sich selbst erwarteten. Zwei von Meleagros Onkeln kamen herbei, um die Haut zu ergreifen und beleidigten Atalante. Der Königssohn war so erzürnt, dass er beide mit einem Speer tötete. Diese Tat war sein Untergang, denn eine schreckliche Prophezeiung lastete auf ihm: Sein Leben hatte die Dauer eines Holzscheits, der vom Tag seiner Geburt an brannte, und den seine Mutter Altea versteckt hatte, um ihn zu schützen. Als sie erfuhr, dass ihr Sohn das Leben ihrer Brüder beendet hatte, die sie sehr liebte, warf die Königin das Scheit ins Feuer, das schnell verbrannte. Meleagro fühlte plötzlich, dass ihn ein Fieber verschlang und schließlich starb er, während die letzte Glut das Scheit verzehrte.

Relief der Höhle von Kalydon, Kapitolinische Museen

Greife und Hippogreife: Ähnlichkeiten und Unterschiede

Die Ursprünge dieser mythologischen Bestien liegen im Osten, in mesopotamischen Kulturen, wo zahlreiche bildhauerische Darstellungen gefunden wurden. Die ersten schriftlichen Zeugnisse, die sich auf diese Kreaturen beziehen, sind jedoch in der griechischen Literatur dokumentiert.

Greife und Hippogreife werden oft wegen ihrer offensichtlichen Ähnlichkeiten verwechselt. Der Greif ist eine Kreuzung zwischen Adler und Löwe und verbindet die Qualitäten beider Tiere. Er ist gelegentlich mit dem Streitwagen des Apollon verbunden. Pferde sind Teil ihrer Ernährung aber wenn beide Spezies verbunden werden entsteht der Hippogreif, halb Pferd und halb Greif. Es ist von geringerer Stärke als sein Erzeuger aber von größerer Geschwindigkeit. Virgil spricht von dieser Bestie, die ihm dazu dient zu erklären, was eine Inkongruenz ist. In diesem Fall, dass die Beute hier paradoxerweise zum Teil des Räubers wird.

In der Mitte des 5. Jahrhunderts v. Chr. hat der Historiker Herodot schon die Greife als Wächter des Goldes der Region von Hyperborea in seiner Arbeit *Historia* erwähnt. Im selben Jahrhundert bezog sich der Dramatiker Aischylos in seiner Tragödie *der befreite Prometheus* auch auf diese Wesen, die im desolaten und fernen Skythia lebten. Der Glaube an die Existenz des Greifs, sowie auch des Hippopgreifs, wurde im Wesentlichen von lateinischen Autoren übertragen. In der Tat ist es Plinius der Ältere (1. Jahrhundert n. Chr.) der uns eine ausführliche Beschreibung dieser mythischen Kreaturen gibt. Zusätzlich zu seinem schrecklichen hakenförmigen Schnabel, war dieser Autor der erste, der seine Flügel und spitzen Ohren erwähnte, zwei charakteristische Merkmale in seiner künstlerischen Darstellung. Ebenfalls bestätigt er, dass die Greife Sand aufschütteln, der Gold enthält, aus denen sie ihre Nester bauen.

Beide Bestien leben normalerweise in Rudeln und wie es Ctesia de Cnido beschrieb, als er über asiatisches Gold berichtete, leben die Greife in den hohen Bergen. Andere Quellen behaupten, dass ihr Lebensraum flache und grasbewachsene Orte sind, mit vielen Kräuter, denn sie sind Allesfresser.

Die Idee eines geflügelten Vierbeiners ist nicht nur exklusiv bei den Greifen oder Hippgreifen. Dies wird durch die Existenz anderer mythologischer Kreaturen wie Pegasus belegt. Andere Wesen wie die Harpyien oder das Hypatriozion verbinden auf ähnliche Weise humanoide oder äquide Formen mit denen von Vögeln.

Skulptur eines Greifs

Basilisk: der Blick, der tötet

Der Basilisk (Basiliskos „der kleine König") ist ein reptilisches mythologisches Wesen. Er gilt als König der Schlangen und ist ein sehr gefährliches Tier, nicht nur wegen seines tödlichen Gifts, sondern auch aufgrund seiner Fähigkeit, nur mit dem Blick zu töten.

Der Basilisk wird aus einem Hühnerei geboren, das von einer Kröte ausgebrütet wird. Seine Größe und sein Aussehen unterscheiden sich je nach Erzählung aber normalerweise wird er als eine Schlange mit einem Kamm in Form einer Krone oder Mitra auf seinem Kopf dargestellt. Plinius der Ältere bietet in seiner *Naturalis Historia* eine ausführliche Beschreibung des Basilisken, in der zukünftige Interpretationen des Tieres über die Jahrhunderte hinweg bis in die Moderne geliefert werden. Dem römischen Denker zufolge, war der Basilisk ein Einwohner der libyschen Stadt Kyrene und er war nicht länger als zwanzig Finger. Er hatte ein weißliches charakteristisches Zeichen auf seinem Kopf, das einem Stirnband ähnelte (daher die Annahme, dass der Basilisk mit einer Mitra gekrönt wurde).

Er hatte die Macht, mit seinen Augen zu töten, und sein Atem war so ätzend, dass die ihn umgebende Flora verwelkte und Steine zerbrachen. Der Gebrauch von Waffen war bei dem Basilisken nutzlos und es gab nur zwei Möglichkeiten ihn zu töten: Mit dem Lied des Hahns, vor dem er solche Angst hatte, dass es ihn tötete oder durch den Geruch eines Wiesels, das dafür aber auch sein Leben geben musste. Schon in der hellenistischen Zeit verbreitete sich die Legende, in der Alejandro Magno dem Basilisken das Leben nehmen konnte, indem er sein Schild benutzte, in dem sich das Monster gespiegelt sah, was zweifellos eine andere Version des Mythos von Perseus und Medusa ist.

In der griechisch-römischen Tradition gibt es eine klare Unterscheidung zwischen dem Basilisken und den Catoblepas, einem Vierfüßler mit Kuhkörper und Schweinekopf. Sein Rücken ist skaliert und seine Augen sind immer nach unten gerichtet. Der Blick des Catoblepas ist so tödlich wie der des Basilisken, denn er konnte jeden in Stein verwandeln, der ihn anschaute oder ihn einfach töten.

In der römischen und späten Antike wird der Hahn in den Mythos eingeführt, ein Detail, das an dem Punkt, an dem die Kreatur im Mittelalter stark verändert wurde, an Bedeutung gewinnen sollte. Der Einfluss des Basilisken geht über die klassische Tradition hinaus und ist in der ägyptischen Ikonographie und sogar im Alten Testament präsent. Darüber hinaus sollte er in der Volksphantasie mehrere Jahrhunderte lang überleben. Im Mittelalter ist er in fast allen Bestiarien zu finden und ist eine Referenz, die auch in der Neuzeit sehr oft zitiert wird.

Mosaik von Vaison-la-Romaine mit der Darstellung eines Basilisken

Die Sphinx: das Rätsel der Rätsel

Gesicht und Torso einer Frau, der Körper eines Löwen, Vogelflügel. Ein Rätsel aus Rätseln: Ihre Herkunft, ihr Appetit auf junges Fleisch und ihr Name werden viel diskutiert, vielleicht stammt er von der verbalen Flexion σφίγγω, strangulieren ab. Für Hesiod, um ihn zuerst zu erwähnen, ist die Sphinx die Tochter der Chimära — einer Ziege mit einem Löwenkopf und dem Körper einer Schlange, die Flammen ausatmete, ihrerseits eine Tochter von Echidna und Typhon — und dem Höllenhund Ortro. Obwohl dieser zweiköpfige Hund, bestätigen andere Versionen, als Sohn der Echidna, mit ihr die Sphinx und den Löwen von Nemea zeugte. Geister des Inzests, das Hauptthema im Ödipus Mythos.

Für fast alle alten Chronisten und Mythologen ist ihre Herkunft göttlich, obwohl der römische Naturforscher Plinius der Ältere sagt, dass die Sphinxe in abgelegenen Regionen Äthiopiens leben, ein rotbraunes Fell hatten und eine Tierart waren. Für Apolodoro ist es ein Monster mit einem Gesicht und einer weiblichen Büste, Löwenpfoten, Hundekörper, Drachenschwanz und Flügeln. Estakio bietet noch mehr Details: Sie hatte ein blasses Gesicht, einen giftigen Mund, Glimmaugen, blutbefleckte Flügel. Herodot unterscheidet ägyptische Sphinxe, mit dem Gesicht eines Mannes und ohne Flügel, von der griechischen Sphinx. Für Hesiodod kam diese „Ruine der Kadmeos" aus Äthiopien in die Ländereien von Theben. Anderen Berichten zufolge hat sie Ares aus Rache für den Tod seines Sohnes den Drachen, der von Kadmus getötet wurde, geschickt. Für Euripides ist sie eine Gesandte des Hades.

Sie tötete durch Erwürgen und verschlang diejenigen, die ihre Rätsel nicht beantworteten. Sie lernte von den Musen die Kunst, Rätsel in einem Lied zu formulieren. Ein unlösbares Rätsel hat den Tod vieler junger Menschen verursacht: „Welches ist das Wesen, das mit Stimme versehen ist, das vier Füße, zwei Füße und drei Füße hat?". Das thebanische Königreich und das Bett der Iokaste, Witwe von Laios, sollte demjenigen gehören, der diese Frage beantworten konnte. Viele kamen aus ganz Griechenland, scheiterten und fanden so den Tod.

Bis endlich Ödipus kam, der verlorene Sohn von Laios und Iokaste. Seine Antwort war: „Der Mensch, der zu Beginn seines Lebens auf dem Boden auf allen Vieren krabbelt und sich, wenn er alt ist, auf einen Stock stützt".

Die richtige Antwort prägte das Schicksal des Ödipus, der nach der Tötung seines Vaters, König Laios, den Thron von Theben bekam und seine Mutter als Ehefrau. Die besiegte Sphinx warf sich in einen Abgrund.

Gustave Moreau, Ödipus und die Sphinx, Metropolitan Museum der Kunst

Hippalektrion: Hahn im Galopp

Diese Kreatur, ein Mischwesen aus einem Pferd in seinem vorderen Teil und einem Hahn auf der Rückseite, mit Flügeln, Pfoten und Schwanz, hatte ein gelbes oder rotes Gefieder. Es wird gesagt, dass es als ein magisches und apotropäisches Tier galt — es vertreibt das Böse und fördert das Gute —, es war Poseidon geweiht und man findet es normalerweise am Bug der Boote dargestellt, als Bann gegen alle Arten von Risiken. Für einige hat es keine andere Funktion als die einer dekorativen Figur oder ist nur zur Betrachtung und Kinderspiele gedacht. Aber, obwohl es selten ist, taucht es auf einigen künstlerischen Objekten aus dem neunten Jahrhundert v. Chr. auf, zum Beispiel in keramischen Arbeiten, auf Münzen und manchmal sogar als Skulptur mit einem unbewaffneten Reiter.

Das Hippalektrion ist ein *mot-valise*, ein linguistischer Hybrid von *Hipos*, Pferd, und *Alectrion*, Hahn, und schon in seinem Namen wird die doppelte Natur der Kreatur deutlich, was zweifellos sein Geheimnis verstärkt. In einer Welt, in der die Metamorphosen immer faszinieren, gibt es mythologische Verweise auf Doppel- oder Dreifachwesen. Manche sagen, dass seine erste literarische Verwendung in einem Stück von Aischylos geschehen sein könnte in *die Myrmidonen*, das heute verloren gegangen ist.

Hippalektrion ist eines der Lieblingsscherze von Aristophanes, Autor von Komödien, der seine ungnädige Erscheinung verspottet. In der Tat, seine Erwähnung im Kontext der Komödie *die Kröten* lässt uns denken, dass 500 Jahre vor unserer Zeit, die meisten Athener nichts von dieser fantastischen Kreatur gehört hatten, da sie sonst in keinem Mythos auftaucht.

Aischylos und Aristophanes begleiten seinen Namen mit einem Adjektiv, das es in einer lebhaften Farbe beschreibt: *xouthos*, dessen wahre Bedeutung wohl schon in der Antike verloren gegangen sein mag, könnte die Farbe *gelb*, *feuerfarbig*, *rot oder rotbraun* bedeuten, je nachdem, wer es übersetzt. Eine Randbemerkung in der Arbeit *der Frieden* sagt: hat purpurrote Flügel.

Das Wörterbuch von Hesiquio von Alexandria beschreibt drei Arten von Hippalektrions:

Ein riesiger Hahn, ein riesiger Geier und ein Fabelwesen, ähnlich wie die Greife, die auf persischen Textilien gemalt sind. Es herrscht hier Verwirrung, da sich die Texte auf ein Pferd, einen Wappentier oder ein Seeungeheuer beziehen können. Nichts passender als die Verwirrung mit einer hybriden Kreatur, aus so unterschiedlichen Tieren wie dem edlen Pferd und dem Vogel, der die Welt aufweckt.

Krieger reitet auf dem Hippalektrion, Louvre

Lamia

Lamia (wahrscheinlich von Lamyros „Nimmersatt" oder Laimos, „lasziv") ist sowohl ein individueller Charakter als auch der generische Name eines Monstertyps: Die Lamien, die zu gespenstischen Wesen werden, die die Mütter anriefen, damit sich ihre Kinder gut benahmen.

Lamia, Tochter von Belo, war eine Königin von Libyen, die von Zeus geliebt wurde und mit der er mehrere Kinder hatte. Hera, der Eifersucht zum Opfer gefallen, tötete alle bis auf Skylla. Es gibt Mythen, die auch die Prophetin Sibylle als die Tochter von Lamia und Zeus, anstelle von Dardano und seiner Frau Neso, identifizieren. Also würden ihre Gaben als Wahrsagerin von ihrem Vater kommen. Darüber hinaus verwandelte die Frau von Zeus sie in ein Monster (oder sie war es selbst, die, ergriffen von Trauer und Wahnsinn, zu einem Wesen mit einem entsetzlichen Gesicht wurde.) Seitdem konnte Lamia ihre Augen nicht mehr schließen, da das Bild ihrer toten Kinder immer präsent war. Besessen rächte sie sich, indem sie die Kinder anderer tötete. Zeus hatte Mitgefühl mit seiner früheren Geliebten und verlieh ihr die Fähigkeit, sich die Augen herauszunehmen, um sich von ihrer Qual erholen zu können, und sie später wieder einsetzen zu können.

Ihr Aussehen könnte das einer Schlange gewesen sein, mit Brüsten und dem Kopf einer Frau oder einfach der Körper einer Frau, deformiert und grotesk. Lamia war auch für ihren ekelhaften Gestank bekannt. Schließlich schloss sie sich der Gruppe der Empusas an, Wächterinnen des Hades und mit der höllischen Göttin Hekate verbunden, die die Gabe hatten, ihre Form ändern zu können und das Aussehen von Haustieren oder einer schönen Frau annahmen. Für den Lateiner Philostratus hatte sich Lamia zu einer Kreatur entwickelt, die mit jungen Männern schlief, um ihnen das Blut auszusaugen, während sie schliefen. Daher kann man sagen, dass man sie als eine urtümliche Version des Vampirs definieren könnte.

In der Antike drohten griechische und römische Mütter ihren ungezogenen Kindern mit diesem finsteren Charakter, ähnlich wie es mit Alfito von Arkadien geschah. Wie auch andere griechische mythologische Kreaturen, überdauerte dieser Glaube einige Jahrhunderte, und diente als Modell für ähnliche Wesen der hebräischen Kultur (Lilith) oder der galizischen, baskischen oder bulgarischen Folklore.

John William Waterhouse, Lamia, Auckland Art Gallery Toi o Tāmaki

Argos Panoptes, das Monster mit den hundert Augen

Einer der bekanntesten Giganten der Mythologie war der Riese Argos. Es ist nicht klar, wer seine Vorfahren waren aber es gibt viele Beschreibungen dieses Charakters.

Sein Hauptmerkmal, abgesehen davon, dass er ein Riese war, war, dass sein Körper mit Augen bedeckt war. In einigen Versionen wird von hunderten in anderen von tausenden gesprochen, während einige Quellen lediglich von unzähligen Augen sprechen. Diese erlaubten ihm jederzeit, alles um sich herum zu beobachten, da sie die Fähigkeit hatten, nicht gleichzeitig sondern abwechselnd zu schlafen. Auf diese Weise erwarb Argos den Ruf eines außergewöhnlichen Wachmannes. Er war so gut, dass seinem Namen ein Beiname hinzugefügt wurde „Panoptes" (pan alles; optes Sicht, derjenige, der alles betrachtet oder alles sieht), um seinen ungewöhnlichen Zustand hervorzuheben. Argos Panoptes diente treu der Göttin Hera und da seine Stärke gigantisch war, konnte er ihr viele Dienste erweisen. Der größte von ihnen war, Echidna zu töten, eine böse Bestie mit dem Torso einer Frau und dem Schwanz einer Schlange, Mutter aller großen Monster der griechischen Mythologie.

Bei einer Gelegenheit versuchte Hera, die eifersüchtig war, weil sie vermutete, dass Zeus eine Beziehung zu einer Nymphe hatte, das Paar zu erwischen. Der Gott verwandelte seine Geliebte Io in ein weißes Kalb und gab es Hera, damit sie nichts ahnte. Aber die Göttin ließ sich nicht täuschen, sie war sich sicher, dass der untreue Zeus etwas vorhatte. Aus diesem Grund gab sie das Kalb in die Obhut ihres besten Dieners, dem großen Argos Panoptes, dem mit Sicherheit niemand entrinnen konnte und dem sich niemand nähern konnte, ohne entdeckt zu werden.

Zeus bat Hermes, den Boten des Olymps, ihm zu helfen und dieser verkleidete sich als Bettler. Er kam zu Argos Panoptes und begann, ihm Geschichten zu erzählen. Aber diese waren sehr langsam und langweilig und als Folge wurden die Augen von Argos nach und nach vom Schlaf besiegt. Als alle Augen geschlossen waren, schlachtete Hermes den Riesen und konnte Io befreien. Als Erinnerung an ihren treuen Diener brachte Hera die Augen des Argos Panoptes auf dem Schwanz des Pfaus an, als eine Hommage an seinen Dienst.

Der Gott Helios, die Sonne, wurde ebenfalls als „Panoptes" bezeichnet, da seine Position ihm erlaubte die ganze Welt von oben zu beobachten.

Francesco de Mura, Juno wird Argo anvertraut, Museum für zeitgenössische Kunst von Trient und Rovereto

Das Füllhorn: das Geschenk des Vollen und des Leeren

Auch bekannt als Horn des Reichtums, ist das Füllhorn ein Symbol des Reichtums, dessen Ursprung drei Jahrtausende zurückreicht. Aus dem Lateinischen cornu (Horn) und copia (Fülle), stellt es das Horn der Ziege Amalthea dar, die Zeus als Kind mit ihrer Milch ernährt hat. Das göttliche Kind, von seiner Mutter Rhea versteckt, um seinen Vater Kronos davon abzuhalten, ihn zu verschlingen, wurde in der Obhut von Amalthea gelassen. Der Kindgott brach im Spiel eines der Hörner des göttlichen Tieres ab und als Ausgleich gab Zeus diesem Horn eine ungeheure Kraft: Wer es besaß, konnte all seine Wünsche und alle Gaben des Lebens erfüllt bekommen.

Das magische Horn, Attribut des Pluto, Gott der Reichtümer, hatte die Fähigkeit, Materie zu vermehren, indem es einfache und bescheidene Elemente teilte. Eine seiner Darstellungen ist das Horn voller Gaben, das kurioserweise eine Form hatte, die zwei Formen gleichzeitig waren: innen und außen. Auf der Außenseite ähnelt es einem mächtigen Phallus, der sich seiner Fülle entleert. Innen, leer, simuliert es den Raum, den das Leben übervoll füllen kann.

Das magische Horn kam vielleicht aus Indien nach Griechenland: Die Hindugöttin Lakshmi, Göttin des Glücks und des Reichtums, hält eines in ihren Armen. Es ist auch mit dem keltischen heidnischen Erntefest verbunden. Das keltischen Lammas ist die Zeit, die Früchte zu sammeln. Es ist die Zeit, den Göttinnen des Überflusses zu danken und sie zu ehren, um die Fruchtbarkeit der Erde sicherzustellen und die Ergebnisse unserer Handlungen zu sehen. Das Fest wird am 2. Februar in der südlichen Hemisphäre gefeiert und am 1. August in der nördlichen. Die Kelten betrachten diese Feier als das Fest des Wohlstands. Sie erinnern sich an das Opfer der Göttin und die Fruchtbarkeit des Gottes.

Lammas ist ein Fest, das der Freude, den Liedern und Tänzen gewidmet ist, um unsere Arbeit und Gaben zu teilen und um für die Hilfe zu danken, die uns gegeben wurde. Es wird mitten im Sommer abgehalten, zu Beginn des Abfalls der Sonnenintensität. Man wirft einen ersten Blick gen Herbst, was den Ausgangspunkt für die Transformation des mütterlichen Aspekts der Göttin darstellt. Sobald uns Lammas nämlich ihre Früchte gegeben hat, steigt sie hinab, um wieder in Kontakt mit der Erde zu kommen und beginnt ihre Umwandlung in eine alte Frau.

Füllhorn, Turia-Brunnen

Die Aigis

Zusammen mit dem Blitz oder dem Zepter ist die Aigis ist eines der Hauptattribute von Zeus, der manchmal auch als Aigiochos bezeichnet wird, „Träger der Aigis". Schon von Homer wird die Aigis als zusätzliches Kleidungsstück oder Rüstungsteil präsentiert, das als Mieder oder Schild verwendet werden kann.

Ihr Wert geht über ein einfaches Verteidigungselement hinaus, da ihr magische Eigenschaften zugeschrieben werden. So konnte man dem Gegner Angst einjagen, wenn man sie in der Hand hielt oder sie schüttelte. Die Aigis war eine Gabe des Hephaistos, Gott des Feuers und der Schmiede. Sie war strahlend hell anzusehen und hatte nach der *Ilias* Fransen und hundert goldene Quasten. Aber ihr Aussehen variiert je nach Geschichte, bei zahlreichen Gelegenheiten erscheint sie mit dem Medusenhaupt als dekoratives Element aber in anderen wird sie als ein Monster beschrieben, das Feuer atmet wie die Chimära oder die Haut des monströsen Riesen Palas.

Oft wurde interpretiert, dass der Gebrauch der Aigis durch den Göttervater eine Sturmwolke durch einen Wirbelwind verursachte, der um den Berg Ida entfesselt wurde („Aigis" kommt wahrscheinlich von Aisso, „schnelle und heftige Bewegung"). Eine andere Interpretation, die auch auf etymologischen Kriterien beruht, würde jedoch eher auf die Ziegenhaut hinweisen. Diese raue Haut wurde von den griechischen Bauern benutzt, um sich nicht nur vor der Unannehmlichkeit des Wetters zu schützen, sondern auch als Verteidigungselement, um die Schläge des Feindes zu mildern. Die Tatsache, dass die Griechen die Statuen ihrer Götter ankleideten, kann der Ursprung dieses göttlichen Gewandes sein. Andere Versionen behaupten, dass die Aigis aus Ziegenleder bestand, der aber als Gürtel benutzt wurde, um den Schild zu halten, an der rechten Schulter gebunden und die Brust teilweise umschlingend, während sie schräg nach vorne verlief und an der Rückseite an den Schild unter dem linken Arm ansetzte.

Mit wenigen Ausnahmen   wie am Tag des Falls von Troja   benutzte er die Aigis kaum. Normalerweise trug seine Tochter Athene sie. In späteren Zeiten wird sie direkt der Göttin zugeschrieben, die wir auf verschiedenen Keramiken abgebildet sehen, mit dem Teil, aus dem Schlangenköpfe spießen: Es handelt sich hier um Medusa, deren Kopf Athene von Perseus übergeben wurde und die ihn auf der Aigis anbrachte. Die Vorzüge dieses Objekts waren vielfältig, es war die Zuflucht für Erichtonios, wo sie ihn aufzog wie eine Mutter. Andere Nuancen variieren mit Athene: Nach Hesiod, war nicht Hephaistos, sondern Metis sein Hersteller. Apollon wird die Aigis in geringerem Maße auch in seltenen Fällen verwenden.

Die Aigis blieb in der Antike ein Symbol der Immunität, die von den Göttern gewährt wurde, und die römischen Kaiser machten es zu einem unverzichtbaren Teil ihrer repräsentativen Symbolik, indem sie es in ihre Rüstung einbrachten.

Diese römische Statue der Athene aus dem ersten Jahrhundert soll eine Kopie einer anderen verschollenen Skulptur aus Bronze aus dem fünften Jahrhundert v. Chr. sein, Louvre.

Der Helm des Hades

Hades ist der Gott der unterirdischen Welt, Souverän der Toten und auch ihr Gefängniswärter, denn zu seiner Verantwortung gehört es, dafür zu sorgen, dass alle, die in seine infer-
nalische Wohnstätte eintreten, diese niemals verlassen. Einige Theorien über den etymologischen Ursprung seines Namens weisen bereits daraufhin, was eines seiner repräsentativsten
Embleme ist: sein Helm. Hades stammt wohl vom Wort aïdes ab, was auf Griechisch bedeutet „der, der nicht sichtbar ist" oder „unsichtbar".

Um die sogenannte Titanomachie zu beenden, stimmte Zeus nach dem Rat der Gaia
zu, die Kreaturen zu befreien, die sein Vater Kronos im Tartarus eingesperrt hatte. Also näherte sich der Vater der olympischen Götter Campe, dem Gefängniswärter dieser Ecke der
Unterwelt, tötete sie und schnappte sich die Schlüssel. Das Eingreifen der Hekatoncheiren
und der Zyklopen war entscheidend, um in einem zehn Jahre dauernden Krieg das Gleich-
gewicht auf die Seite der Götter zu bringen. Nach dem Kampf stärkte Zeus seine neuen Gefährten, die mit ihm kämpften, mit Speisen und göttlichen Getränken. Die Zyklopen, dankbar, gaben jedem der drei Söhne von Kronos Geschenke: Zeus wurde der Blitz gegeben,
Poseidon der Dreizack und Hades ein Helm, der jeden, der ihn trug, unsichtbar machte.

Nach der Niederlage der Titanen und laut Homer, zogen die drei Brüder das Los für
jede der drei Regionen des Reichs der Vorfahren. Hades wurde die unterirdische Welt gewährt und er lebte in dieser abgelegenen Gegend weit entfernt von den anderen Göttern des
Olymps. Dort kamen kaum Nachrichten von außen oder vom Rest der Gottheiten an, die
misstrauisch gegenüber jeder Art von Beziehung mit der Welt der Toten waren und die es
vermieden, sie zu besuchen. Seinerseits stieg Hades kaum an die Oberfläche, nämlich nur,
wenn er gezwungen wurde zu verhandeln oder wenn seine lustvollen Impulse ihn dazu trie-
ben. Es scheint nicht, dass er bei seinem berühmtesten Einfall in die Welt der Sterblichen
seinen magischen Helm benutzte, die Entführung der Persephone. Als das junge Mädchen
Blumen pflückte, öffnete sich gewaltsam der Boden unter ihr, aus dem der Gott des Todes
kam, der sie entführte und in seine Welt mitnahm. Angesichts solch einer auffälligen Handlung hätte die Unsichtbarkeit wenig genutzt.

Der Gebrauch dieses göttlichen Helms war aber nicht exklusiv für den Herrn der Unterwelt gedacht. Athene, die Göttin der Weisheit, der Schlacht und des Handwerks, nahm den
Helm von Hades in einer Situation während des berühmten Trojanischen Krieges mit. Auch
Hermes, der Götterbote, trug den Helm während seines Kampfes mit dem Riesen Hippolytos. In einigen Versionen half Hades Perseus dabei, mit der Medusa fertig zu werden und
durch den unsichtbar machenden Helm konnte der Athener vor der Wut der Schwestern der
Gorgonin fliehen, nachdem er sie enthauptet hatte.

Albrecht Dürer, die Entführung der Persephone auf einem Einhorn, Metropolitan Museum of Art

Die kleine Eule/der Steinkauz der Athene

Die kleine Eule (Steinkauz) der Athene ist der Vogel, der die Göttin der Weisheit, der Künste und des strategischen Kriegs begleitet. Das häufigste homerische Epitheton für Athen (Glaucopis) teilt seine Wurzeln mit dem griechischen Namen für den Steinkauz (Glaux), was normalerweise als „schimmernde Augen" übersetzt wird, ein deutlicher Hinweis auf die charakteristische Erscheinung dieses Vogels. Von Athene selbst sagt man, dass sie die „Augen der kleinen Eule" hatte, als ein Zeichen von Weisheit und Einsicht.

Die Göttin Athene war auch — nach ihrem mythischen Streit mit Poseidon — Schutzpatronin von Athen und seit dem 6. Jh. wurden die meisten athenischen Münzen mit ihrem Bild auf der Vorderseite geprägt. Auf der anderen Seite war ihre Eule abgebildet, zusammen mit dem Mond/Luna (Königin der Nacht) sowie einem Olivenzweig mit seinen Früchten und der Name des Ausstellungsstaats. Die kleine Eule übte zusammen mit Athene die Schutzfunktion über die Stadt Athen aus, behielt aber auch den Handel der Stadt von ihrem erhöhten Standpunkt aus im Auge. Der Gebrauch der athenischen Drachme war im Mittelmeer so üblich, dass dadurch der Ausspruch geprägt wurde „Glauka eis Athenas" („Eulen nach Athen tragen"), der verwendet wurde, um sich auf ein überflüssiges und unnötiges Unterfangen zu beziehen.

Seit der Neuzeit gibt es eine Verbindung zwischen der kleinen Eule von Athen und dem Studium der Philosophie, von der die Göttin ebenfalls die Schutzpatronin war. Es gibt ein berühmtes Zitat von Hegel in seiner Arbeit *Grundlagen der Rechtsphilosophie* (1821), in dem wieder an die Beziehung der Eule/ dem Kauz der Athene und der Philosophie erinnert wird:

„Der Vogel der Minerva [Athene] fliegt nicht vor Einbruch der Dunkelheit", was so interpretiert wird, dass die Geschichte nicht analysiert werden kann, bevor sie stattgefunden hat. Im Einklang damit kann die Philosophie nur ein Verständnis für die Phänomene entwickeln, wenn sie auftreten.

Irrtümlich und jahrelang (bis heute) wird behauptet, dass es eine Eule oder ein Uhu ist, der neben der Athene dargestellt wird. Es handelt sich dabei allerdings um einen Steinkauz, was sich in seinem wissenschaftlichen Namen (Athene noctua) wiederspiegelt. Mit großen und gelblichen Augen wie der Uhu, ist der Steinkauz aber kleiner. Die Eule hingegen ist eine kaum existierende Art in Griechenland.

Maler von Brygos, Athene trägt den Helm und den Speer, Metropolitan Museum of Art

Der Onfalo

Der Onfalo (Omphalos, „Nabel") ist ein alter *Betilo* (heiliger Stein) oder ein Steinstück in konischer Form mit religiöser Funktion. Er stammt vom Orakel von Delphi. Nach griechischer Überlieferung wurde er von Zeus im Zentrum der Welt aufgestellt. Nachdem zwei Adler von zwei verschiedenen Punkten des Universums ausflogen sind, trafen sich beide Vögel in Delphi, wodurch so der Mittelpunkt des Kosmos angezeigt wurde. Später, und nachdem er Python getötet hatte, gründete Apollo an diesem Ort sein Heiligtum, wo sich auch das berühmte Orakel befand.

Im Inneren des Tempels von Apollon gab es eine Treppe, die bis zur Dyade des Pytonis hinabführte, ein Raum dessen Zugang auf die Priester des Heiligtums beschränkt war und in dessen Zentrum sich der Onfalo befand, dem bronzenen Dreifuß voraus, der die Spalte des Felsens bedeckte, aus der die Dämpfe hervorgingen, die die Pythier inspirierten. Diese setzten sich auf ihn, während sie ihre Vorhersagen trafen, wobei sie in einem tranceähnlichen Zustand waren. Deshalb teilten der Onfalo und der dreibeinige Stuhl den gleichen kleinen Raum in einem der heiligsten Orte der griechischen Mythologie.

Es wurde geglaubt, dass der Nabel, als Symbol des Zentrums, Ursprung und Ausgangspunkt war, auf dem das Universum geschaffen wurde. Eine Idee, die nicht nur exklusiv in der griechischen Kultur vorherrschte. Sie war in vielen Kulturen auf der ganzen Welt zu finden. Der als Zentrum des Kosmos gewählte Ort wurde sofort heilig gesprochen. Wie der Historiker Pausanias sagte, war der Onfalo das Symbol des Zentrums des Universums, ein Treffpunkt zwischen der Welt der Menschen, der Welt der Toten und der der Götter.

Als das Heiligtum von Delphi im 19. Jahrhundert wiederentdeckt wurde, wurde eine römische Kopie des ursprünglichen griechischen Onfalo gefunden. Der *Betilo*, der sich heute im Museum von Delphi befindet, ist mit einem Netz aus Bändern geschmückt, die auf dem Stein als Relief dargestellt sind. Auf dem ursprünglichen Stein wurden die Knoten aus Naturwolle geknüpft und er war mit verschiedenen Edelsteinen geschmückt, die in Form einer Gorgone und mit zwei Adlern an der Spitze geschnitzt waren. Einige behaupten, dass es keine Adler waren, sondern Schwäne (oder die Krähen des Apollon), die in den Juwelen des Onfalo eingemeißelt wurden. Dieses Stück wurde in diesem Heiligtum bis zur Plünderung durch den General Filomeno im Jahre 356 v. Chr. bewacht.

Der Onfalo wurde auch symbolisch und schematisch auf Münzen abgebildet, wie in einigen Exemplaren in der Anlage gezeigt wird

Onfalo, Delphi, Archäologisches Museum

Nektar und Ambrosia: die Nahrung der Götter

Die Ambrosia (gr. anbrotos, „nicht sterblich") ist eine Substanz, die mit den Festen der Götter des Olymps verbunden ist und wird als das repräsentativste Lebensmittel angesehen. Einige Wissenschaftler haben festgestellt, dass der Nektar verschiedene Arten von Honig waren. Schon früh wurde auf verschiedene heilende Eigenschaften des Honigs hingewiesen. Darüber hinaus nahm der Met (fermentierter Honig) einen dominierenden Platz bei den griechischen Banketten und Ritualen ein, bis er nach und nach durch Wein ersetzt wurde. Andere Theorien widersprechen der heiligen Natur des Honigs, da er von allen Bevölkerungsgruppen im antiken Griechenland häufig konsumiert wurde. Diese andere Strömung vertritt die Auffassung, dass die grundlegende Komponente der Ambrosia das Öl sein müsse und nicht der Honig und dass dies von den Göttern nicht nur zum Trinken verwendet wurde, sondern auch um sich zu waschen, den Körper zu salben und um Leichen länger haltbar zu machen. Nektar dagegen könnte seine Äquivalenz im Wein haben.

Die Art und Verwendung von Ambrosia unterscheidet sich jedoch je nach Mythos und Chronologie. Sie kommt in flüssigem oder festem Zustand vor und verleiht dem, der sie einnimmt, die Unsterblichkeit. Im Fall von Achilles verteilte seine Mutter Thetis diese Substanz auf seinem ganzen Körper. Sie packte ihn am Knöchel, tauchte ihn in den Fluss Styx und versuchte ihn dadurch zu stärken, da er der Unsterblichkeit der Götter beraubt war. Andere Versionen sprechen von einer schmerzhafteren Methoder: Thetis verursachte Verbrennungen auf seiner ganzen Haut, um sie dann mit der Salbe zu heilen. Auch in der *Ilias* nutzt Achilles die Ambrosia, die zusammen mit dem Nektar auf die Brust aufgetragen wird (diesmal ist ihr Zustand fest), um die Auswirkungen des Fastens zu lindern. Erneut wendet Thetis die Substanz bei Patroklos an, der schon tot ist, und verhindert so, dass der sterbliche Körper zerfällt.

In der homerischen Hymne an Apollon wird die Ambrosia auch gegessen und in der Hymne an Demeter füttert die Göttin das Kind Demofonte mit dieser Substanz. Der Ort, an dem es produziert wird, ist unbekannt, aber nach Kirke war ein Schwarm Tauben dafür verantwortlich, das kostbare Essen zum Olymp zu bringen. Tantalos missbrauchte die Gastfreundschaft der Götter und enthüllte nicht nur ihre Geheimnisse, sondern bot auch seinen Gästen die Ambrosia der Unsterblichen an. Er wird dafür von Zeus bestraft aber als Konsument ist Tantalos unsterblich. In Ermangelung an der Todesstrafe ist die einzige gerechte Strafe die Qual im Tartarus.

Wahrscheinlich aufgrund der Ausmaße und wegen der Bedeutung, die dieses Getränk bei den Banketten hatte, nannte man „Ambrosía" auch bestimmte Feste, die zu Ehren des Gottes Dionysus gefeiert wurden.

Jean-Baptiste de Champaigne, Tod des Herakles, Brüssel

Der Caduceus oder Hermesstab

Eine so alte Ikone wie der Caduceus musste mit Sicherheit einige Versionen durchlaufen, bevor er seine letztendliche Form annahm. Apollon, verführt von der Unverschämtheit des Hermes, schenkte ihm einen Caduceus, einen Olivenzweig, der zuerst mit Girlanden und in der späteren Ikonographie mit den zwei aufsteigenden Schlangen, „die sich kreuzen und die heilige Acht bilden" geschmückt wurde, sagt der esoterische Diskurs. Die Flügel des Merkur sind eine spätere Ergänzung und zeigen die Geschwindigkeit des Dienstes an. Ein magisches Objekt der Macht, Symbol der Autorität, Insignie des Herolds, das Attribut von Hermes dem Götterboten, der sich nach und nach in den Stab des Arztes Äskulap verwandelt, mit nur einer Schlange.

Der Caduceus scheint ein Symbol zu sein, das von der griechischen Zivilisation aufgrund seines Altertums und seiner großen Bedeutung übernommen wurde. Es gibt Beweise auf Stein, die in Assyrien geschnitzt wurden (dreißigtausend Jahre vor unserer Ära, lange Zeit vor den Griechen), mit Caduceus im Relief, auch bei den Chaldäern, Ägyptern, Hethitern, Ariern und Phöniziern.

Hermes spielt leise auf dem stilisierten Caduceus, eine phönizische Tradition vor Augen und Stirn des Toten, um seine Seele in den Tartarus zu führen. Ein Fehler oder ein bisschen Arroganz seitens des Chirurgen von König Heinrich VII. Von England, der den Caduceus in seinen Adelsschild integrierte, führte dazu, dass man damit begann, dieses Symbol als ein Emblem des medizinischen Berufes über dem Stab des Asclepius zu verwenden. Dieser hatte eine längere Tradition bei den alten Ärzten, die ihn zusammen mit dem Becher der Higia sahen, Emblem der Pharmakopöe, dem amtlichen Arzneibuch. Der Stab des griechischen Boten, ein Stock mit Wollfäden wie bei den religiösen Opfern, entwickelte sich später zu einem kunstvolleren Renaissance-Rohrstock, Träger des sozialen Prestiges.

Und da die am tiefsten verwurzelten Traditionen die jüngsten sind, wurde der Caduceus offiziell als Symbol des medizinischen Korps der US-Armee übernommen und seitdem wurde er in immer mehr Ländern benutzt, bis er heute die umfassendste und universellste Anerkennung erreichte.

Das universelle Wörterbuch der Mythologie von J. F. M. Noël besagt: „*Auf einigen Medaillen sehen wir den Caduceus in der Hand von Herakles, Ceres, Venus und Anubis. Die Römer benutzten einen Caduceus um ein gutes Verhalten zu symbolisieren, in dem der Stock oder Stab die Stärke bezeichne, die Schlangen die Vorsicht, Qualitäten, die benötigt werden, um in allen Unternehmungen die richtigen Entscheidungen zu treffen*".

Silberkelch mit Hermes, der einen Cauceus in der Hand hält, Paris, Münz- und Antikensammlung

Unmögliche Substanzen

Auf dem Gebiet der Literatur gibt es eine Reihe von fiktiven Materialien, mythologische Substanzen, die mit Eigenschaften versehen sind, die in der realen Welt nicht existieren und die die Überlegenheit der Protagonisten der Geschichten, in denen sie erscheinen, begleiten und verstärken. In der Science-Fiction werden sie als Unobtainium bezeichnet, ein Neologismus, der Material beschreibt, das unmöglich zu erhalten ist. Zu erwähnen wäre beispielsweise das Kryptonit aus den Superman Comics, das Mithril oder das authentische Silber, beschrieben von J. R. R Tolkien in *Der Herr der Ringe*, das härteste aller Metalle, silberfarben und leicht wie eine Feder oder kürzlich erst das Feuer Valyrio in *Game of Thrones* von George R. R. Martin.

Auch die griechischen Mythen hatten diese Art von überirdischen Materialien. So beschreibt Platon, unter anderen Autoren, ein legendäres Metall namens Orichalcum, reichlich vorhanden im verschwundenen Atlantis, galt es als das zweitwertvollste Metall. Sein Name auf Griechisch bezieht sich auf Kupfer, es könnte „Kupfer aus den Bergen" bedeuten. Einige Gelehrte glauben, dass der Orichalcum eine Legierung aus Kupfer, Zink und Blei gewesen sein könnte. Andere denken, dass es Bernstein sein könnte.

Die Existenz des Adamantiums, eines anderen fiktiven Metalls von beeindruckender Robustheit, ist umstritten. Seine Etymologie bezieht sich auf seine Inflexibilität und seinen Widerstand. Man glaubt, dass daraus die Sichel bestand, mit der Kronos seinen Vater Uranus kastrierte oder das Schwert, mit dem Perseus Medusa enthauptete.

Orichalcum und Adamantium haben jedenfalls in anderen Mythen und viel jüngeren Geschichten neues Leben eingehaucht, mit ähnlichen Eigenschaften wie das Original. Das Orichalcum erscheint in verschiedenen Videospielen, Comics und aktuellen Science-Fiction Werken.

Eine andere Substanz, die in einigen mythologischen Arbeiten zitiert wird, ist das Ikor, ein goldähnliches Mineral, das im Blut der Götter und der Unsterblichen zu finden ist und dem sie diese Unsterblichkeit angeblich verdanken. Die gleiche Gabe, Unsterblichkeit zu gewähren, wird auch Ambrosia zugeschrieben, die flüssige Nahrung der Götter. Außerdem wird behauptet, dass dies Icor in seiner Zusammensetzung enthielt. Icor war die Art göttlichen Blutes das aus der Wunde eines Gottes vergossen wurde und für einen Sterblichen giftig war.

Die Kastration des Kronos und die Geburt der Aphrodite, Gedicht, Valencia

Justice qui jadis regnoit
au temps q̃ saturnus regne et
Cui jupiter coupa les couilles
nisi com se feussent endoisses

Der Tod des Pelias

Nach Erhalt des Goldenen Vlieses kehrten Iason, Medea und die Argonauten nach Iolkos zurück. Als Sie am Strand von Pagasas anlegten, erfuhr Iason von einem Bootsführer, dass seine Eltern, Esin und Polimela, sowie sein Sohn Promako auf Befehl von König Pelias getötet worden waren. Fast alle Argonauten schworen Rache, zweifelten aber daran, dass Akastos, einer von ihnen, akzeptierte, das Leben seines Vaters zu beenden. Mitten in dieser Kontroverse beschloss Medea, diejenige zu sein, die allein Rache nehmen würde.

Die Zauberin bat die Argonauten, das Schiff zu verstecken, an einem Ort, von dem aus sie die Stadt Iolkos beobachten konnten. Wenn sie mit dem König fertig sei, sollte Medea mit einer Fackel auf dem Dach des Palastes winken: In diesem Moment würden die Tore der Stadt geöffnet sein und die Argonauten sollten dann die Stadt einnehmen. Vorher verkleidete sie sich als alte Frau und zusammen mit ihren Dienerinnen und mit einem Bildnis der Artemis gelang es ihr, die Stadt zu betreten, indem sie behauptete, dass sie ein Gefolge der Göttin der Jagd bildeten.

In diesem Punkt unterscheiden sich die verschiedenen Versionen der Geschichte. Die bekannteste besagt, dass Medea den Mord an Pelias abgab, indem sie seine Töchter manipulierte. Sie zeigte ihnen, wie ihre Zauberkräfte ihren Vater verjüngen konnten, wenn man ihn in einen Kessel stecken und eine Reihe magischer Tränke hinzufügen würde. Eine andere Version behauptet, dass die alte Frau den König um eine Audienz bat, der sie auch empfing. Medea enthüllte ihm dann, dass Artemis ihn, als Belohnung für seine Gastfreundschaft und als Entschädigung für den Tod seines Sohnes Akastos, ehren wolle. Sie tat so, als würde sie ihn mit einem Geschenk ehren: Sie wollte ihn verjüngen. Pelias war zunächst misstrauisch aber die Verwandlung der alten Frau in ein schönes Mädchen (die wahre Erscheinung der Medea) begrub sein Misstrauen. Medea schläferte ihn mit Zaubertränken ein und überzeugte seine Töchter, ihn zu zerstückeln und in einen Kessel zu werfen. Es gibt in keiner der Versionen eine Einstimmigkeit darüber, ob Medea wirklich in der Lage war, sich durch diese Verzauberung zu verjüngen oder ob alles nur ein vulgärer Trick war.

Dann musste sie nur noch die Seeleute der Argo informieren. Zu den Töchtern des Pelias sagte sie, sie müsse mit einer Fackel die Göttin des Mondes beschwören, während der Kessel koche. Bei diesem Signal fielen die Argonauten in Iolkos ein und nahmen die Stadt ein.

Doch nach dieser schrecklichen Rache hatte Iason keine Lust über Iolkos zu herrschen und vertraute Akastos, dem Sohn von Pelias, die Stadt an (oder er tat es aus Angst vor der Rache des Argonauten oder weil er es schaffte, ihn zu vertreiben, nachdem er vom Tod seines Vaters erfuhr).

Nach dem Todestag des Königs von Iolkos wurden einige Leichenspiele gefeiert, an denen berühmte Persönlichkeiten wie Polux, Meleagro, Peleos oder Herakles teilnahmen.

Medea, Archäologisches Nationalmuseum Neapel

Atamante oder die vernachlässigte Vaterschaft

Er war ein berühmter König im mythischen Land von Arkadien, genauer gesagt in der Stadt Orkomeno. Er heiratete Nefele, die Wolkengöttin, mit der er die Zwillinge Frixo und Hele bekam. Eine Zeit lang war die Familie glücklich aber im Laufe der Jahre verliebte sich Atamante in eine andere Frau namens Ino, Tochter von König Kadmus von Theben.

Nun geschah es, dass Atamante seine erste Frau verstieß und aus seinem Palast vertrieb und Ino heiratete. Die Zwillinge lebten weiterhin bei ihrem Vater aber Nefele beobachtete sie weiterhin vom Himmel aus. Mit seiner neuen Ehefrau bekam Atamante ebenfalls zwei Kinder (obwohl es in diesem Fall keine Zwillinge waren). Ino wollte das Königreich für ihre Nachkommen sichern, also entwickelte sie einen ausgeklügelten Plan, mit dem sie die älteren Kinder von Atamante loswerden würde.

Aus diesem Grund überzeugte sie zuerst die Frauen des Königreichs, die Samen zu kochen, die gesät werden sollten und als die Ernte nicht günstig ausfiel, argumentierte sie damit, dass die Götter mit dem Königreich nicht zufrieden waren. Atamante sandte Herolde, um das Orakel von Delphi zu konsultieren, aber bei der Rückkehr wurden diese Abgesandten von Ino abgefangen, die sie bestach, damit sie dem König sagten, dass die Götter seine ältesten Kinder als Opfer haben wollten, um das Vergehen auszugleichen. Auf diese Weise war Atamante gezwungen, Frixo und Hele in den Tod zu schicken, was den bösen Plan der Königin Ino in die Tat umsetzte.

Nefele, die Wolkengöttin, entdeckte vom Himmel aus Inos Pläne und entschied sich, ihre Söhne vor dem schrecklichen Tod zu bewahren, der sie erwartete. So schickte sie in dem Augenblick, als Frixo und Hele zum Opferaltar geführt wurden, einen wunderschönen Widder mit goldenem Fell, um sie zu retten. Die Kinder schwangen sich auf das magische Tier, das sofort die Flucht ergriff. So rettete das Tier das Leben der legitimen Erben. Unglücklicherweise wurde Hele an irgendeinem Punkt der Reise schwindelig und sie fiel ins Meer, an dem Punkt, der seit diesem Tag als Hellespont bekannt ist.

Der Widder wurde zu Ehren von Zeus geopfert, da er Frixo gerettet hatte. Seine Haut verwandelte sich in das berühmte Goldene Vlies.

Atamante musste dann die Frustration ertragen, seine Kinder und auch den prächtigen magischen Widder verloren zu haben, was dazu führte, dass er diese Haut unbedingt zurückhaben wollte, koste es was es wolle.

Frixo und Hele entgehen dem Opfer dank des magischen Widders. Dieses Fresko von Pompeji befindet sich im Archäologisches Nationalmuseum Neapel.

Hekabe, die Sklavenkönigin

Sie war die Tochter des Königs von Thrakien und zweite Ehefrau des Priamos, Souverän von Ilion (auch Troja genannt). Laut Apolodoro hatte sie vierzehn Kinder mit Priamos, aus Tradition werden ihr neunzehn zugeschrieben. Einer von ihnen, Polydoros, der zu jung für die Schlacht war, wurde in die Obhut König Polymestors nach Thrakien geschickt, um ihn vor den Gefahren des Krieges fern zu halten. Und der tragische Euripides, wenn er sie mit ihrer Tochter Polyxena sprechen lässt, die zum Opfer auf dem Grab des Helden Achilles verurteilt ist, lässt sie gestehen:

> HEKABE. — *Wehe mir! Was soll ich tun?. Wo werde ich mein Leben beenden?*
> POLYXENA. — *Als Sklavin wird sie sterben, obwohl sie die Tochter eines freien*
> *Vaters ist.*
> HEKABE. —*Und ich, ohne meine fünfzig Kinder.*

Die bekanntesten ihrer Kinder sind Hektor, Paris, Kassandra, Polyxena, Helenos und Troilos. Die Stadt war zerstört und Hekabe hatte fünf ihrer Kinder im grausamen Krieg sterben sehen. Nun wurde auch sie eine Sklavin des Odysseus aber zuvor verschluckt sie die Asche ihres Sohnes Hektor, um sie nicht in die Hände des griechischen Feindes fallen zu lassen. Polyxena selbst verließ sie, um zu dem von den Argiven beschlossenen Opfer zu gehen. Sie sah auch ihren Enkel Astianakte sterben. Sie kam am thrakischen Hof an, um ihren Sohn Polydoros zu suchen. Aber die Leiche wurde ins Meer geworfen und das Meer brachte sie an den Strand zurück. Er wurde von einer Magd gefunden, die die Sklavenkönigin benachrichtigte.

Gedemütigt, geblendet vor Schmerz, war Hekabe der Inbegriff der trojanischen Niederlage, denn es waren immer die Frauen, die die Kriege verlieren. Und am meisten und tragischsten wurden die Frauen der Helden zerstört. In der Theaterszene von Eurypides vereinen sich die Bräute, die Töchter, die Ehefrauen und die Mütter der toten Trojaner und an der Spitze dieser Frauenversammlung steht Hekabe, die gigantische Mutter aller Niederlagen.

Sie betrat den Palast des Mörders ihres Sohnes, mithilfe von Täuschungen tötete sie die Kinder des Polymestors und später wurden unter anderem die Augen des Königs mit Nadeln ausgerissen. Mit Steinen verfolgt, zerbiss sie die Felsen, die nach ihr geworfen wurden. Ihre Wut und ihr Wahnsinn fanden kein Ende. Durch ihre Schmerzensschreie, die Thrake bewegten, verwandelte sich Hekabe in eine Hündin.

Polymestor, der von ihr geblendet wurde, konnte das Unglück, das auf Hekabe wartete, mit Klarheit sehen. Als sie schwanger war, hatte die Königin gesehen, wie ihr Sohn Paris wie ein brennender Löwe mit Schlangen überzogen wurde.

Giambattista Piston, das Opfer der Polyxena, Getty Museum

König Midas: der Hunger nach Gold

Midas war der Sohn von Gordias, König von Phrygien. Gemäß den Legenden, fiel er nicht durch Weisheit auf, was ihm einige Probleme verursachte und dazu führte, dass er der Protagonist mehrerer Episoden wurde, die wir unten hervorheben werden.

Eine Geschichte, wahrscheinlich die berühmteste, ereignete sich, als er schon König war. Es wurde ihm verkündet, dass ein Satyr in seinen Ländern verloren gegangen sei. Es stellte sich heraus, dass es Silenus war, der alte Meister des Gottes Dionysos, Gottheit der Reben und des Weins. Midas wurde zum Gastgeber des Satyrs, hörte seinen Geschichten zu und brachte ihn nach fünf Tagen zurück zum Gott. Der dankbare Dionysos versprach Midas, dass er ihm jeden Wunsch erfüllen würde, der in seinem Herzen geboren wurde. Der König dachte darüber nach und weil er ein Liebhaber von Festlichkeiten und des guten Lebens war, beschloss er, um das Geschenk zu bitten, dass alles, was seinen Körper berührte, zu Gold werden solle. Er dachte, dass er auf diese Weise immens reich würde und sich nie wieder um Geld sorgen müsse. Dionysus lachte herzlich und gewährte Midas seinen Wunsch.

Froh kehrte der König in seinen Palast zurück und für eine kurze Zeit war er sehr erfreut zu sehen, dass mit jedem Schritt alles was er mit seinen Händen berührte zu Gold verwandelt wurde.

Auch das Holz, die Steine und die Vögel wurden zu Gold, nur indem sie seine Haut streiften. Diese Macht erwies sich jedoch bald als Last, denn bei dem Versuch, zu essen, wurde das Essen zu Gold. Auch die Getränke wurden zu flüssigem Gold, also war er dabei, vor Hunger und Durst zu sterben. Die Tragödie ereignete sich, als er seine Tochter in eine Statue aus reinem Gold verwandelte. Reuig bat er den Gott Dionysos, ihn von seinem Geschenk zu befreien.

Dionysos hatte Mitleid mit Midas und erlaubte ihm, seine Macht loszuwerden, indem er ihn seine Hände im Paktolo Fluss waschen ließ. Außerdem gab der Gott seiner Tochter das Leben zurück.

Eine weitere Legende besagt, dass Midas den Gott Apollon beleidigte, der das Urteil in einem von Midas gewonnenen musikalischen Wettbewerb nicht akzeptierte. Er verwandelte seine Ohren in Eselohren. Midas versteckte seine Schande unter einem Hut und nur sein Barbier wusste von dieser körperlichen Extravaganz. Aber der Barbier, der das Geheimnis nicht für sich behalten konnte, grub ein Loch in den Boden und dorthinein flüsterte er „König Midas hat Eselsohren", um danach das Loch wieder zu bedecken. Aber die Nachricht blieb nicht begraben. Es wuchsen dort Binsen, die das Geheimnis den Vögeln erzählten und diese wiederum erzählten es den Menschen. Als Midas herausfand, dass jeder seinen Defekt kannte, nahm sich der König wegen der Schande das Leben.

Walter Crane, König Midas mit seiner Tochter, Illustration in „Ein Buch der Wunder für Jungen und Mädchen",
von Nathaniel Hawthorne (1893)

MIDAS' DAUGHTER TURNED TO GOLD

Kekrops, der Schlangenkönig

Der erste König, den der Stadtstaat Athen hatte, war nach der mythologischen Tradition ein amphibisches Wesen, halb Mensch, halb Schlange, daher – sagt man – ist er direkt von Gaia geboren worden, also der Erde. Einige Leute glauben, dass die Legende über die doppelte Natur von König Kekrops, dessen Spitzname Diphies (biform) war, eher weltliche Motive hatte und mit der Gesetzgebung verbunden war und mit der Ehe zu tun hatte (die Vereinigung zweier verschiedener Wesen) sowie mit der Herrschaft über die ägyptischen und athenischen Kolonien oder weil er die Sprachen beider Völker sprach.

Die Herrschaft von Kekrops dauerte lange, etwa fünfzig Jahre. Zu seinen Errungenschaften zählt die Tatsache, dass er die Abschaffung von Menschenopfern erreicht hat und sie durch Angebote von Gerstenkuchen ersetzte. Ihm wird auch zugeschrieben, der erste Mann zu sein, der die Vaterschaft über seine Kinder anerkannte und versuchte, die Monogamie zu fördern. Er wurde der erste König von Ithaka, einer Region, die sich in zwölf Gemeinden aufteilte. Damals begann die Organisation von Städten, von denen jede einen Schutzgott wählen musste, um diesen zu ehren.

Berühmt ist der Streit zwischen Poseidon und Athene um die Ländereien von Ithaka, da sie beide die Gottheit sein wollten, zu denen die Bewohner beteten und der sie Opfer darbrachten. König Kekrops agierte als Schiedsrichter bei diesem Streit zwischen den Göttern. Der Wettbewerb wurde schließlich durch eine sehr intelligente und nützliche Methode für die Athener gelöst. Derjenige sollte Schutzgott werden, der zeigen könne, dass er die größeren Vorteile als Beitrag für die Gemeinschaft leisten könne.

Poseidon ließ mit einem Schlag seines Dreizacks salziges Wasser vom Felsen der Akropolis fließen. Aus dem Wasser tauchte ein Pferd auf, das erste, das bis jetzt gesehen wurde, ein sehr nützliches Hilfsmittel im Krieg. Athene entschied sich für friedlichere Instrumente, denn sie pflanzte einen Olivenbaum, ein Symbol des Friedens, dessen Anbau für die Stadt und ihre Bewohner viel lohnender war, obwohl es weniger spektakulär war als der Vorteil, den Poseidon ihnen angeboten hatte. Kekrops erklärte sie zur Siegerin und widmete ihr die erste Statue, die nicht sehr anspruchsvoll war, da sie aus Holz gefertigt wurde. Poseidon akzeptierte die Niederlage nicht so leicht und überflutete die Trias in einem Wutausbruch. Die Götter erreichten jedoch eine Versöhnung und Poseidon wurde auch in Athen geehrt.

Zentraler Teil des Mosaiks von Sentinum, Glyptothek von München

Aigeus und Etra

Aigeus war der neunte König von Athen, zu einer Zeit, als sich die Götter noch mit den Sterblichen vermischten. Als sein Vater Pandion starb, der von den Kindern seines Onkels aus Athen verbannt wurde, griffen Aigeus und seine drei Brüder (Niso, Palas und Liko) den Stadtstaat an, nahmen den Thron und teilten das Königreich in vier Teile auf, wobei der größte Teil, der Athen selbst einschloss, Aigeus zufiel, da er der Erstgeborene war. Auf jedem Fall stritt der ältere Bruder, der sich weigerte, die Macht mit irgendjemandem zu teilen, um die Territorien seiner Brüder, bis er die Kontrolle über das gesamte Gebiet der Attika Region übernommen hatte.

Aigeus heiratete zwei Mal, zuerst Melite und dann Kalliope, und in beiden Fällen konnte er keine Nachkommen zeugen, etwas, das sehr schädlich für die Erhaltung des Königreichs war. Er befragte in Delphi die Sybille, die ihm wie üblich eine sehr rätselhafte Antwort gab: „Öffne nicht den Mund deines vollen Weinschlauches, oh, bester aller Männer!, bis du den höchsten Punkt von Athen erreichst". Er verließ den Schrein, genervt, weil er die Bedeutung der Botschaft nicht verstand. Zurück in Athen kam er in Piteos Haus an, der die Worte der Sybille besser verstand als Aigeus und er machte seinen Gast betrunken und sorgte dafür, dass seine Tochter Etra ihm beilag. Etra war bereits vom Helden Bellerophon umworben worden, den sie aber abgelehnt hatte.

Am nächsten Morgen hatte Aigeus verstanden, was passiert war, aber seine politische Situation und die Angst davor, dass seine Neffen ihn entthronen könnten, erlaubten ihm in diesem Moment nicht, sich um die eventuelle Geburt des Kindes zu kümmern. Also nahm er seine Sandalen und sein Schwert und vergrub sie unter einem riesigen Stein. Gleichzeitig bat er Etra, dass wenn sie schwanger sein würde, sie das Kind aufziehen und erziehen solle und ihn nicht vorher nach Athen schicken sollte, bis er nicht in der Lage war, selbst diesen Stein anzuheben, um an die Schuhe und Waffen seines Vaters zu kommen.

Etra wurde natürlich in dieser Nacht schwanger, in der ihr Vater sie zwang, mit dem König zu schlafen und bald gebar sie einen Sohn, der großen Ruhm erlangen sollte. Sie nannte ihn: Theseus. In der Tat war der Ruhm des jungen Mannes so groß, dass einige Autoren, vielleicht, weil sie ihn mit einer olympischen Gottheit verwandt sehen wollte, der Nacht der Empfängnis ein Datum hinzufügen. Etra soll in dieser Zeit die Geliebte des Poseidons gewesen sein und habe mit ihm in derselben Nacht gelegen und Theseus gezeugt.

Theseus, der Befreier, Archäologisches Nationalmuseum Neapel

Theseus erkennt seinen Vater

Theseus wurde von seiner Mutter in Troizen aufgezogen, ohne dass sie ihm die Identität seines Vaters preisgab: Aigeus, der König von Athen. Als der Junge sechzehn Jahre alt wurde, brachte ihn seine Mutter vor einen großen Felsen und bat ihn, er solle ihn hochheben. Es war nicht das erste Mal, dass sie ihn darum bat aber dieses Mal schaffte es Theseus, im Gegensatz zu den anderen Malen, ihn mit der Kraft seiner Muskeln zu bewegen. Als er den Stein bewegte, konnte er sehen, dass darunter zwei Sandalen und ein Schwert lagen. Etra sagte ihm, dass sie seinem Vater gehörten, gab seine Identität preis und bat ihn, nach Athen zu gehen, um ihn zu treffen. Seine Kindheit war damit abgeschlossen.

Als Theseus in Athen ankam erfuhr er, dass Aigeus, sein Vater, der seine Existenz nicht kannte, Medea geheiratet hatte, eine Frau mit einer schrecklichen Vergangenheit und mit dem Ruf, eine Magierin zu sein, in der Hoffnung, mit ihr den Sohn zu empfangen, den er in seinen früheren königlichen Ehen nicht bekommen hatte. Sie hatte es ihm versprochen. Und so war es. Medea bekam einen Sohn von Aigeus, der Medo genannt wurde und von dem dessen Mutter erwartete, dass er den Thron von Athen erbte. Die Ankunft von Theseus, mit dem Beweis seiner Abstammung in den Händen, begrub die Erwartungen von Medea.

Also intrigierte Medea unaufhörlich gegen den Neuankömmling, obwohl er genau deswegen inkognito gekommen war, um niemanden zu beunruhigen. Aber einer Magierin entgeht nichts. Sie überzeugte ihren Ehemann, dass dieser Jüngling sich gegen ihn verschwören würde und zwang ihn, gegen den Marathon Bullen zu kämpfen. Aber Theseus konnte die Bestie töten und bei dem Fest, das danach abgehalten wurde, planten Aigeus und Medea den jungen Mann zu vergiften, aber Theseus zeigt in diesem Moment die Sandalen und das Schwert vor, die er bei sich trug und die Aigeus an dem Tag begraben hatte als einzigartigen Vaterschaftsbeweis, nachdem er mit Etra geschlafen hatte, der Mutter des Theseus. Während der Feierlichkeit verhindert Aigeus, dass sein Sohn von dem vergifteten Glas trank und verbannte Medea in den Osten, wo sie herkam und wo ihre Tage endeten.

Das Ende des Aigeus ist traurig. Theseus reiste nach Kreta, mit der Absicht, den Minotaurus zu töten, dem jedes Jahr sieben junge Männer und sieben junge Mädchen geopfert werden mussten. Sein Vater bat ihn, wenn er erfolgreich sein sollte, dass er die Farbe der Segel des Schiffes ändern sollte, von schwarz zu weiß. Theseus vergaß bei seiner Rückkehr, nachdem er den Minotaurus getötet hatte, diesen Auftrag seines Vaters. Dieser glaubte dadurch, dass sein Sohn gestorben sei und da er den Verlust des Sohnes, den er erst so spät kennengelernt hatte, nicht ertragen konnte, warf er sich ins Meer, das nunmehr seinen Namen trägt (Ägäis).

Anselm Feuerbach, Medea, Neue Pinakothek

Minos, zwei Könige in einem

Minos war ein legendärer König von Kreta, der über diese Insel und über andere im ägäischen Meer herrschte, drei Generationen, bevor der trojanische Krieg ausbrach. Die minoische Zeit war eine Blütezeit in Kreta, im zweiten Jahrtausend vor Christus und verdankt ihren Namen diesem König.

Trotz seines Rufes als guter Gesetzgeber und Seestratege, galt Minos in Athen, der rivalisierenden Stadt, als Tyrann und so wird er auch in mehreren mythologischen Geschichten präsentiert, wie zum Beispiel der des Minotaurus, denn der kretische König verlangte einen jährlichen Tribut von sieben Jungen und sieben athenischen Mädchen, um den Minotaurus zu füttern, der in seinem Labyrinth von Kreta lebte.

Es gibt Mythologen, die glauben, dass es zwei Könige mit demselben Namen gab, was die vielen widersprüchlichen Aspekte der Persönlichkeit von Minos erklären würde und die Tatsache, dass seine Herrschaft so lange andauerte. Ein erster Monarch stammte wohl direkt von Zeus und Europa ab. Das wäre der gute Minos, der nach seinem Tod zu einem der drei Richter der Toten wurde. Der andere, mit dem grausamen Charakter, war wohl der Enkel des ersten und der, der in allen Mythen, die dem Namen Minos zugeordnet werden, eine Hauptrolle spielte: Die Täuschung der Pasiphae, von einem schönen weißen Stier befruchtet zu werden, ein Geschenk des Poseidon und die den Asterin gebar, ein Mischwesen zwischen Mensch und Stier, bekannt als Minotaurus, der Bau eines Labyrinths für das Monster vom weisen Architekten Daidalos, die Heldentat des Theseus, der mit Hilfe von Ariadne den Minotaurus tötete, eine Tochter von Minos selbst, die unglückliche Flucht von Daidalos und seinem Sohn Ikaros, nachdem sie im Labyrinth eingeschlossen wurden oder der Kampf mit Niso.

Eine weniger bekannte Episode ist diejenige, die zum Tod von Minos führte. Nachdem Daidalos und Ikaros dem Labyrinth entkommen waren, durch die geniale Idee des Erfinders, Flügel mit Wachs zu kleben, wurde Minos sehr wütend. Er machte sich auf die Suche nach Daidalos, um ihn zu bestrafen. Dafür schlug er den Königen der Staaten, die er besuchte, ein Rätsel vor: Er bot eine spiralförmige Muschelschale an und bat, sie vollkommen einzufädeln. König Kokalos, in einer Stadt in Sizilien, ließ einen alten Mann rufen, als ihm das Rätsel vorgestellt wurde. Dieser fand die Lösung: Er band einen Faden an eine Ameise und stecke sie in die Schale. Der alte Mann der so schlau gewesen war, war natürlich Daidalos. Die Lösung erinnert an Ariadnes Faden. Mehr als ein Test der Genialität, scheint es die Frucht einer Besessenheit gewesen zu sein. Minos und Daidalos konnten den Einfall des Mädchens nicht vergessen, das ihnen auf die eine oder andere Weise Unglück gebracht hatte.

König Kokalos übergab Daidalos nicht, wie Minos verlangte. Stattdessen ließ er den König während eines Bades töten.

In Dantes Göttlicher Komödie, Minos sitzt am Eingang zum zweiten Inferno-Kreis, der Beginn der eigentlichen Hölle. Jean-Léon Gerome, Dante und Virgilio in der Hölle, Georges-Garret-Museum

Das rötliche Haarbüschel

Aigeus, König von Athen und Herr über ganz Attika, ließ während der Spiele der Panathenäen Androgeus töten, Sohn des Königs Minos von Kreta, sein ewiger Rivale. Minos zögerte nicht lange, um den Tod seines Sohnes zu rächen, indem er eine Flotte gegen Athen schickte. Als er nach Megara kam, wo Niso, der Bruder des Aigeus herrschte, konnte er die Stadt nicht einnehmen. Solange ihr König Niso ein rotes Haarbüschel behalten würde, das seine Haare schmückte – so besagt die Tradition – würde Megara uneinnehmbar bleiben.

Die Versionen der Geschichte unterscheiden sich bei der Ursache des Verrats der Prinzessin Skylla von Megara an ihrem Vater Niso. Einige Mythographen sagen, dass Minos sie mit einer Goldkette in Versuchung führte, wenn sie ihren Vater verraten oder töten würde. Andere Quellen wiederum bevorzugen die Version, dass alles von Aigeus geplant war. Ihm gelang es, dass Skylla sich hoffnungslos in Minos verliebte, als sie von ihrem Turm aus die Entwicklung der Schlacht sah, der ihr Vater ausgesetzt war. Diese plötzliche Verliebtheit bewirkte, dass Skylla sich sogar den Sieg des Feindes wünschte, um als Geisel des Königs von Kreta mitgenommen zu werden. Daher ersann sie die Idee, die nur ein minimales Blutvergießen ihres Volks bedeuten würde. Offensichtlich war der schnellste und effektivste Weg, ihren Vater zu verraten und ihrem Geliebten den Sieg zu bringen, das rote Büschel von Niso zu abzuschneiden.

In der Nacht schlich sie sich in das Zimmer ihres Vaters und verließ es mit dem berühmten Büschel in ihren Händen. Dann eilte sie zu dem Bereich, in dem das Heer des Feindes lagerte und dort wurde sie in das Zelt von Minos geführt, um zu gestehen, was sie aus Liebe getan hatte. Minos reagierte auf die am wenigsten erwartete Art und Weise, Wenigstens für Skylla, obwohl vielleicht am verständlichsten in einer Mentalität, in der die Unterwerfung der Frau dem Ehemann und dem Vater gegenüber absolut sein sollte. Der König war empört über den Akt des Verrats und befahl seinen Männern, so schnell wie möglich diesem Ort zu entkommen.

Als Skylla sah, dass Minos Schiff den Anker lichtete, war sie zuerst angewidert, aber dann stürzte sie sich verzweifelt vor das Schiff, um es festzuhalten oder sogar, um eher zu ertrinken, als ihn gehen zu lassen. Der Mythos erklärt nicht warum aber in diesem Moment warf sich Niso, der sich in einen Adler verwandelt hatte, gegen seine Tochter, um sie zu zerhacken. Ovid setzt die Geschichte mit der Verwandlung des Mädchens in einen Vogel fort, durch die Vermittlung der Götter, die das Mädchen bedauerten.

Mosaik mit der Darstellung von Pan und Eros, Museum von Zaragoza

Kreusa, die vergessliche Mutterschaft

Es gibt einige Kreusas, die eine Rolle in der griechischen Mythologie spielen. Es kann sich um die Kreusa handeln, die manchmal auch Glauca genannt wird. Sie ist die Tochter von Kreon, König von Korinth, verheiratet mit Iason nach der Scheidung von Medea und ließ die Chance nicht vermissen, sich zu rächen. Sie gab vor, Frieden mit der neuen Frau ihres Ehemanns schließen zu wollen und schenkte ihr eine Tunika und ein vergiftetes Diadem, die sowohl Kreusa als auch ihrem Vater den Tod brachten, der kam, um ihr zu helfen, die vergifteten Geschenke loszuwerden. Es könnte auch die trojanische Kreusa sein, die erste Frau von Aeneas und Mutter von Askanios, die es geschafft hatten, Troja zu entkommen, als sie den Krieg verloren hatten. Aber, anders als ihr Mann und ihr Sohn, starb sie auf dem Weg nach Lazio, dem Ort, den Apollon ihnen als ewiges Königreich für ihre Nachkommen prophezeit hatte, dem zukünftige Rom. Oder es kann auch Kreusa die Nayade sein, Tochter von Gaia.

Wenn wir schließlich von Kreusa sprechen, können wir uns noch auf eine Prinzessin beziehen, die Tochter von Erechtheus, König von Athen. Kreusa war die Geliebte von Apollon und hatte einen Sohn von ihm, den Sie aus Angst vor der Wut ihres Vaters aussetzte. Hermes rettete das Kind und brachte es nach Delphi, zu dem Tempel, der genau dem Apollon geweiht war, wo er als Diener des Tempels erzogen wurde. Nach Jahren heiratete Kreusa Juto, einen Verbündeten ihres Vaters, aber sie hatten keine Nachkommen. Also ging Juto nach Delphi, um die Götter zu fragen. Apollon bat ihn, die erste Person als seinen Sohn anzunehmen, die er beim Verlassen des Tempels traf. Wie sich der Leser schon denken kann, war der Sohn seiner Ehefrau die erste Person, die er traf. Man gab ihm den Namen Ion.

Prinzessin Kreusa glaubte nie an die Geschichte ihres Mannes und vermutete, dass er das Kind mit einer anderen Frau gezeugt hatte (obwohl er tatsächlich ihr Sohn war), daher versuchte sie ihn zu töten. Dazu kam es aber nicht. Sie wurde in flagranti erwischt und flüchtete in einen Tempel, wo die Göttin Athene ihr die ganze Wahrheit offenbarte. Euripides erzählt in seinem Werk *Ion* diese Geschichte, die in einer Tragödie hätte enden können. Ion war später der Vorfahre der Ionier, die seinen Namen annahmen.

Nach dieser Episode soll Kreusa von Juto schwanger geworden sein und gebar Achaios, nachdem wiederum ein ganzes Volk benannt wurde, die Achaier, was damit endete, dass die Griechen als Gesamtheit so benannt wurden.

Der Schatten der Kreusa erscheint Äneas, ca. 1530, Emaille von Limoges, Louvre

Admetos: der Mensch, der von einem Gott bedient wurde

Apollon war wütend aufgrund des Verlustes seines Sohnes Asklepios und plante, sich an Zeus zu rächen, dem Verursacher seines Todes. Da er sich nicht direkt seinem Vater entgegenstellen konnte, tröstete sich Apollon damit, die Erschaffer des Blitzes zu töten: die Zyklopen (oder ihre Kinder, da sie selbst unsterblich sind). Zutiefst verärgert über dieses Verbrechen in seinem eigenen göttlichen Clan, wollte Zeus an Apollon ein Exempel statuieren und nachdem er überlegte, ihn in den Tartarus zu sperren, schickte er ihn schließlich zu einem Sterblichen, dem er ein Jahr lang dienen sollte.

Der auserwählte Herr war Admetos, König von Feras, in Thessalien, ein ehemaliger Argonaut und Teilnehmer an der Jagd auf den Kalydonischen Eber. Er war überaus unbestechlich und wurde respektiert. Während Apollon in den Diensten von Admetos stand, wurde ihm klar, dass die von Zeus verhängte Strafe gar keine war und entschied sich, die gute Behandlung zu belohnen, die ihm zuteilwurde und erledigte für den König viele Dinge. Zuerst einmal belohnte er Admetos damit, dass jede Kuh im Stall des Feras Drillinge bekam. Er vermittelte auch, damit er Alkestis, Tochter des Königs Pelias, heiraten konnte. Dieser hatte verkündet, dass er seine Tochter dem zur Frau geben würde, der einen Löwen und ein Wildschwein vor das Joch eines Wagens bringen konnte. Apollon stellte Admetos den Wagen mit den Tieren zur Verfügung und die Verbindung mit Alkestis fand statt. Kurz danach jedoch, beanspruchte ihn der ehemalige Herr erneut, da er versehentlich vergessen hatte, Artemis zu ehren, als er heiratete. Die Göttin hatte den Raum des Brautpaares mit Schlangenschwänzen gefüllt, Omen eines kommenden Todes. Apollon schritt im Konflikt ein, er überzeugte Artemis, Admetos zu verzeihen und erklärte diesem, wie er seinen Fehler wieder gutmachen konnte. Hinsichtlich der Moiren, erlangte Apollon ihre Gunst, indem er ihre Herzen mit Wein besänftigte und konnte eine Zwischenlösung aushandeln: der König würde nur gerettet werden, wenn ein anderer bereit wäre, stattdessen zu sterben.

Nach ein paar Jahren kam der Moment des Todes des Admetos. Aber der König fand niemanden, der seinen Platz einnahm, nicht einmal einer seiner alten Eltern. Es war schließlich Alkestis, die sich freiwillig bereiterklärte, für ihren Ehemann zu sterben. Zum Glück für die Königin, wurden mehrere Versionen überliefert, in denen Alkestis im letzten Moment vom Tod befreit wurde: In einer wird sie von Herakles gerettet, der sich gerade auf seiner Suche nach den Stuten von Diomedes von Thrakien in der Region aufhielt und in einem anderen Mythos durch Persephone, die sie aus dem Hades wieder zurück nach Hause schickte, da sie das Opfer der Alkestis sehr bewunderte.

Fresko im Hause des Dichters Tragico mit der Darstellung von Akcestis und Admetos, Archäologisches Nationalmuseum Neapel

Bellerophon und die Chimära

Die griechische Mythologie ist voll von Helden und fantastischen Figuren, die manchmal alleine kämpfen und anderen, die in Gesellschaft handeln. Dies ist der Fall von Bellerophon. Ein schöner und geschickter Krieger, der aus seinem Heimatland verbannt worden war, weil er versehentlich einen Mann getötet hatte. König Preto hieß ihn willkommen aber seine Ehefrau verliebte sich in ihn und da er ihre Liebe nicht erwiderte, manipuliere sie den König, indem sie ihn gegen ihn aufbrachte. Obwohl er es wollte, war Preto nicht in der Lage, den Mord an Bellerophon zu begehen und schickte ihn in das Land seines Schwiegervaters, zusammen mit einer Nachricht, die besagte, dass der Krieger versucht hätte, seine Tochter zu vergewaltigen. Aber auch dieser war nicht bereit, ihn zu töten, um die Götter nicht zu beleidigen. Schließlich trug er dem Helden auf, die Chimära zu töten, ein Monster, das die Felder verwüstete und den Palast von König Karias schützte.

Die Chimära war ein unheimliches Wesen. Laut einigen Geschichten hatte sie einen Löwenkopf, einen Ziegenkörper und einen Schlangenschwanz, obwohl die populärsten besagen, dass sie eine Mischung dieser drei Tiere war und dass es einen Kopf für jeden von ihnen gab: Der Hauptkopf war der des Löwen, ein Kopf war der eines Ziegenbocks, der aus ihrem Torso kam und ein dritter war ein Schlangen- oder Drachenkopf, der ihr aus dem Schwanz wuchs. Eine andere ihrer erschreckenden Eigenschaften war, dass sie aus mindestens einem ihrer Köpfe Feuer spuckte, was sie sehr gefährlich und fast unbesiegbar machte.

Bellerophon wurde gesandt, um diesem Wesen ein Ende zu bereiten, wofür er sich der Göttin Athene anvertraute, die ihm half, Pegasus zu zähmen. Das geflügelte Pferd erlaubte dem Krieger die Chimära von einem großen Abstand aus anzugreifen, so dass er Pfeile schießen konnte, um sie zu betäuben.

Schließlich sah er, dass die Pfeile nicht genug waren, um das Monster zu töten. Bellerophon befestigte ein Stück Blei an der Spitze seines Speers und schaffte es, es im Maul der Bestie zu versenken. Der Atem schmolz das Blei, das durch den Rachen floss und schließlich die Chimära von innen verbrannte, sodass sie starb. Dies ist eine der größten Errungenschaften eines Helden in der Mythologie.

Bellerophon musste noch andere Missionen überwinden, bevor er von all denen anerkannt und befreit wurde, die sein Leben beenden wollten.

Aber am Ende, verführt von seiner Arroganz, fiel er in Ungnade vor Zeus, da er versuchte, ohne Einladung zum Olymp zu fliegen. Der große Gott sorgte dafür, dass Pegasus sich aufbäumte, was ihn mitten im Flug von seinem Rücken warf. Bellerophon beendete seine Tage verkrüppelt und arm, dabei war er ein großer Krieger, Erbe eines Königreichs. Er hatte Pegasus gezähmt und der Chimära ein Ende bereitet.

Mosaik das zeigt, wie Bellerophon auf die Chimära trifft

Perseus: das Blut der Medusa

Akrisios, verheiratet mit Aganippe, hatte nur eine Tochter, Danae, die von ihrem Onkel Preto verführt wurde, dem Bruder ihres Vaters. Ein Orakel hatte ihm geweissagt, dass er keine männlichen Kinder bekommen und dass sein Enkel ihn umbringen würde. Um zu verhindern, dass sich die Vorhersage erfüllte, sperrte er Danae in einen Kerker mit bronzenen Türen ein, der von wilden Hunden bewacht wurde. Aber alle Hindernisse überwindend, kam Zeus zu ihr in Form eines feinen Regens aus Gold.

Danae wurde schwanger. Ihr Vater glaubte nicht, dass der Urheber dieser Handlung Zeus war und dachte, es wäre Preto gewesen. Da er nicht den Mut fand, seine Tochter zu töten sperrte er sie und seinen Enkel in eine Holzkiste, die man ins Meer warf. Sie wurden gerettet und der König der Insel, Polydektes, nahm Perseus und seine Mutter in seinem Haus auf. Polydektes wollte aber Danae zur Frau. Perseus verteidigte seine Mutter vor den Angriffen des Königs. Dieser gab vor, er würde um die Hand von Hyppodamia bitten und bat seine Freunde um ein Geschenk für seine Ehe. Perseus versprach ihm das Medusenhaupt „Wenn du mir versprichst, dass du nicht versuchst, meine Mutter zu heiraten". „Ich würde das mehr als jedes andere Geschenk mögen", sagte ihm Polydektes. Dies wurde dann vereinbart.

Die Gorgone Medusa hatte Haar aus Schlangen, riesige Zähnen und eine heraushängende Zunge. Ihr Blick versteinerte. Die Verursacherin ihrer Hässlichkeit war Athene: Vorher war Medusa sehr schön gewesen, so wie ihre beiden Schwestern. Athene zeigte Perseus Bilder von Medusa, sodass er sie von ihren Schwestern Estera und Euriale unterscheiden konnte. Sie sagte ihm, dass er dem Monster nicht in die Augen sehen solle, sondern nur in das Spiegelbild und gab ihm einen gut polierten Schild.

Hermes gab ihm eine Diamantsichel, um ihr den Kopf abzuschneiden. Nun fehlten ihm nur noch die geflügelten Sandalen, eine Satteltasche und Hades' schwarzer Helm, der ihn unsichtbar machen würde. Diese magischen Objekte befanden sich in den Händen der Nymphen des Styx, deren Aufenthaltsort nur den Graien, den Schwestern der Gorgonen, bekannt war. Mit nur einem Auge und nur einem Zahn für alle drei Schwestern, wachte die eine, während die anderen schliefen. Perseus ergriff das Auge.

Dort, weit weg im Land der Hyperborea, betrachtete Perseus die Spiegelung der schlafenden Gorgonen. Athene führte seine Hand und er enthauptete Medusa. Aus der Leiche traten Pegasus und der Krieger Krisaor hervor, die im Tempel der Athene gezeugt worden waren.

In Larisa sollte dann ein unerbittlicher Diskus, der von Perseus in einem Wettbewerb geworfen wurde, Akrisius töten.

Antonio Canova, Perseus mit dem Kopf der Medusa, Vatikanische Museen

Theseus

Theseus gilt als einer der mystischsten Könige von Athen, Nachfolger von Aigeus und Vorgänger von Menesteo. Man sagt, dass er der Sohn von Aigeus und Etra war, obwohl einige Versionen besagen, dass anstelle von Aigeus Poseidon, der Gott des Meeres, sein Vater war.

Aigeus entschied sich, seinen Sohn aus Angst vor den Palantiden fernzuhalten, die den Thron besteigen wollten. So kam es, dass Theseus aufwuchs, ohne seinen Vater zu kennen, bis er sechzehn war. Dann beschloss er, ihn kennenzulernen.

Theseus zeichnete sich schon in sehr jungen Jahren durch seine Stärke und seinen Mut aus, so dass er seinem Freund Herakles nacheiferte und nach Athen ging, um seinen Vater zu treffen, ohne Angst vor den Gefahren zu haben, die ihm während der Reise begegnen könnten. Während seiner Reise tötete er den Straßenräuber Periphetes, gefolgt von einem anderen Räuber namens Sinis, der bekannt dafür war, besonders grausam gegenüber seinen geschlagenen Feinden gewesen zu sein, die er gnadenlos zerstückelte. Mit der Tochter des bösen Sinis, Perigune, hatte er, nachdem er ihn auf dieselbe Weise getötet hatte, wie er die anderen Männer getötet hatte, einen Sohn, der den Namen Melanippus erhielt.

Es gab zahlreiche Kämpfe auf seiner Reise, die alle blutig gewonnen wurden, bis er nach Athen kam und auf seinen Vater traf, der mittlerweile Medea geheiratet hatte, die ehemalige Frau von Iason. Als Frucht dieser Vereinigung wurde ein Sohn namens Medo geboren.

Mit Medea dazwischen, war seine Reise durch Athen nicht einfach. Diese schaffte es Aigeus davon zu überzeugen, dass es sich nur um einen Betrüger handeln könne. Als Strafe wurde er aufgefordert, gegen den Marathon Bullen zu kämpfen, den er tötete und später, bei dem Fest, das ihm zu Ehren gegeben wurde, fiel seinem Vater Aigeus auf, dass das Schwert, das er trug, das war, welches er vor Jahren seinem Sohn hinterlassen hatte. Nun wusste er, wer vor ihm stand. Wenig später wurde Theseus von den Athenern gefeiert und als König anerkannt.

Die Abenteuer des Theseus setzten sich auf Kreta fort, wo er den berühmten Minotaurus besiegte, um später Prinzessin Ariadne zu seiner Frau zu machen.

Der Tod von Theseus war nach einigen Versionen ein Unfall, während andere behaupten, dass er von Herakles aus der Unterwelt gerettet wurde, dem er dann half, sich in Skythus niederzulassen, dessen Bewohner ihn mit Energie bejubelten. Der König der Insel, Likomedes, beschloss ihn zu töten, indem er ihn in einen Abgrund stieß.

Theseus und der Minotaurus, Mosaik von Pafos

Philoktetes: der mutige Krieger

Als Sohn von König Peante von Melibea war Philoktetes ein großer Krieger, der wichtige Taten vollbrachte. Seine bekannteste Rolle war die, des Begleiters des Herakles. Zusammen mit seinem Vater begleitete er den mächtigen Helden bei seinem letzten Abenteuer. Der Held litt unter den Auswirkungen des giftigen Blutes des Zentauren Neso. Er hatte das Gefühl, dass seine Haut brannte. Das Orakel von Delphi teilte Herakles mit, dass sein Leiden nur mit seinem eigenen Opfer enden würde. Herakles wurde von seinen Männern zum Berg Eta gebracht, wo der Scheiterhaufen gebaut wurde, der sein letzter Platz auf der Erde sein sollte, bevor sein unsterblicher Teil in den Himmel aufstieg. Als alles bereit war, befahl der Held seinen Dienern und Soldaten, das Feuer anzuzünden, aber niemand wagte es.

Schließlich machte Philoktetes den Schritt nach vorn, um die Wünsche von Herakles zu erfüllen. Dieser gab ihm als Anerkennung seiner Treue und für seinen Mut seinen Bogen und die mit dem giftigen Blut der Hydra getränkten Pfeile. So gewann der Krieger Ruhm, der von nun an mit diesen mächtigen Waffen große Taten vollbringen sollte.

Zu seinen Abenteuern zählte die Teilnahme in der archaischen Armee, die den Standort Troja organisierte. Aber auf dem Weg wurde Philoktetes von einer Schlange gebissen, möglicherweise als Bestrafung der Göttin Hera, da er Herakles ständig beiseite gestanden hatte. Der Krieger starb nicht aber die Wunde bekam einen unerträglichen Geruch, was bewirkte, dass sich alle in seiner Umgebung von ihm fernhielten. Außerdem war der Schmerz so stark, dass er ständig schrie, was alle beunruhigte und nicht erlaubte, dass die Opfergaben angemessen ausgeführt wurden. Schließlich wurde er auf Anordnung des Odysseus auf der Insel Limnos aufgegeben. Er blieb wehrlos, nur mit den Waffen des Herakles zurück, die er ihm vor seinem Tod gegeben hatte.

In Lemnos erlebte Philoktetes viele bloßstellende Situationen. Er musste nicht nur gegen den Schmerz und den Geruch der Wunde kämpfen, sondern musste auch auf die Jagd nach Essen mit den Pfeilen des Herakles Bogens gehen und versuchte, nicht zu sterben, aufgrund der zahlreichen Notstände, die er ertragen musste. Es wurde nur gerettet, da ein Wahrsager den Griechen in Troja ankündigte, dass die Stadt nicht genommen werden könne, bis eine Reihe von Bedingungen erfüllt seien. Das schloss ein, dass sowohl der Bogen als auch die Pfeile des großen Herakles ein Teil der archaischen Bewaffnung sein müssten. Deshalb kehrte Odysseus mit Neoptolemus nach Lemnos zurück, um zu versuchen, Waffen zu stehlen. Aber der junge Mann drängte Odysseus, Philoktetes die Waffen nicht zu entreißen und beide halfen dann, den hilflosen Krieger zu heilen.

Philoktetes, bereits wiederhergestellt, nahm an der Schlacht von Troja teil und es war ein genauer Schuss seines Bogens mit einem vergifteten Pfeil, der das Leben von Paris beenden sollte.

Nicolai Abildgaard, Verletzter Philoktetes, Staatliches Kunstmuseum Koppenhagen

Begriffsverzeichnis

Bildnachweis